会科学基金资助项目（16CGL029）

古城镇旅游地的迷思和遗产活化研究

彭丹 著

旅游教育出版社
·北京·

图书在版编目（CIP）数据

古城镇旅游地的迷思和遗产活化研究 / 彭丹著. --北京：旅游教育出版社，2021.9
ISBN 978-7-5637-4303-2

Ⅰ. ①古… Ⅱ. ①彭… Ⅲ. ①旅游资源－资源保护－研究 Ⅳ. ①F590.31

中国版本图书馆CIP数据核字(2021)第188674号

古城镇旅游地的迷思和遗产活化研究

彭丹 著

责任编辑	刘彦会
出版单位	旅游教育出版社
地　　址	北京市朝阳区定福庄南里1号
邮　　编	100024
发行电话	（010）65778403　65728372　65767462（传真）
本社网址	www.tepcb.com
E - mail	tepfx@163.com
排版单位	北京旅教文化传播有限公司
印刷单位	唐山玺诚印务有限公司
经销单位	新华书店
开　　本	787毫米×1092毫米　1/16
印　　张	18.5
字　　数	328 千字
版　　次	2021年9月第1版
印　　次	2021年9月第1次印刷
定　　价	69.00 元

（图书如有装订差错请与发行部联系）

目　录

第一章　导论 ·· 1
　　第一节　国内外研究述评 ·· 1
　　第二节　研究设计 ·· 17
　　第三节　基本概念 ·· 22

第二章　充满迷思的旅游地：从"本真性迷思"到其他迷思 ············ 29
　　第一节　迷思的存在 ·· 29
　　第二节　凤凰古城的迷思 ·· 38
　　第三节　丽江古城的迷思 ·· 51

第三章　旅游迷思的建构与制造：从出发地到目的地 ·················· 68
　　第一节　旅游迷思建构的相关理论探讨 ································ 68
　　第二节　旅游出发地和旅游目的地对迷思的建构 ··················· 74
　　第三节　旅游迷思的各方制造者 ··· 80
　　第四节　旅游迷思制造中的权力、资本和社会 ······················ 97

第四章　旅游迷思的消费：从想象到体验 ································· 111
　　第一节　旅游者对旅游地的想象 ··· 111
　　第二节　旅游迷思消费的类型 ·· 119

第五章　古城镇遗产的活化：凤凰古城和丽江古城 ····················· 150
　　第一节　凤凰古城和丽江古城的旅游发展历程 ······················ 150
　　第二节　遗产活化的路径 ·· 160

第三节 古城镇类遗产的活化 ································· 166
第四节 凤凰古城和丽江古城的活化与保护现状 ············· 168
第五节 社区营造和社区参与 ································· 205
第六节 活化与商业化 ··· 228
第七节 古城旅游活化的建议与对策 ·························· 246

附　　录 ·· 266
参考文献 ·· 267
后　　记 ·· 290

第一章　导论

法国著名的符号学家罗兰·巴特思是"迷思（Myth）"这一概念的首创者。巴特思说过，迷思在现代世界是普遍存在的。迷思同样存在于旅游之中，包括旅游地的吸引物、旅游地的营销文本，等等。近年来，旅游迷思作为旅游符号学中的一个前沿研究领域是旅游研究中不可忽视的重要内容。本书首先对前沿文献进行梳理。

第一节　国内外研究述评

一、旅游迷思研究

（一）国外旅游迷思的相关研究

1. 旅游营销文本的迷思

通常而言，为了达到营销目的，旅游经营者和文化掮客会利用一切所能用的营销手段将目的地美化、理想化，塑造旅游地的美好形象，以此吸引旅游者前往。在旅游营销文本中如广告、旅游手册、明信片、照片、文字等都充满了迷思，基于符号学视角利用迷思理论对文本进行意义解读，挖掘背后隐藏的迷思是学者研究的内容之一。Echtner C. M.（2010）在研究热带岛屿的旅游宣传册时提到，热带岛屿通常会与"天堂"这样的形象联系在一起，这种现象看上去似乎是自然而然的。但事实上，这种关系是在长达几个世纪的旅行写作和最近的旅游目的地营销中所建构起来的。她选取毛里求斯岛国作为研究区域，通过分析旅游宣传册中的文字和图片，指出毛里求斯作为一个第三世界国家同样存在"天堂岛"的迷思，这种迷思在西方人心里根深蒂固。在第一世界国家里关于第三世界的旅游营销中存在严重的"排他性"，他们试图掩盖毛里求斯当地居民的真实生活，将毛里求斯塑造成符合西方人心中"天堂岛"形象的地方，这种迷思的建构深深地根植于殖民主义之中。Richard T.（2010）从符号学角度分析了英国康沃尔的旅游宣传册，认为康沃尔的旅游宣传册中直观呈现的景观图片、人物图片具有象征意义。图片中呈现的内容通常是阅读者在日常生活中难以体验到的,而这种"差异化"可以将游客带入另一个时空。在康沃尔宣传册的表征中传达了这样一种旅游迷思,游客可以在康沃尔找到这样一个时空,在这里游客可以摆脱日常生活中家庭关系的压力,享受真实的浪漫。Francesconi S.(2011)也从符号学的视角讨论了马耳他的旅游宣传册图片,挖掘照片背后的含义。在马耳他的旅游宣传册中常常出现一些关于考古和建筑奇迹的图片,并通常会以"传统"和"地方"这样的词汇加以描述,他认为这是传达目的地"遗产价值"的一种方式;而宣传册中一些关于亲密的社会距离和富有温暖光线的照片则象征着马耳他人的"热情好客"。他总结道,宣传册作为一种旅游营销的载体,包含视觉和语言的符号,通过这种视觉和语言模式能够塑造旅游地形象。

明信片作为重要的旅游营销文本也引起了学者的重视。Waitt G.和Head L.(2002)研究了澳大利亚的旅游明信片中存在的迷思。他们认为风景明信片是被嵌入了特定的意识形态话语,在特定的历史背景下能引发人们的共鸣。明信片不仅是流行文化的重要组成部分,还是旅游地营销不可或缺的手段。文章中利用个人建构理论分析了旅游者对明信片中的符号的解读,探讨了明信片作为旅游媒介在传播和扩散迷思时的作用。Atila Yüksel和Olcay Akgül(2007)指出明信片作为旅游营销中的标志,是制造旅游地形象的重要媒介之一,并在一定程度上影响了旅游者对目的地的情感反应。例如,一些描绘田园风光的明信片能够唤起旅游者的愉悦感和放松感,而强调旅游景点多样性的明信片则能够引起旅游者更多的兴奋感。也就是说,一些明信片所描绘的内容能够唤起旅游者对目的地的积极情感,并由此激发他们的旅游欲望。同样,Yu H. Y.(2018)也对旅游明信片中的图片和文字表征进行了研究。她以法国维希城的明信片为研究对象,从叙事的角度分析了明信片的表征,她指出,研究中的旅游明信片表征了维希城自然、和谐的城市形象,在一定程度上能使观看者对当地的生活产生美好想象。

2. 旅游体验中的迷思

在旅游体验的迷思研究领域,关注的是旅游者对目的地的期望的表达和对体验的诠释,而且旅游者心中关于旅游地的迷思通常蕴含了个人动机和情感因素。Johns N.和Gyimothy S.(2002)以迷思学为理论基础,利用访谈分析法对主题公园游中的家庭旅游者的旅游体验进行了分析。主题公园的广告营销为旅游者制造了这样一种"迷思":它是一个"玩乐天堂",在这里父母能够拥有和孩子们共处的"黄金时间"。但研究结果表明,这些主题公园虽然能够很好地满足孩子的需求,但却让成人觉得他们仅是一个"临时保姆",并没有享受到乐趣。在实际旅游过程中,人们对目的地的美好期待和想象被打破,其旅游体验消解了既有的迷思。Kivela J. J.和Crotts J. C.(2009)以迷思学和叙事学为理论基础,利用深度访谈法探讨了旅游者在目的地的美食体验。研究发现,一些受访者的叙事充满了迷思,他们将美食看作旅游目的地的一种文化产物,这种产物从外延到内涵都具有象征性意义,并由此阐释了美食作为一种文化对复兴旅游目的地的重要性。最后,文章总结道，迷思学为人们更好地理解游客的旅游体验提供了新的研究视角。同样，Laing J. H 和 Crouch G. I.（2011）也认为旅游体验可以用迷思的构念来解释和分析，这有助于阐释目的地的一些情感吸引力及游客的旅游动机。他们利用访谈法分析了热爱"边疆旅游"的旅游者的动机和体验。在边疆旅游中，旅游者通常面临着有限的口粮、严酷的气候条件和极度危险的困境，因而边疆旅游也是冒险主义和英雄主义的象征。通过研究发现，人们热爱边疆旅游的动机还源自对摆脱大众旅游，重新找回自我，寻求本真性体验的渴望。在这个过程中，这些探险旅游者再次塑造了旅游神话，为潜在游客制造了英雄主义旅程的现代迷思，激发了潜在游客的旅游动机和欲望。

3. 旅游地的地方迷思

Urry（2002）是较早研究地方迷思（Place-myth）的学者之一。他在关于地方建构和消费的著作 Consuming Place 中对地方迷思进行了讨论。他以英国湖区（Lake District）为例，论述了该地地方迷思的存在与发展。他指出，地方的意义并不是简单给定的，而是文化建构的。湖区之所以受欢迎，是因为地方迷思的存在，而这种地方迷思是被所参观的游客和其创作的文学作品制造出来的。原先湖区只是一个贫穷的、鲜为人知的、甚少出现在英文文学作品中的地方，直到在18世纪，才开始有大量的游客到湖区参观，其中一些游客开始用一种矫饰的、别致的风格围绕湖区进行写作，并由此形成了所谓英国浪漫主义。正如 Nicholson（1978：33）总结的"湖区直到被外界的游客发现后才进入英国文学"，正是这些游客创作的文学作品，使"湖区"形成了一种地方迷思。如果没有游客和他们创作的文学作品，以及阅读这些作品的读者，这种湖区迷思是不可能发展的。由此看来，迷思具有人为性，它是人为建构的产物。正如 Howe K. R.（2000）提到的，艺术家、作家、诗人和冒险家经常将岛屿比喻为欲望的象征，是一个拥有一切可能和希望的地方，它可能是一个有人居住的理想岛屿，又或者是一个被重构的意味着无限可能的空岛（转引自 Amoamo M.，2013）。人们将岛屿塑造成乌托邦，"岛屿天堂"是一种特殊的地方迷思，对潜在旅游者产生了深远的影响。Serra C 和 Cardona J. R.（2015）认为，在世界上最具声望和受人追捧的度假地的旅游营销和发展中都能看到迷思的存在，尽管这些目的地的地理位置、社会、文化和气候都存在差异。他们认为"迷失的天堂"作为一种文化元素，能够唤起人们对度假目的地的向往。以前，这类迷思通常出现在真实的或虚构的航海故事里，描述的是在灿烂阳光下一片富饶和幸福的土地，这片土地居住着好客的人们，而现在，这种地方迷思则出自旅游。在旅游营销中，西方人偏爱岛屿旅游目的地，如地中海岛屿、加勒比群岛、巴厘岛、夏威夷等，往往被塑造成一个气候温暖、阳光充足、土著热情好客的现代天堂。人们渴望到访这样的度假旅游胜地，去寻找"迷失的天堂"，这也解释了诸如巴厘岛和波利尼西亚等地为何如此具有国际吸引力。

尽管文学作品与电影不是真正意义上的旅游目的地的营销方式，但在此中仍存在形象操纵，充满了迷思。Buchmann A.（2006）从文学作品和电影中研究了关于新西兰坎特伯雷的地方迷思。坎特伯雷的迷思最早源自塞缪尔·巴特勒的著作《埃瑞璜》。1872年，塞缪尔·巴特勒在新西兰生活5年之后，发表了《埃瑞璜》一书，书中主要描述的是一位游客在乌托邦社会的所见所闻，而此书提到的"埃瑞璜"原型正是坎特伯雷。在《指环王》系列电影中，坎特伯雷再次化作洛汗人民居住的"伊多拉斯"城，成为新西兰"绿色、干净"和"未被驯服的荒野"的形象代表。尽管电影中的片场最终被拆除，但仍有成千上万的游客慕名而去坎特伯雷游览。Buchmann A.认为不管是文学还是电影中，坎特伯雷都被营造成一个梦幻的乌托邦。与此相似，Llamas R.和Belk R.（2011）以英国作家詹姆斯·希尔顿所创作的小说《消失的地平线》为切入点，选取云南香格里拉为案例地，探讨了地方迷思制造、形象建构及旅游对目的地的影响。在《消失的地平线》中，位于藏区的香格里拉被描绘成遥远的、神秘的、拥有田园牧歌式风景的人间仙境。许多地区为了吸引游客都宣称自己是香格里拉，但最后只有云南省中甸县被定为"香格里拉"。他们在文章中指出，中甸县不断被神圣化、民族化和异域化，被重塑为神秘、迷人的人间天堂，以此迎合游客心目中对"香格里拉"的刻板印象。Amoamo M.（2013）则以皮特凯恩岛为例，研究了文学、旅游与地方迷思建构之间的关系。作为存在于 *Bounty Story* 文学故事中的"地方"，皮特凯恩岛被迷思化，是一种"乌托邦天堂"的形象，带有浪漫主义印记。Amoamo M.利用质性研究方法对地方迷思建构的过程进行讨论，从而唤起了人们对岛屿的映射和想象。乌托邦天堂也许并不存在，但符号的能指和所指之间的联想与联系仍然在西方文化的地理迷思中占据着中心地位。皮特凯恩岛是一个被建构的地方，与文学神话故事和人们的想象有着密切的联系，话语操控者在文学作品中制造了地方迷思。游客通过阅读文本后解读了地方的意义，并主动游览目的地。在文学作品的传播中，皮特凯恩岛的地方迷思被广泛传播并产生了重大影响。

同时，地方迷思与地方身份密切相关。Zhang C. X.、Decosta P. L. E.、McKercher B.（2015）以香港特别行政区为研究案例，探讨了在"身份危机"的背景下，迷思作为一种特殊符号对地方身份建构的重要性及迷思制造在文化遗产旅游中的作用。研究表明，在独特的地缘政治和历史背景下，香港的迷思有4类："古代中国"的迷思、"繁华香港"的迷思、"中国+"的迷思、"当代中华人民共和国"的迷思。"古代中国"的迷思是指如今在香港的建筑和非物质文化遗产中都折射出了古代中国传统文化的影子，这些传统文化象征着香港人的身份，是此迷思形成的基础。"繁华香港"的迷思聚焦的是殖民时期的香港，战后香港回归自由市场，也改变了日常生活的节奏，制造业带来的经济进步提高了生活水平，夜市成为其繁华形象的一大标志。"中国+"的迷思是由东西方文化碰撞产生的，东西方文化的相互交融塑造了香港城市的独特性，使其区别于中国的其他城市。而"当代中华人民共和国"的迷思出现于香港回归后的时期，人们将香港定位为一个进步的、自由的、以中国人为主的，但在某种程度上又属于多元文化的中国城市。如今香港旅游局在旅游营销中不断利用上述4类迷思凸显香港的独特性，以此增加旅游地的吸引力。

从旅游者的角度而言，旅游地的迷思可以看作旅游者内心关于旅游地的想象，旅游地想象是地方迷思研究的重要内容。"一些学者指出了Myth——传统的被解释的故事（通常是神圣的自然）和旅游想象之间的相似性"（Henning，2002；Selwyn，1996）（转引自Salazar，Graburn，2013）。Shields（1991）提出的"地方迷思（Place-myths）"与Appadurai（1990）认为的"意象世界（Imaged World）"有相似之处，它们都是关于地方形象和表征在媒介再现中的刻板印象和陈词滥调。"地方迷思"不是地方事实，是地方形象和想象的结合体，两者经常被捆绑消费。但这种地方迷思不是永恒固定的，它有可能会随着时间流逝而被取代。Light D.（2008）基于想象地理学的理论研究了罗马尼亚的特兰西瓦尼亚的地方迷思。他认为"地理"并不只是意味着物质世界，我们在头脑中也存在着广泛的地理知识，如在自身观念、信仰和刻板印象中对于"他地"的建构，这被称为"想象地理"。这种在心理上建构的地理区域属于个体的结构，但其也是在特定的政治、经济和社会环境中共同形成的，因而，它也是一种集体观念。在某些情况下，"想象地理"可以被看作一种"迷思"：是一组关于一个地方的信念，是重要的集体想象，它可能与现实不符，但仍然有更广泛的意义。文章研究了特兰西瓦尼亚在西方大众想象中的迷思，特别关注流行文化在创造、传播和再现迷思的作用。特兰西瓦尼亚闻名于19世纪晚期布拉姆·斯托克创作的《德古拉》小说，随后被拍成电影。在西方的旅游营销中，特兰西瓦尼亚的迷思一直是一大卖点，旅游经营者将特兰西瓦尼亚描述为一个拥有优美风景和超自然生物的浪漫神秘之地，向那些被地方迷思所吸引的游客销售旅游地。就如Gelder（1994）所指出的，一个真实的地方已经变成了幻想。几乎所有西方人都听说过特兰西瓦尼亚，但并不是所有人都意识到这是一个真实的地方。换句话说，旅游者在自身的观念、信仰和印象中对旅游地进行想象，旅游地是被建构的。Su X. B.（2010）对旅游地的想象做了实证研究，他以丽江古城世界文化遗产地为研究对象，探讨了旅游者的地方想象的形成与作用。他认为地方想象通常是由旅游者自身所处的社会、大众传媒、旅游宣传资料和口碑等多方共同作用下形成的。一般而言，旅游者的地方想象对目的地的旅游景观具有塑造作用，旅游者是目的地景观生产中的活跃分子。研究发现，在旅游者的想象中，丽江被建构成一个拥有优美的风景、独特的民族文化、慢节奏生活的传统之地。Howard C. A.（2016）以喜马拉雅地区的朝圣和旅游活动为基础，采用访谈法和观察法，探讨了处于后现代时期的西方旅游者对本真性的追求及其在旅游消费中的表现和想象。通过调查发现，西方旅游者热衷于将喜马拉雅山想象成"另一个世界"，在他们眼里，喜马拉雅山是一个象征着真实、精神和野性的地方，这种地理想象也是西方旅游者逃离现代性的一大推动力。他们在自身行为中表现出对现代性的厌恶，事实上却又不得不依附于它。就如文中所说，西方旅游者把山区居民的生活理想化，认为这些居民比那些身处于消费社会的人更自由、更真实。但与此同时，这些旅游者却又利用信息时代的工具和他们享有特权的社会、经济和政治立场，去游览这些象征着现代性对立面的地方。

4.旅游地的表征分析

"旅游地是表征的结果,旅游地会如何被表征是人类社会的操控和选择"(彭丹,2016:11)。旅游地的表征同样也充斥着大量的迷思,并受到了不少学者的关注。"'表征'是一个修辞学、符号学、传播学的概念,是指制造符号,以代表被表征对象的意义的社会化过程,以及这一过程的产物。'表征'也可以理解为将一种抽象的意识形态概念纳入具体形式(也就是不同的'能指')的过程"(转引自王宁等,2018:178)。Jenkins(2003)对澳大利亚的旅游营销宣传册和背包客拍摄的照片进行了研究。他指出,背包客在无意间参与到了"表征循环圈"中,建构了澳大利亚旅游地形象,强化了最初由旅游市场营销者建构和传播的文化迷思。Tegelberg M.(2013)从旅游营销者和本地土著两种视角出发,探讨了危地马拉城的旅游地表征。玛雅文化是危地马拉城的核心旅游吸引物,作者通过追溯19和20世纪的旅游文学作品和旅游指南,发现西方对玛雅文化的痴迷。文章指出,旅游营销者根据游客的需求和渴望去建构旅游地,在这些旅游叙事中,玛雅人被表征成"神秘的""永恒的""真实的",危地马拉城被看作一个未受现代化破坏的、原生态的传统之地。但事实上,这种旅游叙事是营销者所预设的,并不是目的地的真实再现。危地马拉的土著使用网络媒体向全球游客展现当地的真实情况,复兴了地方文化,推翻了在数个世纪的旅游文学和营销中建构的迷思和刻板印象,重新表征了玛雅文化的形象。Kanemasu Y.(2013)选取斐济作为研究案例地,以文本为研究资料,利用质性研究方法探讨旅游地形象表征和社会建构问题。在最初的一些文本中,斐济被表征成原始之地,地方居民被描绘成暴力的、残酷的野蛮人。但随着斐济旅游业的发展,为了吸引更多西方游客,在一些旅游营销文本中开始出现"太阳、沙滩、海洋"等自然元素和"篝火仪式、部落舞蹈"等土著文化元素,以此表征斐济田园牧歌、异国情调的地方形象,并且对斐济土著人的描述也从"暴力、残酷"转变为"可爱、和蔼"。她指出,这些文本表征的形象归根结底是根据旅游消费者对当地人的看法而建构的。Zhou L.(2014)对旅游地的表征进行了实证研究。他利用内容分析法,以江西婺源为研究案例,从网络文本资料分析乡村旅游地形象。研究表明,乡村旅游地形象的建构与"乡村性"和"乡村想象"的表征有关,并受意识形态的影响。Zhou L.指出,江西婺源是"中国最美乡村"的典型代表,在网络上其被表征为一个"古老的、浪漫的、与世隔绝的地方"。Knudsen D. C.、Rickly-Boyd J. M.、Greer C. E.(2014)以巴特思的迷思学理论为基础,探讨了丹麦遗产旅游景观表征与国家身份建构之间存在的深层关系。他们认为,一切旅游景观、标志、景点、吸引物、目的地等都是社会文化建构的产物,是通过"权力、身份、意义和行为"而被建构出来的,人们应该注意到其中所隐含的意识形态。文章引用了巴特思对迷思的定义:迷思是一个二次序的符号体系,即第一次序体系中的记号在第二次序中变成了能指,并借此分析了丹麦旅游吸引物的符号化过程。他们指出,阿马林堡皇宫和腓特烈堡作为一种符号,象征着丹麦国家的仪式和身份,在社会建构中成为旅游迷思和意识形态中的能指。Hamid-Turksoy N.、Kuipers

G.、Zoonen L. V.（2014）以英国的旅游报纸为研究对象，探讨了英国的媒体工作者对土耳其旅游地的表征。结果表明，这些英国旅游报纸从地理位置、景观与文化、土耳其人3个层面制造、传播和表征了土耳其旅游目的地的意义。英国的媒体工作者将土耳其描绘成一个地理上接近"我们"，但文化上却与"我们"不同的国家。尽管土耳其在地理上是欧洲化的，但旅游报纸中呈现的土耳其的景观和文化存在大量富含东方主义的元素，如朝向麦加的清真寺、在祷告的伊斯兰教徒、疾走的伊斯兰苦行僧、民俗舞蹈、阿拉伯式建筑等。这些所有元素都制造出了一种异国情调，引导读者将土耳其想象为一个神秘的、真实的、具有东方主义文化的地方。同时，这些旅游媒体工作者也积极将土耳其塑造成一个现代化国家，通过宣扬传统与现代的并存，增强土耳其的吸引力。此外，这些旅游报纸也经常会利用土耳其的自然景观如阳光、沙滩和大海等去吸引读者的眼球。总而言之，旅游媒体工作者经过过滤、包装和精心制作，将土耳其表征成一个充满异域风情和神秘色彩的国家。Hunter W. C.（2015）以网络图片为研究对象，以边境地区的表征为研究内容，对比分析了不同网络虚拟社区对韩朝的"非军事区"和韩日分界线"独岛"的表征。网络照片对韩朝分界线的表征内容主要有两种：一种是军事主义和文化遗产地，另一种是休闲娱乐活动场所。对韩日分界线的表征内容包括自然风景和旅游设施两类。Hunter W. C. 在文中指出，从表征的内容来看，边界地区是一种社会建构，受政治、经济的影响，而旅游作为一种"软权力"，对边界地区的社会建构同样具有重要影响，一些旅游者将边界地区视为具有象征意义的景观，在某种程度上再现着旅游者的"爱国主义"情怀或"富有同情心"的心理。此外，他还列举了既往旅游研究中对"表征"的定义。其中提到，"表征"是影响居民自我认同的象征性符号（Andsager、Drzewiecka，2000）。但确切来说，表征不能等同于符号，表征是制造符号，是符号的功能。随后，Hunter W. C.（2016）选取首尔作为研究区域，以视觉符号学为理论基础，对网络图片的表征进行内容分析，探讨了旅游网络虚拟社区中旅游地形象的社会建构。通过对比分析传统印刷物和网络虚拟社区关于首尔旅游地的表征发现，网络上关于首尔的图片所表征的内容可以分为四大类，即水路和城市景观、媒体化吸引物、传统旅游吸引物、城市旅游体验。他总结道，旅游作为一种"软权力"，影响着首尔旅游地形象的社会建构。市场营销者可能会受到某些政治和经济利益（或压力）的影响和激励，从而使他们遵从某种政策或协议去建构"预设形象"。而Zhao Z.、Zhu M. M.和Xiao F. H.（2018）则从旅游者的角度出发分析了游客对旅游地的表征。他们指出，一些旅游者喜欢在朋友圈分享旅游照片，并配上相关文字对图片表征的内容进行解释，以此吸引读者的注意力。这也表明微信朋友圈作为一种社交平台，是表征和传播旅游地形象的重要媒介。文章还提到，不同的群体拥有不同的表征体系，旅游者作为表征的主体是基于自我的价值和意义借助媒介去表征旅游目的地的形象。

（二）国内旅游迷思的相关研究

国内关于旅游迷思领域的研究较少。作为国内最早提及旅游中的迷思的学者，崔庆明和徐红罡（2012）以西双版纳的野象谷为研究案例，探讨了作为旅游吸引物之一的野象的迷思，但作者并没对"迷思"的概念进行介绍或界定（彭丹，2016：15）。朱璇、蔡元、梁云能（2017）等人在研究欠发达地区乡村从神圣走向世俗的过程和响应机制中指出，舞台管理者在面对世俗化的游客凝视时不应被动地迎合，而应主动去再造"迷思"。同样，这篇文章也仅仅是运用了"迷思"这一术语，并没有对"迷思"进行更深层次的阐释。与此相似，黄秀波、孙九霞（2017）；马天、李想、谢彦君（2017）等人在其文章中也运用了"迷思"这一术语，但这些文章中的"迷思"所指向的并不是符号学中的概念。黄秀波、孙九霞（2017）指出大多数传统村落旅游存在两重发展迷思，其一是旅游开发所存在的一种悖论，发展旅游促进了村落的复兴和文化的传承保护，但又给民族村落带来文化商品化、原真性失衡、多元利益冲突等问题，这种旅游的进退两难是景区管理经营的"迷思"。其二是不同主体在民族村落旅游发展过程中对旅游发展的诉求往往不一样，如现实中很多村落的传统保护更多是政府和专家的一厢情愿，原住民更希望通过旅游开发增加社区收入，过上现代化而非原始的生活，这是第二重迷思。但是这篇论文所说的迷思并不属于旅游地的迷思范畴，更确切地说，这里用"迷思"一词并不太合适，并不符合符号学中迷思的概念和定义。最近几年可以看到迷思这一术语在国内旅游研究中有被误用的情况。

彭丹（2014，2015）基于巴特思的迷思学理论，首次对"迷思"给出了操作化的定义，因为以往国外和国内关于迷思的研究都停留在巴特思给出的哲学定义，并没有人给出过关于迷思的操作化定义，并且对旅游迷思的研究成果进行了系统回顾与梳理。随后，彭丹（2016）在其著作《旅游迷思研究：关于湘西凤凰古城的个案分析》中对迷思的操作化定义进行了更详细的阐述。她认为迷思是人为建构的具有折射性、共享性、自然而然化的二次序符号。迷思的折射性是指迷思具有突出、掩盖、修饰等功能，会对现实进行扭曲；迷思的人为性在于其能指与所指的连接是人为建构的，迷思隐藏着意图，是由动机激发的；迷思具有共享性则是因为迷思是集体性的记忆和公众性的感知；所谓自然而然化是指迷思的能指和所指之间的连接被自然而然化，即指称的自然而然化。书中论证了凤凰这一个案地迷思的存在性，分析了凤凰古城所存在的具体迷思，并分析了迷思的制造和迷思的消费。彭丹（2017）在《制造旅游迷思：关于湘西凤凰古城的个案分析》一文中以凤凰古城为个案，利用质性研究方法剖析了迷思对旅游地吸引力的塑造，并着重分析了制造旅游地迷思的各方主体的行动，以及权力、资本和社会之间的互动，为旅游迷思理论研究补充了新的内容。

由上述可知，国外关于旅游迷思研究的理论成果已有不少，而国内很少有学者对此进行系统研究。总体来看，目前国际上已有的研究主要围绕旅游营销文本、旅游地表征、旅游者体验和旅游想象而展开。不难发现，诸多研究仍然是聚焦于分析旅游地存在的具体迷思，或者是对旅游营销文本的迷思进行挖掘，国外和国内少有研究去系统地分析旅游地迷思的制造与消费。事实上，制造迷思的主要目的在于向旅游者销售旅游地，只有当旅游者消费时，迷思的作用才能得以凸显。在"制造—消费"的循环过程中，旅游迷思是如何被制造的？旅游迷思又是怎样被消费的？旅游者的想象、期待与实地旅游体验是否相一致？其实际的旅游体验对既有的迷思是一种验证还是消解？中国还有哪些旅游地存在迷思？这都值得我们进行更深入的探讨。

二、旅游地文化遗产活化研究

关于"文化遗产"的正式定义出现于1972年UNESCO通过的《保护世界文化和自然遗产公约》中，并将文化遗产分为古迹、建筑群、遗迹三大类。随后于2003年UNESCO颁布了《保护非物质文化遗产公约》，旨在保护以传统、口头表述、节庆礼仪、手工技能、音乐、舞蹈等为代表的非物质文化遗产。所以，文化遗产包括物质文化遗产和非物质文化遗产。随着两大公约的通过，关于文化遗产的保护与传承引起了社会各界的重视，也成为学界研究的领域之一。

在过去，关于文化遗产的工作主要强调的是对它的保护。后来，由于社会经济和人类文化发展的需要，挖掘文化遗产的价值成为一批遗产学者考虑的重点。最初，对遗产所用的词是"开发"，后来有人提出，"开发"一词显得过于"野蛮"，并不适合用在文化遗产上。如今对于文化遗产主要用的词是"活化"，"活化"一词兼有"保护"和"开发"的双重意义。事实上，"活化"一词的出现是人类社会对文化遗产认知成熟的体现，过分强调遗产的保护，造成文化遗产"养在深闺人未识"的局面，或是不顾客观规律对文化遗产进行大肆开发，最后造成文化遗产的破坏，都无法真正实现文化遗产的价值发挥。

2017年，"加强文物保护利用和文化遗产保护传承"被作为坚定文化自信的一部分写入十九大报告之中。很显然，文化遗产的保护和利用已经成为中国特色社会主义新时代的一项重要任务，也是中华民族伟大复兴的重要组成部分。因此，关于文化遗产活化的讨论在当下极具时代特征。

（一）国外研究进展

文化遗产作为人类历史发展的载体，是一种不可再生资源，具有无可比拟的价值，是全人类的瑰宝。如何通过某种手段或方式保护遗产，使其在日益更新的社会中重新焕发活力并满足当代实际需求成为学界的研究热点。早在20世纪初欧美国家就制定了一系列关于文化遗产保护的制度，如《雅典宪章》《威尼斯宪章》《巴拉宪章》等。随着人们的遗产保护意识不断增强，遗产保护的理念也随之发生变化，由最初的原真性修复保存发展到如今的活化利用，现在"活化"已经成为遗产研究领域的重要课题。遗产活化被看作遗产可持续发展的重要方式，是在保护性原则的前提下遗产价值的再利用及其魅力的重塑。西方国家通常以 Adaptive Reuse、Revitalization、Living 等词语作为"活化"的表达。在理论研究中，英国学者 Cantacuzino S.（1975）首次出版的 *New Uses for Old Building* 标志着文化遗产活化利用理论形成的开始，随后他出版了一系列关于遗产活化利用理论的学术著作，如 *Architecture Conservation in Europe*、*Saving Old Building*、*Re-Architecture：Old Building New Use* 等。在实践中，在西方国家的遗产活化中存在不少典型成功案例，如美国西雅图煤气厂改造、法国波尔多当代艺术中心、意大利的博洛尼亚等。同样作为文化遗产研究的先驱，日本是较早提出文化遗产"活化"理念的国家之一。"二战"后日本十分重视文化遗产的保护，并采取了诸多保护措施。20 世纪 60 年代，日本颁布了《古都保存法》，民间掀起传统街景保护运动；70 年代中期修改《文化财保护法》，确立传统建造物群保存地区制；80 年代后期全国各地开始制定城市景观条例，并将景观控制运用于实践；90 年代初发起现代化遗产（建造物等）综合调查，而后借鉴欧美国家的文化遗产保护经验，再次修改《文化财保护法》，强调不仅要保存文化遗产，还应注重保持遗产活力并发挥其作用，这一次制度的修改引起了广泛的关注，影响深远。Boussaa D.（2015）指出，近几十年来遗产和旅游已成为受人瞩目的发展领域。鉴于遗产对旅游目的地发展的重要性，对遗产进行活化利用是十分有必要的。1999 年，国际古迹遗址理事会（ICOMOS）在墨西哥举办的以"遗产利用"为主题的第十二届大会指出，在可持续发展的背景下，文化旅游和历史城镇的相互关系值得关注。2012 年，世界遗产委员会正式通过了"世界遗产与可持续旅游项目"，这对于遗产活化而言无疑是巨大的推动力。通过梳理和回顾遗产旅游地活化的相关文献发现，建筑遗产再利用和社区营造是许多学者研究的重点内容。

1. 遗产活化中的建筑遗产再利用

1979 年澳大利亚颁布的《巴拉宪章》正式提出活化利用（Adaptive Reuse），《巴拉宪章》指出历史遗迹遗址应以保持其文化意义为基础进行适当的再利用，而不是介入式的保护方法，不可以或者是以最低限度改变遗迹遗址的原始构件。换而言之，是基于原真性原则的前提下对文化遗产进行修复（Restoration）、修护（Maintenance）、保护（Preservation）、重建（Reconstruction）和再利用（Adaptation）。19 世纪学者们提出的遗产修复和保存的观点可谓是遗产活化的雏形，如著名的法国建筑大师 Viollet-le-Duc（1854）提出的修复理论，他主张"修复一座建筑物，不是要去维护、修葺或者翻新，而是要把它复原到最完整的状态，即便这种状态没有真正的存在过。"随后 John Ruskin（1849）在其著作《建筑七灯》对 Viollet-le-Duc "追求华丽外表"的修复理念进行了批判。他认为建筑物不可能被完全修复，历史建筑物的价值不在于华丽外表而是年代感，修复是对它的一种破坏。因此，只能对其进行日常性维护，以达到修复的最好状态；而 Riegl（1928）认为修复和保存这两种观点的冲突是由于其价值取向的不同，但不可否认历史建筑再利用是现代社会建筑遗产保护中的重要组成部分。在旅游目的地中，建筑遗产是旅游吸引物的组成部分。而建筑遗产再利用是旅游地遗产活化中的一项重要内容，这不仅有利于遗产的保护和传承，更能增强目的地的吸引力，塑造旅游地形象，促进目的地的旅游发展。Lee Y. J.（2015）认为在诸多旅游目的地中，遗产活化利用成了遗产保护和旅游推广的重要组成部分。他以台南火车站建筑遗产为研究对象，探讨了在建筑遗产再利用的背景下怀旧情怀与旅游体验之间的关系。他认为建筑遗产在原真性原则之上的再利用能够激发旅游者的怀旧情怀，增强旅游体验的难忘性，并且怀旧情怀在某种程度上影响着文化传承。相较于"博物馆式"的保存法，遗产活化可以使得文化遗产保持活力，并为当地带来一定的经济、社会和环境效益。Lee W.、Chhabra D.（2015）主张在文化可持续战略的基础上将建筑遗产转换成旅游商品。通过遗产活化的形式将旅游目的地的建筑遗产改造成精品遗产酒店，增强目的地文化吸引力。同样，Aslam M. S. M.、Jolliffe L.（2015）也研究了建筑遗产的活化问题。在斯里兰卡，许多与殖民茶业有关的建筑遗产，包括种植园主的俱乐部、茶园管理人员和工作人员的房屋，都已经被改造为向游客提供服务的遗产酒店。他们以斯里兰卡茶叶生产山地为研究区域，探讨了建筑遗产活化在遗产旅游中的作用，以及对历史性住所改造所面临的经营挑战。在遗产活化的过程中，通常都会面临诸多困境，如利益相关者的利益协调问题、土地规划问题，以及有形和无形遗产的真实性问题。

2. 遗产活化中的社区营造

遗产的活化与社区有着千丝万缕的联系。Poulios I.（2014）在回顾前人文章的基础之上讨论遗产保护领域的战略概念，重点讨论促进地方社区赋权和可持续发展的一种新的保护方法，即遗产活化。他把遗产保护的方法概括为三大类：基于原材料的保护方法、基于价值的保护方法和活化利用的保护方法。他认为遗产活化法是一种以社区为基础的方法，核心社区在保护过程中发挥主要作用，它不仅参与保护过程，还有能力做出决定并保持对整个过程的控制。"遗产活化"最早由国际文化财产保护与修复研究中心（ICCROM）于20世纪90年代提出，旨在强调文化遗产在本土社区中的传承和活化利用。文化遗产传承和活化离不开当地社区，脱离了社区这一根基，遗产便失去了生机并面临着失传的风险。毋庸置疑，社区在遗产活化过程中发挥了重要的作用。在20世纪60年代，以欧美国家为首的全球性社区运动拉开了序幕，社区居民纷纷转换了先前被动的态度，积极主动地参与到城市建设与都市规划中。社区营造正是产生于这一场影响深远的社区发展运动中。社区营造被认为是凝聚社区居民或非营利性社会团体和组织的力量，鼓励他们共同参与社区建设，从而唤起人们的共同归属感和认同感，建立人与社区环境之间的紧密联系的一种过程。社区营造还被称作社区参与、社区发展、社区总体营造，是一种不同于传统的自上而下的规划建设的观念的"草根行动"。日本设计学宫崎清教授曾指出社区营造内容分为五大类：人、文、地、产和景。"人"指的是具有共同认知和价值观的社区营造主体；"文"指的是传统文化的传承及民间工艺的延续；"地"指的是地方建筑的保护与再利用;"产"指的是当地特色产业的创新经营;"景"指的是独特的地方景观管理(转引自胡澎，2013)。日本著名的古迹保存和都市规划研究者西村幸夫(2007)在其著作《再造魅力故乡——日本传统街区重生故事》中以17个小城镇为研究案例，讲述了历史街区活化利用与社区营造之间的关系。社区营造最重要的是"以独特的眼光来发掘地方资源，以积极思考的方式来重新评估地方发展方向"。借助社区营造动员基层人们积极参与当地历史街区的保护和重建，举办节庆活动，重新焕发文化遗产的活力，使得文化遗产得以保存和再利用。

近年来，关于地方社区参与旅游地遗产活化利用和管理的重要性研究日益增长。Peng P.、Putu D. 和 Prasiasa O.(2011)以世界遗产地吴哥窟为研究区域，探讨了其附近4个社区参与当地旅游发展的现状。他们认为发展旅游在一定程度上可以帮助利用和保护自然与文化遗产，而为了保持经济、环境和社会文化的效益同时减少旅游带来的负面影响，必须让当地居民参与旅游开发和管理。美国南达科塔州斯皮尔鱼市的孵卵所曾是鱼类文化研究基地，它曾经因为经营不善而被迫关闭。但当地居民认为该研究所对他们的身份认同有着重要影响，随后将其进行了活化利用，打造成面向游客的旅游景点。在此背景下，Spencer D. M.、Nsiah C.(2013)以该研究基地为研究对象，探讨了社区支持感对遗产地旅游吸引力的复兴作用及其所带来的经济效益。他们认为社区支持感对该地区的旅游经济收益具有显著的正向影响。Jaafar M.、Noor S. M.、Rasoolimanesh S. M.(2015)运用利益相关者理论，探讨了居民感知、社区参与旅游发展和归属感之间的关系。研究表明，居民的正面感知和社区参与存在正向关系，也就是说，对旅游发展持正面看法的居民会更加渴望推广和支持社区旅游，即社区参与程度越高。然而，持有消极感知的居民其地方归属感较好，他们认为发展旅游会给当地发展带来一定的负面影响，因此，他们的社区参与程度通常较低。

在实践中，社区如何参与到旅游地的遗产活化值得深思，这也引起了不少学者的关注。Di Giovine M. A.(2009)以"经典复兴理论"为基础，利用民族志田野调查法探索会安古镇是如何从一个沉睡的越南小镇成为如今最受欢迎的旅游目的地的发展过程。文章强调了旅游与当地居民对古镇复兴的重要性，他们认为旅游是古镇复兴的外部推动力，而当地居民是古镇自我革新的真正主导者。Su M. M.、Wall G.(2015)选取了中国北京的八达岭和慕田峪长城作为研究区域，采用了访谈法和问卷调查法，对两个地方管理结构和社区参与情况进行对比分析。研究结果表明，社区参与旅游发展的方式和程度受地方管理结构和性质影响。因此，他们主张政府和管理机构应组织培训计划，以提高社区成员的技能和能力，分享有关旅游业发展的资料，并为他们的业务运作提供及时的指导，让社区居民积极参与到遗产地旅游活动当中。Rasoolimanesh S. M.、Jaafar M.、Ahmad A. G. 等人(2017)以马来西亚的乔治镇为研究案例，探讨社区居民参与旅游发展和遗产保护的重要性。他们利用MOA模型探讨了动机、机会和能力3个因素对不同程度的社区参与的影响，并由此提出了社区居民参与遗产保护和旅游发展的相关措施。

（二）国内研究进展

国内台湾地区关于文化遗产活化的实践和理论起步较早，是国内文化遗产活化的先行者。1999年的台湾"9·21"大地震摧毁了不少历史遗迹，古迹的保护迫在眉睫。为此，台湾省有关部门颁布了"古迹科技计划"，旨在保护历史古迹，学界也开始对古迹保护问题进行研究，相关的研究成果不断涌现。在台湾地区，遗产活化又被称为古迹活化。关于遗产活化，要考虑如下几个问题：遗产为什么需要活化、怎样去活化。活化本质上就是去利用遗产，把遗产利用起来就是活化，其实，活化这个概念是为了给出解决遗产问题的策略而产生的。国内相关研究集中在以下几个方面：

1. 遗产活化的方式、路径和策略

喻学才（2010）将遗产活化分为遗产本体的活化（主要指增强遗产的可视性）和观赏者活动的活化（主要指让游客得到满意的体验）两个方面。遗产本体活化主要采取对建筑进行复建、建造博物馆和运用计算机虚拟技术的方式；观赏者活动的活化则是在技术和服务两方面双管齐下。另外，他还提出了多种遗产活化的方式、途径和方法，如表1-1所示。

表1-1 喻学才提出的遗产活化的方式、途径和方法

方式	集景式（如深圳的锦绣中华） 集成式（如东南大学被冻结的项目历史长河）
途径	实造（如改革开放后所建设的大观园、清明上河图、唐城、宋城等） 虚拟（如电影、舞台情景剧、三维电影等）
方法	变小变大法、集零成整法、名段选读法、锦上添花法、老树新花法、模拟浓缩法、借尸还魂法、变罕为常法、因缘附会法、借题发挥法、化朽为奇法、另起炉灶法、影视衍生法

资料来源：喻学才. 遗产活化：保护与利用的双赢之路［J］. 建筑与文化，2010（05）：16-20.

吴必虎、王梦婷（2018）从法律和宏观的角度出发，认为《中华人民共和国文物保护法》（以下简称《文物保护法》）具有一定的局限性和部门法特色，有必要根据新的社会要求进行修订，他们提出：一方面，国有文物尚未实现所有权、管理权和经营权"三权分离"，应树立"国有文物属于全民所有"的物权和产权观；另一方面，《文物保护法》倾向于遗址保护而非原址重建，这是"非常违背地理学精神、科学认知的，也是违反法理与学理、违反历史唯物主义的"，因此，他们提出了与《文物保护法》完全相反的观点："从地理学的角度看，要保护中国传统文化，就必须原址重建"。不可否认的是，《文物保护法》过去在遗产保护方面有着突出贡献，但正是由于过分强调遗产的"保护"，导致它所存在的局限性降低了遗产活化的效率。文章还指出，要对国有文物的国家的所有权、文物局的管理权、社会企业的经营权分离进行开放尝试；要重视遗产的地方感、地方依恋和场所精神，

支持原址重建。并且，他们提出了活化呈现的3种范式和4点路径考虑，如表1-2所示。

表1-2 吴必虎等提出的遗产活化的范式和路径

活化呈现的3种基本范式	客观主义的活化模式（静态博物馆模式）
	建构主义（实景在线）模式
	述行主义（舞台表现）模式
活化路径4点考虑	尊重场地特征和文脉延续
	考虑遗产空间的保护和利用
	提炼特定的文化主题以区别竞争者
	提供更多样的游憩性和参与性活动

资料来源：吴必虎，王梦婷.遗产活化、原址价值与呈现方式［J］.旅游学刊，2018，33（09）：3-5.

在"活化"动因和策略层面上，苏卉（2018）首先对文化遗产资源"活化"做出了定义："在尊重遗产的前提下，采取创造性的方式来促进遗产蕴含的价值与文化特色发挥出来，从而提升遗产服务的社会功能。"随后分析了文化遗产"活化"的4种动因，分别是自然动因（因自然因素遭到破坏）、社会动因（保护理念需要创新）、文化动因（活化的文化需要）和技术动因（数字技术对活化效果的提升）。她还"针对文化遗产的不同类型、基于文化遗产资源的保存状况与价值状况"提出了承袭式（表达与传承历史文化信息）、修复式（恢复受损遗产的完整性）、还原式（包括物质形式还原和数字技术形式还原）、适应式（为遗产注入新机能以延续其生命）、再生式（实现遗产的存续与再生）、创意式（结合现代创意技术挖掘文化遗产价值、开发文化创意产品）6种差异化的文化遗产活化策略，如图1-1所示。

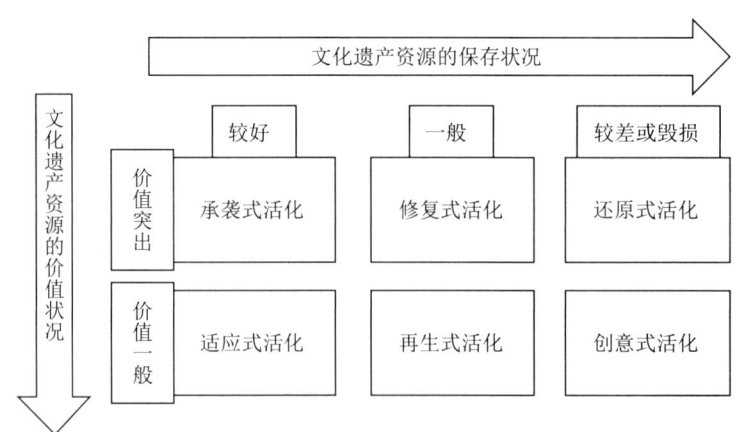

图1-1 苏卉提出的文化遗产的活化策略

资料来源：苏卉.文化遗产资源"活化"的动因及策略研究［J］.资源开发与市场，2018，34（01）：99-102.

2. 遗产活化中的旅游商业化

保继刚、苏晓波（2004）认为旅游商业化是对目的地某种特定商业现象的描述，旅游商业化通常具有两大特征：一是商业功能的转化是由旅游推动的，大量商铺的顾客群体由面向本地居民转变为面向旅游者；二是旅游商品的同质化严重，手工艺品减少，大规模生产的产品充斥市场。旅游使遗产具有了经济生产功能，为遗产地带来了一定的经济效益。毫无疑问，遗产旅游商品化是遗产活化的方式之一。在国内，文化旅游的热潮一直未退，文化遗产地深受旅游者的青睐。但如今诸多文化遗产地都存在盲目开发，过度商业化的现象，这不仅偏离了活化的初衷，还使遗产遭受到严重的破坏。在遗产活化中，如何保持适度的旅游商业化引起了学者们的重视。那么何谓"适度商业化"？这与"过度商业化"又该如何区分？李倩、吴小根、汤澍（2006）认为，就其本身而言，商业化现象是中性的，而造成旅游地的"适度商业化"或"过度商业化"的原因是旅游地的商业化进程不一致。适度商业化是指通过商业化开发将旅游地所具备的文化资本转换成经济资本的过程，并且在这个过程中所获得的经济收益能够被用于古镇的维修与保护，由此形成文化与经济之间的良性互动。而过度商业化是指旅游地的商业化开发以文化流失为代价，对文化造成一定的破坏，使得文化资本与经济资本之间不能形成良性互动，也就是说，文化资本向经济资本进行单向转换。熊礼明、李映辉（2012）对凤凰古镇的旅游商业化做了研究，认为尽管凤凰古镇的旅游发展让当地人获得了一定的利益，但伴随着旅游商业化而来的是当地环境、文化风俗遭到破坏，古镇充斥着浓厚的商业化气息。凤凰古镇要维持适度商业化，就必须开发新的增长点，改变"门票经济"状况；要注重生态环境保护，走可持续发展道路；并探寻商业化与文化发展的平衡点，增加文化内涵；同时还要厘清古民居产权，协调利益相关者的关系。赵桅（2016）对法国里昂老城和丽江大研古镇的旅游商业化做了比较研究，为文化遗产地的活化利用具体实践指明了方向。由于旅游商业化过度，丽江古城本土人口大量被置换；城内建筑的功能发生了巨大的变化；地方传统工艺逐渐消亡；本土文化的使用和传承日益艰难。恰恰相反，里昂老城在旅游商业化过程中，所推行的是一种"保护式的再利用"，在完整保护遗产资源的基础上，竭力展示里昂特色，并古为今用，使得遗产焕发活力。赵桅认为弱化古镇商业化气息，维护遗产地的本真性可以从让利于原住民、打造地方特色手工艺品、动员地方居民直接参与旅游活动三个方面入手。

3. 遗产活化中的社区参与

目前国内对于社区居民参与旅游地遗产活化的研究日益增加，越来越多的学者注意到了社区参与的重要性。所谓"社区参与"，是指社区成员有权力制定社区政策和介入社区事务，同时也意味着社区成员有义务承担社区责任（张卫，2001）。社区是遗产地活力之源和社会结构之基，是遗产价值的主要传承者，原住民的流失会严重影响遗产地文化传承。早期日本的"町造"、英国的"社区建筑"、美国的"社区设计"和我国台湾地区推行的乡村社区总体营造在塑造社区文化、丰富社区生活、凝聚社区共识、创新社区环境等方面都取得了不错的成效（储德平，等，2012）。张先清（2015）在分析台湾遗产保护的典型案例过程中强调了社区参与的重要性，他认为焕发文化遗产活力离不开社区基层社群的力量，鼓励社区居民参与文化遗产的保护与管理，是遗产活化的必经之道。20世纪末以来，台湾在遗产活化方面非常注重社区参与。早在1994年台湾地区有关部门就推出了"社区总体营造计划"，2006年出台了"社区文化资产守护网络建置计划"，旨在鼓励社区居民参与遗产活化，促进文化遗产保护与管理。宋章海、韩百娟（2007）探讨了社区参与在遗产旅游地中的有效作用。文中指出，社区居民创造的社区文化是遗产文化的重要组成部分，遗产地活的资源，为遗产地旅游产品的设计与创新注入了生机和活力。明庆忠、熊剑峰（2010）从土著知识再利用角度强调了社区参与旅游地遗产活化的重要性。土著知识是人类社会文明和文化多样性的重要组成部分，并且具有神秘性、独特性、文化性、民族指向性等特征，是旅游目的地独特的"旅游符号"，也是重要的旅游吸引物之一。储德平、郑耀星和董厚保（2012）提出了古镇旅游中社区总体营造途径。他们认为如今许多古城的旅游商业化倾向严重，原生态居民外迁导致古城文化出现"空心化"危机。而社区营造强调了社区生命共同体意识、社区参与和社区文化，是一种具有鲜明特色的地域治理措施，社区营造可以从文化遗产空间载体、社区居民参与、古城文化产业、社区整体环境4个方面着手。董雪旺等人（2018）在研究水乡古镇开发模式时指出，尽管旅游开发作为一种活化水乡古镇的模式得到了市场认可，但不可否认一些古镇仍然存在不同程度的社区空心化及遗产化石化等问题。然而，他们并未从社区营造这一层面探讨地方居民对遗产景区活化的感知，而是基于游客的地方感知展开研究。林德荣、郭晓琳（2018）在其文章中强调了遗产活化过程中社会参与的力量。他们认为，作为一个文化遗产地，活化文化遗产必须走出"政府—市场"的二元框架，更加重视社会力量的参与。活化文化遗产就是要使其成为社区居民和游客生活中的一部分。与此相似，戴俊骋、李露（2019）探讨了非物质文化遗产旅游化利用过程中地方文化精英参与的问题。他们指出，地方文化精英的群体数量庞大，占有的资源多元，并在现实中承担了非遗传承的大部分工作。因而，地方文化精英的作用在非遗的保护与传承中不容忽视。

目前我国遗产活化的现状如下：要么完全没有得到活化，要么就是过度活化，还有一部分是得到了较好的活化。基于此，本书通过对丽江古城和凤凰古城这两个具体的案例来分析如何让历史文化遗产得到恰当的、更好的活化，更具体地说是聚焦于古城镇类型的历史文化遗产的活化。活化是要实现对静态遗产的恰当利用，古城镇和古村落的成功活化重点在于两个维度：生活化（有生活气息的古城）和社区化（落脚点在于社区营造）。要分析遗产活化，还要分析已经活化的遗产的活化历程，包括活化历程中的时间谱、逻辑谱和利益相关者的分析。

第二节 研究设计

本书是基于案例地的实证研究,主要运用了3种研究方法:案例研究法、质性研究法和文献分析法。

一、研究方法

(一)案例研究法

案例研究法是一种综合性的研究方法,它不是只采用定性研究法,也不是只采用定量研究法,它可以是结合定量研究和定性研究的综合性的研究方法。当研究者希望对一个个案或多个个案进行实证研究时,就必须采纳案例研究法。本研究属于多案例研究(两个案例),选取了凤凰古城和丽江古城这两个案例进行比较性案例研究,遵循的是逐项复制法则,凤凰古城和丽江古城在旅游地迷思研究中属于有代表性的、典型性的案例。

(二)质性研究法

在实地调研中,笔者采纳了多种质性研究方法,质性研究法也称为质的研究或定性研究法,它与定量研究的区别在于:"定量研究是利用数值化的经验材料进行的研究,定性研究则使用非数值化的经验材料作为分析的对象。"(谢彦君,2018:92)"质性研究的资料主要有两类:一类是视觉资料(观察与民族志资料、相片等),另一类是声觉资料(访谈录音与誊写资料)。"(王宁,2009:26)本研究具体采纳的质性研究方法有访谈法、焦点小组法和ZMET技术。通过这几种方法收集了声觉资料和视觉资料,在访谈法和焦点小组法中,事先征得受访者的同意,进行了访谈的现场录音,并根据访谈录音文件逐字输入电脑誊写成访谈文本。在访谈中,还针对一些受访者借用了视觉资料(凤凰古城的明信片、丽江古城的网络图片)进行了访谈,运用凤凰古城的明信片(由笔者提供明信片)来对受访者进行了一对一的访谈,挖掘受访者对凤凰古城的想象,借用丽江古城的网络图片(由受访者自己寻找网络图片),运用ZMET技术的前三大步骤来分组访谈以挖掘受访者对丽江古城的想象。接下来,文章先介绍这些年的实地调研情况,然后再逐个介绍这几个质性研究方法的实施情况。

1. 实地调研情况

在本课题立项前笔者在多地进行了为期多年的前期调研(从2010年开始),在2016年课题立项以后,也开展了多次实地调研(从2016年到2019年),主要的调研地包括国内的一些客源地和案例研究地（湘西凤凰和云南丽江），具体情况见下文关于旅游目的地和旅游客源地调研的介绍。

此外，在前期调研中笔者于2013年1月28日至7月26日在美国旧金山访谈了53位美国居民（这53位受访者的资料详见书后附录，美国受访者单列为一个表格），当时笔者在美国旧金山做访问学者，调查了海外游客对凤凰古城的认知情况，当时笔者同时用了音译法（Fenghuang）和意译法（Phoenix）来指称凤凰，这53人中仅有6人知道湖南凤凰，这6位受访者中有2位去过凤凰，有4位没去过，去过的受访者中有一位老华侨（SF49-H-F）说湖南凤凰古城是在2012年下半年开始在美国有点知名度的，另一位老华侨（SF26-C-M）说很喜欢中国、热爱毛主席，他每年都回中国旅游，2012年去了湖南长沙、张家界、凤凰旅游，他说张家界的山很美，凤凰的河很美，两岸的房子不错。53位受访者中去过中国旅游的人只有8位。相比凤凰而言，丽江古城在欧美客源市场的知名度要高一些，这与早期的几本关于香格里拉和丽江的欧洲文学作品有关。在美国访学期间笔者还收集了美国的很多纸质报纸资料和旅行社宣传册，当时正逢2013年凤凰古城推出围城收费的新门票政策，故当时美国的华语报纸对凤凰古城有很多报道，收集的报纸文献有《星岛日报》《世界日报》《世界周刊》等华语报刊。

关于凤凰和丽江的调研，更重要的是放在国内客源市场的调查，这两个古城镇在国内的知名度很高，尤其是丽江，旅游业开发时间比较早，在国内享有很高的知名度和热度，近些年来，两个古镇的游客主力军还是中国游客。这10年来，笔者在国内对案例地和客源地进行了长期的调研，具体的实地调研情况如下：

（1）湘西凤凰：旅游目的地的调研

凤凰古城的实地调研先后进行了4次，本课题立项前的前期调研时间如下：2010年10月24日至10月31日、2012年8月4日至2012年8月11日、2014年10月10日至12日，前面两次时间较长的调查中访谈到的人数共计103位，因为前期几年是做的凤凰古城旅游迷思的调研，所以，在凤凰古城田野调查中收集到的访谈文本中笔者选取了一部分纳入了本课题的资料分析中，这一部分访谈文本的受访者也纳入了本书访谈人数总数的统计当中，要予以说明的是，因为课题立项以后的后期调研中对游客的访谈样本量很大，故前期调研中凤凰实地调研的游客的访谈文本绝大多数都没有纳入本次研究的资料分析当中，这两次前期田野调查的103位被访者纳入本书样本统计的受访者人数为45人。第三次凤凰实地调研是在2014年10月10日至12日，主要考察凤凰古城在十一小长假过后当地的旅游情况和地方景观情况，第四次去凤凰开展实地调研是2019年7月15日至7月22日，调查凤凰古城近几年的情况，访谈人数为27位。凤凰的受访对象包括凤凰当地政府人员、当地居民（涉入旅游业的居民和非涉入旅游业的居民）、旅游商户（如酒吧老板、客栈老板、餐馆老板、商铺老板）、旅游摊贩（他们是涉入旅游业的居民）、旅行社人员（调查的是凤凰当地旅行社作为地接社的情况），等等。

（2）云南丽江：旅游目的地的调研

丽江古城的实地调研分为两次，第一次是在立项之前的前期调研，调研时间为 2012 年 8 月 25 日至 29 日。第二次调研是在立项以后，2016 年 7 月 1 日至 7 日。课题立项以后的客源地调研中针对丽江的访谈样本量很大，所以，在丽江当地的调研中访谈的人数不是很多。丽江实地调研访谈对象包括丽江当地政府人员、本地居民、游客、导游员、外来旅游商户（包括客栈老板、酒吧老板、商铺老板等）。受访者共计 22 位。

（3）湖南长沙和其他省市：旅游客源地的调研

迷思是关乎公众的想象，因此，旅游地迷思主要可以从旅游者群体关于旅游地的想象中进行挖掘，所以，在旅游客源地进行调研就显得十分重要。本研究实地调研的旅游客源地包括湖南长沙和其他省市的调研，其中长沙是凤凰古城最主要的旅游客源地之一，在立项以前笔者在长沙做了几年的前期调研，从 2010 年 10 月 11 日开始到 2013 年 12 月 12 日结束，调研了多次，访谈人数 49 位，因为立项以后 2016 年至今调研的游客样本量很大，所以，这些前期的长沙访谈文本并没有纳入本次课题研究当中。另外，前期调研中笔者在广州市访谈的几位游客样本也没有纳入。

立项以来，2016 年开始，课题组在长沙及其他省市客源地展开了调研，除湖南长沙以外，还在辽宁、浙江、山东、山西、广东、海南、宁夏等省、自治区开展了访谈调研。具体城市名详见附录受访者清单中的访谈地点。我们对客源地的潜在游客和去过旅游地的游客进行了访谈，有些人是只针对凤凰古城进行提问，有些受访者是只针对丽江古城进行提问，还有一部分人是同时针对丽江和凤凰来提问的，同时还调查了客源地的一些旅行社（即组团社）人员。其中针对凤凰的访谈中有几位受访者是根据笔者出示的凤凰古城明信片而对凤凰古城的想象进行了描述，也是一对一的访谈形式；另外，关于丽江的想象还采纳了 ZMET 技术的前面几个步骤（后文会详细介绍），附录中将这些情况分组列举。凤凰古城的一对一访谈人数为 121 人（指 2016 年以来的调研人数，不含凤凰前期实地调研中纳入本课题研究的 45 人），其中基于凤凰明信片的访谈人数为 7 人；丽江古城的一对一访谈人数为 143 人；凤凰和丽江两个古城同时访谈的一对一受访者人数为 58 人。

另外，湖南的其他古镇（古村落）笔者以前也曾去做过调研，2013 年十一小长假期间笔者去了湖南湘西州花垣县边城镇（原名茶峒，2008 年更名为边城）和湘西州永顺县芙蓉镇（原名王村）这两个旅游地进行了访谈调研（这些访谈文本没有纳入本次研究当中），因为边城镇是沈从文先生的作品《边城》开篇交代的故事发生地茶峒，芙蓉镇是电影《芙蓉镇》的拍摄地而开发为景区并由王村更名为芙蓉镇。笔者还曾去过湖南怀化洪江古商城，长沙靖港古镇和关山古镇，湖南娄底、怀化和雪峰山景区的一些古村落等进行实地走访和调研，收获了对古镇、古村落旅游更深刻的认识。

2. 具体研究方法

本研究用到的具体研究方法有访谈法、焦点小组法和 ZMET 技术。接下来对这几种方法进行介绍。

（1）访谈法

访谈法又称访问法，是"社会研究中最重要的调查方法之一。访问的过程实际上是访问者与被访问者双方面对面的社会互动过程"。"根据一次被访问的人数，访问又可分为个别访问与集体访问"（袁方，1997：268）。本课题在实地调研过程中对于大多数受访者采取的是一对一的访谈法，对于一部分人群采取了集体访谈。

（2）焦点小组法

焦点小组法是一种集体访谈，属于一对多的访谈形式，英文名为"Focus-in Group"，常用于服务管理和消费者体验的研究中，它是一种质性研究方法。标准的焦点小组法由主持人、记录人和受访者构成，一般一个小组的受访者人数为 12 人左右，本研究采取的焦点小组法中主持人和记录人为同一人，即访谈者，并现场进行了录音，同时现场记录受访者的发言情况，每组焦点小组访谈人数不等，有 2 人一组、3 人一组、5 人一组和 9 人一组（具体分组和受访者情况见附录，焦点小组法的受访者单列为一个表格）。所采用的访谈提纲与一对一访谈法的访谈提纲相同，是针对游客群体所做的访谈，包括去过旅游地的游客和未去过旅游地的潜在游客。小组访谈针对凤凰古城和丽江古城同时提问。访谈人数共计 27 人，共 7 组。

（3）ZMET（隐喻抽取技术）

ZMET（Zaltman Metaphor Elicitation Technique）翻译为隐喻抽取技术，它也是一种质性研究方法。隐喻抽取技术的提出者是 Zaltman。Zaltman 指出，"要了解消费者潜意识的想法和感觉，可以借助两个工具来完成：隐喻与想象"。"该技术是一种以图像为媒介、结合深度访谈而进行的崭新的消费者研究方法。"（转引自谢彦君等，2017：120）本研究中 ZMET 访谈人数共计 66 人（附录中将 ZMET 技术的受访者情况单列为一个表格）。本研究采取的是 ZMET 技术前 3 个步骤，包括前置作业、访谈引导和确认关键构念。调查的是受访者对于丽江古城的想象，受访者中大多数是未去过丽江的潜在旅游者，这部分调查人群的年龄层次为 95 后群体，属于年轻的游客群体。受访者自己寻找网络上关于丽江古城的图片，根据这些图片描述自己的想象，在访谈引导中本研究采用了两种形式：其一，由访谈员面对面访谈受访者；其二，由受访者自己写下文字后，将文本交给访谈员，访谈员对这些故事性描述提取关键的构念，书中有关章节会列举出这一研究方法的部分结果。要说明的是，本研究并没有进行 ZMET 的第 4 个步骤，即建立共识地图，因为本研究运用隐喻抽取技术只是为了挖掘潜在游客对丽江古城的想象这一个问题。

自本课题立项以来，从 2016 年 7 月开始到 2019 年 8 月，这 3 年多课题组一共访谈了 415 人。通常说来，质性研究的访谈人数少则 5~15 人，多数质性研究的访谈人数为 30 人，本研究的访谈人数相比大多数质性研究的访谈人数要多很多，在本研究的访谈抽样过程中以信息导向为原则，以资料饱和和理论饱和为目标，收集到的第一手资料十分丰富完善，访谈样本量和信息量很大。

（三）文献分析法

本研究中还用到了文献分析法，"在严格意义上文献法并不是一种资料收集方法，而是一种研究方式——即既包括资料的收集方法也包括对这些资料的分析方法"。"可以把文献资料分为个人文献、官方文献及大众传播媒介三大类。"（袁方，1997：392）

本研究除了对实地研究的第一手资料进行收集和分析以外，还收集了大量的二手资料，这些二手资料都属于文献。首先在前期多年的调研过程中，通过笔者对凤凰县委和县政府的多次走访调研，经由几位政府公务员的帮助和材料提供，收集了大量来自凤凰县政府的内部文献和各类材料文件，这些文件大部分为电子文档，还有部分影像资料。丽江方面因为与政府人员的接触次数不多，故没有收集到政府内部文献和材料，课题立项以后笔者通过网络和《中国旅游报》来收集关于丽江的政府文献资料。二手资料为政府文献，政府文献一共分为3类，其中由凤凰县政府公务员提供的材料是政府内部文献，属于第一类；第二类为政府公开类文献，是政府公开在网络上的决定、通知、报告、通报、景区宣传介绍等文献，如丽江政府官方网站对丽江古城的介绍；第三类为"讲话类"文献，如中央领导考察旅游地时的讲话，或者政府部门做工作报告的内容，或者新闻报道中地方政府公务员接受记者采访时的讲话内容，例如，丽江市古城管理局干部就丽江古城维护费这个问题接受记者采访时发表的谈话内容，经由新闻记者在报纸上报道出来并在网络上发表。笔者在网络上还收集到了很多地方报纸同步公布在网络上的新闻报道类文本。

其次，课题组收集了近些年来网络上关于凤凰古城和丽江古城的各种新闻报道、游记、点评、介绍等各类文本，这些网络文本一共分为5类：游客游记、游客点评、媒体报道、政府宣传、专业性旅游网站对凤凰和丽江的介绍。按照帖子的浏览率、与课题的紧密相关性、更新时间等各方面因素来筛选，剔除重复性内容，将这些网络内容复制为一个个Word文档，并逐字阅读修改错别字，经过笔者对每篇网络文本的深度阅读和将每篇网络文本的字数登记下来加总计算，最终统计得出本研究收集的关于凤凰古城的网络文本共227 155字，其中旅游者撰写的网络游记共104篇；关于丽江古城的网络文本共244 617字，其中网络游记共107篇。网络游记的选取主要来自马蜂窝网、途牛网、携程网、驴妈妈旅游网、新浪网和搜狐网等。

最后，课题组收集了2002—2018年《中国旅游报》上的文章，以及之前笔者前期调研收集的一些有关凤凰古城的报纸（例如，2013年收集的一些美国华语报纸，那些主要是美国针对凤凰古城收取大门票的新闻报道；此外，还通过旅行社受访者收集了长沙的《三湘都市报》等报纸，上面有旅行社为凤凰打的广告），这里重点介绍《中国旅游报》的阅读和收集情况。对于《中国旅游报》的收集，首先在笔者所在的学校图书馆对图书馆馆藏的历年《中国旅游报》纸质版进行浏览阅读，将每个年度所有与课题有相关性的文章建立汇总表格，包括古镇旅游、文化遗产、遗产保护、遗产开发和利用、遗产活化、凤凰古城、丽江古城等主题的文章，然后对这些文章进行进一步筛选，将其中与本研究相关性更强的文章逐字输入到Word文档中，如果有些旅游报文章在知网上有电子版，则选择下载并将文字复制到Word文档中；若没有电子版，则将纸质版资料逐字誊写为电子文本，然后对这些整理出来的文章进行深度阅读。笔者在阅读之后对每篇旅游报文本的字数登记下来并加总计算，这些经整理和逐字输入电子档的《中国旅游报》文本字数一共为370 565字。这些二手资料文本（包括政府文献、网络文本和报纸文本）经过分析之后，引用至本书的相关章节中，这是"将这些引文作为'文本证据'以支持所论述的理论观点。"（王宁，2009：26）

二、资料分析

本研究搜集了政府文献、网络文本、《中国旅游报》文本、访谈文本这4类文本。其中，访谈文本为第一手资料，政府文献、网络文本和《中国旅游报》文本为第二手资料。对于网络文本采用了内容分析法（第四章《旅游迷思的消费》借助了Nvivo质性分析软件对所收集的网络文本进行了关键词提取和词频分析）和定性内容分析法，对于《中国旅游报》、政府文献这一类文本，笔者采用的是定性内容分析法。对于访谈文本的分析主要采用的是扎根理论的编码分析（也借助了Nvivo软件对文本进行了某些关键词的词频分析），先将访谈录音逐字输入到Word文档中，对于访谈誊写资料进行逐句编码分析，经过三级编码来归纳提取理论，扎根理论的三级编码步骤如下：开放式编码、主轴式编码和选择式编码。最后对受访者统一进行编号（受访者编号见附录受访者清单资料表格），书中每次引用受访者的访谈文本的末尾都用括号注明受访者的编号，这是匿名化处理，以符合研究伦理道德规范。

第三节　基本概念

一、迷思

迷思一词的英文为Myth，笔者采取音译法将其翻译为"迷思"，以示其与"神话"的区别。首先要明确的是，迷思是符号中的一种。符号是一种由能指（当一个词被说出时接受者所听到或看到的声音图像）和所指（声音图像所指的东西即某个词在接收者的心中所唤起的意义）组成的结构。符号学研究的是语言、各种符号（Sign，Symbol）系统，例如，面部表情、身体语言、所有的沟通形式、生活仪式、服饰系统及文化的所有要素。罗兰·巴特思（Roland Barthes）被视为符号学的集大成者，也是迷思学（Mythology）的创始人，他将符号学扩展到社会生活的所有领域，他这样讲道：符号学旨在接纳任何符号系统，而不管它们的实质和限制；图像、举止、乐声、客体，以及与所有那些东西相联系的合集——它们形式仪式、惯例和公共娱乐的内容：那些东西，如果不是语言，至少是一些意义系统。（Barthes，1972）

在《神话（迷思）——大众文化的诠释》一书中，法国著名的符号学家罗兰·巴特思（Roland Barthes）首次提出了迷思（Myth）这个术语，他将迷思定义为一种传播体系、一个信息、一种意义构造方式、一个话语（Parole）等，所有这些名词都是瑞士语言学家索绪尔（Saussure）一组基本对立概念的变体，那就是语言结构（Langue）和个别言说（Parole）的区分。巴特思接着引入索绪尔的另一组二元对立的概念——能指（Signifiant）和所指（Signifie），以及它们之间的关系：符号意指作用（Signification）。"对于迷思的决定性的定义是巴特给出的第三个说法：'这是一个二次序的记号体系。第一次序体系中的记号，也就是说，概念和意象间的结合整体，在第二次序的体系中，变成只是能指'。"（彭丹，2016：26）因此，迷思是二次序（Second Order）的符号。

笔者于2013年在美国访学期间曾经旁听过美国一位教授讲授的一门语言学专业的课程，其中讲过广告中的迷思，她在课堂上讲过迷思（Myth）的几个规定性特征，这位老师认为迷思具有如下一些基本特征：迷思是基于特定的群体和社会而产生的；迷思捍卫的是主流的权力结构；迷思的功能是让其意识形态显得纯净化而且无辜化；迷思让某些意义变得自然而然化而且正常化。

"迷思一定涉及符号与它所指之间的关系，这是巴特思说过的。在这个层面上，不能区分符号和迷思。"（彭丹，2016：28）迷思是符号中的一种，迷思的形式（Form）是能指，概念（Concept）是所指。于是，更重要的问题是，迷思是指称什么的符号呢？迷思具有符号的共性，但是又有自身的特殊性，它的规定性特征如下：

其一，人为性。迷思有一定的任意性，是人为建构的。迷思指称什么，是人为建构的。"迷思通常由动机或意识形态引起，巴特思（1973：136）认为，语言中的符号是任意的，迷思的含义在另一方面而言从来不是任意的；通常是被动机激发的，没有无动机形式的迷思。因为动机的存在，迷思通常具有情感特征。"（Johns、Clarke，2001；转引自彭丹，2016：28）

其二，折射性。即对事物的美化（或丑化）。迷思有夸大事实的特点，是对现实的丑化或美化的表征，拔高或贬低，夸大或缩小。迷思是人为建构的，有扭曲性、折射性，不是直接、贴切的指称，它存在扭曲现实的意图在里面。迷思是让人们想到一个东西时对它有一个好的想象，但是想象与现实存在折射性、存在差距。迷思是让人去喜欢或讨厌一个东西，这是迷思与一般符号的微妙而且重要的差别。"艾柯（Eco）分析重建的迷思世界里存在超真实，迷思旨在成为真实的替代品。"（Johns、Clarke，2001）

其三，自然而然化。迷思把能指和所指之间的连接自然而然化，即指称的自然而然化，如巴特思所说的把扭曲自然而然化。迷思让人们对一个事物可以自然而然地想到其指称的意义。所以，迷思是不言而喻的。

其四，共享性。迷思是集体性的记忆或公众性的感知，例如，人们一看到长城就想到民族精神，这就是迷思。共享性是大家共同的认为，共享性是一种客观的力量，如涂尔干所说的社会事实。"迷思是文化共识创造的，是接收各式各样的隐含意义中的一种意义并让其凌驾于其他意义之上。"（转引自 Johns、Clarke，2001）

总之，迷思是一种由动机或意识形态引起的，人为建构的，具有共享性、折射性、自然而然化的符号（彭丹，2014），这就是对迷思的操作化定义。巴特思指出，迷思在现代世界普遍存在。"Kim 指出迷思可以在新闻文章、广告、诗、小说、图片、电影电视新闻、运动、寺庙或教堂的布道中发现"（1996：125）。"（转引自 Johns、Clarke，2001）

二、旅游迷思

本研究所探讨的旅游迷思，仅指旅游地迷思，在行文中被简称为旅游迷思，是指旅游目的地所存在的迷思。实质上，旅游迷思主要包含两大类：其一，旅游目的地存在的迷思；其二，旅游营销中的迷思。旅游营销中的迷思是针对旅游目的地而制造、推广的迷思，包括各类旅游营销广告文本中的迷思。本书介绍的是第一类迷思：旅游地迷思。

旅游迷思具有迷思的 4 个规定性特征：自然而然化、人为建构性、折射性和共享性。例如，非洲的塞舌尔被西方社会建构为快乐的天堂，而当地人的贫困、犯罪是被抹杀的，这反映了旅游迷思的折射性。大部分旅游迷思都具有折射性或称为扭曲性。关于旅游迷思的研究，以往西方学者分析过旅游营销文本中存在的迷思，旅游营销文本的迷思本质上就是关于旅游目的地的迷思。较早指出旅游目的地存在迷思的是 Urry，他系统分析了英国湖区的文学迷思。Urry 的理论和旅游营销文本的迷思等研究内容在前面文献回顾中已述。旅游地迷思就是旅游地和旅游吸引物身上的一种超物理属性，旅游地迷思是关于旅游地的叙事，旅游地迷思建构了旅游者对目的地的美好想象。世界上有多个旅游目的地都是存在迷思的，如 Urry（1995）指出英国湖区（Lake District）存在着与浪漫主义诗人沃兹沃斯相关的文学迷思，Gao 等人（2012）指出香格里拉有着虚假的迷思，Echtner 和 Prasad（2004）分析了 12 个第三世界国家存在的共同的迷思，Zhang 等人（2015）分析了香港存在的几个迷思。旅游迷思的传播载体和形式包括旅游业人员所讲述的词汇或语言，相关旅游物品如旅游线路宣传册、宣传旅游目的地的音像视频、旅游纪念品、明信片，旅游地沿途的户外广告，旅游演艺项目，等等，这些都可以成为旅游地迷思传播的载体或形式。

旅游地迷思绕不开旅游地形象和话语等几个相互联系密切的术语，因此，这里对话语、形象和迷思这几个概念进行一下初步的区分，旅游地形象是与旅游者记忆相联系地对地方的感知（Cai，2002：723。转引自 Qu，2010）。旅游地形象属于旅游目的地营销系统，包括目的地品牌和目的地定位。国内学者刘丹萍（2008）曾说神话和形象是一回事，她的理解有误，第一，"Myth"不能翻译为神话，只能翻译为迷思，前文已对迷思和神话进行了区分。第二，迷思不等同于形象，旅游地形象和旅游地迷思是有着相互联系和区别的。形象和迷思都属于话语，话语是包含了符号、形象、迷思在内的一个外延更广的概念，话语是一个庞大的语言学体系。其中，迷思是符号中的一种，迷思被包含在符号体系中，旅游迷思可以呈现在旅游话语中，但是并非所有旅游话语都是迷思，旅游地形象也属于话语体系，旅游地形象和旅游迷思之间存在着一定的联系。第三，旅游目的地形象和旅游目的地迷思虽然都与形象的塑造有关，但是旅游地形象塑造更多是旅游地的市场营销行为，旅游目的地迷思塑造和建构是包含了旅游目的地和旅游出发地的政治、经济、社会、文化4个方面的行动者在其中的，本书后面会有专门的一章来阐述旅游迷思的建构与制造。

三、遗产活化

1. 目前国内学界的概念

"活化"一词是解决遗产问题的一种策略性提法，但对于"活化"的定义却还没有统一的论调。林孟章（1994）认为再利用既是一种观念又是一种手段，它可赋予老旧凋零的古老建筑物新生命；活化后建筑物增加的可适性空间可供文化休闲旅游，并成功突破了时空限制，让文化资产得以连续；在保护古迹建筑时所衍生出的人与环境的保存，即是活化利用的观念（转引自蔡水星，2010）。蔡水星（2009）指出古迹活化理论是从古迹保存中衍生而来的，是指古迹经由修复和再生，使其适度改变的空间可以适性再利用的过程。显然，这类定义所指向的对象仅是物质文化遗产，而并未包含非物质文化遗产。在2008年，中国香港也出台了"活化历史建筑伙伴计划"政策，意在活化那些在城镇化进程中面临被淘汰的历史建筑和古迹。随着遗产研究不断发展，"遗产活化"成为学界研究的热点。喻学才（2010）较为狭义地定义了"遗产活化"的概念，他认为"遗产活化"的意思实际上就是如何把遗产资源转化成旅游产品而又不影响遗产的保护传承。在这个定义出现以后，很多学者对此定义表示认同，并在此基础上进行了广泛的案例研究。但是，这个定义仅仅是从最基本的旅游资源开发利用和保护的角度出发，还停留在机械解释的阶段，缺少"活"的体现。吴必虎（2012）以历史建筑为例，提出活化是"为历史建筑寻得新生命，做一个新用途，让公众得以走进并欣赏这个历史建筑"。这个定义提到了"新生命""新用途""公众"等词汇，将活化的定义从机械的开发和保护，提升到了"活"的层面：一方面赋予"历史建筑"以生命活力，另一方面又强调了历史建筑与"公众"的互动。谢冶凤、郭彦丹和张玉钧（2015）提出的"活化"的概念则更宽泛些，他们认为"活化"的含义可以从两个层面阐述，对于有形文化遗产而言，活化是指从静态保存到更新再利用的过程；针对无形遗产或者重要的历史事件，活化则是一种有形化、可视化、重演或者重现的过程。换而言之，"活化"究其根本就是赋予文化遗产包括物质、非物质文化遗产新的生命，使其以"活"的面貌再现于当代社会，让其所包含的价值得到充分发挥并得以延续。活化意味着积极有效的保护，但并不是指原封不动的、被动的保存。活化的具体表现形式是构建新的经济生产关系，也即使遗产具有经济生产的功能（吴必虎，2016）。遗产活化既是传统意义上的保护与继承，又要以"活态"的开发形式对蕴含其中的物质及精神的价值进行解码、诠释、继承和重构（林淞，2017）。

"重视文化遗产的保护、调动民间和私人的积极性，是欧洲国家的普遍做法"（季平，2002）。与"保护"相对的是"开发"，它们构成了遗产活化的两个重要方面。但是冯骥才认为"开发"对于文化遗产来说是一个野蛮的词语："世界上没有一个国家对自己的文化遗产用'开发'这个词，联合国用的是利用，中国香港和台湾用的是活化"。（朱四倍，2014）以此看来，"活化"是一种话语，它首先从语言的层面上改变了人们对文化遗产"开发"的理解，然后在观念层面上改变人们对于文化遗产开发利用的思想。"开发"二字体现了人类对于文化遗产的野蛮利用，是"人→遗产"的单向作用的反映，单纯体现了人类的需要；"活化"一词则体现了人类与遗产之间的交互作用：人类对遗产进行利用和改进，遗产本身也能够恢复其生机和活力，同时满足了人类对遗产的需要和遗产本身保护传承的要求，体现了"人→遗产→人"的双向过程，这是两者互动的结果。

2. 本书对遗产活化的定义

目前对于遗产活化概念的解释中，有两个核心的关键词：开发和保护。笔者在此基础上，根据遗产"活"的要求，将遗产活化定义为"在对文化遗产进行开发利用和保护的基础上，并且在与当代人类的互动过程中，恢复遗产原有的功能，使遗产重新具有'生命'"。"活化"究其根本就是把遗产加以利用，并让遗产得到保护，即"保护＋利用"，但是活化并不是简单的开发利用，而是让其发挥原有的功能，让其重新活过来。对于"遗产活化"这一定义的理解要注意以下几个关键词：

（1）文化遗产

文化遗产首先是"遗产"。"所谓世界遗产，是指被联合国教科文组织和世界遗产委员会确认的具有普遍突出价值、人类罕见、无法替代的文化和自然财富，分为自然遗产、文化遗产（含文化景观）、自然与文化遗产混合体三种类型"（李舟，2005）[①]。文化遗产属于人文类遗产，是与自然遗产相对应的人文遗存，其中一种属于历史类遗产（如北京周口店猿人遗址），另一种属于文化类遗产（如安徽西递宏村等古村落、古城镇），还有一种属于历史文化兼而有之的历史文化遗产。在笔者所给出的遗产活化定义中，活化的对象限定为"文化遗产"，这是为了与"自然遗产"相区别，自然遗产是天然形成的，几乎没有人类的参与，因此谈不上恢复其原有的功能，也就谈不上"活化"。认识文化遗产的概念

---

① 李舟. 对世界遗产经营管理的思考［N］. 中国旅游报，2005-11-14（014）.

要从内涵和外延两个方向入手，但不论是内涵还是外延，国内外学界都没有一个完全统一的定义。吴必虎、王梦婷（2018）认为遗产"可以看作是过去生产和生活的结果"，因此不能将它和生产生活隔断①；美国学者Dallen J. Timothy（2009：3）认为遗产旅游"依托于现存的文化元素，将过去的、有价值的有形和无形的东西作为旅游资源"，包括继承至今的文化、民俗和其他非物质遗产要素，以及一些物质遗迹②。

本研究选取的两个个案——凤凰古城和丽江古城即上述"物质文化遗产"中所列出的最后一种：历史文化名城（村镇）。这两座古城虽然被认作是物质文化遗产，但是由于它们的特殊性，内部也包含着众多非物质文化遗产。它们以一种"遗产集合"的形式呈现在人们面前。

（2）开发

"开发"一词在现代汉语中的解释一是"通过垦殖、开采等手段利用过去没有被利用的资源创造财富"，二是"发现并利用"（唐文辞书编委会，2019：427）。在遗产活化的概念中，"开发"指的是通过某种手段，使文化遗产的某种功能得以发挥的过程。一般认为，对文化遗产的开发是为了满足人类的某种需要，但是在开发的过程中要注意适度开发、合理开发。

（3）保护

"保护"的原意是"使人或事物不受损害"（唐文辞书编委会，2019：27）。新华社曾在《文明之光照亮复兴之路——以习近平同志为核心的党中央关心文化和自然遗产保护工作纪实》一文中提道："文化和自然遗产保护，不仅是国家和民族永续发展的长远谋划，更是公众对美好生活的向往期盼。"③因此"保护"是遗产活化中不可或缺的一环。在遗产活化中，开发是以保护为前提的，在文化遗产开发的全过程中，要确保文化遗产不受到破坏。保护和开发相伴相生，开发的前提是保证对遗产的保护，保护是开发的要求。

（4）互动

遗产活化的概念中必然包括人与遗产之间的互动。这种互动不是单向而是双向的：人作用于遗产，并获得遗产的某种反馈（即"人→遗产→人"的过程）。同时这种互动应该是积极的，互动的结果对人类和遗产两者都会产生益处。人与遗产的互动过程也是遗产活化的主体过程。

（5）恢复

遗产活化最终要达到的效果就是要使文化遗产得以"恢复"，但要注意的是，遗产不

---

① 吴必虎，王梦婷. 遗产活化、原址价值与呈现方式［J］.旅游学刊，2018，33（09）：3-5.
② Dallen J. Timothy, Gyan P. Nyaupane. Cultural Heritage and Tourism in the Developing World［M］.York：Routledge，2009年第1版：3.
③ 新华社."以习近平同志为核心的党中央关心文化和自然遗产保护工作纪实"［EB/OL］.https://article.xuexi.cn/articles/index.html?art_id=6434648762221416133&study_style_id=feeds_default&pid=&ptype=-1&source=share&share_to=wx_single&from=groupmessage&isappinstalled=0, 2019-06-09.

可能原原本本地恢复到最初的样子，因此，在这个定义中的"恢复"是指在新的时代背景下、赋予时代意义的情况下，使文化遗产发挥其原有的功能，笔者称之为"内容上的恢复"。在恢复其原有功能的过程中使遗产重新活过来，重新具有生命，重新焕发生机和活力。

目前我国遗产活化的现状如下：有些遗产是死的、没有活化的；有些遗产是得到了活化的，这些活化的遗产中有些是活化得比较好的，有些遗产却是活化得比较过度的。没有活化的遗产究其原因在于三个方面：第一，对遗产遗址听之任之，没有保护的意识；第二，没有投入资金去保护；第三，人们没有去观看这些遗产。对于这类遗产，如长沙马王堆汉墓遗址，就没有做好保护工作。一些遗产没有开发旅游业，也就没有人去参观、观看，这样的遗产也就成为被时代抛弃的死物。有些遗产活化得比较好、比较成功，如本课题选取的凤凰古城和丽江古城，它们开发旅游业的时间也比较早，尤其是丽江古城，20世纪末就正式开发了旅游业，凤凰古城在21世纪初开发了旅游业，它们走在了中国遗产活化的前列。但是这两个古城的活化还是存在很多问题，例如，出现了过度活化的迹象、过度商业化的问题比较突出，等等。还有一些遗产属于典型的过度活化，如上海的新天地、成都的锦里和宽窄巷子，这些都是极端活化的案例，这几处地方都极端过度商业化，失去了古街原本的文化内涵和历史风貌，完全沦落成为现代性的商业街，却又有着仿古建筑的外衣。为此，笔者提倡对文化遗产进行恰当的活化、适度的活化。适度的活化就是本真的活化、本真性的活化，而且活化从根本上来说还是以有效的保护为前提。下面以一个图形来展示我国遗产活化现状的分类，如图1-2所示。

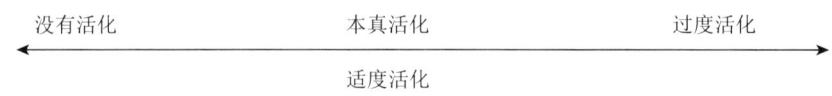

图1-2 我国遗产活化现状分类

第二章 充满迷思的旅游地：从"本真性迷思"到其他迷思

第一节 迷思的存在

从收集到的研究资料来看，本研究案例凤凰古城和丽江古城均是存在旅游迷思的。迷思具有人为性、自然化、共享性和折射性4个特征。本节将从这4个特征来论证凤凰古城和丽江古城是存在迷思的。

一、凤凰古城存在迷思

1. 凤凰迷思的人为性

沈从文在其文学作品中构建了"湘西世界"。旅游开发者和经营者所构建的"现实中的边城"与旅游者"口碑中的凤凰古城"共同构建了"想象中的凤凰古城"[①]。因此，凤凰的迷思是人为建构的，从文学作品到旅游业开发，再到迷思的口碑传播，是一个人为建构的过程。

凤凰旅游业的发展在很大程度上得益于"边城"的文化宣传，沈从文在他的小说《边城》中将"边城"描绘成一个古朴原始的边陲小镇，讲述了在"边城"里围绕一个名叫"翠翠"的女孩发生的故事。《边城》一书在早年被列为教育部《普通高中语文课程标准》推荐书目，因此当今凡是受过高中教育的中国公民或多或少都对"边城"和边城的形象有所了解。在旅游发展的过程中，"边城"的形象和凤凰本身的形象合而为一，人们往往会认为"边城"就是凤凰，凤凰就是"边城"。很多人对于凤凰的认知最初也可能出于"边城"，有受访者提道："很多关于凤凰的了解，最初可能都是看了沈从文的《边城》才知道的。现在应该都是通过网络、媒体。"（F-89-M）可见，在人们的认知里，"边城"与凤凰

[①] 刘晨，朱竑，安宁.文学旅游地的社会文化建构：以凤凰古城为例[J].旅游学刊，2014，29（07）：68-76.

在很大程度上是一致的，这是人们对于凤凰最早的印象。

对于凤凰来说，人们对"边城"这一深入人心的形象很早就耳濡目染。人们会自然而然地将凤凰与沈从文笔下的那个淳朴自然的边陲小城联系在一起，并以此为基础不断建构凤凰古城的具体样貌。随着时间的推移，凤凰的旅游宣传不断扩大，人们对凤凰的认知不断加深和具体，凤凰作为"边城"的形象也就成了人们最直接的印象，"边城"的形象反过来又推动了凤凰旅游业的发展。

问：沈从文和他的《边城》对凤凰的旅游有作用吗？

答：那肯定啊，本来沈从文就是一个有名的作家，读他书的人那么多，他《边城》的片段也写进了初中课本里面，会让学生们心之向往，长大了肯定就知道了这个地方，就会特别想去。还有一个方面就是它那个地方本来就特别的美，再加上宣传得比较好，所以肯定会有影响的。（F-83-F）

2. 凤凰迷思的自然化

在信息化时代，受到各种传播媒介和日常交流的影响，人们自然而然地在头脑中建构出对了凤凰的想象。凤凰的迷思在传播与共享中被自然而然化，当人们想起凤凰时，就自然而然地想到它对应的意象、形象和迷思，包括边城的文学迷思、神秘的迷思、浪漫的迷思等各个迷思。所谓自然化，是指能指与所指之间联系的自然而然化。这是经过人为地建构和历史的沉淀，随着时间的推移而逐步实现的二者连接的自然而然化。当人们听到"A"时，就自然而然地想到"B"。"A"即能指，如"玫瑰"这个词，"B"即所指，是玫瑰花的具体形象，当A和B组合在一起时，则组成一个新的能指"AB"，其所对应的新的所指"C"是"浪漫""浪漫的爱情"。在此看到由"AB"到"C"的联系的自然而然化，这里AB和C就构成一个二次序（Second-order）的符号，也即迷思。

《边城》一书的出版和现代媒体的广泛传播是导致人们对凤凰产生想象的主要原因。沈从文在作品中描绘了"边城"人民古朴的日常生活和湘西世界的隐匿神秘，这是人们对凤凰产生认知和想象的第一步。由于沈从文笔下的湘西已经融入了他本人的精神世界，他的这种精神上的追求与向往同时也自然传达到了读者的思维意识之中。旅游业的发展让凤凰继续为人们所熟知。乘着凤凰旅游业的东风，凤凰不断出现在人们的视野之中，现代媒体将凤凰的美景以图片和视频等直观的形式呈现在人们的眼前，直观的视觉感受令人们对凤凰有了新的深刻的认知。在很多情况下，人们有意无意地将凤凰和边城联系在一起，随着时间的推移慢慢建构出一个完整的"凤凰边城"的形象。

问：你认为凤凰是怎么出名的？

答：嗯，凤凰怎么出名的？首先我觉得应该就是沈从文的《边城》嘛！他的《边城》写得非常好，把那边的风景描写得非常好，里面的内容吸引了读者去感受凤凰的氛围，读者去过凤凰之后就将自己的感受告诉周围的朋友，这样一传十，十传百，从而宣传了凤凰。还有，天气预报里不是有说凤凰有南方长城嘛，我还记得那句话呢……应该是这样的：

"登长城，做好汉，中国南方长城凤凰明天的天气是怎么样的。"其实这也算是凤凰出名的另一个原因吧。（F-88-F）

3. 凤凰迷思的共享性

"旅游目的地包括物质属性和非物质属性两个方面，社会对旅游目的地的建构，主要体现在对目的地的非物质属性的建构。"[①]凤凰的迷思是人们集体建构的，存在于人们共享的集体记忆中，是社会记忆的一部分，这是凤凰迷思共享性的体现。

《边城》的记忆是人们对凤凰最为显著的集体记忆。在访谈过程中，绝大多数受访者都知道边城，也对凤凰展开了"边城世界"的想象。因为《边城》，人们不约而同地在出发之前就把凤凰想象成一个古朴宁静、充满文化气息的地方。《边城》这一集体记忆是凤凰迷思中最为大众共享的。另外，凤凰当地的历史文化和民族文化也造成了凤凰迷思的共享性。凤凰的历史文化是人们集体记忆中的一部分。凤凰本身就是一个少数民族的聚居地，因此人们对于凤凰有一种关于少数民族的共享认知。访谈过程中有受访者说道："本来认为凤凰应该是一个山清水秀，民风淳朴，具有苗族特色的一个地方。"（F-107-M）"出发之前就知道凤凰是一座很有名的古镇，有美丽的风雨桥，特色的湘西文化，有美观实惠的苗银。想象着在风雨桥那儿会遇见一位美丽的苗家幺妹，对面的苗家阿哥再用歌声对苗家阿妹表达自己的爱慕之情。"（F-131-M）此外，凤凰在进行旅游宣传的过程中就把自己标榜为"千年小城"（"为了你，这座古城已等了千年"），在人们头脑中植入了"凤凰历史悠久"这一特点。漫长的历史令古城的"古"名副其实。这一特点被人们记住，而古城内也保持着旧时的风格样貌，这两者的契合更彰显了凤凰古朴的印象。有受访者在访谈过程中就提到了凤凰的悠久历史和丰富的文化气息：

我觉得凤凰也算是历史悠久的吧，因为标语也说的是"千年古城"，应该也有几千多年的历史了，文化底蕴应该也比较深厚吧，因为沈从文是文学巨匠，也因凤凰写过《边城》……沈从文的故居在凤凰古城里面，我觉得更能彰显他的文化底蕴……还有前面说的吊脚楼吧，很能彰显。还有，就是他们的服饰、银饰，因为走在路上都能看见。文化气息的话就是可能他们那边的节日气息比较浓重吧，虽然没有亲眼见过，《边城》里描写的一段就是赛龙舟的场景吧，就是感觉到了很浓的文化气息，听我室友讲，每到端午节的时候会有赛龙舟。就是在水上面也会有人打鼓的那种，我觉得听我室友说起来就特别地有韵味。（F-76-F）

人们对湘西的基本认识中必定少不了"神秘"二字，神秘是人们对湘西的普遍认知。湘西的神秘与其边陲的地理位置和当地本土的少数民族文化有关。地处湘西的凤凰也因湘西地区的整体文化风格在人们的普遍印象中植入了"神秘"一词。如今不少游客依然觉得凤凰是一个神秘的地方，甚至因为它的"神秘"而产生了前往凤凰"探秘"的意愿。在旅

[①] 马凌，王瑜娜.旅游目的地形象的社会文化建构："文本与语境"的分析范式——以湖南凤凰古城为例[J].学术研究，2013（03）：65-70+159.

游业快速发展的过程中,凤凰越来越为人所熟知,越来越不神秘。但是湘西的神秘已经凝刻在人们的集体记忆当中,这种集体的记忆难以改变,同时也为凤凰增添了吸引力。有受访者就提到了湘西的神秘之处:

> 关于神秘感的话,我印象最深刻的就是他们的湘西赶尸,我觉得是很有特色的。关于湘西赶尸,其实是有历史记载的,还是相当神秘的。就是,你无法用科学解释,(尸体)本来是死的,为什么会动起来?但是他们把这种习俗搬到舞台上进行表演,给人一种神秘的感觉。还有他们当地的那种土匪文化(很神秘),当然现在没有土匪。(F-133-M)

凤凰迷思的共享性也体现在人们想象凤凰是一个"艳遇"或者说"奇遇"的地方。古城本身就被理解为文艺浪漫的地方,凤凰自然也不例外。有受访者表示他们前往凤凰旅游之前,就期待着不同寻常的经历,这是人们集体将凤凰建构为一个浪漫古城的体现。"美丽的古城,神秘,沈从文。充满文艺气息的地方,然后,加上是古城,就会让人想到大理、丽江那种艳遇之城的感觉。"(F-124-F)

> 还有很多人评价说去凤凰就是为了去艳遇,凤凰你知道的不是什么艳遇之都嘛,所以我觉得凤凰应该因为这个原因吸引了很多单身的人去碰碰运气。其实吧,那个时候说实话,那时候我也是和我一个朋友一起去的嘛,哎,然后一个女性朋友,我们的目的就是想发生点什么的,然而也并没有什么,哈哈哈!(F-88-F)

4. 凤凰迷思的折射性

真实的凤凰和人们想象的凤凰是有差距的。由于旅游业的开发,凤凰古城中居住和行动的不再完全是本地居民,取而代之的是外来商户和数量巨大的游客。游客占领了古城内的大街小巷,成为古城内的主要活动者。这与凤凰古城的"边城"形象并不一致。游客来到这里希望感受到的是古朴、唯美、神秘的湘西氛围,但来到这里看到的却是满大街的游客,这不是他们印象中的凤凰古城。过多的游客令凤凰古城变得喧嚣、嘈杂,如下则文本所示:

> 并没有(感觉到那种边城的氛围),因为我去的时候是在黄金周,纯粹去看人头,街上到处都是人,一点感觉都没有。我体验到了中国人的拥挤,哈哈哈,其实不是啦,也许是我那次去的时候不对,非得作死选在人多的时候去。真要加入哪些环节,应该是要去掉哪些环节吧,比如说那种现代化的商店吧,感觉与古城格格不入。(F-95-F)

凤凰古城目前的商业化现状是游客抱怨最多的方面。商业化可以说是淳朴、宁静的小城的天敌。由于商业化现象十分严重,凤凰古城不仅人流量加大,也失去了这个地方的美感,出现了很多不和谐的现象:"在有些酒吧之类的店旁边有些许现代垃圾及污染水源的流动,而且人很杂乱,我认为这可能不太符合它的形象,并且也不是很安全。"(F-77-F)商业化的严重程度直接破坏了人们对凤凰"最美"小城的印象,同时也与《边城》中那个古朴宁静的小城形象不符合。

> 那边的商业化就是太严重了,也是举个例子,你在江边散步的时候,不停地会有人拉

着你说小妹妹要照相吗？小妹妹要扎辫子吗？不时就会有一个人这样拉着你说，我觉得这有一种强买强卖的感觉，应该不利于它的发展吧。虽然这是当地发展自身的一个手段，但是当地想拉拢游客让一个人的心情受到了很大的损害。（F-112-F）

受到《边城》的影响，游客带着一种期待来到凤凰游览。他们想象着在凤凰当地可以见到书中的"边城"，可以感受到《边城》中的淳朴民风和纯净的爱情。但是如今的凤凰已经没有"边城"的那种宁静，也少了《边城》中边陲文化的那种韵味。

少数民族的文化的话怎么说呢，能够保留下来原始的几乎很少了，感觉都失去了那种原真性。纯净的爱情这个我还真体验不到……有违"边城"的想象的话，就是少了那么一份宁静，可能是去的人越来越多也就打破了边城中的那种宁静了吧。（F-88-F）

如今的凤凰已经不再是八十多年前的那个古朴原始的小城了，虽然游客来此能够见到吊脚楼、穿着苗族服饰的本地人，但是现代化的生活也已经渗透到凤凰的角角落落。有受访者就提到所见到的与《边城》中的意境无法相比："给我印象最深刻的就是沱江……现在中国人口越来越多，生活水平越来越高，去那个地方的人也越来越多，沈从文当时写边城的心境和环境肯定和现在的湘西都不太一样。不说现代科技发展，就说人都更多了，两种意境真没法比！现在的确是更复杂了。"（F-122-F）

另外，酒吧文化是现代文化入侵凤凰的典型元素。凤凰古城中的吊脚楼、石板路等古色古香的建筑和沱江等自然元素组合成了凤凰如今的人文和自然美景。类似于酒吧这样的场所是为都市中的人们提供休闲娱乐的。可以说，凤凰古城内的酒吧是一种商业文化的映射，尽管酒吧也做了一些改变以符合当地的氛围，但也有游客认为酒吧与古城的古朴风貌不相符："凤凰现在给我感觉非常不好的是它们有非常多的酒吧，每天晚上非常吵，各种购物景点比较坑，让我对这个城市真的非常失望，就是这样。"（F-97-F）"比较负面的方面大概就是凤凰为数众多的酒吧，酒吧在人们的印象中都是比较负面、比较浮躁的代表；我觉得可以增加吊脚楼的数量和减少酒吧的数量。"（F-121-M）

二、丽江古城存在迷思

1. 丽江迷思的人为性

与凤凰的迷思一样，丽江的迷思也是人为建构的。人们往往把丽江想象成一个浪漫、艳遇、适合慢生活的地方。在这种想象和建构中，可以看出丽江的迷思具有人为性，如受访者所说："民风淳朴、清静、慢节奏的生活。"（L-54-F）"因为我家乡有些类似的感觉，那个时候有过恋爱的懵懂，想要跟自己的男朋友过去浪漫一下。"（L-99-F）"丽江古城觉得应该是一个特别古老的地方，应该充满人文气息，会比较好玩一点，会有很多的艳遇。"（L-65-M）

一些人为创作的关于丽江的文艺作品是丽江迷思人为性的佐证。文学作品和书籍《消失的地平线》《丽江慢生活》《丽江的柔软时光》，知名电视剧《木府风云》《一米阳光》都是人为创作并且在传播的过程中被人们广泛熟知的。这些作品都或多或少建立或者影响了人们对丽江的想象。

以前看过有关丽江的一本书《丽江的柔软时光》，很久之前看的，只能回忆起以前看过的零星片段了。这本书的内容呢，大概就是讲旅游，讲如何去旅游，旅游所包含的吃呀，住呀，玩儿呀什么的，什么方面都有提及，游记一般的感觉，让读者仿佛随着那些精美的插图去了丽江游玩了。这本书算比较老的书了，如果是想了解关于丽江最新的旅游资讯的话呢，还是看那些年份比较接近现代丽江的书籍。我认为书主要是帮人们了解丽江这个城市，书中对丽江各方面的解说让我们更加向往这个城市。让我觉得丽江是一个美丽、平和、宁静、浪漫的城市，让我愈加向往。（L-137-F）

人们之所以会把丽江想象成一个浪漫、能够艳遇和适合慢生活的地方，与大众媒体的传播有着深刻的关系。电视剧《一米阳光》中就有女主角在丽江跳下殉情谷为爱情而死的片段。一米阳光与丽江玉龙雪山的一个典故有关，"丽江万丈爱情阳光，你要几米？"在类似于这样的媒体传播之下，丽江与"爱情"产生了联系，人们在头脑中建构出了一个十分"浪漫"的丽江。因此，人们对丽江就产生了一种向往，人们抱着这种美好的向往，充满期待地前往丽江旅游。旅游结束之后，游客（尤其是其中的小资和文艺青年）在丽江原有意象的基础之上继续对丽江进行宣传和描绘，不断加深未去过丽江的游客对丽江的美好想象。可以说，丽江的迷思是在媒体不断渲染和人际不断传播之下被建构起来的："第一点就是通过网络，比如说电视上会有关于丽江的宣传片这些，然后是朋友之前去过，他会推荐给我，这个是第二个方面。"（L-78-M）

在媒体的不断传播之下，丽江的形象不断丰满起来。如今互联网、新媒体和自媒体的崛起让丽江的形象不断展现在人们眼前，并且被不断加深。在这一过程中，人们开始越来越主动地完善丽江的形象，在丽江原来形象的基础上继续添砖加瓦，将它的形象塑造得更为立体和丰满。现在网络上对于丽江的描述不胜枚举，这些描述中也体现了丽江的闲适、古朴、爱情、浪漫、文艺等特点。丽江被塑造成一个美好梦幻的世外桃源和旅游天堂。凤凰的"边城"之名目前还被许多地方争抢着，而丽江的这种天堂般的形象则无须争抢，人们在脑海中已经把丽江当作洒满阳光的天堂。这种效果是人为营造并且在人为传播的过程中逐渐加强的。

2. 丽江迷思的自然化

丽江迷思的二次序能指及其所指也是自然而然被连接起来的。人们前往丽江旅游之前对丽江的想象是一个迷思建构的过程。在这一过程中，丽江与天堂、梦幻之类的词汇画上了等号。人们相信，在丽江可以感受到古城的古朴浪漫之美，可以体会都市里难以体会到的慢生活，甚至能够获得"艳遇"的经历。人们在潜移默化之中自觉将丽江与这些形象连接起来。

人们对于丽江的想象中，美景占了很大一部分，人们通过想象丽江的美景，自然而然地把丽江想象成一个十分浪漫的地方。丽江处于我国西南，坐拥独特的地理位置，纬度偏低，地势偏高，这里因此有了独特的自然风光。丽江的地理环境也塑造了它独特的气质：闲适、浪漫、美丽，让人感到十分舒适与美好。正因如此，旅游出发地的人们自然对地处边陲的丽江产生了美好的想象和殷切的向往。

我喜欢浪漫，向往四季如春的南方。在听亲戚讲并且看了他们拍的照片，加上我看过有关丽江的书后，我脑海中想象出来的丽江是一处拥有风烟俱静、青山绿水萦绕、多彩花朵争奇斗艳的绝佳美景的圣地。在我们那靠近西北的地方，四季分明，我们是很难看到这样的景色的，我们那边秋天开始一切就已经没有生机与活力，显得挺荒凉。（L-52-F）

丽江迷思的自然化是一个时间积淀的过程。从丽江当地的传统文化渊源和特有的自然风光，到早期人们对丽江的描绘，再到丽江被赋予各种形象，这是一个渐进的、由简单到复杂、由单一到多元的过程。一些关于丽江的电视剧如《一米阳光》和书籍如《丽江慢生活》《丽江的柔软时光》，以及大冰的《乖，摸摸头》等作品中对丽江的描绘让人们对丽江形成了某些印象，这些印象是自然而然地积累形成的。

人们认为丽江是一个古朴唯美、适合慢生活的地方。丽江的慢生活是因为它地处边陲，远离现代城市的喧嚣，也与当地的自然环境和传统文化不无关系。这都是在漫长的历史过程中自然而然地形成并在人们的头脑中留下了印象。

另外，许多受访者认为丽江确实是一个能够"艳遇"的地方。"所谓艳遇无非就是遇到美好的事物，这不仅仅代表帅哥美女……我承认在丽江看到了来自世界各地的美女。"（L-133-M）在游客的印象中，丽江自然而然地能与"艳遇"联系在一起，这是一种很自然的连接，不会有人去追问"为什么在丽江就能艳遇？"这样的问题，把丽江和艳遇捆绑在一起是很自然的，仿佛这就是丽江先天携带的基因。

丽江的酒吧文化和艳遇文化是紧紧联系在一起的。关于丽江的酒吧文化，一位受访者在访谈过程中这样说道：

他们的酒吧一条街，酒吧是集合在一起的，我觉得不会影响游览。丽江的酒吧我没去呢！喧闹是有的，但是都是晚上，对附近的居民没有很多影响。酒吧文化衍生出的艳遇之地，艳遇大多是在酒吧，但是和丽江的慢生活是没有冲突吧，酒吧本来就是一个很普通的事物，任何一个城市都有酒吧，更何况旅游城市呢！（L-90-M）

3. 丽江迷思的共享性

丽江迷思的共享性在于人们对丽江的休闲、浪漫、文艺、慢生活等气质的公认。在访谈过程中，人们对丽江的想象具有一致性——除了少数民族的风情之外，丽江被认为是一个悠闲和适合慢生活的旅游地。这种集体记忆的共享正是丽江迷思共享性的表现。"在我的心目中丽江应该是一座很宁静古朴的小城吧。"（L-101-F）"我觉得是一个浪漫有情调的小镇。"（L-116-F）"想象中的丽江是一个很美丽的地方，感觉那里的人也很热情朴实，感觉丽江的生活节奏很慢，感觉不到时间的流动，比较安静、安详的生活。"（L-139-F）"人间天堂，梦幻的、七彩的，是休闲的安静的，是身心与灵魂的栖息地。"（L-128-F）

丽江迷思的共享性的成因首先是丽江本地传统文化的流变。丽江本地古朴的传统文化在当代带给旅游出发地的人们一种精神上的向往与渴望，而诸如东巴传统的殉情文化（玉龙雪山是殉情场地）使丽江与爱情、浪漫甚至艳遇联系在一起。当东巴文化随着丽江旅游业的开发走向世界，处于丽江传统文化圈层之外的人们对于它产生了一种朦胧的认知。后来，越来越多的游客来到丽江，在当地的传统文化、自然风光和独特气质的综合作用之下，人们对丽江产生了一种相对统一的印象。人们用影像设备将丽江的美景定格并对外传播，同时也以口耳相传的方式诉说着在丽江发生的神奇故事。在对外传播的过程中，越来越多的人接受了丽江的这种形象，并且在日积月累的过程中，这种形象被不断强化。

描述丽江的文学作品和影视剧作品不仅让人们在头脑中对丽江留下了较为清晰的印象，同时也大范围地让人们建构起对丽江的印象，形成了人们对于丽江的共享性集体记忆。在访谈过程中，部分受访者阅读过《丽江慢生活》之类的书籍，对丽江留下了基本的印象：

《丽江慢生活》书中描述的内容具体我记不太清了，但是它对于丽江那种描述还是蛮有感受的，令我向往。这里我就有点感慨了，丽江嘛，我们去的时候就倡导我们生活要慢下来，我去了那里我也真的是感受到了生活真的慢了下来，我也庆幸这次是说走就走的旅行，没有安排、没有计划，我们去的时候我们睡到自然醒……起床后吃饭，再慢慢悠悠在城区里去散步，好悠闲，比较惬意的。（L-110-M）

《丽江慢生活》在书名上就体现了丽江的"慢"，直接刻画了丽江的特点。在诸如此类书籍的传播之下，丽江"慢"的特性就被烙印在人们的印象之中。书籍是一种常规的传播媒介，且具有可复制性，因此，许多人能够通过描写丽江的书籍对丽江这个地方产生某种认知。在诸如此类媒介的传播之下，丽江的"慢"就被大众公认了。

丽江迷思的共享性也促使人们产生前往丽江的冲动。集体记忆的共享让丽江在传播的过程中呈现出一种被集体认可的魅力。有受访者在访谈过程中说道："不知道你有没有听过一句特别有趣的话'人这一辈子不去丽江就等于白活'，我觉得这句话特别有趣，让我有种冲动必须去一次丽江才行，就像那句'不到长城非好汉'一样。"（L-92-M）在这里可以看到，必须去某地成为一种来自外在的强制性，"必须一去"成为一种共享性认知。

4. 丽江迷思的折射性

人们对丽江的建构并不完全是对丽江现实情况的反映，甚至是对现实的歪曲。这种歪曲主要体现在人们对丽江的现实体验和想象之间存在差距。

与凤凰古城一样，在访谈过程中，许多受访者表示真实的丽江和他们想象中的并不一样。有受访者认为，想象中的丽江应该是一个古朴的小城，可以看到当地人生活的场景。但是事实上丽江古城内商铺林立，看不到当地人真实的日常生活。

问：您对丽江的实际感受与您事前的想象有差距吗？是想象比实际好，还是实际比想象好，还是想象与实际体验一致。若有差距，差距在哪里？

答：总体来说的话是比我想象的要差一点。噢，怎么说呢，因为去之前我想象的古城就是会有很多少数民族的人居住在古城里面，我们可以近距离地去感受他们的生活，比如说他们的那种耕织文化、织布啊，我们都能看得到。但是我们真正去过之后，并没有了解到这一点，因为很多古城区已经被店铺所覆盖，所以你没有这种途径，或者是这种机会去体验他们原来的那种生活。（L-78-M）

这种与现实的反差表明在商业化的影响之下，丽江古城内人们原本的生活模式已经不复存在且难以再现，这也会导致诸如丽江古城"慢生活"的场景已经难以在本地居民的日常生活中体现出来。不仅如此，在旅游业如火如荼的发展之下，丽江古城被游客填满，这也让古城的安静减少了几分，显得比较喧闹，与游客的想象并不一致。

嗯，肯定是有差距的吧，我觉得，嗯，其实是想象要比实际的要好；我想象中的那个丽江古城就是特别安静，然后人也不是很多，能够得到很好的放松的那种，但实际上丽江出名了，游客也太多，街边那些叫卖的也有点吵，有时候觉得心情特别不好，看着人这么多。（L-104-F）

因为丽江迷思具有的折射性，人们对丽江的现实体验和想象有所差距，进而感到失望，在人们的想象中，丽江应该能让人有艳遇的机会，应该能让人感受到当地那种质朴的纳西族文化，但事实上并非如此。普遍来看，人们对丽江的想象和期望高于在丽江的实际体验。"艳遇"是人们对丽江的普遍印象，部分游客来到丽江会对"艳遇"抱有期望，但是当真正来到丽江之后，发现艳遇不是能真正实现的，由此产生的落差会让人对丽江产生失望的情绪。

媒体的宣传让人们在头脑中建构起了完美的梦幻丽江形象，有的游客希望在丽江寻求一种"世外桃源"般的感觉，但是由于丽江旅游业发展而带来的巨大人流让那种安静的、世外桃源般的感觉逐渐变淡，人们来到丽江，看到的是成群的游客、成排的店铺和琳琅满目的商品，而不是心目中所期待的那种田园世界的景象。这一矛盾的存在让游客心里产生了一定的落差。丽江的现实情况和想象之间的差距虽然对旅游者的体验产生了负面影响，但这种负面影响也不是绝对的。尽管许多受访者表示，丽江的现实情况并不如想象中那么美好，但同时也有人认为，丽江的现实情况是在想象的基础上给人更真实的感觉。

答：嗯，差距还是有的。比我想象中的有缺陷，但又有惊喜。之前它可能是冷冰冰的仙女，但去过之后，更具人情味了。给你打个比方吧！你看到一个妙龄少女发了一组照片来，她在你的印象里，皮肤一直是很光滑完美无缺的，可你亲眼见到她本人，发现她脸上有痘，但其本身的气质和韵味是没有减一分的，反而给你一种更加真实的感觉。丽江给我就是这样子的感觉，在我去之前，它美丽古朴，但不可及，到达那里后，发现它很多地方

有垃圾，有臭水沟，但它也有更多的好吃好玩的，有想象不出来的别致景色和人情味儿。（L-122-F）

尽管丽江是"艳遇之都"这一说法深入人心，在日常交谈中提起去丽江就被调侃为去艳遇，丽江是中国四大旅游艳遇地的必上榜单之地，但还是有一些受访者表示想象与现实的差距就是自己没有获得"艳遇"的经历。有的将其归结为"因人而异"，没有艳遇是因为自己没有前往酒吧等地"猎艳"，也有受访者认为去丽江不可能获得艳遇。"它是一个假的艳遇之都，太假了。好多人都是骗你去酒吧喝酒的，就是那些酒托吧，酒托比较多，艳遇的人还是少。"（L-65-M）

走在酒吧一条街上，酒吧门口就是站满了拉客的服务员和各种各样的吆喝者，分贝一家比一家高，特别嘈杂。当然其他地方的酒吧一条街，像凤凰、阳朔、西街啊，其实都是这样子。而微信是艳遇附近的人的最佳的工具嘛，但据了解绝大部分人都是酒托，将男性游客约到酒吧喝酒，买单起码都是上千。（L-62-F）

总之，通过上文分析可知，凤凰和丽江都是确然存在迷思的，这两个旅游地的迷思均具有人为性、自然化、共享性和折射性。下文将要展开讨论的话题是凤凰和丽江各自存在什么样的旅游迷思，这个话题也同样先从凤凰开始。

第二节　凤凰古城的迷思

新西兰作家路易·艾黎在中国生活了近60年，他称凤凰古城为中国最美丽的小城；因研究中国古文学而出名的美国学者金介甫曾赞誉凤凰是给他留下印象最深刻的地方。一些旅游者认为去凤凰就是去寻梦，就是享受一种与现代都市完全不一样的生活氛围。那么，凤凰到底存在什么样的迷思呢？研究发现凤凰存在以下几个迷思。

一、本真性迷思

人们对旅游地的美好想象是源于对现实生活的不满而主观建构出来的，这就是旅游中的弥补性旅游。中国有很多古镇型旅游地，古镇是相对于现代化的大都市而言的，具有历史感、传统文化浓郁、历史文化遗产和传统文化保留较好，经济却相对不发达的地区，在那里人们可以找到最原始、最朴素的情感。这些古镇属于比较偏远的地区，是经济发展水平相对落后的地区。往往这些古镇的迷思体现在地方性的保存，表现为本真性。麦肯内尔（MacCannell，1989）认为，生活在现代化空间的旅游者的旅游动机正是去寻找本真性，了解旅游目的地居民的真实生活。王宁（2007）指出，如果从客位的角度看，游客若是单方面真情实意与主人的虚情假意进行互动，他们并没有获得互动的本真性。[①] 如果从主位角度看，有一部分游客觉得主人的表演成分比自己所在社会的表演成分要少，从而体验到了一些本真性——游客是以都市陌生人的社会关系解读传统乡村好客传统的本真性的，尽管存在表演的成分，但对于来自都市的游客来说，仍然是难得的。

凤凰古城的第一个迷思就是本真性迷思，它主要包括三个方面：第一，物质文化的本真性，如传统的服饰、传统的生活方式、传统的建筑，等等。第二，当地人的本真性。快节奏社会压力下的人们，希望在凤凰古城可以感受到当地人的生活方式，放松身心，结交纯朴的当地人，看多了日常生活中的虚情假意，想在旅游地接触到纯朴、自然、好客的本地人，感受一下好客本真性和人际互动关系的本真性。第三，生活氛围的本真性。其指的是当地的社会环境，人们期待看到的是"世外桃源"般"阡陌交通、鸡犬相闻"的和睦景象。

1. 物质文化的本真性

凤凰古城是一个充满着本真性迷思的古镇，是一个传统的古镇旅游地。这里被人们想象成一个现代与古老交织、典雅与乡趣融合、宁静与璀璨交织在一起的小镇，凤凰的淳朴与自然令游客对其产生旅游动机。吊脚楼等地方性建筑和穿着少数民族传统服装的本地人是很多游客在去凤凰之前的内心想象，它们是凤凰本真性迷思中物质文化元素的表征。

很多游客在前往凤凰古城旅游前，首先想到的是穿着民族服饰、戴着头饰的本地人，"我就是冲着民族特色来的，不是说凤凰是最后一个安静的小镇嘛。""我天天待在西塘、乌镇的东栅、西栅，我这次来就是找找民族的味道。"这位受访者（F-156-F）是华东地区的导游员，看了很多的古镇，这位受访者的话证实了大多数人对凤凰民族特色的想象。然而凤凰古城已经是在旅游发展中祛魅的古镇，这位受访者在游览凤凰古城后坦言，"我晚上转了没一个小时就回去了，和那些（指国内其他古镇）是一样的。"

"旅游地的地方迷思是人为建构的，是理想化的，所以迷思一定是与真实存在反差的，因为有了反差性，人们到了实地之后会产生挫折感和失望感。"[②]（彭丹，2015）在现代化旅游发展的背景下，除了年长的老人，凤凰古城的本地人基本不会再穿民族服饰了，它们已经完全被汉化了。

在凤凰古城中能见到一些特殊的年轻男女穿着色彩华丽的苗族服饰行走在古城中，他们在古城中从事景区讲解、迎接游客、商店宣传、歌舞表演等与旅游相关的工作，这是人为建构的民族景观。他们可能觉得自己穿的是一件"工作服"，但这已经形成了古城中一道亮丽的风景线。这种现象符合乔治·里茨尔提出的"虚无"的概念，他在研究迪斯尼时

[①] 王宁. 旅游中的互动本真性：好客旅游研究［J］. 广西民族大学学报（哲学社会科学版），2007（6）：18-24.
[②] 彭丹. 旅游迷思研究述评［J］. 旅游学刊，2015，30（9）：119-126.

发现游客所见到的任务和表演都是程式化的，是虚无人及虚无的服务。[①-②]凤凰也是如此，"现在来凤凰的游客多了，我们穿着苗服会吸引很多的游客。"（F-147-F）凤凰旅游业的发展使更多的本地人认识到本民族服饰成为吸引游客的重要标志物。

2. 人的本真性

凤凰古城除了物质的本真性迷思以外，还存在人的本真性迷思，而且和物质本真性迷思属同一个层次。其中，最直接的表现就是当地人的淳朴与独具特色的地方性语言。在当代国内教育和全球化的背景下，学习汉语普通话和国际化语言的本地人越来越多，说苗语的本地人越来越少，他们在意是否能够与游客和外来经营者交流，而非在意保护自己的本民族语言。

很多游客发现凤凰的年轻人已经完全汉化了，仅有一些老人还在说着听不懂的民族语言，虽然沟通困难，但是从他们脸上的表情可以看到淳朴与热情，是"实在"的地方化。相比那些穿着民族服饰的经营商，他们没有那种虚假的迎合，让人从心中能够感受到当地人的热情和善良。如受访者所言："我觉得吧，就是古镇中的特色建筑啊，吊脚楼之类的，还有就是当地的特色小吃，他们的民族服装，当地居民的交谈方式，民族语言这些都使我感受到了当地的文化与生活氛围。"（F-75-F）

很多游客在去凤凰前，希望能听到当地人讲民族语言，但在凤凰只有一部分老人还在讲苗语，绝大部分中年人之间的沟通都是用汉语，更不要说凤凰的年轻人，年轻人所受的学校教育就是学习汉语普通话和英语。

3. 生活氛围的本真性

很多人来凤凰，想体验的就是"日出而作、日落而息"的田园生活。在被访者中，那些未曾到过凤凰的人都想象着凤凰仍旧保留着原始的生活，可以见到淳朴的田园风光，过着与世无争的生活。事实上，旅游开发后的凤凰，与游客想象中的凤凰已经完全不一样了，今天的凤凰只有老年人还保持着传统的生活习俗，穿着传统的服装，说着独特的民族语言。青年人已经完全被汉化和现代化，无法区分走在路上的行人是当地人还是外来的游客。一位受访者说，他完全没有感受到想象中的淳朴的生活氛围，现在的古城商业气息极浓，堪称是家家开店、人人经商，"就连几岁的小女孩也在街上卖花，摆个地摊坐在城墙边上等着换钱。"（F-106-M）

出发之前我觉得应该是那种很古朴很安静的那种小镇，人也很纯朴善良什么的。光听听它的名字一定会认为是一个很浪漫、很美丽的地方，起初我也是这么认为，可到了古城我就有点失望了，它远没有我想象中的景象。没有乌镇的秀美；也没有丽江的开放；然后在众多的古城建筑中，文人云集可能是它唯一与众不同的地方吧。（F-73-F）

---

① Weaver A. The Mcdonaldization Thesis and Cruise Tourism[J].Annals of Tourism Research，2004，（4）：344-346.
② Gursoy D, Rutherford D G. Host Attitudes toward Tourism：An Improved Structural Model[J].Annals of Tourism Reasearch，2004，（7）：495-516.

近年来，凤凰的游客逐渐增多，旅游目的地的传统文化也在发生着变化，"旅游的开发导致了旅游地传统文化的舞台化、商业化、庸俗化，以及民族文化退化的现象。"[①]游客想象中的吊脚楼是一个安静的地方，可以发呆并且悠闲地度过整天的时间。然而，只有在清晨6点之前才可以享受到原始的凤凰，这时的商家还没有出摊，江面笼罩着薄薄的雾气，两岸是妇人捣衣的画面，再有一艘小舟泛在江上，宛若一幅江景水墨图。理想总是很丰满，现实中的凤凰除了冬季及清晨，其他时间都是不宁静的，店铺苏醒，游客簇拥着游客，夜幕降临时，沱江边的吊脚楼亮起了灯，到处都是酒吧、广告牌、霓虹灯和音乐。去过凤凰的游客（F-132-F）表示，现在的凤凰，白天人挤着人，走几步都是拍照的游人、卖花环的小贩，到了晚上，酒吧更是喧闹，酒吧门口的拉客现象非常严重。

本真性迷思是与真实存在反差的，书中以表2-1（该表可扫描本章末尾二维码进行阅览）进一步展示，该表展示了访谈文本的编码分析，从文本到概念化再到范畴的提取。

二、"边城"的文学迷思

1. 沈从文和"边城"

旖旎的山光水色、神秘的乡风民俗和丰富的文化内涵，就足以构成凤凰的特有魅力，但这并不是最根本的。最根本的是凤凰与一个响亮的名字——沈从文联系在一起，这位被凤凰的水土养育成才的文学天才，以他的全部情感和才华，向世人展示了一幅长长的美丽绝伦的凤凰画卷。正如作家李锐在《另一种纪念碑》中写道："现在，大凡专门到湘西凤凰县一游的人，都是为了沈从文先生而来的，欧美日本的文学界也开始热衷于'沈学'与凤凰城的探讨。"[②]日本学者福家道信为追寻沈从文的足迹，截至2000年，他曾8次专程访问凤凰城。他与其他日本学人创办的沈从文研究专刊《湘西》坚持出版近9年（1999年至2008年），可见沈从文与凤凰的热度之盛。

凤凰古城历史悠久，起初了解凤凰并前往凤凰的游客，都是从沈从文的小说《边城》开始的。凤凰古城公司在发展旅游时，逐渐意识到沈从文对于凤凰的宣传作用，因此，古城公司这家旅游企业在打造凤凰形象的过程中逐渐增加沈从文元素的宣传。2002年，凤凰县政府与凤凰古城公司合作修缮古城时，将沈从文故居融入古城景点中；2005年前后，当地重新修缮了沈从文故居，并将古城的旅游宣传口号改为"认识凤凰，从沈从文开始"。

因此，凤凰存在的第二大迷思就是"边城"的文学迷思。沈从文先生的笔下描绘了一幅幅绚丽多彩的画面，文中有着现代人所追寻的翠翠、爷爷与傩送等人身上体现的善良与淳朴，还有山清水秀、没有雾霾的自然环境。在沈从文的世界里，凤凰代表了一种优美、健康、自然的符号，"翠翠"是《边城》的核心符号，由沈从文和其作品《边城》而发展

---

① 王宁. 论风景名胜区过度商业化和旅游化的危害[J]. 重庆行政，2004（6）：77-79.
② 李锐. 另一种纪念碑：散文随笔集[M]. 济南：山东文艺出版社，2002年9月第1版：27.

出凤凰的"边城"文学迷思。这个迷思与凤凰的本真性迷思有着相似之处,"边城"是一个本真性的美好社会。边城的迷思是处于本真性迷思这一大框架之下的。

因为凤凰处于湘西的边陲地,非常闭塞、偏僻,加之凤凰古城在旅游业的打造过程中,将古城往边城的方向靠拢并加以宣传,很多边城元素被融入了古城之中,这导致很多人认为《边城》的所在地就是凤凰,他们愿意相信沈从文笔下的"边城"就是凤凰,这里就是他们所寻找的心灵乌托邦圣地,就是记忆中的故乡。

我知道《边城》这本书写的就是凤凰,因为沈从文是凤凰人,所以我感觉他写的就是凤凰。我觉得沈从文和他的《边城》对于凤凰的旅游还是有一定作用的。我是先知道沈从文再知道凤凰,我感觉还是会有人专门为了沈从文和边城而去凤凰,但是很遗憾我自己并不是。当时我去参观了沈从文的故居,但是墓地没有。(F-61-F)

即使很多人清楚地了解《边城》所描写的地方是在茶峒镇,因为书中开篇就介绍了"翠翠的家",但他们还是愿意相信边城就是凤凰,凤凰就是边城。并且,沈从文写作的《边城》虽然地名交代为茶峒,但其实书中的原型地有凤凰的影子。笔者2013年国庆节假期曾去湘西花垣县茶峒镇和永顺县芙蓉镇进行实地调研,当时茶峒已经更名为边城,在调研中笔者参照《边城》这部作品对茶峒和凤凰进行过景观、风貌等方面的对比,从景观而言,茶峒有《边城》中的河流,而凤凰也有河流(沱江河,被称作凤凰的母亲河),而且凤凰的河比茶峒的河更宽,河道更长;《边城》一书中介绍了白塔和吊脚楼等人文景物,但是茶峒并没有这两个景物,而凤凰却原本就有白塔(万名塔)和沱江边的吊脚楼建筑群;所以,沈从文先生在《边城》一书的文学创作过程中用到了很多凤凰才具有而茶峒并不具有的元素。不过,茶峒的河面上搭设了渡船和牵船的绳索,名为"拉拉渡",这便是《边城》作品中描述过的爷爷和翠翠拉客人过河的场景。所谓"边城"是指边陲小城,在地理位置上,凤凰县和茶峒镇都处于湘西偏远地区,而且整个湘西自治州在中国的中部和湖南省而言都属于偏远地区,与凤凰相比,茶峒镇地理位置上的特殊性在于它处在两省的边界之地,小河的这边是湖南花垣县茶峒镇,坐上渡船到了河的对岸就是重庆市秀山县洪安镇。

很多游客都是为沈从文而来,为追寻"边城"而来。

问:您认为凤凰是怎么出名的?

答:凤凰出名?我觉得最主要的一个原因就是沈从文写的《边城》,这个可能是它出名的最大的因素了,因为这篇文章被选入高中必修的教材里面了,大家都可以读得到,只要你去读高中的话。而且我们老师上课的时候也会跟我们介绍、跟我们讲。还有就是我身边很多人都住在离凤凰很远的地方,他们都跟我说最早知道凤凰这个地方就是因为在高中的时候学习了沈从文的这篇文章,所以我觉得沈从文对于凤凰的出名还是非常有贡献的,而且现在旅游宣传片也很流行,我觉得凤凰古城为自己拍的宣传片也是让它火起来的一个很重要的因素,使自己变得更加有名。因为受沈从文的影响,在去之前我会觉得这个地方非常特别,非常美,那里的居民也是非常朴素的一些人,去之前的印象可能就是这个样子。

问:《边城》写的是哪个地方?

答:《边城》写的是哪个地方?其实我的第一直觉《边城》写的就是他的家乡凤凰。因为他就是凤凰县的人啊,俗话说,文学作品源于生活嘛!那他所创造的作品应该也是基于他对他家乡的了解,然后进一步升华才写出来的。

问:您是先知道沈从文还是先知道凤凰?

答:我是一起知道的,因为沈从文也比较出名,凤凰也是一个比较火的旅游景点。他们两个是连接在一起的。(F-104-F)

当然也不是所有来凤凰旅游的人都是为了沈从文和他的文学作品而来,一位去过凤凰的旅游者(F-61-F)表示知道沈从文,凤凰的出名首先也是因为沈从文的《边城》,很多研究他本人和他的书的人,或者对他感兴趣和喜欢他作品的人肯定都想去他的故居看看,但她自己是因为听说凤凰是中国最美的古城而去的。但是不得不承认的是,经过沈从文的描绘,凤凰成了一个具有吸引力的地方,很多人受边城的文学迷思影响而去凤凰寻梦。

2. 边城不再

沈从文先生笔下的《边城》描绘的似乎就是一个梦境,渡口边的渡船上站着纯朴清新的人,这如诗般的边城美景处处蕴含着淳朴的人情乡味。小说的主人公翠翠就为这种生命形态做出了最好的诠释:"皮肤黑黑的,眸子清明如水晶,为人天真活泼,人又那么乖,从不想到残忍的事情,从不发愁,从不动气。"[①](沈从文,2017:3)小说《边城》描绘出了湘西生活的质朴,湘西人的自然、善良与乐观。"许多人来凤凰都是为沈从文而来。"[②]可是现在到凤凰已经难以找到沈从文笔下描绘的边城意象,边城终究成了梦中的边城,成为一种迷思。如《中国旅游报》上一篇文章中写道:"记者曾多次到过凤凰,发现沈从文笔下的魅力边城已浸润了太多尘世的喧嚣,恬静不再。"[③]

一位在凤凰土生土长的大学生在接受访谈时坦言,沈从文先生笔下的边城意境早已逝去,如今的凤凰已经不再具有他爷爷那代的传统习俗(唱山歌、河里捉鸭子)了,现在的中青年人也不再穿戴传统服饰了。

爷爷那代追女孩是要唱山歌的,还要去河里捉鸭子什么的送给女孩,但是现在没有了,现在我们这一代基本上就没有这样的习俗了,也不会唱。有的地方还是保留得蛮好,有些人结婚还是会以传统的方式,比如说服饰方面,穿金戴银的。结婚都会送雕配服饰。汉化还是太严重了。我长这么大,都还没穿过苗族的服装。老年人还是穿。第一个是觉得

---

① 沈从文.边城[M].北京:中国文联出版社,2017年9月第1版:3.
② 东方头条."湘西凤凰古城,感受沈从文的边城印象"[EB/OL].https://mini.eastday.com/a/170413151142669.html,2017-04-13.
③ 高慧.谁说烟雨凤凰是个古城?[N].中国旅游报,2012-10-22(14).

没必要，现在都是汉服；还有就是麻烦，做一套衣服很费劲。还有一种"上刀山，下火海"的当地技能，也算是一种文化吧。（F-89-M）

很多受访者表示因为喜欢沈从文先生在《边城》中描绘的纯净而向往凤凰，来到凤凰后才得知小说中描述的边城是在花垣县的茶峒而非凤凰。他们说到，在沈老先生的家乡凤凰难以找到边城的感觉，现在的凤凰充斥着现代化的味道，难以找到小说中的纯净之感。

那种淳朴的民风还保留着，特别是在沱江划船的时候，我就会联想到翠翠和爷爷送那些人过河，想象着自己就是置身在那种环境中，我就是属于那种爱幻想的人，少数民族的文化的话怎么说呢，感觉现在很多都已经被汉化了，能够保留下来原始的几乎很少了，感觉都失去了那种原真性，纯净的爱情这个我还真体验不到。有违"边城"的想象的话，就是少了那么一份宁静，可能是去的人越来越多，也就打破了边城中的那种宁静了吧。（F-88-F）

不少游客表示，边城只是小说中的边城，在凤凰几乎看不到了。沈从文先生在1934年完成《边城》的创作，作品中描绘的年代与现在已经相距80余年，沈老先生想表达的那种淳朴、自然、纯净的意境已经随着时间的流逝而逝去。如受访者所言："我觉得现在的凤凰和沈从文那个时代肯定是不一样的，可能有了一些商业化的气息在里面，游客多的话，这种意境就更不容易体验到了。"（F-113-M）

凤凰现在来说商业化过于严重，没有像沈从文先生描写的那样子宁静、吸引人了；现在在凤凰还能够体验到的有一小部分的吊脚楼和清晨的石板路吧。现在要说还想体验边城以前的意境的话，还是要建议大家早晨的时候走一走凤凰的石板路。（有违"边城"的想象的话）大概就是凤凰为数众多的酒吧，酒吧的话，在人们的印象中就都是比较负面的、比较浮躁的代表。我觉得可以增加吊脚楼的数量和减少酒吧的数量，还有就是凤凰的政府在网上多宣传保护凤凰。（F-121-M）

现在的凤凰古城名声大噪，城内游人如织。在这个不断发展的时代，现代社会的人们不断向往青山绿水的边城，期待邂逅纯朴的爷爷和翠翠。近百年过去了，山还是那座山，江还是那条江，部分吊脚楼也依旧存在，而"翠翠"却已经成为带领旅游者游览凤凰的导游，成为商家的店主阿妹。如今的凤凰城内依旧可以看到对歌，但已然不再传递男女情感，边城也成为梦里的边城，旅游者只能通过淡季时或清晨时宁静的凤凰、沈从文故居、沈从文墓地及导游的讲解词来感受边城的意境。

三、浪漫的迷思

迷思的内容可能会发生变化，一个旅游地可能会有几个迷思，地方迷思可能是多元的、歧义性的，必须克服以往大多数相关研究中一个旅游地只有一个迷思的那种观念（彭丹，2016：61）①。凤凰的第一层迷思是本真性迷思，文学的迷思属于第二层次，凤凰的旅游迷思除了本真性迷思和文学迷思外，还存在浪漫的迷思，其和文学迷思同属于第二层次。"同一旅游吸引物被植入不同游客群体的文化价值观就被建构成不同版本的迷思"（彭丹，2016：61）。凤凰不同的迷思吸引着不同的游客群体。凤凰古城的吊脚楼群、沱江风光、酒吧、客栈等汇聚在一块，可以让游客在古城内感受到浪漫的气息。关于凤凰古城的浪漫迷思可从四个方面进行探讨：小资情调、浪漫的爱情、庸俗的艳遇和浪漫的诗意。

1. 与古城的邂逅：到边陲地寻找小资情调

一些旅游者在网上发布的关于凤凰古城的游记的标题为"爱一个人，爱一座城""邂逅凤凰"等，表达了他们对凤凰古城的喜爱。凤凰古城旅游刚兴起时，古城特有的景观及古朴的民风吸引了一大批来自城市中追求"自由、浪漫、悠闲"品质生活的青年人，他们来凤凰享受沱江风光与古城生活，也有少部分人选择留在凤凰，边开店边享受古城悠然的生活步调，因此，凤凰像丽江一样被赋予"小资旅游地"的称号，充满着"小资情调"。"小资情调"是源于西方的一种生活品位，是指充分享受生活中的浪漫情调，是追求品质生活的格调。"古镇作为一种独特的旅游吸引物，近年来逐渐出现了较为小资的商业业态"（翁李胜，2016：30）②。《北京电视周刊》在2011年对"小资"给出了明确的界定标准："经济基础＋文化底蕴＋艺术素养＝小资"，并认定小资的经济基础是年收入4万至10万元（柳志红，2008）③。"凤凰的浪漫迷思里还隐含着小资产阶级浪漫情调的追求"（彭丹，2016：64）④。大部分游客表示，来凤凰就是享受这里惬意的时光，一杯茶、一本书，望着沱江，看着来往凤凰的各地的人，在这里可以获得小资的身份感。

酒吧是西方文化的舶来品，受全球化的影响首先进入中国的各大沿海城市，成为都市文化的一部分，受到特定年轻人的喜欢，并衍生为"小资文化"（包亚明，2001；转引自陈霄，2014）⑤。孙九霞等在研究中国古城镇旅游时指出"酒吧代表着小资文化"（孙九霞，王心蕊，2012）⑥。酒吧是古城在发展旅游时衍生的必备休闲娱乐场所，凤凰古城中的酒吧大多选址在沱江南北岸的吊脚楼。凤凰在旅游业发展之初，酒吧的规模并不像现在这样庞大，酒吧整体也是比较安静的，为游客提供一个安静的场所，游客在酒吧里休息、聊天、品酒，享受凤凰的民族风情。这就是城市人来到凤凰所追求的"小资情调"，因此，这类酒吧也成为"小资酒吧"。凤凰的酒吧是在2001年兴起的，第一家酒吧是建立在沱江岸边的流浪

---

① 彭丹. 旅游迷思研究：关于湘西凤凰古城的个案分析［M］. 北京：旅游教育出版社，2016年4月第1版：61.
② 夏杰长，计金标联席主编；魏翔，韩玉灵执行主编. 休闲旅游的环境与人群研究［M］. 北京：中国经济出版社，2016年5月第1版：30.
③ 柳志红. 时尚刊物中小资形象及其审美趣味研究［D］. 上海：上海师范大学，2008.
④ 彭丹. 旅游迷思研究：关于湘西凤凰古城的个案分析［M］. 北京：旅游教育出版社，2016年4月第1版：64.
⑤ 陈霄. 酒吧与旅游古镇地方性的建构——以湖南凤凰古城为例［J］. 热带地理，2014，34（1）：58-65.
⑥ 孙九霞，王心蕊. 丽江大研古城文化变迁中的"虚无"与"实在"：以酒吧发展为例［J］. 旅游学刊，2012，27（9）：73-83.

者酒吧，酒吧的老板是一位骑行者，他在凤凰开设酒吧的本意是令那些被凤凰古城的生活所吸引的其他骑行者有一个可以停留、聚会、休息，享受凤凰的小资情调的地方。

除酒吧外，在凤凰古城内还有很多其他充满"小资情调"的场所，如客栈、咖啡店、奶茶店、书吧，游客在这些场所感受到的是轻松惬意和小资氛围。有的游客在携程的旅游攻略社区中写道："青稞客栈比较小资，发现灯具啥的都是从IKEA（指宜家）买回来的[①]。"

近20年来，随着古镇旅游热潮的兴起，凤凰古城的人气颇旺，加之凤凰的旅游消费并不太高，所以，青年群体尤其是大学生群体成为拉动凤凰旅游的主力军，他们虽无经济基础，但同样可以消费凤凰的小资迷思，在凤凰他们可以暂时摆脱学生的身份，体验一下小资身份的优越感。

2. 与古城相遇爱情：浪漫的爱情

浪漫的爱情迷思在古城旅游的情境下包含以下三个方面的内容：第一，既有爱情的升华，即"巩固爱情"。去凤凰的游客尤其是大学生群体或刚参加工作不久的青年人，希望与情侣同行，与男朋友（女朋友）同去凤凰旅游，想象着两人同游会很浪漫、很罗曼蒂克，希望在这样浪漫的小城同游可以让两人之间的爱情进一步升华，情感关系更为巩固、亲密。这是旅游地的浪漫爱情迷思的第一种。第二，遭遇纯洁的爱情。基于对凤凰"边城"迷思的想象，游客希望在凤凰这个"纯净"的"边城"找寻到《边城》中翠翠与傩送之间那样"纯净"的爱情，虽然这样纯真朴素、不掺杂任何功利在其中的真爱是可遇而不可求的，但这仍然是部分旅游者心中对"边城"爱情的美好憧憬。关于在凤凰遇到真爱并携手度过余生的新闻报道尚未见过，但是本研究的另一个案丽江古城倒是有这样的事例被新闻报道出来，即去丽江旅游的游客遇见一位异性游客，接触之后两人萌生了爱情，并在丽江停留下来，共同生活在丽江。第三，浪漫的艳遇。凤凰可以被称作"艳遇之城"，这是最近十年出现的新的标签和新迷思。在"艳遇"的迷思中，主要涉及的艳遇是指酒吧的艳遇。"酒吧"和"艳遇"总是被自然而然化地联系在一起。浪漫的场所不仅有酒吧（"闹吧"和"清吧"），还有咖啡厅（咖啡厅不仅有着浪漫的氛围，更是有着小资的情调，"咖啡厅"与"小资"也是自然而然地被联系到一起）；浪漫的时间是夜晚；浪漫的景色是灯光照耀下的凤凰古城夜景，迷离朦胧，又带着暧昧的气息。

关于第一种情形，从一些网络文本中可见端倪，如本研究搜索到的一些关于凤凰古城的游记的标题为"我和男票的凤凰小资穷游""大湘西，小两口蜜月之旅""波比的私奔笔记"等，均是描述情侣或夫妻二人出游的情形，如一篇网络游记中有一句话"很多人也说，旅行让爱变得丰腴"[②]，这反映了很多人希望通过旅游让既有的爱情关系更加巩固，一些夫妻或情侣到访湘西凤凰这样的边陲古镇是希望可以通过旅游来满足这种情感需求。

---

① 携程网. 旅游攻略社区 / 问答［EB/OL］.https://you.ctrip.com/asks/fenghuang988/432259.html，2009-03-24.
② 携程网. "2014.4月波比的私奔笔记 西安 – 长沙 – 凤凰 – 张家界"［EB/OL］. https://gs.ctrip.com/ html5/you/travels/148/1901542.html，2014-07-20.

很多人在提到凤凰时,首先想到的就是艳遇,也有人以为凤凰是一个可以遇见爱情的地方,想要遇见爱情这就是上文中提到的第二种情形:希望在古城收获一份真正的爱情。在有些人看来,像凤凰和丽江这样的古城可以称为"爱情圣地"。一位女大学生表示为什么选择去凤凰时说到,"我觉得凤凰是一个艳遇之都,说不定我去了就遇见了我未来的男朋友呢!那个地方又是爱情圣地,我可以带着我的男朋友去,一起感受不一样的凤凰古城。"(F-87-F)一位被访的凤凰县政府人员也说到了旅游者来凤凰是要寻求恋情,寻找人生的伴侣。他说道:

游客来凤凰是要寻求恋情。凤凰被驴友誉为中国四大旅游艳遇地之一,这里流露着淡淡的暧昧的气息。旅游者来这里寻找人生的伴侣,比如一页情酒吧,不是一夜情,不是一夜,是一页,是一页书的页。所谓一页情是指前一段感情翻过去了,寻找下一段感情,就像翻书的时候翻过了这一页,迎接下一页……丽江有《一米阳光》,我想写的、想拍的叫作《在古城遭遇激情》,当然这个激情不能那么讲。(F-05-M)

凤凰的爱情艳遇可以追溯到苗族的习俗赶"边边场"。一位凤凰的苗族导游(F-147-F)介绍,"很久以前的凤凰就是存在'艳遇'的,更确切地说是偶遇,青年男女赶场偶遇,年轻的小伙子如果看到一位喜欢的姑娘,就会去扯一下姑娘的衣袖,或者是在路上无意撞她一下,如果她回头莞尔而笑,那就是没有拒绝,代表着对男方有意思。"从苗族"边边场"的偶遇到沈从文先生《边城》笔下的翠翠与大佬和傩送之间的清纯的爱情故事,我们看到不夹杂丝毫利益的爱情是那么的美好。寻找爱情,成为部分人去凤凰旅游的又一向往。

3. 庸俗的艳遇:短暂的激情

笔者自 2010 年开始持续对凤凰古城进行调研,发现艳遇成了凤凰古城的文化标签之一,凤凰古城如今也处处都在渲染艳遇的氛围,古城内的酒吧名字或者是宣传语都是用与艳遇相关的话语,如表 2-2 所示,很难使游客不去记住凤凰是一个可以艳遇的古城。

表 2-2 凤凰古城的部分酒吧名称和宣传标语

酒吧名称	宣传语
意外酒吧	遇见你是最美丽的意外
私奔吧	放下一切,我们私奔吧
逃亡乌托邦·花事	我行过很多地方的桥,看过许多次的云,喝过许多种类的酒,却只爱一个正当最好年龄的人——沈从文
湘西往事	喜欢上你的时候,我就已经踏上了征程
风筝	这个人也许永远不会回来了,也许明天回来
遇见吧	在错的时间遇见对的人,那是青春

资料来源:课题组于 2019 年 7 月在凤凰古城开展第四次实地调研后整理而来。

如今的凤凰被打上了"中国四大旅游艳遇地"的烙印，酒吧可以说是凤凰艳遇的一个重要场所，相比中老年群体，很多年轻游客在凤凰旅游时更加期待酒吧的艳遇。一位年轻的女性游客说："因为在去之前就有说到在凤凰可能会有艳遇吧，艳遇一般就是在酒吧，而且在那里如果有酒吧的话更能带动我们年轻人的氛围，又给晚上多了一些娱乐项目嘛！"（F-90-F）一位年轻的男性受访者表示，凤凰成为艳遇地的一个原因就是因为酒吧，但是在酒吧相遇的完全不是爱情，而是一种冲动、一种激情，"不是说这里是艳遇的地方嘛，我亲眼在酒吧看过别人的一场艳遇，感觉还是很刺激有趣的，女孩子主动找男孩子要联系方式，后面发展就不太清楚了"。（F-85-M）酒吧是属于凤凰的夜晚的，因为沱江河的亮化工程，夜晚的沱江两岸亮起灯光，显得五光十色，有很多游客表示喜欢凤凰的夜景，觉得凤凰的夜景很美。随着2002年后凤凰旅游业的迅速发展，凤凰的游客不断增多，凤凰的酒吧也开始疯狂崛起，凤凰的偶遇发生了本质性的变化，酒吧留言墙上的内容已经不再是交友的文化标签，取而代之的是游客之间的留言邂逅和对艳遇的刻意追求。"为艳遇而来"使得凤凰转变为发生"性旅游""一夜情"的旅游地。酒吧也成了制造"庸俗艳遇"的空间场所。凤凰被打上"艳遇地"的标签后，凤凰的经营者和商家为迎合游客需求，通过标语和广告刻意去制造"艳遇"的氛围。客栈同酒吧一样，也成了方便某些人"庸俗艳遇"的空间场所。

2014年7月20日，凤凰古城打造了一场"720去爱你，凤凰偶遇节"的活动，吸引了众多青年男女。这次活动的口号是"邂逅一个人，艳遇一座城"，这句口号虽然不像当年"宜春——一座叫春的城市"那般直白、露骨、庸俗，但也很容易让人想入非非。在今天这个爱情物质化的时代，价值观的改变无疑激发了年轻人对艳遇的追求和对性方面的随意。凤凰打着艳遇的口号营销，招致了很多人的批评，批评者认为这是在打造一场性爱的狂欢节。虽然主办方的初衷是"让更多的人停下忙碌的脚步，在一次擦肩驻足中找到爱情的归宿"，但实则损害了凤凰的旅游地形象。这样庸俗的口号无疑是与凤凰的本真性迷思和纯净的边城迷思相违背的。在这里我们可以看到一个旅游地可以同时存在几个相互冲突的迷思。

4. 浪漫的诗意：诗情画意的画面

"结庐在人境，而无车马喧""暧暧远人村，依依墟里烟。狗吠深巷中，鸡鸣桑树颠"，这样富有诗意的本真性社会已经被硝烟滚滚的现代社会所掩埋，对于旅游者而言，他们在旅游目的地世界中想寻找到真实的自我，而这种体验则是在"诗意的远方"过上一段短时间的真实且诗意的生活，"我们今天旅游的本质是寻找诗意的栖息地，无不表征着旅游的审美使人们在世俗的现实世界中寻找到诗意的旅游世界。"（吴海伦，2015）[①]

距离是产生诗意的必要条件，所以"诗和远方"成为旅游者所追寻的表达，诗意的生

---

① 吴海伦.旅游审美观照的哲学阐释[J].旅游学刊，2015，30（6）：111-118.

活永远在别处。湘西的边陲小镇——凤凰古城,从沈从文的书中和黄永玉的画里可以读到和看到,古城内的古旧城墙、沱江流水、江面泛舟、沿江的吊脚楼,一度成为凤凰诗情画意的表征元素。凤凰的诗情画意除了沈老先生《边城》中的描写外,在《湘行散记》一书中题为"湘西"的文中描绘的大抵也是凤凰古城,"一切风景静美而略带忧郁,随意割切一段,勾勒纸上,就可成一绝好宋人画本。满眼是诗,一种纯粹的诗。"① 在关于湘西凤凰的描述中可以经常看到这样一句话语"水墨丹青凤凰城"。有的网络游记标题为"在凤凰把别人的生活过成诗"。2018 年,《小康》杂志社联合国家信息中心,并会同有关专家及机构,在国内调查并公布了中国诗意休闲百城榜,其中凤凰县名列全国第 24 位,在"华中地区十佳诗意休闲小城榜"上排名第三。其评语中写道:"在诗情画意的凤凰县,放松休闲不是奢望,而是日常。"② 在我们的访谈中,很多女性游客体验到了凤凰古城的诗情画意,女性相比于男性来说要感性很多。

  我觉得它的景色还是很美的,除了它的明信片,还有它的小巷子都给人一种很美好的感觉。因为我们当时去的时候正好下着蒙蒙细雨,雨水打在青石板砖上真的很有诗意的感觉。早晨的时候因为我们起来得很早,那时候人真的很少,站在沱江边上,我觉得整个凤凰都在一种烟雨朦胧中,好美!(F-98-F)

  不过,凤凰古城浪漫的诗情画意的氛围只适合形容清晨 6 点之前的凤凰,清晨的时候,旅游团的"喇叭"、酒吧的喧闹、商家的"吆喝"还没有出现,古城内的万物刚刚苏醒,江面还笼罩着若有若无的"仙气"(雾气),当地妇女在江边用木槌敲打着衣服,颇有"竹喧归浣女""万户捣衣声"的时空穿越感。一位受访者表示在看到凤凰古城的明信片后她对凤凰的想象是慢生活和充满诗意的画面,"这张明信片最吸引我的是这一排吊脚楼建筑,古香古色的氛围让人心里安静,似乎感受到慢生活。吊脚楼背靠群山,面临沱江。有一个头戴草帽的船夫,撑着一叶扁舟在沱江清澈的波光里。整个画面充满诗意。"(F-51-F)

四、神秘的迷思

  对于很多游客来说,凤凰的旅游吸引物除了物质景观、文学、浪漫的符号以外,还有一个非物质属性——神秘性。媒体的宣传及现代性旅游的发展使得人们转变了对少数民族地区的看法,神秘的少数民族风情也挑起了游客的好奇心理。在人们眼中,过去的凤凰是一个"土匪地",如今是探索神秘文化的旅游地。因此,"神秘""民族风情"成为凤凰的旅游符号。出发地和目的地的旅行社对凤凰的宣传多采用了"神秘湘西,天下凤凰""传奇"等象征神秘性话语。由于对凤凰神秘性的大量宣传,很多潜在游客在去凤凰之前想象

---

① 沈从文.湘行散记[M].太原:山西人民出版社,2018 年 6 月第 1 版:159.
② 佚名.中国诗意休闲百城榜[J].小康,2018(28):36-45.

凤凰是一个原始的、神秘的古城，期待一次"神秘之旅"。凤凰的神秘迷思是在社会文化中建构起来的，神秘的迷思使凤凰这个旅游地具有了原生态的神秘感。凤凰古城在开发旅游之前，是一个遥远而又寂静的边陲小镇，位于湖南省湘西土家族苗族自治州的凤凰县，被大山重重包围，境内山脉纵横，层峦叠嶂，南部是绵延的雪峰山脉，北部是鄂西山地，西部是云贵高原，东部是洞庭湖平原。自古大山深处孕育出的就是神奇的文化，大自然的鬼斧神工雕琢出了湘西瑰丽又神奇的山水风光，演绎着苗族古老的神话与传说，凤凰古城的神秘在于它神奇的少数民族文化和神秘的巫傩文化。边陲的地理位置和巍峨的地势地貌造就了这片土地的神奇，也使得神秘成为湘西和凤凰自然形成的内生文化，世代流传。神秘的大湘西是神秘凤凰的基调和背景。地理区位、神秘的习俗和神秘的巫术共同造就了凤凰的神秘迷思，如表2-3所示。

表2-3 关于神秘迷思的访谈文本编码示例

访谈文本示例	概念化	范畴
地处偏远加上湘西的对外宣传，让人产生一种神秘感，激发旅游者的兴趣。（F-127-F）	地理位置偏远，充满神秘感	地理区位
我们都听说过关于湘西的一些少数民族的一些古老的习俗、传统，什么湘西赶尸啊，什么苗家养蛊，就会感到一种民族的神秘感吧，然后这个也是吸引我去的一部分吧。（F-128-F）	少数民族的习俗很神秘	神秘的民族习俗
湘西赶尸，湘西巫术；苗族的妹子会种一种蛊，如情蛊，给心上人念一种蛊，就会让心上人离不开自己，但是这种蛊术只能是女生念；还有一个神秘就是湘西赶尸。（F-86-F） 以前看过关于湘西很神秘的、稀奇古怪的一些东西，小时候看的绣花鞋啊什么的，那些苗族的神秘、巫蛊、苗药，当时就想着这里阴森的那种感觉。凤凰这边不是都说那种少数民族嘛，苗族、土家族什么的，以前看电视、小说什么的，很多人说这里很神秘，什么苗药、会下蛊、赶尸什么的，一个人不能去那些地方啊，什么把魂给你留在这里了……就想着这边的古镇和江南水乡的那种不一样，过来看一下苗族的风情，感受一下那种神秘的气息。（F-156-F）	湘西的赶尸、苗族的蛊术、苗药	神秘的巫术

当下很多人仍然认为且相信湘西是一个非常神秘的地方，"巫蛊、赶尸"在当地是存在的。沈从文先生写的《湘西》一书中有篇题为"凤凰"的文章写道："湘西的神秘只有这一个区域（凤凰）不易了解，值得了解。""苗人放蛊的传说，由这个地方出发。辰州符的实验者，以这个地方为集中地。"[①]

可是，凤凰的神秘在凤凰正式开发旅游业以后已经变得不再那么神秘，使游客感到些许失落。对于一些游客而言，"凤凰之所以能吸引巨量的游客，很大一部分是由于它的古城特色，它的神秘，它的与众不同，但是当古城慢慢地被现代化建设，现代化娱乐活动占据，慢慢被现代化同化，它最终也许会跟一般的现代化小镇差不多。"（F-75-F）

---

① 沈从文.边城.湘行散记.湘西[M].桂林：漓江出版社，2003年8月第1版：235.

为了吸引更多游客来到凤凰，旅游经营者将神秘作为古城宣传的一张名片，大力渲染古城的神秘氛围，使原本内化的文化成为一种外在的地方表征。古城特意制造出来的具有神秘色彩的旅游产品日益增多，各种"村寨""神秘表演"相继出现，在充满神秘气息的村寨中，在古城的民俗演艺晚会上和必不可少的元素有赶尸、上刀山下火海、落洞女、放蛊、哭嫁，等等。这些神秘元素将凤凰古城在外地游客心中植入一种神奇、神秘的印象。导游员在讲解导游词时也会讲述一些虚假的东西来渲染凤凰的神秘。如一位受访者说道：

没有什么让我感受苗族的那种神秘文化。就我们在路上的时候，那个导游给我们讲了这里的一些，那个导游说，他爷爷以前是寨子里的寨主，他说赶尸还真有。他小时候没有看过赶尸，但是看过赶猪的，死了的猪还真的会走。在车上说得我们一愣一愣的，这边的导游还真是很邪乎。这来了以后，也没感受到那种巷子里的寒气，哈哈哈。（F-156-F）

总之，在凤凰的迷思中，本真性的迷思是一个最重要、最核心的迷思，其次就是边城的文学迷思，人们想象中的边城世界与本真性社会是十分接近的，而本真性社会的迷思归根结底与中国人对世外桃源的想象有些接近，是中国人想象中的与世隔绝、宁静、闲适、本真、隐居的田园社会。自陶渊明的《桃花源记》问世以来，"世外桃源"便成为人们心中所向往的美好生活的代名词，成为中国人追寻的精神境界和理想归宿地。直至今日，"世外桃源"已超出了它当时偶然和暂时的意义，而进入了永恒和长久的意境。要想在当代社会找一处清静的桃花源虽然不是绝无可能，但是很难找寻到，而凤凰这样已开发了20年旅游业的小城自然不可能成为人们理想中的世外桃源。在沈从文先生写作《边城》的那个年代，凤凰也许可以被看作真正的世外桃源，随着近百年来的时代变迁和社会发展，中国的世外桃源之地越来越稀少了，人们旅游只能探寻更加偏远的山村、更边陲的小镇。可是随着游客的到访，新的边陲地又面临着"去桃源化""去本真性""去地方化"，新的边远山村、小镇有了一定量的游客足迹之后又不再是本真性社会了，旅游和现代化进程这两者都是让世外桃源般的本真性社会消失的"加速器"。于是，现代旅游者心中的怀旧情绪就会变得越发浓烈，无奈的是，本真性的边陲地越来越稀少，本真性的迷思最终只能存在于现代人的想象中。

第三节　丽江古城的迷思

丽江古城存在着和凤凰古城同样的迷思主题，也具有与凤凰不相同的迷思，具体说来，丽江古城存在如下几个迷思：

一、本真性迷思

研究发现,丽江同凤凰一样也具有本真性迷思,丽江古城的本真性迷思同样包括三个方面:一是物质文化的本真性,如具有年代感的建筑、传统的民族服饰、当地特有的文化;二是人的本真性,人们期望看到当地纯朴友好的人,简单、纯真而热烈的感情;三是氛围的本真性,氛围指的是社会环境和生活氛围,人们想要看到当地具有安逸、静谧的环境,一个宛如世外桃源般充满诗情画意的田园世界。

1. 物质文化的本真性

丽江被游客想象成一个可以隔绝工业文明,古朴静谧闲适的旅游地。木制建筑、青石板路、大水车、传统服饰、神秘的东巴文化、慢节奏的生活是大多数游客到丽江之前的想象。"我心目当中的丽江,有一条特别特别漂亮的江。旁边有一些就是少数民族的建筑物。然后周围一些人穿的是少数民族的服饰,特别的漂亮。"(FL-10-F)这位受访者的话反映了大部分旅游者对丽江的想象。很多受访者表示,在去丽江古城之前会在网上收集关于丽江的游记和攻略,会查看关于丽江的图片。他们想象丽江古城是一个拥有慢节奏的生活,洒满金色灿烂阳光的小城。到了丽江古城以后最不能错过的就是坐在一把躺椅上,桌边放着一杯茶,静静地享受古城热情温暖的阳光,忘记日常生活的烦恼与工作的压力。

然而,随着旅游业的发展,丽江古城逐步变得商业化,不再是游客心中可以慵懒散步、随意闲逛、充满历史厚重感的小城。外来商户的入驻及本地居民的迁出都使得古城的传统文化发生了变迁,如今在丽江古城街头很少会见到穿着民族服饰的本地人,只有很少一部分老年人在日常生活中仍穿着纳西服饰,在古城的街上映入眼帘的往往是身着现代服饰摩肩接踵的游客。游客想象中的丽江是一个悠闲、静谧的小镇,生活节奏缓慢,可以一整天都用来发呆,但现实中静谧的丽江只存在于上午10点以前,这时古城里大部分商铺还没开门,游客走在古城的青石板路上,可以享受这来之不易的安静时光;上午10点以后的古城是热闹的、喧哗的,游客成群结队。到了中午,古城的酒吧陆陆续续开始营业,音乐声、歌声、说话声此起彼伏,到了晚上,霓虹灯下的丽江宛如一个现代化的大都市。"关于他们的生活氛围,这个说实话,和我想象的可能会有一些不一样,可能也是他们现在商业化过度了,所以我感觉我想象的不一样就是特别的悠闲,那里的生活节奏现在我觉得太浮躁了,生意人也太多了,所以我觉得都不像丽江古城了。"(L-108-F)

2. 人的本真性

"工业化社会的理性对人性的压抑束缚,导致人们出于补偿心理和防御心理离开其惯常居住的环境开展旅游活动,放下异化的面具,展现真实的自我,寻求人与人之间的纯真。"(杜法成,等,2018)[①]丽江古城作为纳西族的聚居地,除了物质文化的本真性外,

---

① 杜法成,李文勇,戚兴宇.旅游本真性、情感体验与地方依恋的关系研究[J].资源开发与市场,2018,34(6):878-883.

还存在人的本真性。人的本真性主要包含两个方面：一是当地人所说的地方性语言；二是当地人的纯朴善良、热情好客。游客所期望的是能听到当地的方言、当地的音乐，看到纯朴、友好、热情的当地居民。如下面这则访谈文本所示。

  就是自己走在街道上，听听从当地商店里传出来的音乐，当地的音乐，当地的方言，还有遇到的其他出去旅游的朋友，比较喜欢这样的文化氛围，还能交友，虽然大家不认识，都是过客，但是还是可以跟陌生人坐下来谈心，可以聊一聊。在淳朴街道上、酒吧里，彼此都是过客，聊完就走，就是这种感觉。（L-99-F）

虽然游客期待在丽江游玩时可以听到当地的语言和当地的音乐，但现实是只有少部分老人会说纳西语，为了和游客顺畅交流，大部分当地人说的都是汉语；当地的商店传出的音乐也是现代音乐人所写的民谣而非当地传统的东巴古乐。但由于丽江古城自古以来就处在茶马古道的要塞上，发达的商业促使古城形成了兼容并包的文化，造就了热情好客的传统，虽然旅游的发展在一定程度上冲击了当地的传统文化，但一部分当地人仍然保留着纯朴、热情的个性。

3. 生活氛围的本真性

旅游者想象着可以在丽江享受世外桃源般的生活，感受纳西人家随性而简单的生活，享受火把节的热闹、纳西古乐的悠远、慵懒的生活氛围，感受当地神秘的东巴文化。一位被访的旅行社高管谈到，游客去丽江的原因是丽江有着独有的纳西族文化，是一个非常休闲的地方，是城市人所追求的世外桃源。具体访谈文本如下：

  问：在您工作的过程中，您觉得是什么吸引了游客去丽江旅游呢？

  答：首先，丽江作为云南的一个非常有独特特色民俗的一个地方，它的纳西族文化非常有特点，能吸引大家去；第二是它的交通便利，它有机场，它去大理和昆明都非常方便；第三，丽江是属于中国在古城镇维护以及开发方面做得相对比较完善的一个地方。最早大家就认为丽江是一座古城，这座古城非常有特色，小桥流水，大家都会去，但是我个人觉得，现在丽江已经超越了以上所有的范畴，它已经成了一个，让大家觉得是一个城市人向往的休闲的地方……就像百里寻找桃花源，它已经成了一种符号。目前大理也在努力想办法营造这样一个符号，但是它因为比丽江晚了大概十几年，丽江已经牢牢占据这个市场，就是都市的中高收入人群，如果你想逃离现实，去到一个世外桃源，那么丽江这个地方非常合适。（L-71-M）

实际上丽江当地的传统生活方式因旅游业的发展而发生了改变，当地的传统文化不断变迁，只有部分老年人仍保留着"日出而作，日落而息"的生活习俗，慵懒的生活氛围更是被热闹和喧哗所替代，而且，绝大多数原住民住在丽江市新城区，不住在古城内。游客到达丽江古城后看到的是汉化的当地人、熙熙攘攘的游人、商业化的东巴文化，游客更多触及的是商业化符号，纯朴的本地老人和纯真的孩童更是难得一见的胜景。丽江的本真性迷思与真实的丽江确实存在反差。下面这则访谈文本谈到了丽江的商业化、功利化、消费高、旅游纪念品同质化等问题。

  我觉得，商业气息有点严重了。可能是因为来旅游的人太多了。毕竟是一个靠旅游发展起来的城市，所以消费水平很高。来之前，我感觉应该是一座充满悠闲和浪漫气息的宁静小城，但事实上这里还是有点功利化，消费也挺高。这里充满了各地的游客，甚至有日韩的国际游客。这里卖纪念品的商贩到处都是。但是旅游纪念品的同质化太严重，明显都是生产线上的东西。我还是希望能买到真正由当地出品的手工产品。(L-88-M)

  至此，丽江的本真性迷思和凤凰的本真性迷思的分析均已告一段落。这两地均存在本真性的迷思，而且本真性迷思都是两个古城的大迷思，对其他迷思起到统领性作用。旅游地的本真性迷思中包含了古城的物质文化（本地的建筑、服饰）、古城的非物质文化（本地人的语言、生活方式）和居住在古城的本地人（游客希望看到本真性的人，纯朴善良好客的当地人）。这些都是旅游系统中的旅游客体。其实，从旅游主体来看，旅游者寻求本真性迷思还可引申出一层含义：旅游者寻求本真性的自我。旅游者在古城旅游体验中重新审视自我，找到真实的自我，卸掉日常生活世界中的表演性自我的成分，回归到本真性的自我，彻底放松身心。从受访者的访谈中可以看到"放松自我""更好地做我自己"这样的话语，所以，回归本真性的自我是消费本真性迷思时可以从中获得的一种价值和意义，重新做回真实的自我可以用王宁（1999）提出过的"存在本真性"这一理论范式进行解释。接下来的分析中会讲述到丽江的"慢城"迷思和"文艺"迷思，这两种迷思都暗含着旅游者自我的存在本真性。

二、慢城的迷思

  现在的生活世界是一个快节奏的时代，"快"无处不在，快餐、快递、快车、快照、高铁、闪婚及购物秒杀等，都是争分夺秒的快节奏。快速的节奏让人们的日常生活时常处于紧绷的状态。于是，人们渴望逃避城市的紧张、压抑与喧嚣，向往"采菊东篱下，悠然见南山"的生活。很多游客在访谈中表示向往丽江的慢节奏生活，"向往这种慢生活的节奏，而且比较闲适的感觉"（L-120-M）。丽江宜人的环境和慢步调的生活方式建构起一种轻松的生活环境。丽江慢城的迷思，就是在现代快节奏社会有所缺憾的情况下，人们对丽江慢节奏生活的想象而建构起来的。丽江慢城的迷思吸引着城市中快节奏的压力下奔波的人群。丽江的慢城迷思也可以简称为"慢迷思"，为了更方便读者理解，本文多数情况下还是用"慢城的迷思"一词。具体来说，丽江的慢城迷思包含3个方面：慢城市、慢旅游和慢生活。

（一）丽江慢城市

  自科技革命以来，城市中越来越多的人生活在高压的快节奏下，与此相伴的是焦虑、疾病和死亡率的增加。快节奏生活中的人，开始追寻生活质量，将目光转向"慢"的视

第二章 充满迷思的旅游地：从"本真性迷思"到其他迷思

角。"慢"的意思是迟缓，速度小，同义词是缓，与"快"是一个相反的概念。"'慢'这一理念自古以来就是中国传统生活的哲学，如老北京人、成都人的生活皆体现着'慢'的智慧"①（朱晓清，等，2011）。慢城是由"Slow cities or Citta'slow"翻译而来的，但没有明确的定义。"慢城"是1999年在意大利兴起的一种新型城市模式，并成立了慢城协会，如今西方国家中有越来越多的城市加入建设慢城的行列。"慢城的标志是一只蜗牛，蜗牛壳上背着大量的建筑"②（崔斯盈，2015）。慢城提倡放慢脚步、敬畏自然、遵循传统，倾心于精神需求。

丽江地处云贵高原，靠近玉龙雪山，属于我国的西南边陲地区，与东部大城市快节奏的生活步调相比较为缓慢，因此，丽江能够吸引众多的人前去旅游或者长期定居。一些游客说慢节奏在整个云南都可以感受到，丽江的慢节奏与它的地理区位是相关联的，如表2-4所示。

表2-4 丽江慢迷思的访谈文本编码示例

访谈文本示例	概念化	范畴
慢节奏并不只是丽江，整个云南都是这样的。他们的幸福指数比较高，容易满足。到了云南的很多景点，你就会发现他们的生活节奏都不是很快的，不像深圳、上海、北京生活节奏很快。（L-57-M）	整个云南都节奏慢，生活幸福指数高	慢节奏的云南
云南人的热情好客在去丽江之前我就已经有所耳闻，大一的时候我曾经骑行去云南，有一个自行车的经销商和我说云南是一个节奏很慢的地方，云南的本地人都很热情奔放。（L-85-F）	云南生活节奏很慢，云南人热情奔放好客	
我平时工作比较忙，也很累，但是旅游嘛，特别是去了丽江之后，感觉忙碌的生活节奏都变慢了，景区的氛围就是慢悠悠的，不会像其他地方都是仓促的、很忙的感觉，快节奏的生活是很有压力的，尤其我又是上班族，对我解压还是挺好的。（L-81-F）	慢悠悠的氛围	慢生活氛围
生活氛围我觉得总体的节奏还是比较慢的，当地人的生活比较懒散和随意，大概是离太阳近一点吧。（L-85-F）	生活氛围慢节奏，当地人生活懒散随意	

丽江古城的很多场所和符号都表征着丽江是一个慢城。《丽江慢生活》中有一章专门描述丽江慢城的元素，如四方街、酒吧街、古城街巷、丽江的店铺等这些场所都在表征着丽江是一个慢城市。古城的经营者为迎合游客对慢城的需求，用符号来表征"慢"的元素，制造"慢城"的氛围，以吸引游客来丽江寻求慢生活。《丽江慢生活》这本书对丽江慢生活的描写请扫描本章末尾二维码。

---

① 朱晓清，甄峰，蒋跃庭.国外慢城发展情况及对中国城市发展的启示[J].城市发展研究，2011，18（4）：84-90.
② 崔斯盈.慢亦有道——南京城东慢行空间设计调查[D].南京：南京艺术学院，2015.

（二）丽江慢旅游

人们的生活中必须有一个可以舒舒服服休息的时间，一点也不紧张，放下匆忙和压力。那么慢旅游就是这样一个可以彻底放松自我、获得真正的休息、有益身心健康的方式。然而，现代社会的大众旅游有一个问题，在中国尤为明显，就是快旅游，快旅游是由旅游生产商和旅游消费者的供需双方共同导致的。中国需要倡导慢旅游，如果我们将"慢"的理念真正融入旅游中，便成为"慢旅游"。我们可以将"慢旅游"理解为放缓脚步，深度体验，慢慢地游览景点，悠闲地享受旅程，使旅游者的精神需求得到充分满足，身心得到充分放松。"慢旅游"的概念并没有统一的理论界定。Jafari（1988）认为慢旅游就是在旅行的过程中摆脱时间的观念及工作的压力，逃离当前的社会，享受旅游带来的美好[1]。Peters（2005）和Buckley（2011）赞同Jafari对慢旅游所持的观点，认为慢旅游不是追寻旅游目的地的数量，而是用适合自己的速度体验旅游的质量，这一过程并没有大众旅游所带来的时间上的紧迫感[2-3]。Fullagar（2012）等写作的《慢旅游：体验和移动》这本书提供了关于慢旅游和慢旅行这对"双胞胎"概念的观点和经验资料（转引自Conway，2013）[4]。Guiver和McGrath（2016）通过分析慢旅游相关文献和16个慢旅游网站的文本，指出慢旅游意味着旅游者在一个地方停留更长时间，试图与当地居民"生活"在一起，沉浸在当地的文化中，通过地方消费来感受慢旅游的氛围[5]。在学术界的研究基础上，Kenny于2000年最早创立了慢旅游的网站（www.slowtrav.com），他主张的是在一个地方停留，缓慢地享受当地的生活。在Kenny率先创立"slowtrav"网站后，国外相继出现很多慢旅游的网站。巴塞罗那慢旅游的创始人Guillaume（2017）指出慢旅游不仅指的是从一个地方到另一个地方，而且是指让自己沉浸在一个目的地；通常包含更长的居住时间，允许自己与当地建立更深入的联系，发现历史遗存的美好，品尝当地美食，并参观当地的地方，花更长的时间和当地人在一起，发现他们的习惯和风俗，可以把一次普通的旅游变成一次缓慢的旅游体验[6]。

在国内选择慢旅游，很多人首先想到的必然是去丽江。丽江本身是一座慢城市，符合发展慢旅游的基本条件。准确来说丽江是一个充满慢迷思的地方，正是慢迷思的存在才足

---

[1] Jafari J. The Holiday Makers: Understanding the Impact of Leisure and Travel[J]. Tourism Management, 1988, 9(1): 82-84.

[2] Peters P F. Time, Innovation and Mobilities: Travel in Technological Cultures[M]. London: Routledge, 2005: 78-83.

[3] Buckley R. Tourism under Climate Change: Will Slow Travel Supersede Short Breaks?[J]. Ambio, 2011, 40(3): 328-331.

[4] Conway, Dennis: Slow Tourism: Experiences and Mobilities[J]. Annals of Tourism Research, 2013, 40: 444-446.

[5] Guiver J, McGrath P. Slow Tourism: Exploring the Discourses[J]. Dos Algarves A Multidisciplinary e-Journal, 2016(27): 11-34.

[6] Barcelona Slow Travel. "Slow Travel: Definition and Benefits"[EB/OL]. https://www.barcelonaslowtravel.com/blog/slow-travel/, 2016-10-27.

以吸引诸多旅游者前往丽江展开旅游活动。丽江是一个不缺时间、不缺阳光的地方,来到丽江的"慢"游客们,在这里少则居住一周、半个月,多则一个月甚至更久,等充分享受过丽江的慵懒后,才会离开丽江回到自己的常住地继续奋斗。这类慢游客群体多是年龄区段为18~50岁的中青年人,而且这类群体中有部分人不只去过一次丽江,他们会多次重游丽江。2012年《中国旅游报》刊登了一篇题为《丽江客栈让过客成为归人》的报道,记者采访的游客当中,大多以"晒太阳""睡觉""发呆""放空"等标签来表达对丽江的迷恋①。

(三)丽江慢生活

1. 慢节奏的生活方式

丽江在发展旅游业之前,很少有外面的人来到这里,城内聚居的都是纳西族人,他们过着与世无争的恬静生活。丽江古城在旅游业发展初期并不知名,最早来此的旅游者在这里感受到了与外界社会完全不同的生活节奏,感受到了与现代城市完全不同的"慵懒",他们中的部分人最终选择在此定居,成为丽江古城最早的旅居者。他们被这里的环境所吸引,在这里践行了理想中的生活方式,将想象中的田园牧歌式的自然生活移植到现实世界之中。如今,丽江古城游人如织,但还是有很多旅游者能够感受到古城舒适与安逸的慢生活氛围,丽江古城的"慢节奏"在旅游者的体验之下得到印证,进而强化了旅游者对丽江慢生活的认同。

不过,丽江古城也在某些方面呈现出快节奏的特征,如24小时营业的肯德基、彻夜喧闹的酒吧、走马观花的旅游团等。但这些快节奏的元素在丽江的旅游宣传和营销中是被遮蔽和掩盖的。

2. 休闲旅游

今天的丽江似乎已经成为国内休闲旅游地的典型代表,都市白领和小资群体等中高收入群体对丽江尤其向往。丽江这座休闲之都、艳遇之城,在媒体的推波助澜下,吸引着大量的人来到这里,一些人住上十几天、几个月,甚至留在这里成为旅游的移民。"游客进入丽江古城,犹如着了魔一样,女人纷纷穿上色彩斑斓的长裙、吊带,身着披肩,踏上人字拖;男人们则每人一顶牛仔帽,身穿东巴文字T恤,这是游客进入古城后的一种换装,也是一种进入休闲状态的标志。"(杨振之,2012)②

毋庸置疑的是,丽江古城能够成为休闲之都,首先得益于它得天独厚的自然环境。丽江古城属于低纬度的高原地区,夏无酷暑,冬无严寒,春秋相连,气候非常宜人。在古城内处处可见"雪山、阳光、小桥、流水、人家"的诗情画意。这样的情景,正是现代都市人所追求的理想胜地,休闲也成为丽江的旅游特征。一篇网络游记中写到丽江的慢生活和

---

① 邓敏敏. 丽江客栈让过客成为归人 [N]. 中国旅游报,2012-12-03 (13).
② 杨振之. 旅游的本质:人诗意地栖居 [N]. 中国旅游报,2012-01-04 (11).

休闲的生活方式，如下：

> 在大城市待惯了的人总是喜欢到丽江来，或者是有什么不如意的事也会一个人跑到丽江来，或者是思考人生的时候也是首选丽江，再或者想艳遇也会首选丽江……在丽江待久了的人会说来丽江的人大多有一个特质：那就是哪根筋不对了！其实不是这样，我发现来这里的人其实是很简单的，他们选择的只是一种生活方式！一种慢生活的方式，一种通过休闲生活让自己生存的方式！

资料来源：马蜂窝网."再回首——丽江古城"[EB/OL].http://www.mafengwo.cn/i/1161952.html，2013-03-20.

丽江之所以能够吸引旅游者在此停留、多次重游，归根到底与这里轻松、开放、休闲的生活氛围有关。丽江古城的休闲已经是内化的生活方式，是外在的整体环境与内在的居民生活方式的融合，已经渗透进丽江日常的每一个生活细节。对于外来的旅游者来说，当来到一个陌生的地方时，喜欢这个地方、留恋这个地方甚至留在这个地方的原因就是他对当地生活氛围和生活方式的认同。在访谈中，问及为何选择来丽江旅游或喜欢丽江的什么等问题时，多数旅游者都会提及这里休闲的生活方式和氛围。

三、浪漫的迷思

丽江的第三个迷思就是浪漫的迷思，丽江浪漫的迷思主要表现在两个层面：第一是人为的浪漫，即刻意地、人为制造出来的浪漫氛围；第二是情爱的浪漫，也即浪漫的"艳遇之都"和把丽江看作"爱情圣地"（可以收获爱情的地方）。

（一）人为制造的浪漫

人为制造的浪漫首先要提到电视剧《一米阳光》，该电视剧先由大众媒体制造出来，一经播出就颇受观众的喜爱，然后观众由该剧生成了对丽江浪漫的想象，随后丽江古城的商家更是不失时机地利用《一米阳光》来做文章，在商铺命名等方面充分使用"一米阳光"这个词语，在宣传方面也说某个场景曾经是孙俪坐过的位置或者拍摄取景的地方，使得"一米阳光"成为象征丽江浪漫的符号，由此而成为丽江浪漫迷思的一个组成部分。电视剧《一米阳光》以"寻爱"和"殉爱"为核心叙事，整部剧的画面不仅展示了丽江古城的美景、阳光和浪漫，也为游客群体营造出了关于丽江梦幻般的爱情想象。由此还流传出一句流行话语："丽江万丈爱情阳光，你要几米？"习惯了都市爱情的现代人，在异域风情小镇更容易激发对浪漫爱情的想象，希冀在古城遇见真爱。

除了媒体宣传营造的浪漫外，丽江古城的浪漫还依托于客栈和酒吧这两类商业场所，丽江客栈门前的广告牌上都会写有展现浪漫的话语，如看书、发呆、品茶、听音乐、看星辰、艳遇，等等，一位受访者（L-121-M）说："我住的客栈让人有一种生活在古代的感觉，院落大气装修精致，院内到处都是花花草草，书架上堆满了各种书籍，老板开朗健谈，会和我们讲许多当地的故事。"有网络游记写道丽江的客栈是丽江的灵魂，游记中写道："简单说一下丽江的特色之———客栈。小小的丽江，竟有大大小小两三千家客栈。丽江的客栈远近闻名，不住特色客栈等于白来丽江了。可以说客栈就是丽江的灵魂，有丽江的特色也有丽江的故事。很多人都是放弃星级酒店来古城住客栈。"[1]

如果说丽江客栈制造的浪漫是含蓄的浪漫，那么酒吧则是将丽江的浪漫推向了直白的外显层面。"酒吧、咖啡馆等场所不仅是游客人际互动的重要场所，也是一种符号性的意象元素，它们代表了艳遇、小资，是丽江古城浪漫意象的重要表征。"[2]除白沙古乡外，束河古镇与大研古镇的酒吧堪以百计。1996年，大研古城首家酒吧——"樱花屋·金"（简称"樱花屋"）开业，自此拉开丽江古城酒吧业的序幕。这些酒吧从外部来看，大多是依水而建，人们可以靠近窗户，享受阳光、微风和流水潺潺的诗意，充分亲近自然；从内部来看，装饰材料从招牌到桌椅多为自然木材，显得古朴自然，一种浪漫怀旧的气息油然而生。丽江古城的酒吧分为两类：闹吧和静吧。闹吧聚集在新华街的双石段和翠文段，以四大闹吧"樱花屋、一米阳光、千里走单骑、东巴宫"为首，它们奠定了闹吧的基本风格，这类酒吧是集茶馆、咖啡吧、餐厅、夜总会等于一体的娱乐场所，经营风格采用"主持人＋歌舞表演＋参与"的互动模式，均为现代元素，很少会有民族特色；静吧也称清吧，在丽江被称为火塘吧，集中在五一街、新华街、七一街与光义街。清吧主要分为两类：第一种装修为现代风格，环境非常安静舒适，适合客人静坐听歌、低声交谈；第二种装修为民族风格，藏在深巷之中，俗称"火塘吧"，光线昏暗，客人犹如参加"派对"，举杯四处游走交流。清吧风格各异，但共性明显，就是氛围安静，充盈着浪漫的气氛。马蜂窝网的一篇游记对丽江大研古城的酒吧进行了描述，请扫描本章末尾二维码。

一位年轻的受访者（职业为导游员）说道，在丽江去酒吧是年轻人旅游过程中不可缺少的体验。

我觉得丽江的酒吧和城市里的酒吧不一样，我们这里的酒吧就是去喝酒，丽江的酒吧有驻唱歌手，可以在里面吃饭，环境氛围适合小年轻，对中老年人不适合，城市里的酒吧晚上才开，丽江的酒吧是白天也开。如果在城市里，你说你去酒吧，可能有的人会感觉你是坏女孩，你去喝酒，但是在丽江去酒吧，大家会觉得很正常，而且在那个环境里面，感觉不去一下挺遗憾的，在丽江去酒吧已经成为年轻人旅行中不可缺少的一部分。（L-66-F）

在ZMET前置过程的访谈中，一些受访者根据图片描述自己的想象时也会提到丽江

---

[1] 马蜂窝网.丽江旅游攻略"古城经验之谈"[EB/OL].http://www.mafengwo.cn/i/3177540.html，2015-09-03.
[2] 彭丹，黄燕婷.丽江古城旅游地意象研究：基于网络文本的内容分析[J].旅游学刊，2019，34（9）：80-89.

的酒吧,有人认为现在中国各个古镇都很流行酒吧文化,酒吧文化扎堆,而且在他们的描述中总会提到流浪歌手、民谣、酒吧文化等构念,如表2-5所示。

表2-5 基于ZMET的受访者对丽江想象的描述:浪漫的迷思

故事	构念
这是丽江的一家酒吧,好不容易出来玩一次,不体验一下当地的酒吧文化还是有些遗憾的。拉上一群朋友,谈天说地。(ZL-29-M)	酒吧文化 体验 塑料朋友 聊天
一位来自武汉的大学生说,我去过很多古镇,但是不管在哪个古镇,最好玩的一定是酒吧,找个清吧,听音乐,听听故事,大口喝酒,洗去风尘,温暖身子,舒服极了……一位流浪歌手掏出吉他,给他们弹唱了几首民谣,并告诉他们人生就是旅行,旅行就是诗,古城是浪漫的,要用心去感受,而不是仅靠双眼去看。(ZL-06-M)	古镇 酒吧 好玩 音乐 故事 喝酒 流浪歌手 民谣 旅行 诗 浪漫的古城
看到这张图就保存下来了,似乎现在酒吧文化在古城圈里十分流行,前两天有一个朋友给我发了一张来自平遥古城的图片,其中有家店铺叫作"我在平遥等你",感觉随着民谣的流行,似乎酒吧和古城就紧紧联系起来了,在凤凰古城也有很多这样的酒吧,好像是一种现代流行文化与历史的碰撞,恰好融合了传统酒吧印象里迷乱的印象,酒吧也成了古城的一种独特的文化。(ZL-12-F)	酒吧文化 流行 平遥古城 民谣 酒吧 凤凰古城 现代流行文化 历史 迷乱 独特

(二)情爱的浪漫——寻找艳遇和爱情圣地

近些年来,"艳遇"成为丽江持有的另一个标签。旅游中的"艳遇"逐渐开始等同于"猎艳"或者"一夜情"等敏感的词汇,成为一种庸俗的情感事件,指向的是人类的生理欲望与情感消费,暗含的是现代人的一种价值理念:"及时行乐。"有人说丽江是因为"古老的爱情传说"逐渐发展成为今天的"艳遇之都",然而"艳遇"成为丽江的标签,绝大部分原因在于旅游发展过程中丽江的自我定义和标榜,以及酒吧的兴起。如有受访者就指出艳遇是一种炒作和噱头,是古镇的自我定义。

我觉得这个是为了发展旅游业而加上的炒作的噱头,去那边也完全没有感觉到,完全就是胡扯。朋友介绍说,在丽江本来有很多美丽的爱情故事。有很多男女因为相爱不能在一起,两个人就会在玉龙雪山跳崖殉情,死后双方就会到达玉龙雪山第三国,幸福地生活在一起。其实这也就表现了当地男女自由恋爱坚贞不屈,把爱情的位置放在第一位。当地人根本就不知道什么叫作艳遇,你知道吗?"艳遇"这个词完全就是为了吸引游客的一种炒作方式。你说现在这个社会,想艳遇根本就不用去丽江啊,随便的社交网站都可以。所以,我当时也根本没有感受到丽江"艳遇"的这种氛围,只能说来丽江逛的青年男女比较多,但是还是不能拿"艳遇之都"来定义它,我觉得这个词没有那么纯洁。至于中国四大艳遇这个说法,我倒是没有听说过其他的地方,凤凰好像是?我觉得这也是跟着商业在炒作,觉得前一个古镇这样来定义自己,成功了,那我也跟着这样。(L-56-F)

丽江的商家在设计和装饰酒吧、客栈、餐馆等商铺时,内部装饰呈现出异域风情或做旧风格,加上昏黄的灯光,刻意营造艳遇的气氛。酒吧的节目多以歌舞为主,有民族的,也有流行的,类型以情歌为主,主持人负责调节气氛,引领客人进行互动,内容多与艳遇有关。酒吧的标语也是大胆直白,如"艳遇尚未成功,同志仍需努力"等标语,有意无意制造出自由不羁的浪漫氛围,直接刺激客人大口喝酒,积极艳遇,消解人际交往的道德束缚,酒吧因此成了艳遇文化的核心隐喻,引导着旅游者弱化自身的道德感。关于"艳遇之都"的访谈文本如下:

艳遇之都的话,我觉得这个名字还是非常合适吧,出去旅游嘛,说白了是去换种心情。在丽江,丽江酒吧非常著名,我和我朋友去过一次酒吧,去的更多的是清吧,在酒吧内不管是认不认识的,是男的还是女的,大家玩得都很嗨,大家表达着自己想表达的东西,热血青年嘛,血气方刚的,大家都说什么缘分来了挡都挡不住的,我朋友在酒吧内还经历过这所谓艳遇呢!(L-110-M)

艳遇之都应该是丽江炒作起来的一个标记,一个符号化的东西。在我的印象里,艳遇就只是男男女女之间的相遇,已经与其最初的美好的爱情传说形成的形象及最初"与人、与景、与文化的艳遇"的概念产生偏差。而且很多旅游地都有传说,大部分也都跟爱情有关,感觉没有什么新鲜度……我知道到那边玩的有很多人都是穷游,那边有很多的青年旅馆,可能会发生艳遇之类的事情。当然大多数的艳遇都发生在酒吧一条街。(L-51-F)

有些游客把丽江看作可以收获爱情的地方,一篇网络游记中写着:"有人说,去丽江要多逛几家客栈的小院,听听丽江客的故事。有人说,去丽江只为了等一个人,那个等了很久很久的心里的人。有人说,去丽江就一定要去艳遇一回,如果你给不了人家幸福,那就别伤害丽江的女孩。"[①] 丽江的浪漫发端于丽江本土纳西族的殉情文化,丽江被人们看作"爱情的天堂"和"爱情圣地"。

---

① 搜狐网."来丽江不是为了干什么,而是为了什么都不干!"[EB/OL]. https://www.sohu.com/a/107599915_104791, 2016-07-26.

四、小资的迷思

丽江还是小资们青睐的旅游地，丽江曾一度被称为"小资的天堂"。"小资的概念来源于马克思主义思想体系中的'小布尔乔亚'，在马克思主义语境中属于被批判的群体。早期对于小资群体的定义，主要是由经济地位来判定的，指的是以个体或家庭所有的生产方式拥有、经营一小部分资本，并凭此资本获取收入的社会集团。"[1] 改革开放以后，我国逐渐步入以消费文化为主导的消费者社会，小资群体的定义发生了改变，不再拘泥于意识形态层面，而是从符号消费意义上进行概念界定。如今的小资群体，更增添了新的内涵："精神小资"，他们并不一定拥有生产关系意义上的与小布尔乔亚相称的经济基础，却拥有与其相近的生活方式、文化资本、审美品位和兴趣爱好。例如，读村上春树的书，喝精酿啤酒，吃法国料理，去云南西藏四川"洗涤心灵"。生活在都市、拥有较高学历的白领阶层，正是通过对附着于有形物品和非物质产品之上的符号价值进行消费，从而建立起品位、阶层等特定的身份认同，达成小资身份的建构。

（一）丽江的小资游客

丽江古城的小资游客群体包括真正的小资游客群体和小资效仿游客群体。

1. 小资游客

在丽江旅游小资业态的形成之初，其消费群体是艺术家及其朋友，此时也是丽江旅游开发的早期，来此旅游的大多数游客为好奇心强、爱探险的先锋游客。该群体成员一般是受过高等教育的年轻人，具备较高的文化素质和浓厚的人文情怀，所从事的职业一般为公司白领、自由职业者、记者、艺术家等，拥有较高的经济收入，追求审美化的生活方式和精神格调，具有较高的文化艺术修养和审美鉴赏能力，善于营造浪漫气息，时时刻刻追求小资情调生活。正是由于这群小资群体的带动，才推动了丽江古城旅游小资业态的形成。关于小资的特征，有受访者（G7-24-F）说："咖啡厅是小资的代名词。我觉得我自己就很小资，我平时在做饭方面有品质要求，精致、有仪式感，对摆盘、餐具、桌面、桌面摆设等都有审美要求。"可见，"小资"的重要特征还在于精神层面，在于对生活品质有要求，要求精致，要有仪式感。而且，小资游客对自己的身份有认同感，对自己所处的社会阶层和身份群体具有领域感。

2. 小资效仿游客

据 Plog（1974）心理图式理论，旅游地发展较为成熟之后，多中心型游客数量会大量减少，取而代之的是中间型游客，也即大众游客。[2] 由于小资群体追求浪漫的精神格调和

---

[1] 知乎. "什么叫小资？"［EB/OL］. https://www.zhihu.com/question/19554193, 2016-10-04.
[2] Plog S C. Why Destination Areas Rise and Fall in Popularity［J］. Cornell Hotel and Restaurant Administration Quarterly, 1974, 14（4）：55-58.

品质生活,他们的小资消费行为对其他阶层群体具有一定的示范效应。而中间型游客相比之下虽拥有一定的经济基础,但是并不富裕;接受过学校和家庭教育,但没有足够的学识和文化艺术欣赏能力,也即欠缺布迪厄所说的"文化资本"。这部分群体多数属于工薪阶层,出于对小资生活的向往,他们希望跻身小资行列,显示出自己与其他工薪阶层群体的不同。"正如凡勃伦在他的炫耀性消费理论中所阐述的,人们所从事的炫耀性消费是为了显示高人一等,也就是要'示异'于他人,但是在现实生活中往往是通过模仿所达到的效果。"[1] 因此,他们效仿小资群体,偶尔追求小资生活和小资情调,但是却不能将小资消费变成一种惯常行为。所以,对于审美趣味和精致生活的追求是他们日常生活的调味品,同时也是他们的非惯常行为。由于"真小资"群体和"伪小资"群体对小资情趣和小资生活都具有大量的消费需求,这在一定程度上为丽江古城旅游小资业态的形成与发展提供了巨大的市场力量。同时,他们这种消费需求、消费行为和消费认同也是丽江小资迷思得以生成的重要前提。

(二)丽江小资迷思形成的原因

保罗·福塞尔(1998)指出品位格调是社会分化与等级的最终趋势,个人的阶层主要在其消费品位中体现并表现于全部生活中,以至于这种分化可以成为社会区分的指南。[2] 由于丽江古城空间的不可拓性,小资群体不得不与大众游客共处,但是由于二者之间存在较大的差异,因此,小资群体竭力通过消费的形式与大众游客及部分小资效仿群体进行区隔。而小资效仿群体渴望进入小资行列,因此,他们通过模仿小资群体的消费行为,去寻求社会地位与身份认同。小资群体通过消费方式与小资效仿群体及其他大众游客刻意进行区隔的行为和小资效仿群体有意追随模仿小资的跟随行为,是丽江古城旅游小资迷思生成的背后原因。这种小资消费的区隔和小资效仿者的追随行为主要体现在消费文化表征、消费动机和消费认同、符号性消费需求三个方面。

在消费文化表征方面,一位被访的丽江市政府人员(L-03-M)说:"丽江被称为小资天堂,因为丽江有很多酒吧。"下面这篇网络文本描述了丽江的咖啡馆有着欧洲范儿和舒适的氛围。可以说,丽江的客栈、咖啡馆和酒吧等都是小资的消费文化表征。

回到古镇,先回了趟客栈,拿了东西,就一路逛着下来,转着转着,就看到一家咖啡馆,一下就被吸引进去了,在古镇中能有这种氛围的咖啡馆,咖啡好喝,价格很适中,好听的爵士乐,那一刻,又有幸福的味道。这家店有一种欧洲咖啡馆的范儿,人不多,小而美,但大体不商业化,有一种说不清的舒适氛围,喜欢的人会一天去几次。

---

[1] 王宁.从苦行者社会到消费者社会:中国城市消费制度、劳动激励与主体结构转型[M].北京:社会科学文献出版社,2009年2月第1版:5.

[2] [美]保罗·福塞尔.格调:社会等级与生活品位[M].梁丽真,等,译.北京:中国社会科学出版社,1998年12月第1版:108.

资料来源：途牛网."秋末冬初——最好的时光在路上"[EB/OL]. https://www.tuniu.com/trips/10057035, 2015-10-30.

就消费动机和消费认同而言，小资效仿群体一般不满足于自己所处的社会地位，他们渴望跻身真正的小资行列，因而将真正的小资作为消费参照群体，模仿他们的消费方式，希望能够获得小资身份的外在认同，力图通过自己的消费行为来转换原来的身份，获得既得体又合法的标志。同时，他们通过向别人传达信息来定位自己，而这种信息的传达是通过自身所进行的消费活动方式来实现的，从而获得认同。

最后，小资效仿群体还存在符号性消费需求。在消费社会的逻辑中，由于所有的商品消费几乎都转化为符号消费，这便是波德里亚（2000）在论述消费社会时所说的："消费的对象不再是物而是符号，不再是价值而是意义。人们今天在消费中更受吸引的不是物品本身的功能，而是某种被制造出来的象征性意义。"[①] 正是由于消费行为所具备的这种"阶层""身份""门第"等符号意义，小资效仿群体为了获取"面子"及被尊重的需要，为了获取有品位的"生活方式"，常常会刻意在消费的"符号意义"上下功夫，甚至演化为一种"炫耀性消费"，从而得以维持或提升其社会地位。（刘丹萍，保继刚，2006）[②]

五、文艺的迷思

丽江的迷思里还隐含着文艺青年追求文艺的迷思。"文艺"的内涵得到较多公认的意思是"文化和艺术"的统称，把喜欢文化艺术的这一类青年人归类为"青年三分法"中的"文艺青年"。文艺与小资不同，真正的小资需要有一定的经济资本来追求精致、有品位的生活，而文艺青年的身份不需要有良好的经济条件，文艺关乎的是文化资本，而非经济资本。在访谈过程中，很多人都提到了"丽江有文艺气息"这一说法。

在受访者中，一位去过丽江的90后男大学生表示自己喜欢文艺的地方，他认为丽江就非常文艺，并且同往丽江的同伴也是文艺青年，"丽江是很文艺的地方，因为我喜欢弹吉他、唱歌，所以当时特别想去"。（L-67-M）文艺青年的特征是"浪漫的、感性的、追求仪式感的；有文化素养和审美素养；有气质、不染世俗的；喜欢小众的生活方式或田园式的生活方式；喜欢音乐，喜欢艺术和文学，也喜欢自助旅游，喜欢小众的书、电影、音乐；追求复古范儿，喜欢穿棉质碎格；喜欢知性，包括一些知性的小众歌手、小众作家；受文艺青年所追捧的旅游地必定是浪漫清新并且有文艺气息的地方。"（G7-25-F，G7-27-M）文艺青年游客群体是生成丽江文艺迷思的基础条件。

---

① [法]让·波德里亚.消费社会[M].刘成富，全志钢，译.南京：南京大学出版社，2000年10月第1版：59.
② 刘丹萍，保继刚.旅游者"符号性消费"行为之思考——由"雅虎中国"的一项调查说起[J].旅游科学，2006（01）：28-33.

丽江的文艺迷思与丽江播放的民谣也是有关联的，一些旅游者想到丽江就会想到民谣，丽江每个时段、每几年就有一首属于古城的"主题曲"，成为丽江古城的标志之一。首先是侃侃的歌曲《滴答》，后来是丽江小倩的歌曲《一瞬间》，再后来是夏天播放乐队的专辑《私奔丽江》的歌曲《小宝贝》，这几首歌代表了丽江不同时期的主题曲，游客听到这无限次循环的音乐，感受着丽江的文艺氛围。如《丽江慢生活》书中写了《滴答》这首歌，一些网络游记也写到了这首歌带给旅游者的体验。网络游记和游客点评中还写到了丽江的主题曲《一瞬间》和《小宝贝》，如途牛网的游客点评中写道："我最爱丽江的是那里的手鼓店，每一家店都放着李倩的《一瞬间》，店里还有表演手鼓的美女，节奏感很不错。"① 又如搜狐网上的一篇游记中写着："《北京爱情故事》里的《滴答》在许多年前就放遍古城了，坐在这里静静地听音乐，上次来丽江还放着《一瞬间》，这次流行的是《小宝贝》。"②

丽江的束河古镇也很受游客喜欢，束河古镇比大研古镇更加安静，所以有些旅游者更喜爱束河古镇，如途牛网的游客点评中写道："丽江古城可以分为三个古镇——大研古镇、束河古镇和白沙古镇。大研古镇商业气息最浓，最热闹，聚集的人比较多。束河古镇和大研古镇的结构类似，面积小一些，没有大研那么热闹。不过我还是喜欢安静的环境。白沙古镇应该是看壁画的人多点！"③ 有些网络文本中介绍束河古镇文艺、小资，文本如下：

束河，一个小小的古镇，茶马古道上的重镇，小资，文艺。相比（大研）古城，我更爱这里，下午来这里拍照是最好的了，之前听人说过，这里是摄影师的最爱，每一个地方都是一个主题。到束河也不忘了到各种小店品尝美食……小河旁边有几家喝茶的场所，还有歌手驻场，这是我喜欢束河的一大原因，午后的阳光应该就是说的这里。能够享受阳光的温暖，还能饱饱耳福……要来丽江绝对不能错过束河哦！

资料来源：马蜂窝网."辞职在路上→丽江"[EB/OL]. http://www.mafengwo.cn/i/2844159.html，2016-05-24.

在百度旅游的网站上，以"文艺"为主题，不限时间和地点，也不限旅游目的地的类型，搜索全世界的文艺旅游目的地，搜索发现，中国排名前三的文艺型旅游目的地分别是厦门鼓浪屿、中国台北和云南丽江。④ 笔者只去过厦门鼓浪屿和云南丽江，台北未曾去过，鼓浪屿和丽江这两个地方确实都具有文化底蕴，而且有着"小清新"和"文艺范儿"。丽

---

① 途牛网游客点评，漩公子1981添加了对丽江古城的评论，2015-08-03，02：31：33。
② 搜狐网."来丽江不是为了干什么，而是为了什么都不干！"[EB/OL]. https://www.sohu.com/a/107599915_104791，2016-07-26.
③ 途牛网游客点评，馨儿1982添加了对丽江古城的评论，2016-07-25，23：05：00。
④ 2011年4月28日，百度旅游正式上线。2019年6月30日起，百度旅游由于业务调整全面停止服务。因此，百度旅游的"文艺"旅游目的地排名的搜索结果目前已无法显示，故不能注明原来的网址来源。2020年5月23日笔者二次检索这一排名时看到了百度旅游发布的这个公告。

江的酒吧、客栈、书店、咖啡厅、乐器店等，还有那些卖工艺品、书籍、各类小玩意儿的小店处处充满着文艺范儿，从店面的装修、悬在门口的店铺名称和标语，到店内的手绘、鲜花、藤椅等元素，满足了不少文艺青年的文艺欲和文艺情怀。驴妈妈旅游网对丽江古城的简要介绍中也讲到了丽江的文艺和清新："作为世界遗产中的一员，丽江的景融于绵绵的情愫之中，与其他古城风格迥异。既拥有厚重的历史积淀，又兼具'文艺小清新'的范儿，是她带给人们的印象。"[①] 丽江的客栈都很精致，给人文艺清新的感觉，如途牛网的一条游客点评中写道："现在的古城大都是外地人来，很少见以前的居民住宅了，不过古城的客栈很有特色，挺适合那些文艺的青年[②]。"

在90后受访者中，有大多数人表示正是因为看了野生文艺作家大冰的系列作品后，踏上了前往丽江的旅途，去寻找文艺感。大冰的小说给读者带来了耳目一新的清新感觉，让读者沉浸在这些动人的故事中。读者向往大冰的文艺的、有感情、有很多故事的生活，向往大冰有很多种身份：野生作家、主持人、老背包客、不敬业的酒吧掌柜、科班油画画师、民谣推手、手鼓艺人、业余皮匠、业余银匠、业余诗人、资深西藏拉漂、资深丽江混混、禅宗临济弟子。大冰在小说中用非常知性的文字叙说着自己的经历，让众多读者在娓娓道来的故事中停不下行走的脚步，因而对文艺的丽江心生向往。如这位受访者（L-50-M）对"大冰的小屋"（大冰开的酒吧）的向往："喜欢的作家大冰写的书中，讲了很多他的朋友在丽江的故事，其实我对丽江感兴趣是从大冰的书中开始的，书中的大冰的小屋充满了故事，我去丽江也是为了去看一看大冰的小屋，看一看丽江是不是每天都发生着他写的那些有意思的江湖故事。"课题组借助ZMET前置过程分析受访者对丽江的想象，其中也有一些受访者讲述到大冰和大冰的小屋，还有一些受访者提到了丽江是文艺青年的聚集地，这些都是关于丽江的文艺的迷思。表2-6展示了受访者自己对丽江想象的描述，以及笔者从中提取的构念（表2-6请扫描本章末尾二维码）。

丽江的文艺迷思是一个真实成分较多的迷思，尽管它不是小众型旅游目的地，而是大众型旅游目的地，但是丽江的文艺迷思依然被当下的90后旅游者口耳相传，共享了这个迷思。丽江的文艺迷思从旅游客体和旅游主体两个维度来进一步挖掘的话，那就是，作为旅游客体的古城本身有着文艺的符号和元素，有文艺气息和氛围；而作为旅游主体的旅游者，他们将自己标榜为文艺青年，怀有文艺情怀和人文情怀，具有文艺爱好且喜欢文艺型的旅游目的地，所以，这部分人追寻文艺的迷思。再者，文艺的迷思并非丽江古城所独有的迷思，如厦门鼓浪屿、中国台北和其他旅游地也可能存在文艺的迷思，当然它们具体有无文艺的迷思有待做实证研究。笔者想指出的是，当上述旅游主体和旅游客体的条件都具

---

① 驴妈妈旅游网."丽江古城景点简述"［EB/OL］.http://www.lvmama.com/ 102975. lvyou/scenery/d-lijianggucheng.html.

② 注：途牛网游客点评，兔子1999添加了对丽江古城的评论，2016-07-24，23：59：39.

备而且相耦合时,某个旅游地就可以被投射和建构出文艺的迷思,其他一些迷思也暗含着这样主客匹配的建构机制。这当中既存在价值匹配的过程,也存在旅游地的行动者和出发地的旅游者互动的过程。关于迷思的建构,具体请看下一章。

第二章二维码

第三章　旅游迷思的建构与制造：
从出发地到目的地

第一节　旅游迷思建构的相关理论探讨

一、旅游迷思的建构主体、阶段和过程

1. 旅游迷思的建构主体

任何一种旅游迷思的追求其实都是每个旅游者自身与政府（指任何与旅游相关的政府部门）、旅游相关企业、旅游从业人员（如导游员、旅游地居民）之间交流互动的结果。旅游迷思的消费主体与建构主体是两个不同的范畴。需注意的是，消费主体即旅游者也是建构主体之一。归纳起来，旅游迷思的建构主体包括政府（泛指任何与旅游相关的政府部门）、旅游相关企业、旅游从业者、目的地居民、旅游者在目的地遇到的其他旅游者、旅游者自我、旅游出发地的他者（包括去过旅游地的人、未去过旅游地的人、旅游者的熟人社会）及媒体等，其中媒体包括大众媒体、自媒体、新媒体等，尤其是新媒体和自媒体，如微信（包括聊天、朋友圈、公众号等）、QQ（包括聊天、空间等）、微博（新浪微博等）、网站上的攻略、游记、帖子等，对旅游者的出游动机和向往及迷思的认知和传播影响较大。

2. 旅游迷思的建构阶段和过程

旅游迷思在"被叙述"的过程中其建构阶段可以分为两步：初次建构和再次建构。初次建构是指各个建构主体直接对迷思进行叙述，主要见于旅游目的地对自身的宣传营销中的叙述，以及旅游者通过自身或者其他建构主体接收到旅游地各种相关信息对旅游地进行想象而形成迷思认知和对迷思的旅游前叙述；再次建构是在初次建构基础之上旅游客源地和旅游目的地对迷思的再次建构，主要指旅游者在旅游之后对旅游地迷思的重新叙述和旅游目的地基于旅游者的评价对旅游地迷思主题做出调整和再次建构。初次建构和再次建构阶段交织在旅游者的预期迷思建构、在场迷思消费和追忆迷思消费的三个环节。在预期迷思建构环节中，主要是旅游生产经营者利用旅游宣传片、旅游广告、媒体等各种"造梦"途径对旅游地进行初次建构，使得潜在游客被多种媒介的"片面式""折射化""筛选后的"图文叙事方式和改造了的旅游形象"洗脑"，从而"制造"出旅游者的消费需求和欲望。旅游者到了旅游目的地以后会进行实地的旅游体验和在场的旅游迷思消费，这是旅游迷思的再次建构阶段，旅游者通过实地旅游体验、对旅游地的凝视、与旅游地的互动中更新了对旅游地迷思的感知，对迷思进行解读和求证（结果是证实或证伪），这些有过亲身旅游体验的旅游者对旅游地迷思会进行再次建构。旅游目的地的各个行动者主要是地方政府和旅游景区经营商基于旅游者的事后评价、口碑宣传及旅游消费需求的变化而对旅游地迷思主题的建构做出一些调整，可建构出新的迷思，或者放弃对原有某个迷思的宣传转而宣传新的迷思，从而对迷思进行再次建构。这个过程就是一个从旅游迷思（即各种旅游话语塑造出来的迷思）拉动旅游者前往旅游地到旅游者在旅游地现场凝视景物/景观等旅游吸引物并消费旅游迷思的过程。旅游迷思的建构主体和建构阶段可以用图 3-1 表示。

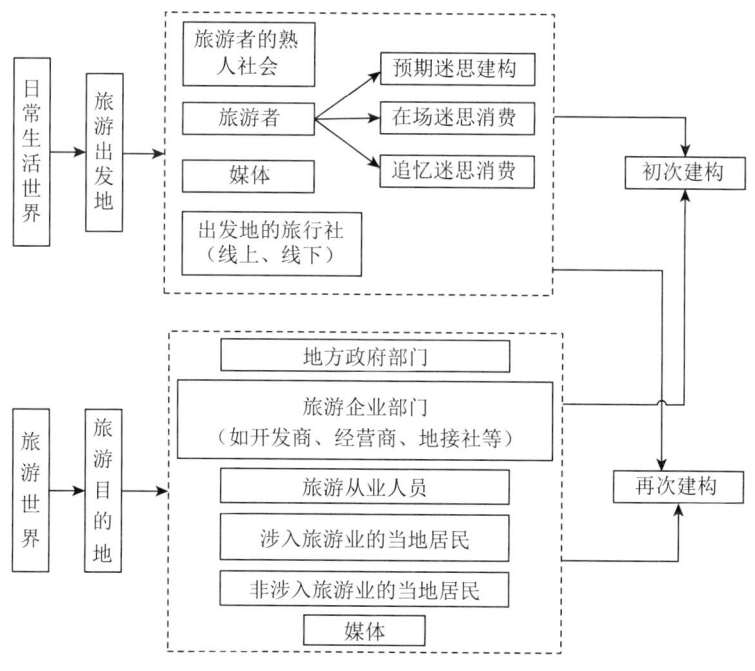

图 3-1 旅游迷思的建构主体与阶段

二、旅游迷思从建构到消费的过程和旅游地的神圣化

大众旅游者对旅游地的关注和选择还会受到社会主流和流行话语（描述/叙述）的影响，进而影响旅游迷思的建构和消费。马凌（2011）认为一个旅游目的地景观值得一看是因为那些景观在旅游宣传册或旅游地图上被"标示"为典型的旅游目的地景观[①]，或是网络新媒体推荐的必去旅游地等具有Riesman所说的"他人导向"的特点（大卫·理斯曼，等，2002：127）[②]。该观点提到的"他人导向"的旅游者正是大众旅游者身上的一个特征，会跟随其他旅游者的足迹到访一些热门的旅游目的地，或者受到大众媒体和网络新媒体的引导去一些必去的旅游目的地游览，如中国最近十年来出现的"国内必去的10大古镇"等话语，对旅游消费者有很强的诱导性。旅游成了必须做的事情，某些旅游地成了必须去的目的地。一位受访者（L-132-M）说道："新闻人宋慕新的《去丽江疗伤》独具现实说服力，使人觉得丽江就是一个充满故事的地方，不再是如今满身标签，难以自弃地成为媒体、公众追捧的人间仙境。"丽江的各个故事和各种标签都是一些叙述和叙事，它们都给丽江古城营造出相应的旅游迷思，让丽江在20世纪末旅游业开发以后成为公众追捧的热门旅游地。丽江和凤凰都位于国内必去的古镇之列。

还有一类旅游者（如背包旅游者），是与Riesman所说的"他人导向"相反的"内在导向"的人，他们重视个体与旅游对象之间个人的、精神上的联系，追求的是自身选择的与众不同。本课题调研中曾做过关于佛系旅游和文艺青年及其旅游的焦点小组访谈，发现佛系旅游者、文艺青年旅游者属于"内在导向"型，这两类旅游者看重的是自己真正需要的感受，追求的是与大众不同。"内在导向"这类人对目的地的选择较少受到社会主流话语的影响，但是他们也会受到流行话语的影响。在调研中发现，很多去过丽江的旅游者和未去过丽江的潜在旅游者会认为丽江存在文艺的迷思，而持这样看法的旅游者往往把自己看作有文艺情怀的文艺青年或准文艺青年，或者把丽江想象成一个很小资的旅游地。"我一直想象着丽江是一个小资情调和文艺的地方。古桥倒映在清澈的水中，热情好客的丽江人民穿着他们的民族服装，依山傍水，过着惬意的生活……有一种'采菊东篱下，悠然见南山'的悠然洒脱。"（L-107-F）"听歌的时候，感觉丽江是那种年轻人很多，特别是文艺青年、爱好音乐的人、背包客，或者那种年轻文化比较多的地方，因为挺多民谣歌手歌唱那里。"（L-130-F）

旅游迷思是拉动旅游者前往那些存在迷思的旅游地的重要动力。旅游学界关于旅游动机的一个著名理论就是，旅游者出游可以分为推力和拉力这两种动机类型，推力是逃逸的需求，拉力是追逐的需求。所以，被人为建构出来的迷思其主要意义在于对旅游者具有很

[①] 马凌.旅游社会科学中的建构主义范式[J].旅游学刊，2011，26（1）：31-37.
[②] [美]大卫·理斯曼，等.著.孤独的人群[M].王崑，朱虹，译.南京：南京大学出版社，2002年8月第1版：127.

强的吸引力，迷思构成了吸引旅游者前往旅游目的地的"拉力"。因此，本书将旅游迷思的功能性价值赋予了一个词——"着魅"，与著名的古典社会学家马克斯·韦伯曾说过的理性的"祛魅"相反，旅游目的地正是因为有了迷思的存在而被附着了魅力，对旅游者产生无穷的吸引力和拉力，这便是旅游迷思对旅游地的"着魅"。

马凌（2008：168）认为旅游吸引物的意义建构和价值转移有两个过程：一个是旅游吸引物的文化生产过程，这个过程主要是由旅游产品开发者/生产者完成的，它是将社会/文化世界的意义价值转移到旅游吸引物，并赋予其某种消费价值的商品化过程；另一个过程是旅游吸引物的消费过程，这个过程是由旅游消费者完成的[①]。人们在对旅游地进行选择的过程中会受到旅游话语的影响，依据王宁（2008：168）对旅游话语的分类，将旅游话语分为了消费性旅游话语、独立性旅游话语、商业性旅游话语和专业性旅游话语4个类别。有些类型的旅游话语（如商业性旅游话语、消费性旅游话语和独立性旅游话语）中或隐含或外显地传递了人们的价值和理想，而有些旅游话语（如专业性旅游话语中的机构认证与标志）则强化了人们的选择，例如，丽江古城在1997年就成为世界文化遗产，这个世界性的认证和标志对丽江的旅游业开发和发展起到了奠基作用，也由此打开了丽江古城的知名度。在旅游话语的作用下，旅游迷思被成功建构出来，从而给旅游地"着魅"，并让景观系统"神圣化"。于是，旅游者前往旅游目的地进行实际的在场旅游体验和在场迷思消费，在旅游体验中，旅游者通过对旅游地符号的凝视、对景观的朝圣、对景物和人物的摄影，与其他旅游者结成群体而产生临时的、部落主义式的互动，以及购物（购买有当地特色的旅游购物品，包括地方性的旅游纪念品，如在丽江那些有店员敲着手鼓的淘碟店里购买音乐碟）、娱乐（如在凤凰和丽江的酒吧里听歌、品酒、娱乐等），通过这些仪式性活动来达成旅游体验各方面的实现，达到体验的丰富化和深度化，并在旅游目的地的各种场所和旅游情境当中去消费自己所携带的迷思，在消费中求证迷思的真实性与否。在旅游结束后，旅游者会追忆自己的旅游体验并且可能会分享自己的旅游经历和迷思消费的结果给他者，这个过程就是前文提到的旅游迷思的再建构过程之一。这就是从旅游迷思建构到旅游者消费迷思的完整过程，如图3-2所示。

[①] 王宁，马凌，刘丹萍，等. 旅游社会学[M]. 天津：南开大学出版社，2008年12月第1版：168.

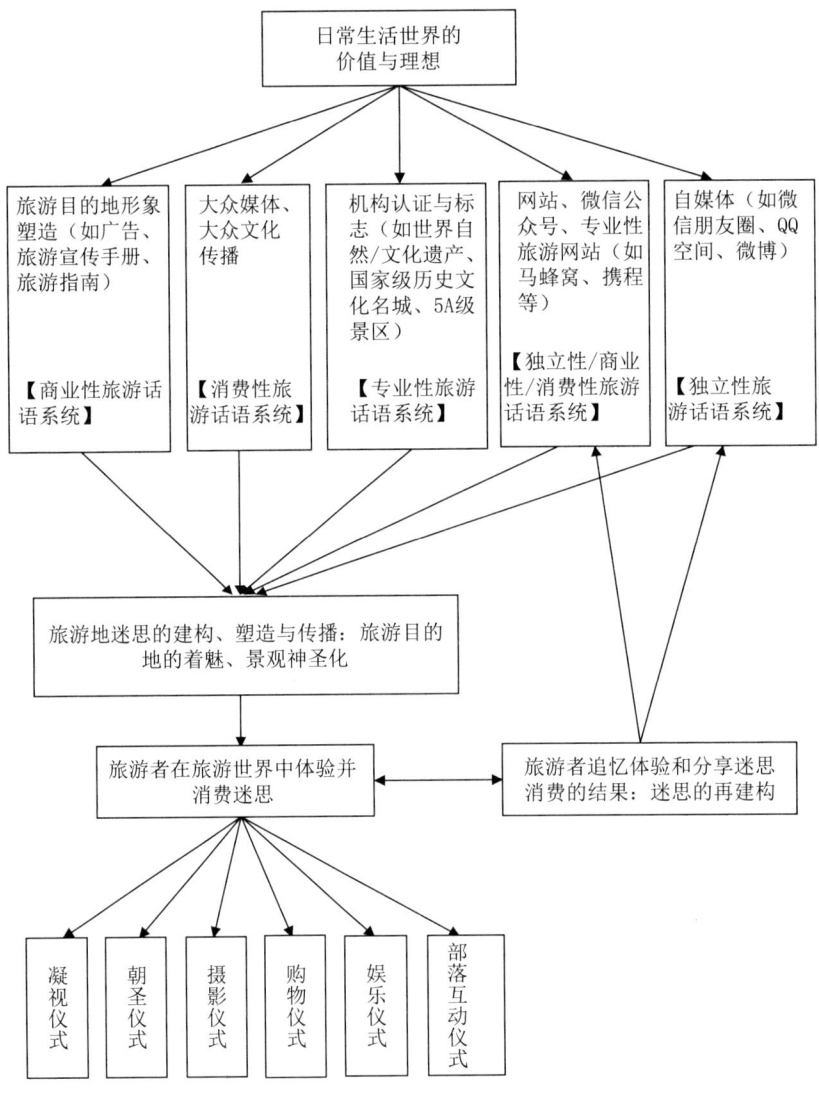

图 3-2 旅游迷思建构和迷思消费过程

社会和文化的建构使得其地方性意义和价值被人们重新定义（Herbert D.，2001）[①]。旅游地的社会属性包括迷思、符号、传统、价值观和记忆（包括个人记忆和社会集体记忆），等等。有意塑造可以使得一个地方充满意义、价值和想象。旅游迷思建构中旅游地的神圣化可借鉴 MacCannell（1999）所说的景观神圣化（某些景点达到必须参观的热度）的五阶段论来进行分析，具体包括以下几个阶段：

第一个阶段，命名。凤凰有沿沱江的酒吧一条街，丽江有喧嚣的四方街酒吧和安静的束河古镇酒吧，丽江大研古城还有很多小巧的纳西民居院落，成为一家家精致小巧的经

---

① Herbert D. Literary Places, Tourism and the Heritage Experiences[J]. Annals of Tourism Research, 2001, 28(02): 312-333.

营性客栈，这些酒吧和客栈除了以外在景观、内部氛围、意境营造来吸引旅游者外，还有吸引旅游者注意力、"走心"的名字，如凤凰古城以"湘西往事""逃往乌托邦""私奔吧"等命名的具备情感文化特征的酒吧，丽江古城以"凡间客栈""笑忘书客栈""你情我院客栈"等命名的客栈，这都是将场所、景观和艳遇的爱情迷思加以神圣化的命名阶段的体现，这些命名方式承载了丰富的情感想象和社会内涵，呈现出比较鲜明的符号化、文本化、象征化特征。这对应的是 MacCannell 所说的景观命名阶段。

第二个阶段，提升和装饰。这种方式中以述行主义（舞台化表现）模式（吴必虎、王梦婷，2018）[①] 为例，类似于凤凰的《魅力凤凰》《烟雨凤凰》《边城》，丽江的《印象·丽江》《丽江千古情》《丽水金沙》等，这些旅游演艺项目都是以舞台化的述行模式呈现给大众，让地方景观、民俗和地方故事更为神圣化，而且发挥着地方感和地方民族文化的保护和增强的作用。这对应 MacCannell 所说的提升和装饰这两个阶段。

第三个阶段，机械复制。MacCannell 所说的第四个阶段是机械化再生产，意思是某一个景观在另一个地方的再造和复制，例如，沙漠中的人造城市——世界著名的赌城拉斯维加斯就有很多机械化再生产的景观：Luxor 酒店的埃及金字塔和狮身人面像、纽约酒店的帝国大厦和自由女神像、巴黎酒店的埃菲尔铁塔和凯旋门等。在丽江和凤凰实地调研中可以发现两个古城有一些共同的元素，例如，都有大水车这样的景观元素，都有酒吧片区和客栈，都有小桥、流水、人家的意境，只是丽江家家院落前都有清澈的流水且处处杨柳依依，小桥、流水、人家的意境感和画面感比凤凰要浓厚和丰满很多。如今，中国的各个古镇在旅游开发和商业化以后已变成游客口中所说的"千人一面"，古镇与古镇之间成为彼此之间的机械复制品，各个古镇都是"酒吧 + 客栈"的经营模式，各个古镇卖出的旅游购物品都是同样的购物品。如一些受访者所说，"凤凰有很多卖东西的，苏州也有很多卖东西的，而且都不便宜，所以我觉得保护与开发还是要同时进行的，不然都开发了的话，就是去其他古镇游玩也只是换个地方买东西，其他的都一样，没有原真性了。"（F-88-F）这正好反映了各个古镇的景观和物品的机械化复制。

第四个阶段，社会化再生产。近年来，湘西凤凰与湘西茶峒争夺"边城"之名，两地都宣称自己才是正宗的"边城"，对命名权的争夺正是凤凰县为突出边城的文学迷思，让凤凰这个旅游地更为神圣化的行动。客观而言，沈从文出生之地凤凰本就有小说《边城》中的元素、人物与场景。而茶峒早早地就冠冕堂皇地将自己改名为"边城"了。这里讨论的地区命名所对应的正是 MacCannell 所说的最后一个阶段：社会化再生产，其指的是某地区以旅游吸引物的名字来命名。这也体现了旅游迷思建构中的社会复制功能，即团体、城市或地区以迷思或景观命名，如此一来，让迷思的隐喻性表达和叙事变得更加外显化和直白式，就是对旅游消费者的"直言相告"，如同美国的优胜美地国家公园让那个作为景

[①] 注：述行主义模式一词来自吴必虎等人的论文。吴必虎，王梦婷.遗产活化、原址价值与呈现方式［J］.旅游学刊，2018，33（09）：3-5.

区入口的小镇以景区名称命名、英国湖区因为浪漫主义诗人沃兹沃斯的文学迷思而被命名为湖区、茶峒命名为边城、湘西的王村在电影《芙蓉镇》播出以后为发展旅游业将自己改名为芙蓉镇，等等。

第二节 旅游出发地和旅游目的地对迷思的建构

在旅游迷思的建构场域中，个体通过与他者的互动中形成网络，并在互动中改变自身的社会网络，构建出更多的想象空间。旅游迷思是多重的、动态的、进化的、混合的。迷思被赋予了个性、情怀/情结、价值观等自主性色彩，但它却是通过一种旅游目的地和旅游客源地交织互动的社会网络来完成和塑造的，其背后是社会主流文化的象征，是意识形态在操控，是"地方"的作用力，是旅游需求、旅游动机和旅游行为融合在一起并抽象提取出来，对客源地的旅游者产生了"拉力""推力"及"必须去旅游"的驱动力，也成为旅游目的地的神秘魅力和吸引力所在。旅游迷思是目的地和出发地的社会、经济、政治与文化实践"规训"和建构的产物。基于此，旅游迷思的社会建构应当从旅游出发地和旅游目的地两个方面来做详细探讨。

一、旅游出发地对迷思的社会建构

对于旅游地迷思而言，旅游出发地是迷思消费、迷思再制造、迷思再生产、迷思多元化发展的一个基点。本节先探讨旅游者所在的客源地（客源市场），也即旅游出发地，对旅游迷思的社会建构存在哪些类型，具体分析如下。

1.客源性建构

旅游客源地对旅游地迷思的建构具有相对独立性，同时也有较大的话语权，具体体现在以下几方面：第一，旅游者及所在客源地具有继承性。旅游者的旅游消费行为不能脱离客源地的社会物质条件而凭空产生，同时又受到客源地以往的传统习俗和主流价值观的影响，与客源地既往的风土人情有着深厚的渊源关系。在同样的政治经济制度和同等的生产力发展水平的地区，旅游者的文化继承性导致了旅游者群体可以分为不同亚类的旅游迷思消费者，但是旅游者又是个体的存在，既存在个体的独立性，也存在个体的差异，这又导致不同的人对同一个旅游目的地的迷思有不同的认知、偏好、解读和消费倾向。第二，旅游者的选择受到社会意识形态等方面的影响。旅游者既受到政治经济制度与生产力发展水平的制约，也受到上层建筑中的意识形态、政治思想、道德观念、法律制度、哲学思想、宗教、文学、艺术等方面的影响，这些因素对旅游者的消费需求和旅游目的地的出游选择等方面有一定的影响。第三，旅游客源地与旅游目的地社会、政治、经济发展不平衡，从而出现两地话语权的不平衡。这种不平衡主要表现为两个方面：其一，本研究中的古城镇型旅游目的地的经济发展水平落后于旅游客源地，导致旅游者拥有旅游市场消费的多样化选择权和更大的话语权，因为旅游客源地的经济发展水平超前于边陲型旅游目的地，这使得旅游者可以不断追求新奇的国内外旅游目的地。其二，出于两地经济发展的不平衡、市场上买方的力量较强大，以及旅游目的地为了吸引客源地等方面的原因，旅游目的地往往要迎合出发地，这也导致了两地话语权的不平衡。如王宁（2008：5）所说："处于边缘地区的旅游接待国或地区往往会尽力在旅游形象的塑造与旅游产品的供给上迎合核心国或核心地区游客的要求和偏好……在旅游营销中，发展中国家旅游目的地形象常常被扭曲化、刻板化。这种刻板形象是为了迎合发达国家或地区的游客偏好而塑造出来的。"[1] 所以，旅游目的地所竭力塑造的形象和制造的迷思大多是以客源市场为导向的，所以，迷思的建构首先表现为一种客源性的建构。

2. 象征性建构

Holbrook 和 Hirschman（1982）认为，旅游和休闲活动作为某类消费活动而蕴含象征性意义[2]。消费活动并不局限于物理或物质层面上的消费，也表现为象征层面上的消费，也即"象征性消费"，在消费活动中，人们不但消费商品本身，而且消费商品本身以外的东西，"即它们所象征和代表的某种意义、心情、美感、档次、情调或气氛"（王宁，2011：194）[3]。迷思消费也不例外，旅游者对迷思的认知和消费隐含了他的地位、身份、品位、个性、情趣和偏好等意义和信息；其次，旅游者对迷思的消费体现了旅游者与目的地的人地关系，旅游者在旅游体验中消费和解读旅游地和旅游景观的社会属性和象征意义。符号互动论可帮助理解和解释旅游活动，旅游中的产品消费包含文化的互动过程，追寻迷思是旅游者体验过程之一，旅游体验也包含符号的解读过程。当人们将旅游解读成文明社会的个体与自然和社会相互沟通的互动过程时，体验就带有鲜明的文化特征和符号意义（谢彦君、彭丹，2005）[4]。能够认知和接受什么样的旅游迷思取决于旅游者个人的文化程度、职业身份、生活圈子和社会地位等，而旅游者对旅游目的地迷思的探寻不是必须获得实用的知识，而是对诸如凤凰和丽江的本真性迷思的探寻，或者是对其他迷思的求证。旅游者在出发地对迷思认知的相关实践活动和在目的地对旅游迷思的追寻和再认知的实践活动均是象征性实践。

---

[1] 王宁，刘丹萍，马凌，等. 旅游社会学[M]. 天津：南开大学出版社，2008年12月第1版：5.
[2] Holbrook M B, Hirschman E C. The Experiential Aspects of Consumption: Consumer Fantasies, Feelings, and Fun[J]. Journal of Consumer Research, 1982, 09（02）：132-140.
[3] 王宁. 消费社会学（第2版）[M]. 北京：社会科学文献出版社，2011年7月第2版：194.
[4] 谢彦君，彭丹. 旅游、旅游体验和符号——对相关研究的一个评述[J]. 旅游科学，2005（06）：1-6.

二、旅游目的地对迷思的社会建构

下面将从旅游目的地的角度对旅游地迷思的建构进行分类分析。

1. 本土化建构

本土化即本地化,是一个地域的基本特点,是将某一事物转换成符合本地特定要求的过程,是形成地区特色的基础。古城的街道、民居、水系、桥梁、牌坊、碑刻都是地方的记忆,是古城镇历史文化的延续,充分体现了地方宗教、美学、文学等多方面的文化内涵、意境和神韵。目的地迷思的建构首先是依托于当地的本土元素,其内容是能体现古城镇特有"场所"的本土景观特色和人文精神。以丽江为例,丽江古城土著居民主要以纳西族为主,多民族聚居的特点使得不同的民族文化扎根于此,相互交融,深入到每一个丽江人的日常生活当中,"风景美""纳西族""慢生活"等词汇是受访游客提到较多的一些当地元素,也是丽江旅游迷思的基本构成要素,如一些受访者谈道:"丽江有纳西族比较丰富的元素在里面,各种属于纳西族的一些习俗,我们在那个古城里面都能够看到";(L-120-M)"丽江的东巴文化、纳西族历史,纳西族的生活是慢节奏的,你只需要把自己的心静下来,就能感受到,最容易感受到这种节奏的地方当数客栈"。(L-121-M)所以,丽江的迷思建构表现为目的地的本土化建构,本土化建构反映了古城镇的历史发展文脉和有别于其他地方的个性特征,这种建构依托于当地元素且体现出地方性特色。

2. 市场化建构

旅游客源市场的旅游者知晓旅游地的途径是不一致的,有的人知道凤凰古城是因为沈从文的《边城》;有的人知道凤凰是通过相关宣传渠道;有的人知道凤凰是通过自己的熟人圈子;还有的人得知凤凰只是从经济的角度考虑,因为它对于大多数人而言是能够消费得起的旅游目的地。大家得知丽江古城的途径也是多样化的,有的人是因为自己熟人社会的口碑传播;有的人是通过网络游记等网络渠道;有的人是因为电视上的宣传片,或张晓光导演的电视剧《一米阳光》,或电视综艺节目《亲爱的客栈》;有的人是因为书籍,如主持人大冰写的几本关于丽江的书、詹姆斯·希尔顿的《消失的地平线》等,渠道不一。不论何种渠道,都让旅游者产生了出游的动机,如果时机合适就会转变成现实的旅游消费。

开放的旅游市场以市场需求为导向,旅游地迷思的建构其实也是以市场需求为导向的,旅游目的地对客源市场是一种迎合的态度,旅游地开发者会根据旅游者的想象、期望和偏好来创造、建构出相应的迷思。像丽江慢生活的形象和迷思,其原本只是依托丽江本身就是一个慢节奏古城的本土化建构,但是生活在现代都市的人们,他们的日常生活世界是快节奏的,他们对于慢节奏的旅游世界是有着渴望和向往的,人们怀着找寻一个地方过一段短期的、岁月静好的慢生活的愿望,因为客源市场有着这样的需求,使得丽江慢迷思被更加强化和突出,并被加以广泛宣传和传播,如丽江出的两本旅游书籍《丽江慢生活》

和《丽江的柔软时光》，就是对丽江慢生活的宣传和渲染，这样一来，慢迷思就不仅仅是单一的本土化建构了，也成为一种迎合和满足客源市场需求的市场化建构。凤凰和丽江都有浪漫的迷思，建构浪漫迷思也属于典型的市场化建构，浪漫迷思中包含了"艳遇"和"旅游艳遇地"的叙事，凤凰和丽江都位列"中国四大旅游艳遇地"之中，如受访者所说："和那个大理古城相比，虽说都是古城，但是有不一样的味道，我觉得丽江古城更浪漫和文雅，觉得它是个很浪漫的地方。"（L-104-F）

3. 核心化建构

目的地旅游迷思主题结构的核心化建构较为常见，这里的核心化是指一个旅游地可以存在多个迷思，而其中一个是核心的迷思。在凤凰古城的旅游迷思中，除了具象化的"沱江""吊脚楼""古城楼""古街"等元素来表征凤凰的本真性迷思，还有因文学作品延伸出来的文学迷思，如"翠翠""傩送""天保""老人和黄狗"等《边城》作品里的词汇成为文学迷思的表征符号，另外凤凰还有浪漫的迷思、神秘的迷思等。对于丽江古城而言，丽江有本真性的迷思、浪漫的迷思、文艺的迷思、慢迷思等，在归类汇总旅游地迷思主题时，该操作不是建立在一个系统且层级分明的科层化体系之中的，而更像是圈层型结构的归纳。旅游目的地迷思建构呈核心极化，以最重点的旅游迷思为核心，其他旅游迷思主题从核心迷思衍生而来。"一个旅游地可能会有几个迷思，地方迷思可以是多元的、歧义性的……第一层次的迷思是一个大框架，对其他具体的、相互重叠或相互竞争的迷思具有统摄性的作用。第二层次的迷思就是处于第一层次迷思之下的分支迷思。同一旅游吸引物被植入不同游客群体的文化价值观，就被建构成不同版本的迷思。"（彭丹，2016：61）① 凤凰和丽江的核心迷思都是本真性迷思，本真性迷思处于迷思主题圈层结构的最里面的核心层，其他迷思则处于外围，两个边陲旅游地均由本真性迷思衍生出其他迷思。本真性迷思不仅是核心的迷思，也是一个大框架。在凤凰的迷思中，紧挨着本真性迷思（核心层）的第二层为边城的文学迷思和世外桃源的迷思，第三层为浪漫的迷思、神秘的迷思等。丽江的迷思中，紧挨着本真性迷思的第二层为天堂的迷思和慢迷思，第三层为浪漫的迷思、小资的迷思、文艺的迷思等。所以，旅游地的迷思建构可以称为核心化建构。

4. 非等级化建构

随着中国旅游市场不断开拓，旅游消费者队伍也不再只是由社会精英阶层、高阶层、中产阶层组成，普通工薪阶层、低收入阶层也渐渐加入其中。网上各种论坛、贴吧都存在类似于"推动平民化旅游"的帖子，其中一位网民讲道："作为一名旅游爱好者，可是工资很低，邀请所有工薪阶层联合起来，推动我们自己的旅游。"② 类似于这种帖子，不少网友响应跟帖。现阶段，旅游已经成为普通民众的主要休闲方式之一。"旅游已经成为一种

---

① 彭丹.旅游迷思研究：关于湘西凤凰古城的个案分析[M].北京：旅游教育出版社，2016年4月第1版：61.
② 新浪网.平民旅游：山西旅游业的思路转折[EB/OL].http://news.sina.com.cn/s/2005-06-05/03246083217s.shtml，2005-06-05.

人民美好生活需要的基本表征,是人类生活的基本需要与内容,旅游体验成为大众生活的新常态。"(孙九霞,2019)[①]旅游市场不断扩大,民众的个性化需求也在增加,旅游消费结构朝着个性化、品质化的方向升级。旅游的大众化使得旅游迷思消费的等级性不明显,旅游具有"反结构特征",因此,旅游目的地对迷思进行制造、建构时,不是只针对精英阶层、高收入阶层的定制化、专属化的建构,而是面向不同阶层的大众游客的普适性建构,这种普遍适应性是非等级化的,没有明显的等级关系。旅游目的地作为大众游客都可到访的公共场所和空间,这种非等级化的公共性定位让旅游出发地的游客对旅游迷思的认知和消费成为共享模式。所以,旅游目的地迷思的建构是"非等级化"的建构,凤凰和丽江的本真性、文学性、浪漫性、文艺性等各种迷思不是面向社会政治、经济、文化精英等高雅游客的迷思,而是面向大众游客的迷思。尽管不同阶层的旅游者认知到的迷思一定会存在差异,但地方迷思在建构的过程中并不会根据客源市场旅游者的社会阶层、身份地位而对某些阶层进行专属性的定制化制造。旅游地迷思是面向大众人群的,例如,凤凰的文学迷思"边城",对一些受访者(如90后受访人群)而言,他们是从初中语文课本里接触到沈从文《边城》一书的选段,在此基础上,形成对边城文学迷思的共享性认知,对这一迷思有所认知的旅游者其受教育程度仅需达到初中,并不需要具备高文化资本。

三、目的地和出发地对迷思建构的共同类型

最后,旅游出发地和旅游目的地对迷思的建构中存在共同的类型,可以将之归纳为两类:第一类是传统思想和意识形态的建构,第二类是开放性的建构。

1.传统思想和意识形态的建构

旅游出发地和目的地的传统文化中的传统思想源远流长、内涵丰富。传统思想有着清晰的发展脉络,立足认同意识、正统意识、弘道意识,不断发展完善,具备强大的历史生命力,旅游产业结合了有益其发展的传统思想。从历史发展的角度来看,迷思建构包含历史逻辑、现实逻辑、发展逻辑在内的话语体系,完成了传统思想的现代性转换,体现了对主流意识形态的巩固。

陶渊明笔下的《桃花源记》是中国"世外桃源"迷思生成的缘起,《桃花源记》中的世外桃源之地几乎寄托了所有中国人在精神层面的浪漫主义梦想,是1600多年前宜居之地的蓝图,它的审美情趣具有超越时代的特点。人们在创造旅游迷思的过程中,类似于"桃花源记"这样传统的文化思想潜移默化地植入人们的思想意识里,并且内化为一种自觉的、自律的行为模式和思维方式,因此成为现实的旅游地迷思的恒久的模塑力量。人们往往会把边陲的古镇如凤凰古城和丽江古城这种类型的旅游地想象成世外桃源。

---

① 孙九霞.共同体视角下的旅游体验新论[J].旅游学刊,2019,34(09):10-12.

任何政体和社会要想维持自身的存在、稳固与发展，就必须有强制性的权力、法律和制度来规范人们的生产、生活、认知、交往等行为，并使用各种隐含或彰显意识形态的控制手段把人们强行纳入一定的社会秩序、知识结构和价值观框架当中，让人们能够自觉地服从并维护这一社会现实。旅游地的地方政府在建构旅游迷思的过程中均体现了意识形态和权力意志。以丽江为例，云南省旅游发展委员会是主管全省旅游工作的省政府组成部门，中国丽江旅游网是云南省丽江市旅游发展委员会官方网站，为旅游者提供全方位的云南、昆明、大理、丽江及大香格里拉旅游的咨询。在旅游咨询的互动过程中，目的地的地方政府官员掌控着旅游目的地对于咨询者的反馈信息，在这种互动中流露出了意识形态和官方的话语特色。在目的地迷思的建构中，地方政府首要考虑的是政治上的正确性，以主流的意识形态为引领。再者，既有旅游地迷思的发展与流传存在历史继承性，其发展依赖于强大的历史认同，而历史认同又源于既有的历史观念和传统思想。

在旅游地迷思的建构中，存在意识形态的操控与商业化的实践。旅游迷思的发展过程是一个复杂的整体，旅游迷思受人们的感性实践活动和社会表征的促成和制约，也受到特定的意识形态及权力的制约和影响。不同的国家、政体，不同的社会，不同的时代有着不同的意识形态，国家和社会的意识形态潜藏在知识之中，并通过社会实践影响旅游迷思的生成和发展。意识形态对旅游迷思有一种形塑作用，人们所追寻的旅游迷思隐含了某种意识形态，且隐藏着商业利益化的东西。在旅游迷思的呈现过程中，受主流意识形态支配的传播媒介、艺术作品、规划方案和建筑风格占领了所有想象的领域。旅游地迷思可以说是受意识形态支配的关于地方空间的一种信息和言谈体系。事实上，意识形态对旅游地形象塑造、旅游文化、旅游者认知、旅游话语等方面的影响也同样直接而且普遍。正如迷思学家鼻祖巴特思曾经分析指出西方社会大众文化当中所存在的迷思往往隐含了中产阶层小布尔乔亚的意识形态，"符号学已经教导我们，迷思有给予历史意图一种自然正当化的任务，并且使偶然性显得不朽。目前这个过程正是中产阶级意识形态的过程"。"中产阶级隐藏了它是中产阶级的事实，因而产生了迷思（罗兰·巴特思，1999：202，207）[①]。"又如 Zhang 等（2015）在分析香港的迷思时指出："对源自中国本土迷思的传统的推广，强调了对一种文化意识形态的记忆[②]。"

2. 开放性的建构

一方面，旅游业发展的开放性使得各级地方旅游业发展的一个重要趋势是由地方性、区域性向全球性转变，由封闭型、半封闭型向开放型转变。迷思的制造上也要与时俱进地进行升级、进化与更迭，为旅游者带来独特的旅游吸引力。

---

① ［法］罗兰·巴特思. 神话：大众文化诠释［M］. 许蔷蔷，许绮玲，译. 上海：上海人民出版社，1999年3月第1版：202，207.

② Zhang C X, Decosta P L E, McKercher B. Politics and Tourism Promotion: Hong Kong's Myth Making［J］. Annals of Tourism Research, 2015, 54（09）：156-171.

另一方面，旅游者思想上接触事物的开放性、旅游者需求的多元性和开放性使得出发地的旅游者所携带的旅游迷思在具体细分时呈现出一种无限列举的开放状态，迷思的能指也同样呈现出无限列举的开放状态；而且旅游者对迷思的消费和体验具有主观能动性，不同的人会对不同的事物和元素感兴趣，在不同的时段，人们共同关注的事物和元素也不同。

就凤凰古城和丽江古城而言，究竟哪些景物或元素能够成为迷思的能指，一方面要看共同的社会审美对资源价值的认知与判断；另一方面也可能按照市场的需求，将客观上既有的许多元素当作迷思的能指加以人为创造性地开发。湘西和凤凰的相关影视作品如《乌龙山剿匪记》《血色湘西》《边城》，文学作品《边城》《湘行散记》等均可成为凤凰迷思的能指。又如，旅游者在凤凰看到的吊脚楼、沈从文故居、北门城楼、苗寨等均属于具有湘西凤凰地方特色的迷思能指。旅游音乐新媒体电影《我在丽江等你》第一集《发呆的地方》（颜振豪导演的微电影），歌曲《开往丽江的火车》（颜振豪演唱），电视连续剧《玉观音》《一米阳光》《木府风云》，以及纳西东巴文化，包括东巴象形文字、纳西古乐、东巴经卷、东巴绘画、建筑艺术及宗教文化等纳西文化元素，这些事物在一定的时段内均成为丽江旅游迷思的载体或能指。这些能指本身的开放属性体现了社会审美的共鸣和市场需求随时代变迁的变化发展，从而促进了旅游迷思的形成、进化和发展。

第三节　旅游迷思的各方制造者

凤凰和丽江旅游迷思的制造方涉及地方政府、旅游公司、旅游企业从业人员、当地居民、外来游客、媒体等，各方行动者从自身的角度和立场来制造旅游迷思，共同成为凤凰、丽江旅游迷思的制造者。接下来对各方制造者进行具体分析。

一、政府制造迷思：对地方迷思的挖掘与传播

张清源、陆林（2019）指出，"中央政府赋予了各级地方政府大力发展旅游业的权力与责任，在此背景下，地方政府拥有资源配置权力和组织调动能力"。"地方政府充分发挥自身的组织和协调优势，联系社会各方力量共同推动旅游业发展，成为旅游地开发和社会空间演化的核心主体[①]。"地方政府制造旅游迷思主要表现为两个方面。

第一，地方政府独立制造迷思或与地方的旅游景区开发商联手对目的地进行营销而制造迷思。这里又可以分为以下几点：

[①] 张清源，陆林.宗教旅游地利益相关者权力—利益关系格局与形成机制——以九华山为例[J].旅游学刊，2019，34（09）：15-29.

一是通过营销口号等旅游话语来挖掘和传播旅游地的迷思,推出地方的宣传营销口号以建构地方迷思的主题和地方旅游品牌,如凤凰县的"神秘湘西,天下凤凰""中国最美丽的小城",丽江的"七彩云南,梦幻丽江"等。凤凰县"在发展旅游产业的进程中,把凤凰旅游定位为'文化旅游',把旅游品牌定位为'神秘古城、天下凤凰'[①]"。如受访游客讲到他们听过的旅游话语:"在昆明机场有看到广告,主打就是'七彩云南,梦幻丽江'。觉得是比较好地总结整个云南的特色,'梦幻丽江'让人有一些向往,对它的期待值会更高。"(L-74-F)"'为了你,这座古城已等了千年'这句口号感觉非常美,也给我留下了非常深刻的印象,这句口号让我感觉到非常浪漫,充满了诗意美。"(F-128-F)

对丽江的期待主要就是朋友的描述,还听说过"不到丽江,枉到云南",还有"七彩云南,梦幻丽江"这样的说法。小时候听过《彩云之南》这首歌,2007年新出的歌,那时候我才十几岁,这首歌火遍了大街小巷,那种跳楼大甩卖的时候就还有放这首歌的DJ版的。这种口号给人一种很憧憬的感觉,让我有那种很想去玩的想法。(L-105-F)

政府制造迷思的过程创造了旅游者对目的地的想象,影响旅游者出游前对迷思的认知,进而影响旅游者对迷思的再建构。在预期的迷思认知阶段,旅游者常常期待和想象旅游目的地体验中的场所、旅游情境和景观,这又将影响旅游者的在场迷思消费和实际旅游体验,还影响到旅游结束后的迷思回忆及传播。

二是利用官方网站、新媒体社交软件、旅游广告、旅游宣传视频等载体进行地方迷思和地方形象的打造和传播,如凤凰县政府建立了英文、日文及韩文网站;凤凰县当时为申报世界文化遗产,充分运用各类主流媒体,借助图片、电视、网络等方式,2010年1月至10月先后发表专题报道6篇,为凤凰县申遗营造了良好的舆论氛围。2010年2月19日,《湖南日报》头版头条以《凤凰三权分离保文物促旅游》为题,报道凤凰县文物保护的做法。5月24日新华社以图文并茂的方式推出《摇曳在沱江光影里的凤凰古城》报道,展示了凤凰县为申报"世界文化遗产"而加大对古城和民族民间文化的保护工作,发表了《苗族跳花走进百姓生活》,对凤凰县申遗工作进展做了翔实的报道。2010年1至10月,凤凰县先后在中央电视台、湖南卫视、湘西自治州电视台播发电视新闻348件,其中,中央电视台18件,湖南电视台60件,湘西自治州电视台270件;在新华社、《湖南日报》《求是》等主流媒体发表网络和平面新闻349件,其中新华社22件,《湖南日报》27件,《求是》1件;在《团结报》上稿513件[②]。

三是借助政治、经济、文化等各界力量举办各类"事件",开展事件营销。例如,凤凰县政府为了打造"天下凤凰"品牌,于2006年开展了"天下凤凰聚凤凰"的一系列活动,包括中国凤凰苗族银饰节(2006年11月17日)、"天下凤凰聚凤凰"联欢(2006年11月17日)、中华凤凰文化基地揭牌和凤凰卫视见学基地授牌仪式(2006年11月18日)、

---

① 笔者赴凤凰展开田野调研时由凤凰县旅游局提供的政府内部材料《2010年旅游产业情况汇报》。
② 笔者赴凤凰展开田野调研时由凤凰县委宣传部提供的政府内部材料《2010年1至10月新闻工作总结》。

首届中华凤凰文化论坛（2006年11月18日）等，该活动邀请的媒体有凤凰卫视、湖南日报、湖南人民广播电台卫星频道、经济频道、湖南卫视、红网、湖南经视、三湘都市报、潇湘晨报、长沙晚报、香港文汇报、大公报、香港商报、新华社、人民日报、中国国际广播电台、中央电视台、光明日报、经济日报、中新社，等等①。2009年凤凰县政府举办了民族饮食文化节、中国凤凰苗族银饰文化节、凤凰书画摄影作品展、"凤凰特种邮票"发行、"南方长城中韩围棋赛"各项旅游促进活动，以及"四月八""端午节""六月六"等传统节庆活动②。

第二，地方政府对旅游业的政策制定、统筹协调等方面具有主导性作用。迷思制造取决于政府的权力意志。地方政府对旅游地的旅游业开发、发展具有统筹全盘的决定性作用，通过旅游规划和营销、旅游地的认证来增加目的地的吸引力和知名度，在地方政府的努力下，凤凰古城和丽江古城所取得的认证和荣誉，如世界遗产、国家历史文化名城、国家5A级景区等，让政府参与制造的旅游迷思得到旅游出发地大众的接受和认同，进而发挥迷思的作用力，迷思为旅游地增添了魅力，为旅游地着魅。地方政府完善行政服务体系建设，建立旅游方面的社会服务中心，将政府的社会治理权向旅游领域延伸，与旅游企业联手营销目的地。政府负责提供旅游方面的公共服务，在公共服务的供给参与方之间进行初次分工和二次分工，发挥行政机制、市场机制和社会机制的各自优势，整合各种社会资源。可以说，地方政府在旅游迷思制造中发挥了核心主导作用。丽江市委一位政府人士（L-05-M）说道："丽江古城里面是不准有摩托车、单车等车辆的，凤凰没有禁止。丽江的申遗成功、景区的管理工作，值得全国其他各个旅游地学习。"凤凰县委的干部向笔者讲述过凤凰县政府开发和经营旅游业的历程（访谈原文参见本章末尾二维码）。2001年至今凤凰古城是政企合作制度，坚持以文化旅游产业为主导，"一业带三化"的发展道路，形成了由多个机构组成的相对自由的地方法团主义组织。而丽江古城是完全由政府主导旅游业的发展，由政府单一构成了一个地方法团主义组织。后文对地方法团主义会做进一步探讨。

二、旅游企业制造迷思：故事和知名度的营造

旅游生产经营方借助广告、旅游手册和书籍等商业筹划，把原本平凡的地方变为充满故事的旅游消费地，并对这些被故事化了的地方进行营销（Athinodoros C., 2012）③，建构了潜在旅游者头脑中的迷思。Urbain（1989）认为广告信息拥有把一个地方推广为一个旅

---

① 笔者赴凤凰展开田野调研时由凤凰县委宣传部提供的政府内部材料《"天下凤凰聚凤凰"活动流程方案》。
② 笔者赴凤凰展开田野调研时由凤凰县旅游局提供的政府内部材料《2009年上半年工作总结》《2010年工作总结及计划》。
③ Athinodoros C. Between Place and Story: Gettyburg as Tourism Imaginary[J]. Annals of Tourism Research, 2012, 39（04）: 1797-1816.

游想象物的能力，即"叙事编程"的力量①。书籍、电视剧、旅游演艺节目等媒介表征进一步巩固了地方叙事。旅游地方如同旅游产品或服务那样渐渐被商品化，并被重新建构为消费中心（Urry J.，1995：25-37）②（Hopkins J.，1998）③。MacCannell（2013）在《旅游者：有闲阶级新论》中讲到旅游生产经营人员要想把一个地方变为充满故事的旅游目的地，需要对该地的意义和价值进行建构，实际上就是文化生产，而文化生产就是制造符号，即对旅游活动过程中所涉及的符号进行意义建构④。旅游企业通过销售有关该目的地的故事传说、故事意义和价值取向等方式营销某个旅游地，旅游迷思也经由这些手段和途径呈现于世人眼前。因地制宜的叙事法可以将某一目的地与同类目的地区别开来，影响旅游者对目的地的选择和消费。迷思被迷思学鼻祖巴特思定义为一种特殊的二次序符号，一种叙述和言谈。旅游企业的叙事和营销就是对旅游迷思的制造。例如，凤凰古城旅游公司在最初开发凤凰的旅游业时推出了"梦回故里，凤凰古城""放下行囊，便回到故乡""为了你，这座古城已等了千年"等旅游话语和口号；古城公司联合地方政府推出了一系列大型活动对凤凰进行了多次事件营销；古城公司将有关湘西的风土人情融入《烟雨凤凰》《边城》等旅游演艺项目中来强化迷思（《印象·丽江》这个旅游演艺项目也让丽江的地方迷思得到强化和宣传），这些行动对凤凰这个地方的旅游迷思进行了建构和传播。一位凤凰古城公司的高管和一位凤凰本地人都说过，凤凰古城公司在最开始的几年对凤凰的旅游宣传营销做过很多工作，前者的访谈原文见本章末尾二维码，后者的访谈文本如下：

> 1999年以后，张家界黄龙洞的公司领导叶文智在张家界做旅游操作，他与古城签了一份协议，把古城的八景纳入他的集团，他做了很多营销工作，比如说请了当时这边的那个宋祖英嘛，宋祖英是湘西古丈县的嘛，离我们这边也比较近，然后邀约了很多当时的知名的，像阎维文啊、蒋大为这些人，就在凤凰搞了一场表演，那几年凤凰发展得就比较好。像谭盾音乐大师也在这里做过他的那个交响乐演出，就是在那个河边，然后还有那个，我了解到的还有那个快乐大本营，就是湖南卫视的那个，很强势的那个娱乐节目，以前也在江边举办过一期，那个何炅、李湘他们都有来过，那时候我们都还去了，陆陆续续都还搞了一些营销嘛。（F-140-M）

在中国当下的市场经济背景下，"文化招商"模式在中国旅游市场上的运用很广泛。凤凰古城景区由凤凰古城公司和当地政府合作经营。凤凰县政府已经与多个旅游企业签订协议，引进外来资金经营旅游业。例如，2001年引进黄龙洞投资股份有限公司，经营凤凰古城八大景点，并成立了凤凰古城文化旅游投资股份有限公司；2005年启盛（凤凰）

---

① Urbain J. The Tourist Adventure and His Images [J]. Annals of Tourism Research, 1989, 16（01）：106-118.
② Urry J. Consuming Places [M]. London：Routledge, 1995：25-37.
③ Hopkins J. Signs of the Post-Rural：Marketing Myths of a Symbolic Countryside [J]. Geografiska Annaler, 1998, 80（02）：65-81.
④ MacCannell D. The Tourist：A New Theory of the Leisure Class [M]. University of California Press, 2013（10）：29-34.

旅游有限公司注册成立，经营南华山国家森林公园；凤凰县铭城（集团）公司成立，经营凤凰县乡村旅游，等等。凤凰旅游发展走的是一种典型的政企合作道路，通过转让景区经营权，形成政府主导、企业经营的旅游发展模式。旅游企业作为迷思建构主体之一，在凤凰旅游地迷思制造过程中占据着重要地位。旅游开发商通过旅游规划、事件营销等方式为旅游地塑造迷思，建构了一个具有魅力和吸引力的旅游地。

在迷思制造的过程中，值得一提的是，旅游开发者无论是政府还是旅游企业，通常会有意地凸显和强化符合旅游地迷思的地方性元素，并刻意掩饰、遮蔽、忽略、回避或弱化处理那些与迷思相违背的元素。例如，丽江大研古城（丽江古城就是指的大研古城，受访者中的潜在旅游者有大多数并不知道大研古城这个名称，只知道丽江古城的名称，旅游者所知道的丽江古城其实就是指丽江大研古城）景区正门的大水车景观符号被凸显和强化，而大门广场的一家肯德基在丽江的宣传手册、图片、照片中被有意忽略和遮蔽，因为肯德基这类快餐店是表征着现代快节奏社会的符号，它的现代化色彩和西方化意义是违背丽江古城的慢迷思和中国传统古城形象的。Zhang 等人（2015）指出："语言是被有意识地用于创造世界的代理行动者……双重方式不仅仅体现在语言上，还体现在它所创造和叙述的迷思上。迷思被有意识地、无意识地、政治地、历史地渲染，所造成的政治意义和正确性超过了历史真相。因此，华而不实的言语及其目的并非中立的。"（White，1973，转引自 Zhang，等，2015）[①] 如此一来，迷思就具有了虚假性、扭曲性和折射性。丽江古城的管理经营者，叫丽江古城管理有限责任公司，是隶属丽江市旅游开发投资有限责任公司的全资子公司，实质是丽江市政府管理经营，是国有资产投资管理。丽江并没有将景区经营权转让给外来投资商，当地旅游业的开发和发展由政府主导。

在地方政府的主导下，旅游地吸引了大量企业在当地争取政策优惠，带来大量资金流入，以便后续的旅游开发行为，意在带动当地的经济发展。一些"政府搭台，企业花钱"现象也普遍存在，由于影响企业生存和发展命运的控制权掌握在政府相关部门手中，有时会出现行政干预代替市场运作的做法。地方旅游迷思的制造中也难免受到行政干预，旅游企业的行为必然是受政府监督的。当然政府也十分有必要对旅游企业的行为进行监督，因为旅游企业追求的是经济利益最大化，企业的行动是一种典型的工具理性行为。因此，在中国由企业自发组建和自愿参与的经济社团的发展并未走向独立于政府之外的道路，虽然旅游企业在服务游客、行业自律，以及旅游产品设计和开发上拥有一定的自主性，但在其他方面，它对地方政府又存在高度的依附，导致旅游企业在制造地方旅游迷思时具有吸引游客和协助政府的二重性。

---

① Zhang C X, Decosta P L E, McKercher B. Politics and Tourism Promotion：Hong Kong's Myth Making [J]. Annals of Tourism Research，2015，54（09）：156-171.

三、旅游企业从业人员制造迷思：在沟通行动中影响迷思的建构

旅游从业人员是指与旅游经营方建立劳动关系，为旅游者提供旅游服务的人员。旅游从业人员处于旅游产业接待工作的第一线，直接为游客提供服务。他们的言谈举止和行为代表着旅游目的地和企业的形象，他们的水平及工作质量直接影响旅游服务质量和游客的旅游体验，接待人员的工作质量首先取决于他们自身的素质和态度。这些处于第一线的旅游从业人员在与旅游者的互动和沟通行动中直接影响旅游者对旅游地迷思的消费和再认知。旅游景区工作人员的职业道德素质直接影响个人的形象，间接影响景区和地方的对外形象，这些都从不同程度上影响旅游者对于旅游目的地迷思的再次建构。例如，丽江爆出的游客被打的负面新闻给丽江带来了负面影响，影响到了潜在游客对目的地的选择，抑制了人们前往丽江旅游的愿望。如受访者所说："网友爆出丽江暴力事件频发，试问一个连游客自身安全都不能保证的地方，有多少人敢去呢？总之，这件事让丽江的整体形象大打折扣。"（L-128-F）"我看到丽江打人的事上了热搜，我觉得还是应该再加强一下治安方面的管制，还有就是政策方面，可能对少数民族的约束比较少，然后对丽江的旅游也有一定的冲击性，至少对我来说，安全还是比较重要的，所以就会影响我对丽江旅游的这种热情。"（L-102-F）

处于接待工作第一线的旅游从业人员，对旅游地的叙述、解说和评论直接影响旅游者对旅游地的印象和迷思再认知，尤其是导游人员，他们通过导游词等语言符号、导游行为符号等向旅游者建构和传播旅游迷思。在导游员和游客这两类主体间存在符号的互动，了解主体间的互动首先需要了解现象学中的术语"主体间性"（Intersubjectivity）。如果我们承认某物的存在既非独立于人类心灵，也非取决于单个心灵或主体（纯主观的），而是有赖于不同心灵的共同特征，这个共同特征就是主体间的。心灵的共同性和共享性隐含着不同心灵和主体之间的互动作用和传播沟通，这便是它们的"主体间性"。一个心灵不仅能够体验到其他心灵的存在，而且包含着与其他心灵沟通的意向。Burr（2003）认为人们对世界的认识和理解不仅来自客观"现实"，而且来自其他人[①]。导游员对旅游迷思和旅游者体验的建构作用主要发生在在场旅游体验阶段。在此阶段，导游话语对游客的体验和迷思消费有直接影响。一方面，导游常常告诉旅游者应该看什么、什么时候看及如何观看，塑造着旅游者的"观看方式"；另一方面，在讲解的过程中，导游常常讲述该地的文化底蕴、历史价值、地方故事和神话传说，使得作为"追梦人"的旅游者从导游员的话语中再次建构关于旅游地的迷思，旅游者对旅游目的地迷思的消费会因为导游人员的话语及行为进行重构或者是瓦解，也就是说，导游话语和行为模式影响着旅游者消费和解读旅游迷思的质量。旅游从业人员的话语和行为如果使得旅游者获得了舒适愉悦的旅游体验，旅游者

---

① Burr V. Social Constructionism[M]. New York, NY: Routledge, 2003.

就会对事实上存在的一些客观"消极"的符号"视而不见",对旅游迷思更为认可。

四、当地人制造迷思：叙述地方的迷思

常年居住在旅游地的原住民中有一部分人从事旅游业,一部分人不从事旅游业,而是从事其他行业,或者处于无业状态,其中,非涉入旅游行业的当地原住民虽然与旅游行业没有十分直接的经济利益关系,但是他们当中有一部分人也是旅游业带动地方经济发展中的直接受益者,如凤凰卖水果的小摊贩会希望前往凤凰旅游的游客数量很多,这样可以卖出更多的水果以增加自己的经济收入,事实上随着旅游业的发展,这类人群也看到了自己经济收入的增长。凤凰、丽江的原住民将自家房屋出租给外来商户以获取租金,这些房屋和门面有些成为旅游购物品商店,有些成为客栈,有些成为酒吧,有些成为餐馆,等等;从表面上看,这些原住民并没有直接从事旅游行业,但是他们实质上也是旅游业的经济受益者,他们在商业上利用私人住宅从交易中获取垄断性租金。当然也有一部分当地原住民会认为旅游业发展并没有给自己带来任何好处,反而导致房价上涨、物价上涨、人口增加、自然环境变差、犯罪率上升等负面效应。那么这些非涉入旅游业的当地原住民,在制造和传播当地迷思时会比直接涉入旅游业的当地原住民要少一些工具理性主义和经济利益至上的功利主义;同时,从旅游者这一"客人"群体而言,非涉入旅游业居民更像是旅游地真正的东道主和"淳朴"的"主人",这类原住民所讲述的言语更具有可靠性和真实性。

从调研中发现,当地人在与外来游客沟通时一般都会宣称这个旅游地具有地方特色,为自己的家乡称颂,这一点从受访者的访谈中可见端倪,诸如讲述自己家乡很美,或者为某些名人感到自豪,或者认为当地具有深厚的文化底蕴和历史价值且值得进一步挖掘,或者认为当地的一些物品具有地方特色,等等。因此,在旅游迷思的制造过程中,当地人本身就是当地文化和地方形象的传播者,当地人在旅游者的旅游活动中会叙述和传播地方迷思。当地人的服饰、生活方式、言谈举止也会对旅游者实际体验和消费旅游迷思产生影响,当地人穿着的服饰(如少数民族地区的人是否穿着民族服饰)、生活方式和生活习惯(如安逸的、慢节奏的生活,"日出而作、日落而息"的原始、传统、朴素的田园生活,或者具有诗情画意的生活)、所说的言语(如是否讲着旅游者可能听不懂的地方方言)和行为举止(如待人接物方面是否纯朴、热情、好客)等也是旅游者所追寻和认证的迷思元素。凤凰古城和丽江古城的本地居民或者是老家在凤凰和丽江的人们还会在自己的熟人圈通过人际传播来对凤凰和丽江的迷思进行传播和叙述。

最后,凤凰和丽江的情形有所区别的是,凤凰古城内部仍然居住着很多凤凰本地的原住民,而丽江大研古城的原住民绝大多部分已经迁居到大研古城之外的新城区。从旅游者的角度而言,很多丽江的受访者表示希望古城内有一些原住民,这样古城更有原真的生活

气息和氛围,可以说,这样的古城才更符合本真性的迷思。例如,有受访者说道:"我比较期待在古镇中能看到当地人真实生活的过程,如洗衣、买菜、做饭,让我能感觉到身处其中,能体验到古镇原始传统的生活方式。"(F-109-M)对于丽江古城原住民外迁到新城区居住,有受访者认为:"没有原住民的古城似乎就变成了一个没有灵魂的躯壳。假如原住民都搬出去了以后,入驻的肯定都是商业店铺,他们都是来搞商业的,他们的目的就是赚钱,没有原住民就看不到当地人生活的那种方式,自然也就感受不到一些想感受的那种气息了。"(L-132-M)正如张朝枝等人(2008)研究指出,游客认为"保持古镇建筑特色""保持古镇老百姓生活习惯与生活方式""保护古镇周边环境原封不动"等都"很重要"[①]。

五、旅游者制造迷思:对迷思认知的重塑

旅游地迷思是基于旅游者的想象的。旅游者不用想象某种现实的东西,而是能现实地想象某种东西。丽江古城、凤凰古城中旅游地的迷思正是来自这种旅游想象,旅游想象是一种感性实践活动。研究发现,旅游者和其熟人社会也参与到迷思的制造当中。旅游者贯穿于旅游迷思的形成、发展、分享的整个过程。经由准备阶段(通过目的地相关的话语和表征建构起美好的想象,对迷思产生了初次认知)、消费过程(在目的地现实的旅游世界中体验和消费旅游迷思,对旅游迷思进行再次认知)、追忆迷思消费(回忆和重塑旅游目的地的迷思)三个过程重塑他们自身关于旅游迷思的认知,并对迷思进行分享和传播。旅游者体验从预期准备到实地体验再到事后回忆的完整过程就伴随着旅游迷思的认知、消费和重塑的整个过程。迷思这个符号系统是通过迷思消费者的互动和交流而被社会建构的。对旅游地进行过实地消费的游客,在旅游后的追忆和分享环节的描述中会出现一些高频词语,旅游者的表述具有一些共性,如他们使用"沱江""吊脚楼""翠翠""苗族""湘西""神秘"来描述凤凰古城,用"纳西族""玉龙雪山""泸沽湖""古街道"等来形容丽江古城,这些描述体现了迷思中的真实性成分,也表现出迷思的共享性特征。

迷思的共享性在于一种集体性,旅游者心目中的迷思是一种以"集体"方式表现出的综合的情感和普遍心理倾向,它受到"文化模式"的深层制约,所涉及的是可以依托或脱离个人经验而独立存在的社会记忆,多数旅游者的迷思消费受到这种"集体无意识(Collective Unconsciousness)"的潜移默化的影响。旅游者参与到旅游迷思的建构过程很大程度上取决于进入其视野的内容,他们生活世界之外的一些东西不可能成为其建构的旅游迷思。每个游客都有一个"定框"(Frame),这个定框决定了旅游者的"观看方

---

① 张朝枝,马凌,王晓晓,等.符号化的"原真"与遗产地商业化——基于乌镇、周庄的案例研究[J].旅游科学,2008,22(05):59-66.

式"（Berger J., 1972：3-15）①。这个定框往往来源于人们所受的教育、所具有的文化资本、所处的生活环境、所处的社会生活圈子、所处的立场和角度、所接受的各种信息等，从而形成旅游者对旅游迷思的认知和消费，因此，旅游者心目中的迷思是社会建构的产物。

在凤凰、丽江的迷思传播中，人际口碑是重要力量。人际口碑是凤凰、丽江的传播渠道中最让潜在游客信任的通道，包括日常生活世界的面对面交流和网络世界的、线上的非面对面交流。"网络口碑来自旅游者的真实体验，它为口碑受众提供了无偏见、非商业化、高可信度的一手信息"。（柴海燕，2013）②人们借助大量的图片、照片、文字、语音、视频等符号，将旅游迷思内容传播出去，大众认为其所获得的信息是"真实"的信息，他们得到的是"真实"的感知，他人做出的是"客观"的评价；尤其是微博、博客、微信、QQ、播客、论坛、抖音等网络媒体的兴起和发展，具有文本、图像、音乐和视频等多种形式呈现的社交媒体，还有活跃的自媒体，其实效性、快捷性和"真实性"足以让受众接受并享用媒体带来的信息和知识。人们更愿意相信他人发布的亲身经历的事件。如一位受访者（ZL-54-F）提到社交媒体（如微博、抖音、小红书等）对其认知和想象丽江产生了影响，"丽江古城在我的印象里，还有一个标志，就是网红的打卡地。微博、抖音、小红书等社交媒体上，有很多很多网红发丽江的美照，发各种各样的丽江旅游攻略，我觉得这为丽江吸引了许多许多游客"。但有些网络口碑的真实性是值得怀疑的，例如，马蜂窝上的游记、行程和攻略有不少是专门聘请专人来撰写的。这样的口碑无疑类似于旅游广告，有美化目的地的倾向。当然，一般潜在游客还是相信网络口碑的真实性。旅游者通过微信、微博、QQ、论坛等网络社区分享自己的旅游经历，去过旅游地的旅游者分享他在旅游迷思的追寻过程中的亲历事件和亲身体会，这为旅游地方迷思的再塑造提供了新方式。旅游者也因此完成了迷思的认知、解读、传递和再塑造这一过程。旅游者与他者之间传播迷思实则是交流信息的互动过程，在此过程中存在"主体间性"。谢彦君（2017）指出，主体间性（Intersubjectivity）是社会行为主体之间互动的可能性、价值观的统一性和情感及知识的互可理解性③。

六、媒体制造迷思：塑造想象空间和"无意"营销

媒体传播是旅游迷思建构中不可缺位的部分，新闻媒体的关注和报道、大众媒体的影视剧作品和电视综艺节目、网络媒体的传播是让旅游迷思被大众认知的一个重要推动力，这里将重点分析大众媒体对迷思的塑造。媒体的宣传具有强大的传播功效，而且提

---

① Berger J. Ways of Seeing [M]. London: British Broadcasting Co. and Penguin Books, 1972: 3-15.
② 柴海燕. 国外旅游网络口碑研究进展述评：2004—2011 [J]. 旅游科学, 2013, 27 (03): 84-95.
③ 谢彦君. 灵水识谭 [M]. 中国旅游出版社, 2017年1月第1版: 151.

高了受众参与性及受众的凝聚力，是旅游者对迷思进行高频认知和消费的有效强化剂。安德森（2003：26）认为，民族是一个"想象的共同体"，媒介为重现民族这个想象共同体提供了技术上的手段①。旅游迷思的非物理属性和想象性在于其背后有新闻报道、影视产品、文字、图像、视频、广告等互为隐形推手，这些推手推动着旅游迷思的制造和传播，创造出民众对迷思的想象空间。大众媒体在社会传播中起到了一定的主导作用，连续的、正面的、及时的新闻报道保持了信息的可持续性和实效性。Iwashita（2003）认为，电影、电视及文学作品通过向观众展示目的地的特点与魅力，能影响个体的旅游偏好与目的地选择②。媒体的宣传和制造对旅游地和旅游迷思的知名度、旅游目的地美誉度的提升有很大的帮助。从某种程度上来说，媒体在迷思的制造、传播中扮演了政府掌控之下的"工具"和社会的"放大器"角色，其中，统一的宣传口径，以及报纸、网络上的新闻稿是旅游生产者主导思想的渗透，尽管其中包含了对旅游迷思的客观介绍，但不能否认的是，媒体制造的迷思多为旅游生产者希望传递给旅游消费者的正面的、美化的内容，媒体描绘的旅游迷思是大多经济利益相关生产者的预期目标和结果，媒体信息的接受者对旅游迷思的认知和重构极大可能因此而标准化和模式化。因此，媒体对迷思的塑造其实可能存在人为的折射，有时会扭曲现实，例如，凤凰、丽江的美景被媒体的美图、唯美的视频和美文过分夸大，导致旅游者对旅游地的预期想象与现实体验不相符甚至出现较大的差距。

就媒体方面的影视剧和综艺节目而言，丽江和凤凰这两座古城拍摄的影视剧有很多，有些影视剧是以发生在古城的故事为题材，有些影视剧是直接在古城拍摄取景，以古城为拍摄地，还有很多综艺节目也选在这两座古城及其周边景区进行外景拍摄，表3-1列举了在凤凰和丽江拍摄的影视剧和综艺节目，以及以湘西凤凰和云南丽江为故事发生地的影视剧。

表3-1　媒体制造：关于凤凰和丽江的影视剧和综艺节目

目的地 媒体作品	影视剧	综艺节目
凤凰古城	《湘女萧萧》	凤凰古城的一个游记
	《神枪雪恨》	爸爸去哪儿5（凤凰扭仁村）
	《我心飞翔》	快乐大本营

---

① ［美］本尼迪克特·安德森.想象的共同体［M］.吴叡人，译.上海：上海人民出版社，2003年1月第1版：26.
② Iwashita C. Media Construction of Brittan as a Destination for Japanese Tourists：Social Constructionism and Tourism［J］. Tourism and Hospitality Research，2003，04（04）：331-340.

续表

目的地 \ 媒体作品	影视剧	综艺节目
凤凰古城	《郑培民》	
	《血色湘西》	
	《湘西往事》	
	《血鼓》	
	《边城》	
	《湘西剿匪记》	
	《乌龙山剿匪记》	
	《末代苗王》	
	《父亲的战争》	
	《拯救女兵司徒慧》	
丽江古城	城市映像–丽江篇《夜曳》	极限挑战（第七期）
	《我想飞》	人生第一次
	《转山》	我们的选择（2016年12月31日）
	《大东巴的女儿》	我朋友的家在哪里（韩国综艺，2015年2月14日）
	《迷失的彩虹·古坠归来》	二十四小时2（2017年3月3日）
	《古城琴声》	爽食赢天下
	《艳遇丽江》	不见不散
	《千里走单骑》	亲爱的客栈（在丽江泸沽湖拍摄）
	《云上石头城》	高能少年团
	《男才女貌》	唱·游云南2019《中国好声音》丽江赛区
	《云之南》	
	《北京青年》	
	《倾世皇妃》	
	《龙门镖局》	
	《钱王》	
	《丽江九月》	
	《一米阳光》	

续表

媒体作品 目的地	影视剧	综艺节目
丽江古城	《木府风云》 《玉观音》	

资料来源：笔者根据网络资料整理而成

研究发现，媒体和文学作品对迷思的叙述和传播作用比旅游企业的营销更广泛、更有效。例如，凤凰被认为是小说《边城》的发生地，丽江因为电视剧《一米阳光》而走红。凤凰古城及古城景区内的景点"陈斗南宅院"曾经是多部影视剧的拍摄地，如驴妈妈旅游网对凤凰古城的介绍中写道："陈斗南宅院是《乌龙山剿匪记》《父亲的战争》《战士》《拯救女兵司徒慧》《末代苗王》《我心飞翔》《湘西往事》等十多部著名影视剧内景拍摄地[①]。"如受访者说道：

我记得小时候看过电视剧，这个我好好想一想。嗯……我好像看过《血色湘西》。对，《血色湘西》那个时候挺火的啊！是有一个叫穗穗，我记得是叫穗穗，印象特别深。还有《乌龙山剿匪记》，对，我上次去凤凰就有看《乌龙山剿匪记》的拍摄地点。就这两部电视剧都是很久之前的，就是我不知道是初中还是小学的时候看到过，听说这两部剧都是在那里取的景。（F-88-F）

丽江因为影视剧而获得了很高的知名度，让丽江首先火起来的电视剧是孙俪主演的两部电视连续剧——《玉观音》（2003年播出）和《一米阳光》（2004年播出），让很多不知道丽江的人对丽江的美景滋生了向往，丽江由此真正收获了十分广泛的知名度。如一则网络游记中写道："对于丽江的向往，是从小时候看的《一米阳光》开始，长大后终于有了这个时间可以去[②]。" 2012年的两部电视剧《木府风云》和《北京青年》再一次将丽江推向了大众的视野当中。如下面的一些网络文本所示："一米阳光酒吧，现在好多分店，这是总店！杨洋和我说她就是看了《一米阳光》来丽江的，我想好多女孩也是这个原因吧，据说当年孙俪就在靠窗的位置拍的电视剧，所以这家酒吧很有名，客人很多，而且很贵！电视剧宣传旅游景点的功力真的很强，就像《非诚勿扰2》里三亚的鸟巢酒店[③]。""一部热播的电视剧《北京青年》让丽江又火了一把，到处都是关于电视剧的情景。"[④]

在当下的信息爆炸时代，大众媒体的影视剧、综艺节目、个人的社交网络等对潜在游

---

① 驴妈妈旅游网．"凤凰古城" [EB/OL]．http://ticket.lvmama.com/scenic-153712．
② 马蜂窝．"渐入商业，鲜有古风——被外界打扰的丽江古城" [EB/OL]．http://www.mafengwo.cn/i/5332255.html，2015-11-13．
③ 马蜂窝．"再回首——丽江古城" [EB/OL]．http://www.mafengwo.cn/i/1161952.html，2013-03-20．
④ 马蜂窝．"彩云之南——第二次云南之行" [EB/OL]．http://www.mafengwo.cn/gonglve/ziyouxing/268147.html，2013-10-22．

客的出行选择影响比较大，反映了网络社交媒体（如微信）和大众媒体的强大影响力，由于受到这些方面因素的影响，致使很多人都拥有属于自己旅游的"目的地愿望清单"。丽江的热门旅游景区泸沽湖也是凭借综艺节目《亲爱的客栈》火爆一时，本研究的受访者也提到了《亲爱的客栈》这期综艺节目和由此生成地对丽江古城和泸沽湖的向往。此外，一些关于云南的影视剧如《天龙八部》《还珠格格》等也屡次被受访者提及，这些电视剧也建构了他们对云南大理和丽江的想象。在 ZMET 访谈中很多受访者对丽江的想象中提到了一些电视剧和综艺节目，请参见本章末尾二维码中的表 3-2。

影视剧的取景对目的地的"无意"营销和宣传推广更早于近几年的热播综艺节目，早期如《情书》中的北海道和《天使爱美丽》中的巴黎，已影响几代人纷纷前往当地旅行，《权力的游戏》使得大大小小的欧洲城镇成为剧迷们心心念念的朝圣之地。又如杭州西湖和《新白娘子传奇》，云南大理和《还珠格格》，北京故宫和《甄嬛传》，杭州灵隐寺和《活佛济公》等。再有前文提到的《一米阳光》和《玉观音》等电视剧对丽江的"无意识"营销。影视剧和旅游地（旅游景区）存在双向的互惠互利，影视剧的热度和知名度对旅游地（景区）有积极的宣传作用，旅游地（景区）也为影视剧的制作拍摄提供了相应的场地支持（如浙江乌镇当年主动找到演员黄磊为剧组提供了乌镇这个拍摄场地，并事后买断了《似水年华》这部电视剧的版权，在各大卫视台播放）。潜在游客容易被综艺节目和影视剧的取景地"种草"[①]，人们会很想去取景地亲自看看镜头里的风景，去相同的建筑物和自然风景前留影，走相同的游玩路线。

七、文学作品和书籍制造迷思：赋予"诗性"内涵和提升知名度

经典的文学作品对古城的迷思制造发挥了重要作用。首先重点论述文学作品对凤凰迷思的制造。那些到访凤凰古城的旅游者当中有多数人是通过沈从文的中篇小说《边城》而知道和了解凤凰的，如下文本所示：

问：当时您是通过什么样的途径知道凤凰这个地方的呢？

答：沈从文的《边城》。

问：您认为凤凰是怎样出名的？

答：我认为，一个是沈从文的《边城》，因为这个就是驰名中外嘛；然后第二个的话应该就是宋祖英有个"龙船调"是在沱江边上拍的MV嘛。我是通过这样的方式知道的，周边也基本上应该就是这两个途径吧。（FL-05-F）

---

① 注："种草"，网络流行语，表示"分享推荐某一商品的优秀品质，以激发他人购买欲望"的行为，或自己根据外界信息，对某事物产生体验或拥有欲望的过程；也表示"把一样事物分享推荐给另一个人，让另一个人喜欢这样事物"的行为，类似于网络用语"安利"的用法。资料来源：百度网.百度百科词条："种草"［EB/OL］.https://baike.baidu.com/item/ 种草/280902?fr=aladdin.

问：沈从文还是有所了解吧？

答：是的，以前学过他的课文，也看过他的《边城》嘛。

问：嗯，他的《边城》是很有名的。那您觉得沈从文和他的《边城》对吸引游客去凤凰旅游起到了作用吗？

答：有啊，有一定的联系吧。

问：那您觉得有没有人专门为了沈从文和边城去凤凰呢？

答：肯定有啊，因为他毕竟是作家，他的《边城》也是很出名的，而且还拍过《边城》的电影。（FL-26-M）

文学作品对迷思的制造在湘西凤凰古城有鲜明的体现。《边城》这部经典的文学作品为凤凰制造的"边城"迷思是凤凰古城独一无二的文学迷思，《边城》营造了凤凰的理想化梦境。文化作为城市的象征经济，旅游的开发和发展使得凤凰调动起布迪厄所称的"文化资本"。特纳（2006：192）将布迪厄的文化资本定义为那些非正式的人际交往技巧、习惯、态度、语言风格、教育素质、品位与生活方式。① 凤凰古城的这些地方文化资本和文化符号通过旅游、教育、媒体等实现了再生产。沈从文的文学作品正是凤凰旅游发展中可以很好利用的文化资本。

2010 年以前，开发初期，人们因为《边城》了解凤凰，英、法、日翻译了《边城》以后，国家文联才赶快翻印这本书，我们才发现原来人家已经那么重视了，国内还没重视，那时沈从文还是图书馆管理员。2010 年以后不能简单地以"边城"来看凤凰，凤凰有它本身卖得出去的地方，本身能够被人们接受的地方，而且旅游资源的品位和氛围恰好迎合了人们的口味和需求，那个时候不是某一个人、某一本书或者某一个现象能够影响凤凰，也不能说因为凤凰去抬举了谁，它本身的这种魅力就已经挥发出来了。2010 年游客量爆发，真正上 100 万以上是 2010 年。（F-34-M，凤凰古城公司曾经的高管）

凤凰的知名度因为沈从文和《边城》而有所提升，在一定程度上推动了凤凰古城旅游业的发展。不论受访者是先知道凤凰，还是先知道沈从文及其《边城》的，值得肯定的是，沈从文及其《边城》已经成为凤凰的影子，成为凤凰的重要符号和标识物，也是凤凰旅游的核心吸引物之一，在凤凰古城旅游业发展过程中起着至关重要的作用。沈从文和"边城"之于凤凰的意义也正如凤凰当地人所认为的沱江是凤凰的母亲河和景观的灵魂（当地人希望沱江的水质要保持清澈），而且沈从文和边城的重要性是超过沱江这一景观的，在很多旅游者事前的旅游想象中是将凤凰和边城画上等号的；而在几乎每一个凤凰本地人的心中，沈从文是凤凰十分值得骄傲和自豪的人物。沈从文就是凤凰最突出、最鲜明的符号。边城的文学迷思既是凤凰所具有的迷思之一，也是凤凰所有其他迷思的缘起。在旅游开发过程中，凤凰本来可以成为中国的一个典型的文学旅游地，一个典型的具有文学

---

① ［美］乔纳森·特纳.社会学理论的结构［M］.邱泽奇，译.北京：华夏出版社，2006 年 7 月第 1 版：192.

迷思的旅游目的地。凤凰古城的旅游规划者和开发商可以借鉴沈从文的《边城》及其他文学作品中的符号元素，将凤凰古城构建成文学作品中的"边城"，这是对凤凰诗意的文学迷思的表征。这样一来，旅游者是旅游规划者和开发商所打造出来的作品的"读者"，他们对被打造的美好凤凰进行进一步主观的、诗性的解读。

关于丽江古城，丽江虽然也有相关文学作品和书籍，但从调研来看，书籍对丽江知名度的提升作用不是非常明显。尽管去过丽江或知晓丽江且对丽江有旅游向往的国内外旅游者中有一部分人是由于英国著名作家詹姆斯·希尔顿《消失的地平线》和俄国著名作家顾彼得《被遗忘的王国：丽江1941—1949》这两部西方人所著的文学作品而知晓丽江或对丽江有所想象，尤其是西方游客对丽江的认知是源自这两部作品，"丽江出名是在新中国成立前，外国传教士写的书《神秘的古纳西王国》《消失的地平线》，还有摄影作品在世界地理杂志上登出，丽江就被许多外国人所知。"（L-01-M）但其实很多国内的受访者知道《消失的地平线》指称的地方其实是香格里拉，该小说是对香格里拉圣境的虚拟化建构。有受访者（L-56-F）谈道："我以前看过《消失的地平线》。但是内容都忘记了，因为当时就是在丽江的书店随便翻了翻，没有细致读。好像是一个飞行员的故事吧，也没有因为这本书对丽江有什么想象，我的想象都是基于我丽江的那位朋友。"《丽江的柔软时光》《丽江慢生活》等非文学作品的休闲式旅游书籍虽然带有文艺范和小清新感，但是看过这几本书的受众也不算特别多，如有的受访者（L-64-F）说："我没读过，也没听过。不过听名字，应该是讲丽江的风土人情吧。我了解丽江几乎都是通过网络。"有一些旅游者是到了丽江以后才看到这类旅游书籍并购买阅读的，如下面的访谈文本所示：

在那边住宿的时候看到过卖《丽江慢生活》这本书，就是从游客的视角来表现丽江的生活状态等，体现了一种对慢节奏生活的向往和随遇而安的生活状态。这本书让我觉得丽江就如同陶渊明写的桃花源一般，不会被外界的喧闹所打扰。看起来应该就是那种花团锦簇、繁花似锦，建筑应该是古香古色的，生活方式很传统，不会很现代化。就如同读《边城》时凤凰带给我的遐想。（L-51-F）

没有看过《丽江慢生活》《消失的地平线》这些书，以前看过有关丽江的一本书叫《丽江的柔软时光》，很久之前看的，只能回忆起以前看过的零星片段了。这本书的内容呢，大概就是讲旅游，讲如何去旅游，旅游所包含的吃呀，住呀，玩呀什么的，什么方面都有提及，游记一般的感觉，让读者仿佛随着那些精美的插图去丽江游玩了。但是这本书还是算比较老的书了，如果是想了解关于丽江最新的旅游资讯的话呢，还是看那些年份比较接近现代丽江的书籍咯！我认为书的话主要是帮人们了解丽江这个城市，书中对丽江各方面的解说让我们更加向往这个城市。让我觉得丽江是一个美丽，平和、宁静、浪漫的城市，让我愈加向往。（L-137-F）

另外，山东卫视主持人大冰所写的《乖，摸摸头》《阿弥陀佛 么么哒》等书籍对丽江生活有着生动的描述，大冰所写的关于丽江的书籍对丽江的传播也起到了一定的积极作用,不少 90 后受访者主动提到自己看过大冰的书,从而对丽江和丽江的酒吧产生了好奇心,到了丽江就会去"大冰的小屋"这个酒吧去看一看、坐一坐。有 90 后受访者说:"有一个主持人叫大冰,写过一些关于丽江的书,也在那边开了一家小店,我觉得蛮有意思的,所以就挺想去的。"(L-48-F)"我没有看过《丽江慢生活》《消失的地平线》这些书,但是我看过主持人大冰写的一本书,叫《乖,摸摸头》"。(L-105-F)还有一些受访者说到对丽江的向往也是起源于大冰,如下面这几则访谈文本所说:"高中时大家也许都看过大冰写的书,写的关于他和他的小屋的故事,于是我们就找到了大冰的小屋,当晚在里面坐着。"(ZL-46-F)

看过大冰写的《阿弥陀佛 么么哒》《乖,摸摸头》。大冰书里面的内容都是写他在丽江碰到的人和故事,比如他的酒吧对面开了一个烧烤店,老板是参加过越南战役的人,脾气很差,东西卖得很贵,赚了很多钱,但是生活却很朴素,后来召集没工作的人、退役的消防员,把赚的钱全投入成立了一个消防队,保护古城的安全。大冰每一年都会在丽江和没有回家或者是找不到方向的人一起跨年,一个女生每年都会去,而且每年都会悄悄给自己放生日快乐歌,这一切被一个男生发现了,然后发生了很多故事。

问:这些书建构了您对丽江什么样的想象?

答:给我的感觉就是去丽江的人都是有故事的人,随便一个人的故事都可以写成书的感觉。(L-67-M)

问:在您工作的过程中,您觉得是什么吸引了游客去丽江旅游呢?

答:在这里必须要提两点,第一点,实际上在很早的时候,有一本书叫《消失的地平线》,这本书描述的就是一个世外桃源,而这个世外桃源在香格里拉,并不是在丽江,但是香格里拉的气候条件等使得人们到那里后的反应并不好,它的民风其实非常淳朴,但是它的地理位置,包括它在雪山的北面,使得它终年的气候非常差。但是丽江恰恰相反,它在雪山的南面,虽然丽江这个地方也很寒冷,但是它出太阳的日子非常多,很舒服,所以这个地方更符合我们现代人对于世外桃源的感受。其实现代人逃离大城市,但是他实际上是舍不得现代城市的一些东西如电子设备、便捷、水电、干净卫生等这些基本条件。第二点就是名人效应,很多人去到丽江后他会刻意地包装丽江,当然也是包装自己,比如说大冰的书,不是讲相声的那个大兵,他是山东的一个主持人,他出了一系列书,非常著名的,如《乖,摸摸头》《阿弥陀佛 么么哒》等这些书,所有的描述全部是围绕着丽江在进行,所以使得大家对于丽江充满了向往。实际上现代人是在寻找一个自己,个性会更多元化,就像我个人觉得丽江就像是开心麻花的剧场,它可能就是星巴克,它可能是作为一个年龄阶段的人,或者说是一种社会阶层的人所需要去寻找到的一种代表,所以丽江非常切合这种代表。在中国的古城镇里面,像凤凰,它也在定性,但是它就远远弱于丽江。(L-71-M)

整体而言,与凤凰相比,丽江还是缺乏很经典的、十分著名的为中国人所熟知的国内文学作品，所以，丽江不具备凤凰那样的文学迷思。关于凤凰，"以沈从文及其作品为代表的湘西文学作品和旅游者的地方想象共同建构了凤凰古城的地方形象，文学和旅游的'邂逅'赋予凤凰诗性的想象空间。"（安宁，等，2014）[①] 关于丽江，可以发现：《一米阳光》等电视剧、《印象·丽江》等旅游演艺项目、《消失的地平线》等文学作品和其他书籍（如大冰写的书）对丽江古城的诗性空间进行了建构，"丽江通过《丽江欢迎你》的宣传片在响应与抵制的矛盾中尝试揭开丽江的神秘化、女性化、现代化的面纱，建构了中西融合、独具民族特色的'自我'形象"（蔡晓梅，等，2018）[②]，所以，文化产品如影视剧（如《一米阳光》等）、音乐（如赵雷演唱的《成都》这首歌对于成都旅游形象、热度的影响）、小说（如《边城》《消失的地平线》等）、散文、游记等都会对旅游迷思的建构产生影响。Urry（2001）认为人们会选择要去凝视的地方是通过幻想产生期待的地方，期待是通过如电影、电视、文学作品、杂志、录音和录像等物质性元素被建构起来的[③]。旅游目的地通过具体化的有形物品，如书籍、照片、明信片、工艺品等强化着旅游地的迷思。如此循环往复，人们就可以无止境地生产、再生产这些迷思。

综上所述，制造迷思的各方行动者都是凤凰和丽江迷思的传播者，旅游目的地的开发者（政府和景区公司）是迷思的主要创造者和推动者，媒体和游客是迷思的主要传播者，其中，游客又是对自己所认知的迷思的拥护者或解构者，也是解读者。除了社会行动者外，文学作品和书籍也是迷思的重要创造推手。旅游地存在的多个迷思都是对旅游目的地的美化和神圣化，可能存在一定程度上的扭曲和夸大。出于不同的立场和原因，政府、旅游企业、旅游从业人员、媒体、旅游者及当地居民一起参与，共谋着丽江、凤凰的理想化梦境。在制造过程中，各种文化产品和物质性元素也被得到充分利用。总之，凤凰、丽江的旅游吸引力之所以能长时间存在，其经久不衰的因素有很多，其客观的物理属性和历史文化属性只是其中的部分因素，而迷思这个符号属性却是这两个地方的灵韵，迷思给地方赋予了故事和叙述，而充满故事的地方总是充满传奇色彩的。

[①] 安宁，朱纯，刘晨.文学旅游地的空间重构研究——以凤凰古城为例[J].地理科学，2014，34(12)：1463-1464.
[②] 蔡晓梅，寸露，朱竑.自我东方主义？丽江旅游形象的想象与建构[J].旅游学刊，2018，033(009)：26-37.
[③] Urry J. Globalising the Tourist Gaze[J]. Tourism Development Revisited：Concepts, Issues and Paradigms，2001(09)：150-160.

第四节　旅游迷思制造中的权力、资本和社会

一、凤凰的地方法团主义：权力和资本的合作

在旅游发展的过程中，无论是凤凰还是丽江，地方政府都表现出了"公司化"的特征，地方官员扮演了"企业家"的角色，它们直接获取企业利润，并深深卷入到企业内部的经营运作过程之中。利益的不相冲突被视为政府与旅游企业合作的必要条件，利益互补被视为两者之间的有条件的互利共生关系，利益契合程度越高，政策参与所开放的空间越大，其功能发挥越接近于"地方法团主义"组织。"法团主义"不仅可以从宏观层面研究国家与社会的关系，还可以从中观甚至微观层面研究地方政府与基层社会的关系，后者即可表述为"地方法团主义"。在中国的地方层次上，由国家在地方的组织——地方政府推进促成的多种多样的合作形式，对于促进地区经济发展、改善人民生活水平等方面具有显著作用。戴慕珍（Jean Oi）将这种形式称为"地方法团主义"（Local Corporatism，J. Oi, 1995）[①]。戴慕珍（1995）认为虽然不同层级的地方性国家组织（即地方政府）的作用不同，但是它们共同利用行政体制建立市场，运用行政权力支持并保护合作关系，它们可以选择发展目标，甚至可以在资金借贷、信誉担保、风险承担等方面，成为企业的合作伙伴（转引自张静，2005：170）[②]。总而言之，在地方法团主义框架下，地方政府不仅提供行政服务、参与投资决策，而且还和企业一起承担风险并分享企业的收益。可以说，政府不仅扮演者"政治家"的角色，还直接涉入企业内部的经营运作当中，与企业共担风险、共享收益。如凤凰县政府和凤凰古城公司双方结成了"三权分离"（所有权、管理权和经营权的分离）、具有共同利益的合作型地方法团主义组织，是政府和私营企业共谋的地方法团主义的进化模式。

2001年，凤凰县政府将沈从文故居、杨家祠堂、南方长城等8个景点的50年经营权以8.33亿元转让给凤凰古城文化旅游投资股份有限公司（即古城公司），开创了"政府主导、市场运作、企业运营、群众参与"的旅游业发展模式；自此，凤凰古城的两大迷思制造方——凤凰县政府和凤凰古城公司开启了景区经营管理的合作型模式。2013年，凤凰县政府以土地入股和凤凰古城文化旅游投资股份有限公司合资组建凤凰古城景区管理服务公司，各占49%和51%的股份，开启政企合资模式的新阶段，对凤凰古城、南华山、乡村游三大块景区实行整合经营，统一对景区景点实施门票销售及营销、服务等，从"凭票

---

① Oi J C. The Role of the Local State in China's Transitional Economy [J]. China Quarterly, 1995 (144): 1132–1149.
② 张静. 法团主义及其与多元主义的分歧 [M]. 北京：中国社会科学出版社，2005年5月第2版：170.

进入景点"变成"凭票进入景区",并打造"烟雨凤凰"文化产业城。2016年3月27日,经过凤凰县政府常务会议和中共凤凰县委常委(扩大)会议研究,决定自2016年4月10日起,暂停古城景区验票,保留景点验票方式。这也意味着,凤凰古城自2013年4月10日起开始收取一票制大门票(即九景一票制),3年期满后,取消了收取古城景区大门票,恢复至此前只收取景点门票的运行模式。凤凰县相关部门对外回应称,暂停景区验票只限于游客进入古城不需购票,但是进入古城内的9个核心景点,仍然需要购买门票[1]。

所有权、管理权与经营权分离是凤凰古城旅游资源商业化的开端。在最近20年的发展过程中,叶文智所管理的景区公司从黄龙洞投资股份有限公司到凤凰古城文化旅游投资有限公司,再到凤凰古城景区管理服务公司,凤凰古城公司不断发掘景区价值,在最初的几年充分运用媒体营销和事件营销来宣传凤凰,开发有创意的旅游产品,不断创新景区公司的商业模式,在这一过程中,凤凰古城的所有权和经营权一直处于分离状态。以利益相关者为视角的凤凰古城运营研究主要聚焦在2013年的"门票新政",邱雪超(2013)研究凤凰古城管理者和经营者之间的关系,指出了旅游成本上的问题并提出对策[2]。林煌(2013)分析了顾客与管理者、经营者的关系[3]。王超、骆克任(2014)通过对凤凰古城门票事件的网络文本分析,分析了居民和游客对管理者、经营者的态度,提出用旅游包容性发展模式来推动凤凰古城的发展[4]。凤凰县政府和凤凰古城景区公司之间是一种共生共荣的关系,政府追求政绩和GDP,企业则追求经济利润,二者有着共同的目标,就是经济利益。凤凰县政府持有景区的所有权和管理权,凤凰古城公司则持有经营权,二者为了共同的目标,管理、宣传和经营古城景区,形成具有共同利益的"地方法团主义",在强强联合下对凤凰旅游业的发展做出了贡献。凤凰县地方政府和凤凰古城公司之间是合作型的地方法团主义,是建立在景点和景区经营权转让的合约关系之上的合作模式,是地方政府同意外来投资开发商进行旅游经营而产生的合作结构,在这样的合作形态中,凤凰古城公司拥有较大的自主权,对整个凤凰古城景区和核心景点拥有很大的自主经营权。

经过十多年的发展,凤凰古城游客接待量从2001年的57万人次上升到2011年的600万人次,旅游总收入从不足百万元攀升至44.31亿元。与此同时,基础设施不足、旅游开发低端、游客满意度下降等问题迭出,游客数量不断增加与凤凰古城接待能力不足的矛盾越发凸显。在这个背景下,2012年9月,叶文智旗下的凤凰古城文化旅游投资股份有限公司宣布,拟在凤凰沱江上游(距离古城6千米)投资55亿元建造一座新镇"烟雨凤凰"。

---

[1] 中国青年网."凤凰古城取消148元大门票,9个核心景点仍需购票"[EB/OL].http://www.china.com.cn/guoqing/2016-03/29/content_38131158.htm,2016-03-29.

[2] 邱雪超.探析旅游景点门票涨价对旅游业发展的影响——以湖南凤凰古城为例[J].时代金融,2013(18):218-219.

[3] 林煌.从凤凰"门票新政"谈凤凰古城旅游区经营[J].中小企业管理与科技(上旬刊),2013,05:128-129.

[4] 王超,骆克任.基于网络舆情的旅游包容性发展研究——以湖南凤凰古城门票事件为例[J].经济地理,2014(01):161-167.

凤凰古城公司提供的资料显示："烟雨凤凰"项目选址在沱江上游，长潭岗水库附近，总控制用地面积 7 平方千米，核心区用地面积 3.69 平方千米，规划净用地面积 2.021 平方千米，总投资 55 亿元，2013 年 5 月开建，建设周期 3 年。叶文智解释，烟雨凤凰是"建新镇保老城"，不会复制凤凰老城，而是按照行政新区、居民新区和游客新区 3 个部分布局组合，再造一座旅游新镇。叶文智说："55 亿元只是路网建设等基础设施投资，加上后续的景观建设、餐饮、客栈和纪念品商店等，总投资将超过 90 亿元。①"

政府部门通过出让凤凰古城经营权转嫁其公共设施方面的管理成本，但实际上古城保护属于公共政策或者公共事务领域，旅游开发公司和投资商很难有内驱性，因此，凤凰的这种政企合作的开发模式，政府仍然需要"在场"，政府必须占据较强的话语权和掌控权，在资本家攫取经济利益最大化的同时，能够使空间的开发利益获取和历史文化遗产的保护及公共事业同时进行。凤凰古城旅游发展过程中将社会中分散的利益按照功能分化的不同，有序参与到政府政策的形成过程中，从而形成凤凰的地方法团主义，而政府的权力在利益集团的有序互动中得以合法性，并发挥组织作用和逐渐拥有了控制权。与此同时，政府对古城公司给予政策支持、扶持和帮助，为公司提供其所需要的服务，在与地方的其他利益相关者（如当地居民）起了利益冲突的情况下，政府选择站在支持古城公司的这一阵地。地方政府与旅游企业集团进行合作，两者形成了紧密的共生关系，如张清源、陆林（2019）所说：

投资商、开发商和经营商等组成的企业集团是旅游地资本运作的主要行动者，他们以利润最大化为核心目标……由于企业生产所必需的土地资源、政策许可和市场环境需要得到地方政府的支持，而地方政府也需要企业集团注入资本、提供技术和管理保障并带动地方就业，因此，企业集团与地方政府之间逐渐形成了具有稳固共生关系的"增长联盟"（Growth Coalitions），表现为市场力量与行政力量的相互裹挟与依附。

资料来源：张清源，陆林.宗教旅游地利益相关者权力—利益关系格局与形成机制——以九华山为例［J］.旅游学刊，2019，34（09）：15-29.

二、丽江的国家法团主义：全能主义政府的权力治理

丽江与凤凰的情况不同，丽江不存在政企合作的地方法团主义，丽江是两块牌子、一套人马，丽江古城完全是政府所有和经营的。丽江古城景区的所有权与经营权并未分离，丽江古城的所有权和经营权均归属于丽江市地方政府。前文已经探讨过"法团主义"，法团主义也称"社团主义"或"社会合作主义"，自 20 世纪 70 年代末施密特（Schmitter）对其进行系统概括以来，越来越多学者将其作为探索国家与社会关系的重要理论工具，适

---

① 凤凰网."烟雨凤凰"：55 亿元打造"山寨古城"？［EB/OL］.http://fashion.ifeng.com/news/detail201209/12/175340520.shtml，2012-09-12.

用范围包括但不仅限于拉美国家及部分亚洲国家和地区，中国也成为近年来法团主义视野下的一个新的研究焦点。多元主义、国家主义是国家与社会关系连续谱上的两端，而法团主义则类似于该连续谱上的一个中点。根据国家涉入程度与社会自主性力量对比的差异，施密特将法团主义进一步区分为"国家法团主义"和"社会法团主义"两个亚类，也有人将其概括为"权威法团主义"和"自由法团主义"。国家法团主义代表一种自上而下的组织关系，国家占据主导地位，社会组织的建立是国家特许的结果，甚至在某种程度上是国家控制社会手段的变体；而社会法团主义则代表一种自下而上的组织关系，社会的力量是主要的，社会组织的建立是组织间竞争性淘汰的结果，而国家为了维持稳定的政权，极有可能吸纳社会组织的意见并为其提供多方面的支持。丽江的情况属于"国家法团主义"，而非"社会法团主义"，丽江的法团主义是强政府主导下的传统模式。丽江地方政府在当地旅游业的发展过程中表现出了典型的全能主义政府的特征，强政府用权力来主导旅游业的发展。

丽江古城的当地政府及管理机构包括丽江市旅游发展委员会（以下简称"旅发委"）、丽江古城保护管理局（以下简称"古管局"）、古城区人民政府相关部门（以下简称"区政府"）、古城区大研街道办事处（以下简称"大研办事处"或"大研办"）。其中古城内的国有企业有两个：一个是古管局下设的丽江古城管理有限责任公司，另一个是古管局下属的丽江大研古城管理服务有限公司，均为非营利服务性质的国有独资企业（李楠楠，2017）[①]。虽然名义上是不同的领导班子和组织机构及公司在管理丽江古城，看起来是两个机构，实则为一方行动者即丽江市政府，是地方政府在对丽江古城的经营管理、日常运营负全责。经过20多年的旅游发展，丽江古城已成为一个包括原住民、外来经营者、游客等多元主体的超级社区（孙九霞、罗婧瑶，2019）[②]。在这个过程中，各方制造者在共谋着丽江古城的旅游迷思。

丽江市这个全能主义的地方政府以权力为依托介入到丽江古城的管理和经营之中，并将其视为执政政绩的一部分，这种主导力量的介入具有某种强制的功能，"以其强势地位，统辖全局"（贺学君，2005）[③]，是一个全能主义的地方政府在景区经营中进行全权的管理。丽江市地方政府在迷思制造和旅游业的开发和发展中是一个权威的法团主义。一位受访者（受访者为丽江市委领导）说道：

丽江是一套人马、两块牌子。丽江市政府和丽江古城公司是一套人马。丽江是由政府来经营管理的……丽江从1996年恢复古城，本着申遗的目标，修旧如旧，古城3.8平方千米全是木建。丽江市消防二队的消防工作受到国家的表扬，如有失火，3分钟内赶到……

[①] 李楠楠.基于空间消费的丽江古城遗产地利益相关者网络结构研究[D].云南大学，2017.
[②] 孙九霞，罗婧瑶.旅游发展与后地方共同体的构建[J].北方民族大学学报（哲学社会科学版），2019（03）：101-108.
[③] 贺学君.关于非物质文化遗产保护的理论思考[J].江西社会科学，2005（02）：103-109.

丽江的物价是云南省最高的。旅游业是富民产业，不是富政府产业，因为旅游业税收为7%~8%，工业是17%~33%，小作坊征税很少，只有形成规模的企业才能征税。（L-01-M）

另一位被访的丽江市政府人员说道：

1994年，丽江政府在大理召开旅游工作会议。1996年地震后，丽江古城开展恢复工作，本着"修旧如旧"的原则，同时还抱着申报世界文化遗产的目标，经过一年多的努力，1997年12月7日世界文化遗产申报成功。丽江的古城旅游是一个品牌，丽江市政府成立了古城景区公司，不是交给企业去做，企业是追求短期利润最大化的。（L-05-M）

在丽江的经营管理中，政府这个利益代表系统或者说权力代表系统是由马克斯·韦伯所说的"科层制"的功能单位构成的；丽江市政府对丽江管理的主导作用表现在政策支持、资金扶助、物质和非物质文化遗产资源的整合。这种地方法团主义的存在在丽江的物质和非物质文化遗产的产业化开发与利用中，促进了资源的有效整合和丽江旅游品牌的形成。政府部门对非遗文化资源进行有效整合，探询建立一个多层面、多渠道的关于民族民间文化的综合保护体系，确保展开全面、系统、科学的记录、整理、开发工作，合理利用相关区域的资源享赋和特点，在保护性传承的基础上激活自然和人文景观的衍生价值（李浥，2011）[①]。旅游产业的迅猛发展，最明显的特点就是大量的游客到访丽江古城，丽江古城已经成为旅游商铺、客栈、餐厅的经营者与游客活动的场所。丽江当地的经济社会发展有赖于这些外来的旅游投资者，这些外来人口成了"新丽江人"。

丽江当地政府开发特色民族文化和自然环境资源，积极完善基础设施，大力发展旅游业。丽江政府在旅游业开发经营中的角色完完全全就是Walder所说的"地方政府即厂商"，政府就是公司，政府官员就是企业家。在旅游业开发到发展的各个阶段，政府的意志、决策和行动是一以贯之的，具有连续性和稳定性。政府对丽江迷思的建构和表征也具有稳定性，缺乏变化性。丽江的旅游口号并不多样，归纳起来就是"天雨流芳""梦幻丽江""柔软时光"等几个词语的搭配组合，最为人们所熟知的就是"七彩云南，梦幻丽江"这句口号，由这个话语而塑造出来的丽江迷思就带有很浓的梦幻色彩。丽江还有"偷得浮生数日闲，不来丽江也枉然""睁眼看世界，闭目思丽江"等在旅游者当中流传的口号性话语。

下面对丽江市政府收取大研古城维护费的基本情况进行介绍。根据国务院《风景名胜区条例》《云南省风景名胜区管理条例》《云南省丽江古城保护条例》《云南省发展和改革委员会、省财政厅关于调整丽江古城维护费收费标准的通知》（云发改收费〔2007〕252号）、《丽江市丽江古城维护费征收暂行办法》，丽江古城保护管理局向到丽江市古城区、玉龙纳西族自治县境内旅游及从事其他活动的人员收取丽江古城维护费，专项用于世界文化遗产丽江古城的保护管理，丽江古城维护费的收费标准如下：每人次80元。征收时间

---

① 李浥.本土立场与概念的拓展——非物质文化遗产开发及运作模式中的政府行为[J].中共中央党校学报，2011，15（03）：95-97.

为早上 8:30 至下午 7:00①。根据云南省发展和改革委员会、云南省财政厅《关于降低丽江古城维护费收费标准的通知》(云发改物价〔2018〕1221 号)的通知,自 2019 年 1 月 1 日起,面向游客收取的丽江古城维护费收费标准从每人次 80 元调整为每人次 50 元,征收对象、范围、方式及免征范围保持不变②。下面这则网络文本是华西都市报的记者就丽江古城维护费的用途等方面的问题采访了古城管理局政府人员的报道:

封面新闻记者来到古城保护管理局,该局文化保护科科长吴灿梅提供了一份当地媒体关于"古维费"收了多少、用到哪里去了的报道,说这是最权威的数据。

这份报道介绍,"古维费"从 2001 年开征到现在,截至 2015 年年底,累计征收入库 27.7198 亿元,累计贷款 39.1200 亿元,累计投入使用资金 66.327 55 亿元,目前仍有 15.68 亿元的债务余额。

其中,拆除不协调建筑、恢复遗产风貌投入了 6.2 亿元;电力电话光缆排污、三线两管入地工程投入了 4000 余万元;铺设饮水管道,每年付出 1400 万元;每天近 400 名环卫工清扫;前期投入 3000 万元进行绿化;每年免费提供厕纸耗费 150 万元;方国瑜故居、王家庄教堂、纳西喜院等保护性修复投入 1600 万元,每年投入 1000 万元保护非物质文化遗产,等等。

在接受封面新闻记者采访时,古城保护管理局局长和丽萍说:"古维费"从 2001 年开始收取,最初为 20 元每人,后来涨到 80 元每人,每年收取的费用都上缴到了丽江市财政局,由纪委、审计等单位监督使用。

"网上传的 2015 年到丽江游客数据为 3000 万人次,一年可以收 24 亿元是错误的,'人次'和'人'不同。到现在,整整 15 年时间,也才总共收到 27 亿多。"

和丽萍说,之所以要向客人收取"古维费",是因为从 1997 年开始获得世界文化遗产名号到现在,相关的财政支持只有 1000 万元,古城的保护性建设投入和长期维护投入,不得不通过贷款、融资、收取"古维费"的方式实现。

"就拿古城的水来说,以前干旱经常断水,我们投入大量资金,直接到玉龙雪山铺设管道引水过来的。"

和丽萍坦言,几天前,确实有游客因为"古维费"与古城工作人员发生打架一事,但是是客人先动手,最后还赔了工作人员医疗费。

她说,古城保护管理局此前确实在机场、宾馆、路口等地方收取过"古维费",也让客栈代收过,同时,去玉龙雪山、宋城等地也确实规定了没有缴纳"古维费"不能进,"正是因为这些规定引发了很多客人的投诉,管理局才将收费点撤回到古城里面。"

---

① 丽江古城 360 百科.丽江古城维护费的收费标准 [EB/OL].https://baike.so.com/doc/924549-977238.html, 2016-08-08.

② 丽江阿拉丁之旅.2019 年 1 月 1 日起,丽江古城维护费收费标准下调至每人次 50 元 [EB/OL].https://www.sohu.com/a/284846324-100091320, 2019-02-23.

"这次关门事件的确是因为商家生意不好做,有亏损。但这跟收取 80 元'古维费'关系不大,跟全社会经济下行压力和高房租有关。而房租虚高的现状是市场行为,政府没法干预。"

她说,导致商家生意亏损还有一个原因,就是全国古镇同质化发展,现在丽江古城能买到的东西,国内很多古镇也能买到,这导致来丽江古城游玩的客人,只是拍照、逛街,不会进店买东西。

对于取消 80 元"古维费"的问题,她认为,丽江古城与杭州西湖、凤凰古城等地取消门票不一样,丽江古城目前还欠债 15 亿元以上,且丽江收取的不是门票,而是管理和维护费,"(古维费)得收,只是看通过什么方式收,如何合理利用"。

资料来源:中国法院网."丽江围城收费困局:古城欠债 15 亿,商家连亏 4 个月"[EB/OL].https://www.chinacourt.org/article/detail/2016/06/id/1905251.shtml,2016-06-07.

三、权力、资本和社会的共谋

福柯(Michel Foucault)反对把权力看作一方对另一方的控制这样一种强调同质性、集中性、总体性的权力观念,他指出,"在现代社会,权力渗透到社会的各个不同的局部领域(吕振合、王德胜,2007)[①]"。Zhang 等人(2015)在香港迷思的研究中提到,他们的研究以福柯后现代主义为基础,强调旅游客源市场与后殖民旅游目的地之间的权力关系[②]。在旅游迷思的制造中,旅游地的权力和资本共谋营造了凤凰、丽江的迷思,社会力量也参与了其制造过程,社会力量中有旅游者、地方居民、媒体、文化掮客等。媒体对凤凰、丽江的传播有出自商业目的,如商业广告,也有出于非商业目的,如新闻节目。非涉入旅游业居民对凤凰、丽江的宣传是人际口碑这种形式,旅游者对凤凰、丽江的介绍有人际口碑和网络口碑两种形式。去过凤凰、丽江的游客既是消费者,又成了凤凰、丽江迷思的合作生产者。在迷思的制造中,各方行动者的加入形成了一个话语阵地,捍卫着旅游迷思。当地居民之所以会捍卫旅游迷思是因为他们支持旅游业的发展。例如,凤凰在最开始开发旅游业时当地老百姓持反对态度,后来发现旅游业让凤凰县城环境变好了、治安好了、解决了就业问题、发展了经济等,就都支持旅游业的发展了。如一位凤凰县委领导说过地方的政府、企业和居民这三方是利益共同体,绝大多数本地居民是支持地方旅游业发展的,访谈原文如下:

---

① 吕振合,王德胜.知识与权力:从福柯的观点看学科场域中的权力运作[J].自然辩证法研究,2007,23(09):41-45.

② Zhang C X,Decosta P L E,McKercher B. Politics and Tourism Promotion:Hong Kong's Myth Making[J]. Annals of Tourism Research,2015,54(09):156-171.

问：政府、企业、居民这三个方面在凤凰旅游业的发展上是怎样的关系？

答：这三个方面是利益共同体。政府想达到的是民富县强的目的。发展方式是通过龙头企业带动整个文化旅游产业健康快速发展，从而达到解决就业、经济增长这么一个目的，从而最终实现让老百姓富裕，也就是我所说的民富县强的根本目的。当然在达到目的的过程中，通过支持龙头企业，通过龙头企业带动，根本利益、根本目标是一致的。

问：那您觉得居民当中有的人会反感当地旅游业的发展吗？

答：总体而言，反感或者是不反感取决于文化旅游产业的发展是否带来实在的利益。从目前情况来看，绝大部分老百姓是支持的，特别是在旅游开发的地方，老百姓从中得到了实实在在的利益，有的地方的老百姓在还没有得到旅游开发的实际效果的情况下，他们也看到了旅游发展的希望。同时因为家乡名声的扩大和具有品牌效应，因此他们也感到自豪。所以说，总体上是支持的。（F-01-M）

另外可以发现，旅游者对凤凰、丽江的宣传作用是超过本地人的。旅游者对熟人描述凤凰很美、很好玩，丽江古城是去过最美的古城等之类的话语，促使其周边人产生了去凤凰、丽江的动机。旅游者作为凤凰本真性迷思、边城迷思、浪漫迷思和丽江慢迷思、浪漫迷思和文艺迷思等迷思的消费者，在通过实际消费和实地旅游体验以后，部分地接受和认同了这些迷思。旅游者在回到出发地以后向熟人圈的传播，是对凤凰、丽江迷思的再建构，扩大了凤凰、丽江迷思的共享性。因此，在旅游迷思的制造中，旅游者是社会力量中十分积极踊跃的一方，他们不仅向熟人口头传播了凤凰，还在网络上通过发布博客、微博、微信朋友圈、论坛帖子等形式向熟人社会和陌生人社会传播了凤凰和丽江，旅游者利用了网络媒体这个十分便利和开放的话语阵地发布了信息，他们用文字和照片展现了凤凰和丽江，尽管旅游者的本意并不是为了刻意宣传凤凰和丽江，因为宣传对旅游者来说并无经济上的收益。旅游者这样做的主要目的可能是在网络日志或微信朋友圈里保留一个纪念性的回忆，或者是出于分享、炫耀或求关注的心理晒出这段旅游经历。但是事实上，他们为凤凰、丽江打了免费的广告，也可能塑造出新的迷思，例如，凤凰、丽江的浪漫迷思和丽江的文艺迷思就是来自旅游者的建构，丽江和凤凰都位列中国四大旅游艳遇地之中，彭丹（2016：102）指出："凤凰的浪漫迷思就是来自旅游者的塑造，所谓凤凰是四大旅游艳遇地之一最初并不是官方的说法，也不是来自商家的宣传，而是起源于民间的说法①。"一位到过丽江的受访者（F-72-F）说："酒吧是一种文化，我当时去的时候还小，但是，如果再去的话，我还是挺想去那里的酒吧看一下的。多数人去酒吧都是为了艳遇，我觉得也挺好的，去看看不一样的东西。"多数受访者提到艳遇会想到酒吧。丽江的文艺迷思也是同样来自旅游者的塑造。

研究发现，地方的权力资本方对旅游出发地的社会采取了一种迎合的态度，旅游目的

---

① 彭丹.旅游迷思研究：关于湘西凤凰古城的个案分析［M］.北京：旅游教育出版社，2016年4月第1版：102.

地是参照旅游出发地的市场需求来制造迷思、塑造旅游地形象的。凤凰、丽江的供需双方达成了一定程度的互动和配合，共同去营造了地方的迷思。例如，消费者与权力资本的互动可以表现为在网络上的互动。例如，凤凰县旅游局和凤凰古城公司都注册了新浪微博；云南丽江旅游是丽江市旅游发展委员会的官方微博。像微博、网站、抖音、快手直播等互动平台属于当下流行的人与人之间分享信息的社交平台，在微博平台上，旅游者表露了对凤凰和丽江的关注，与政府和公司在网络上进行交流，进而达成了一种互动。2008年，凤凰县政府开始采用新的旅游话语——"中国最美的小城"，在政府做出转变之前，旅行社、旅游者、网络等已经广泛地传播了这个话语。到丽江旅游的旅游者对纳西文化有了解的需求，但供求关系一直不平衡，丽江在2018年9月21日推出影片《迷失的彩虹之古坠归来》，这是中国第一部讲述纳西族民族史诗《黑白之战》的电影，也是一部完全由本土团队摄制的弘扬纳西文化价值观的院线电影，这种转变也是对市场的一种迎合。权力和资本对消费者采取了一种迎合的姿态，从而推动了新迷思的产生，消费者对于权力和资本塑造的原有迷思也表现出了接受、认同和追捧。媒体和非涉入旅游业的居民也参与了迷思的共谋，非涉入旅游业居民在迷思的制造过程中与权力资本的互动程度不高。媒体面向的是所有的大众，媒体与权力、资本的互动表现在两方面：一方面，政府和公司在制造迷思的过程中借助了媒体，凤凰、丽江的政府和旅游企业充分利用了各种媒体资源；另一方面，媒体自发地制造着迷思，无形中配合了政府和公司对迷思的塑造，但是媒体应政府和公司的需求而制造的迷思和媒体自发制造的迷思是有区别的。政府和公司利用媒体所制造的迷思比较单一化，凤凰被塑造成美丽神秘的古镇，丽江被塑造为梦幻之地；媒体自发制造的迷思比较多元化，凤凰被宣传为美丽的古城、沈从文笔下的边陲小镇、浪漫的小城；丽江被宣传为茶马古道上最著名的城镇之一和浪漫的古城，这些意象或者出现于媒体关于古城的宣传中，或者是凭借着影视剧刻入人们的脑海之中，这涉及政府、景区公司、媒体、文化、旅行社等多方面的塑造力量。政府和旅游公司利用媒体所宣传的凤凰、丽江的形象一定是正面的，媒体自发宣传的凤凰、丽江形象既有正面的，又有负面的，负面的报道对凤凰、丽江古城的美好迷思有着一些程度的弱化。总之，地方政府、旅游企业、当地居民、旅游者和媒体等各方行动者的参与是推动旅游地迷思演化的关键因素。

四、权力、资本和社会的冲突

"在布迪厄看来，资本和权力是孪生兄弟……在不同的场域中，永不停息地发生着资本交换，也永不停息地进行着力量竞争并构成了各种各样的支配关系……支配和权力关系总是隐藏在各种具体的社会关系之中，并且为一种合法化的机制所保证（侯钧生，2006：

407）[1]。"张清源、陆林（2019）指出："旅游地利益主体多元化，利益相关者之间的博弈行为充满政治性，蕴含着利益相关者之间差异化的利益诉求和等级化的权力结构，二者构成了相互交错的权力—利益关系[2]。"在凤凰、丽江的迷思制造和旅游发展中，不同的利益团体之间可能出现冲突，这些矛盾和冲突大部分都是源自经济利益，也有出于关乎旅游地可持续发展的社会利益。

在地方的权力关系中，以凤凰为例，凤凰县地方政府和古城公司是处于强势的一方，当地居民是处于弱势的一方。例如，在凤凰古城街道上可以看到来回穿梭的为游客编辫子、为游客拍照、卖花环、出租服装（原来都是出租苗服，这一两年因为汉服在全国流行，凤凰也开始出租汉服，不过这反而失去了其原本的民族特色）、摆摊卖纪念品或水果的当地居民，以这些为生计的当地居民处于相对弱势的一方。如下面访谈文本所言：

我们街道上有那种编辫子的，租古装的，他们也是想着可以借助旅游来赚一些钱，可能那些客栈的老板、酒吧的老板都不是当地人，跟这些人相比，可能本地人是处在相对弱势的地位，他们只能划划船，跟人家编编辫子，干点这种小生意，赚点钱。因为他们想赚钱，服务自然好一点，旅游可能对他们的影响其实一定程度上消极方面是大于积极方面的，毕竟当地人的社区参与度不是很高的。他们当时把房子卖掉了，可能他们卖的时候价格很低的，现在的房子价格炒得很高的，但是已经不属于他们了。（F-71-F）

我是本地人，一直生活在这里。70多年了……原来我们每天上山坡，现在没有山坡了，卖掉了，都是客栈了。现在在这里给人拍照、编辫子、卖花环、穿苗服。我在这里编辫子，一天20啊、30啊，玩一下嘛……我们以前都是在烟厂上班，烟厂倒闭了，下岗了。现在啊，在这里每天给你们（游客）扎辫子，卖花环，自己有收入了，自己有点钱了，想买点什么就买点。年轻的人啊，都出去了，出去打工去了，我儿子他开车去了，剩下的都是我们老人和孩子啊，就赚点钱，自己花。你们不知道，我们这里也很困难的。（F-149-F，凤凰本地人）

当地政府、旅游企业和居民虽然看上去是利益共同体，但是各方之间存在利益冲突。王宁（2008：7）指出："旅游发展至少涉及四方矛盾：管理部门、投资商与涉及旅游供给的当地居民、不涉及旅游供给的当地居民、旅游者[3]。"就凤凰而言，首先是政府和龙头旅游企业凤凰古城公司之间存在冲突，在当地居民和旅游行业经营者看来，政府和古城公司之间的合作这些年出现了一些不协调的音符，凤凰古城公司的受访者曾说过公司与政府肯定存在冲突，因为政府和企业的模式不同。凤凰县涉入旅游业的居民和旅游商户为了金钱

---

[1] 侯钧生.西方社会学理论教程[M].天津：南开大学出版社，2006年8月第2版：407.
[2] 张清源，陆林.宗教旅游地利益相关者权力—利益关系格局与形成机制——以九华山为例[J].旅游学刊，2019，34（09）：15-29.
[3] 王宁，马凌，刘丹萍，等.旅游社会学[M].天津：南开大学出版社，2008年12月第1版：07.

利益与政府、古城公司闹矛盾,曾有召开座谈会、集会、游行示威、船工罢工、古街商店集体关门歇业等各类群体性事件发生。在前几年的调研中,有些以向游客出租民族服装拍照为营生的居民向笔者表露了他们对政府和古城公司的不满,认为政府代表古城公司的利益,不维护老百姓的利益。他们提到政府将摄影、摆摊都卖给了古城公司,不过这不是实情,古城公司只是收购了景点的经营权,包括沱江泛舟(从北门城楼到虹桥这一段路程,即沱江河的中游),如这位受访游客(F-158-F)描述了凤凰沱江河分段承包的情况:"现在的沱江已经被分段承包了,每一段的票价和买票的地方也是不一样的。中游的是85元,还是比较正规的;下游是40元,也有正规卖票的,但是比较坑……四五年前,那时候没有什么承包,都是船家自己拉客,10块钱一个人包来回,20~30分钟,船家还会唱山歌,现在,呵呵!"凤凰县政府起初限制摊位数量,最近两年禁止拉客、禁止出租服装给游客拍照(可以出租服装,但是不能出租服装拍照)等,是为了整治旅游环境,当地居民对此并不理解,存在一些抵触心理。当地居民对政府是存在一些意见和看法的,如凤凰的有些本地人和外来商户会认为政府对古城的管理不到位,对古城的保护不够,一位受访者(凤凰本地人)的访谈文本如下:

现在,从政府层面来说,对古城这个建设保护嘞,做得不够到位。像我小孩他们读的学校都拆迁了,现在唯一保留的就是那个一中。一中那里的话还有一个大成殿,可能就是因为大成殿的存在,所以还没被开发成,还没被政府卖掉,还一直保存在那里。我们作为土生土长的凤凰人,还是希望能够保存那些能够传承历史的东西,不能断然都破坏掉。不能把老房子拆了,建一些商品楼啊,建一些商铺,哪怕是一些仿古的建筑,它也是找不到原有的味道的。你看,我发现这几年写生的越来越少,我觉得啊,写生的人越来越少,那是为什么?就是凤凰很多的老房子建筑都不在了,所以感觉就没有那么多的让人更加向往、更加神往的一些东西吧。凤凰,相对很多古镇啊,我个人认为啊,因为我也是曾经在外面待过的人,我也去过全国很多的地方去旅游,凤凰古城之所以很重要是因为有它的内涵,但是现在政府这个层面,商户这个层面,都没有去发掘它,没有把它完善、利用好,比如凤凰,它这么小一个地方,从清朝到民国,都出了很多的名人啊,据我所了解的啊,我们那个定海三总兵的那个曾国红就是凤凰人,他的家就在我们对面,还有他的故居就在那。就是1840年鸦片战争嘛,当时由林则徐在虎门销烟,那个抗击英军没打得过嘛,就跑到浙江的定海,当时有一个总兵之一的,定海三总兵的,大家都学过的,第一个不平等的条约就是1840年签订的,当时打输了那场仗。然后就是军阀战争导火索也是我们一个凤凰人,凤凰哪个人?叫田兴恕,一个提督,就在前面一点,有一个田家祠堂,他就是,他是钦差大臣,他是跟左宗棠混的,左宗棠湘军你知道。湘军在清朝末年那是比较出名的,有一句话:"无湘不成军,无竿不成湘。"这是什么意思呢?"竿",以前我们这里不叫凤凰城,叫镇竿城,当时有个部队很出名,湘军里面有一个部队,叫"竿军","竿军"就是镇竿城出来的兵,所以他在湘军中间是充当勇猛的角色。在我们山江苗寨这个地方，竿军里面最出名的就是"黑旗大队"，是竿军中的精华。到了国民党时期的我们就不多说了，都有七八个中将啊，20多个少将，包括在上海淞沪会战，我们去了一千，去了1284，后面我们都去了大几千人，后面只剩三千个人回来。当时我们凤凰可以说是家家挂白幡，包括我奶奶的兄弟，我的舅公，爸爸的舅舅，全部都在，都付出了，有的是献出了生命，有的是残疾。像我外公也去抗击过日军，打击过日本侵略者的，我们这边都出了名人。到了近代，沈从文就不用讲的了，熊希龄啊，他是袁世凯的第一任内阁总理，但是他和袁世凯竞争不和，所以就下了。所以说，凤凰，最主要是要发展它的文化底蕴，凤凰为什么这么一点点，这么小的一个地方能出这么多的名人，这么山清水秀，就是虹桥，这里是出龙脉的，就是因为这样。总体来说，凤凰现在不是太好，也是希望像你们也是多多督促政府啊这些单位啊，把这些该整治的要整理，还旅游一个晴朗的天空。（F-140-M）

有些本地人对外来人口有一些意见和看法，这说明本地人和外地人，这两大群体之间也存在隐性的冲突。例如，有的凤凰本地人认为外地人在凤凰从事旅游业是很功利化、很短视的，认为他们只顾赚钱、坑游客、宰游客，给凤凰留下了负面口碑，却没有考虑到凤凰旅游业长远的可持续发展。访谈文本如下：

作为一个景区啊，一旦开发搞了以后，要商业化，要接待游客，要为游客服务，游客到我们凤凰来，比如说我们家里哈，我们虽然不做客栈、不做宾馆，就比如说学生，来一群人，四五个男生、四五个女生，就拿一间房，打个连连铺，他们就这样休息。他们在我们家吃饭啊，我们就不会说收费啊，就给你下个鸡蛋面啊之类的，就是很那个的。但是现在，家家户户基本上都是做客栈了，就商业化是比较重的，但是人情还是有。但是，最近这几年，我跟你讲，凤凰外来的会比较多，河北的、河南的、山东的这些，外来的人来操作，本地人是少数民族，相对来说他人还是比较直、比较直爽，然后他就对服务这个行业做不好，像我们是长期到外面工作过的，所以说对服务意识比较注重。你像本地人，一是他的普通话说得不太好，二是他的民族习性啊，也不是说他匪气，是说他什么都是直来直去，他看习惯你就欢迎你，他不喜欢你就跟你说拜拜，他情愿把自己的房子出租给善于经营的人士来给我们去发展。但是近年来呢，这些善于经营的人士呦，他又想往凤凰身上赚钱，就坑了一部分游客，就留下了一些不好的口碑，哎！是这样的，就大体留下了这样的口碑。很多租房子的人，我真的不喜欢他们，我跟你讲，为什么这么讲，我可以负责任地这么讲，他们只要能赚到游客的钱，当时就可以去宰游客，对吧！他们只要赚利益，他们就像蝗虫一样是吧，非要把这里吃完了，搞破坏了，他们就到下一个古城去开发、去破坏。是的，我承认他们的服务理念很好，他们确实可以给凤凰的发展带来一些正面的东西，但是他留给我们子孙后代，留给我们本地人，我们世世代代生存在这里的人会带来无可必要的、严重的后果，硬是可以说是恶果！很多欺客、宰客的是本地人吗？本地人我相信也有，我不是说都是外地人搞的，相对来说，凡是一个有良知的本地人他都不会把凤凰做死啊，包括像我表弟他们都是湘西人，都有良知，来这做些生意。很多人现在搞得很无聊啊，我可以给你曝几个光，我们现在凤凰一日游有零团费了，是吧，你比如说是去苗寨，一分钱都不用的，旅行社还奖我钱，晓得吧，政府一直强调负团费。你这个景点，我跟你讲是政府的，发团是组团社发的，是不是，你政府难道不知道是这个行为吗？现在所有的苗寨都控制在公司，他们现在要什么，要凤凰的旅游的大数据，多少多少人数，多少多少创收数是多少。我跟你讲，我说到这里我就激动，我会生气。（F-140-M）

蔡晓梅、寸露（2018）等学者认为中国对丽江的地方建构是基于国家政治符号与自我东方主义的视角[①]。丽江古城的形象建构、迷思制造和旅游业的发展是由丽江市政府一手主导的。古城由政府所有、政府经营、政府管理。例如，2017年11月，媒体曝光丽江古城风花雪月连锁客栈（初见店）、亲的客栈（丽江水墨印象店）两家客栈涉嫌虚假宣传，存在服务品质低下、诱导消费等行为。新闻播出后，丽江市委市政府高度重视，立即责成古城区和市直相关责任部门迅速行动，依法依规，摸排调查，坚决打击市场上欺诈消费者的不正当竞争行为，由此也可看出政府与涉入旅游业的经营者存在一些不协调的音符。丽江市政府后来还表示将继续发力，以"零容忍"的态度，坚决依法查处损害消费者合法权益、扰乱市场秩序的不正当竞争行为。政府对旅游市场从严治理是十分值得肯定的，但却触犯了当地商户的利益；丽江古城收取古城维护费也触犯了当地商户的利益，因为古城维护费，当地商户集体关门歇业以表示抗议。2018年3月8日，丽江市古城区大研古城客栈经营者协会大会成立仪式，古城客栈经营者协会等社会组织与政府之间的矛盾大部分是因为经济利益，政府属于强势的一方，当地商户属于弱势的一方。2019年丽江政府下调了古城维护费的价格。这说明，尽管政府将维持社会稳定放在优先地位，但是威权体制也不得不对下层的不满和要求进行回应。本书第五章的相关章节中还会对三方利益相关者之间的冲突进行进一步讨论，这里不再赘言。

总而言之，"社会建构是建立在集体想象的基础之上的"（苏静、孙九霞，2018）[②]，利益相关者通过集体叙事的方式建构游客关于社区的空间想象，旅游迷思是旅游者群体进行集体想象的素材之一。迷思并非经营者简单呈现和旅游者简单发现，它是由各个建构主体通过各自的途径制造出来的，它的制造就是对旅游地的社会建构。正如凤凰古城、丽江古城这样的地方之所以能够成为有吸引力、有魅力的旅游目的地，成为旅游者喜欢消费的对象，实际上是因为当地政府机构、旅游开发商与销售商、当地居民、旅游从业人员、媒体对迷思的建构，以及旅游者经过旅游体验后对原旅游地的迷思重构。旅游出发地和旅游目的地均对迷思进行了建构，包括客源性的建构、象征性的建构、传统与意识形态的建构、开放性的建构、本土化建构、市场化建构、核心化建构、非等级化建构等。所建构的迷思

---

① 蔡晓梅，寸露，朱竑.自我东方主义？丽江旅游形象的想象与建构[J].旅游学刊，2018，033（009）：26-37.
② 苏静，孙九霞.民族旅游社区空间想象建构及空间生产——以黔东南岜沙社区为例[J].旅游学刊，2018，32（02）：54-65.

可以分为空想性质的迷思和非空想性质的迷思，空想性质的迷思是无法实现的"真善美的愿望"，也即"乌托邦主义"，是十分理想化的符号，旅游者在出发之前会对旅游地有类似于天堂、世外桃源之类的美好想象，这样就形成一个想象之中的"非真实世界"；非空想性质的迷思是基于旅游地现实状况和条件的现实化世界而产生的，两类迷思产生的基础都是人们从文学作品、影视作品、旅游宣传片等汲取的关于美好世界的想象，将之投射给了旅游地。旅游地方迷思是各制造方的建构、互动和协商的结果。当迷思被成功建构并被大众共享以后，旅游出发地的旅游者就会对旅游地的迷思产生认知，因迷思的存在和旅游地本身优美的自然和人文景观及历史文化底蕴，旅游者被吸引前往旅游目的地游览，在旅游体验的过程中，携带旅游迷思的旅游者会对迷思进行消费，那么具体的旅游迷思消费情形是怎样的，且看下一章的分析。

第三章二维码

第四章 旅游迷思的消费:从想象到体验

旅游地迷思并不存在于目的地客观事物的身上,而是存在于大众媒体(如小说、电视、电影、旅游广告等)和大众心目中(彭丹,2016:109)①。于大众而言,其心目中旅游地迷思的形成通常受大众媒体、新媒体、口碑传播影响。并且,大众游客心目中的旅游地迷思实际上来自他们自身对旅游地的想象。旅游地迷思是驱使旅游者前往目的地的一大旅游动机。为了吸引旅游者到访,旅游生产方不遗余力地制造地方迷思,并向旅游者销售地方迷思。只有当旅游者真正到访目的地,消费了旅游产品,地方迷思才能实现其价值。因此,本章基于前面章节对旅游地迷思的论证基础,从旅游者的旅游想象和实际旅游体验两个角度去分析旅游者在实际旅游过程中对旅游地迷思的消费。

第一节 旅游者对旅游地的想象

想象是社会传播的表征集合,它能够与个体想象进行互动,并能被用于制造意义与世界形塑。相较于一般意义上的想象,旅游想象同样有着能够满足社会需求、欲望及幻想的功能(Salazar N. B.,2012)②。我们能够从大众心中的想象寻找到迷思的痕迹,从个体迷思逐渐共享为集体迷思。在旅游世界里,迷思存在于旅游者对旅游地的想象中。游客在目的地的实际旅游体验是否符合或是超出了其想象和期待,是确认迷思消费类型的关键。因此,在探讨迷思消费类型之前对旅游者的旅游想象进行分析是有必要的。利用扎根理论研究法对访谈文本进行整理与归纳,分析旅游者对旅游地的想象。扎根理论研究法最终目的是提炼出"接近真实世界、内容丰富、统合完整、具解释力的理论"(白凯,等,2017)③,但由于本节内容是为了分析旅游者的旅游想象从而探究旅游者心目中的迷思,而不是去建构旅游者想象理论,所以,这里只对访谈文本资料进行一级编码和二级编码。

---

① 彭丹.旅游迷思研究:关于湘西凤凰古城的个案分析[M].北京:旅游教育出版社,2016年4月第1版:109.
② Salazar N B. Tourism Imaginaries:A Conceptual Approach[J]. Social Science Electronic Publishing,2012,39(02):863-882.
③ 白凯,胡宪洋,吕洋洋,等.丽江古城慢活地方性的呈现与形成[J].地理学报,2017(06):1104-1117.

一、旅游者对凤凰的想象

在对访谈文本编码之前，利用 Nvivo 11.0 软件对所收集的凤凰游记、点评等网络文本进行关键词词频分析，以此为基础进行访谈文本的一级编码登录。编码所涉及的网络文本源自国内的一些专业性旅游网站，如携程网、途牛网、马蜂窝网等。为了确保关键词分析的精准性，能够准确地反映文本特征，需对所有文本进行预处理。例如，删除与研究主题无关的句子、替换意思相同表达不同的词语等。最后选取了频次高于30、排名在100位以内的关键词，具体分析结果如表 4-1 所示。

表 4-1 文本高频词表 [①]

排序	1	2	3	4	5	6	7	8	9	10
词组	凤凰	古城	少数民族	湘西	虹桥	酒吧	吊脚楼	风景	喜欢	美食
频次	2520	1643	428	330	315	296	249	245	239	234
排序	11	12	13	14	15	16	17	18	19	20
词组	客栈	游客	景点	特色	故居	门票	安静	当地	味道	旅游
频次	219	213	178	175	171	167	145	143	140	138
排序	21	22	23	24	25	26	27	28	29	30
词组	文化	边城	历史	泛舟	拍照	美丽	价格	旅行	城楼	生活
频次	133	132	131	129	129	128	127	122	120	120
排序	31	32	33	34	35	36	37	38	39	40
词组	朋友	照片	景区	城墙	青石板	老板	酒店	建筑	房间	吃饭
频次	119	115	112	109	109	100	100	98	98	90
排序	41	42	43	44	45	46	47	48	49	50
词组	清晨	夜景	南华山	便宜	故事	自然	临江	好吃	苗寨	江水
频次	88	89	87	75	75	71	70	70	70	69
排序	51	52	53	54	55	56	57	58	59	60
词组	灯光	导游	博物馆	心情	饭店	欣赏	城市	喧闹	学生	阳台
频次	66	66	64	62	62	61	60	58	58	57
排序	61	62	63	64	65	66	67	68	69	70
词组	小巷	古老	咖啡	歌声	祠堂	慢慢	晚会	时光	音乐	店铺

[①] "客栈""酒店""饭店"等词语没有进行合并，原因在于凤凰古城的住宿以客栈为主，其次为宾馆、酒店，这是酒店行业的不同类型的住宿，而饭店指的是就餐的饭馆和餐馆。

续表

频次	56	56	54	54	53	52	52	51	49	48
排序	71	72	73	74	75	76	77	78	79	80
词组	独特	吸引	烟雨	衣服	清澈	相机	美好	商业化	漂亮	特产
频次	48	46	46	46	45	45	45	45	44	44
排序	81	82	83	84	85	86	87	88	89	90
词组	环境	享受	印象	自由	游玩	表演	艺术	南方	游记	歌手
频次	44	43	43	43	42	42	41	39	39	38
排序	91	92	93	94	95	96	97	98	99	100
词组	热闹	篝火	风格	丽江	传说	天气	姑娘	房子	流淌	风情
频次	37	37	37	36	36	36	36	36	36	36

1. 开放性编码

在词频分析的基础上，采取开放性态度，从原始文本资料中找出与旅游者的旅游想象相关的描述语句，并加以标记，以此进行开放性编码。编码过程中，依据受访者表述，笔者在适度抽象的原则上进行概括总结，提取出概念并对这些概念进行命名，得到初始范畴。通过对文本资料的开放性编码，笔者共提取了10个范畴，分别是传统建筑、传统生活方式、本真性的人、宁静慢生活、美丽古城、边城世界、湘西意境、现代化气息、浪漫气氛、酒吧文化。另外，在编码中过程中还发现少数受访者对凤凰事先并无想象，因而将这类归纳为"零想象"。零想象指的是旅游者在旅游前对目的地无特别或过多的想象和期待，这类旅游者心中并不存在关于旅游地的迷思。在他们眼中，凤凰仅是一个将要去的异地。具体过程如表4-2所示。

表4-2 开放性编码示例

访谈文本示例	概念化	范畴
唯一的想象可能是对吊脚楼有一点想象,印象里的吊脚楼就是电视剧里的模样。（F-69-F） 就是古老的房子,有吊脚楼,朋友圈发的图片很多。（FL-33-M） 离张家界比较近,有苗寨、吊脚楼、沱江。（FL-40-M） 凤凰古城应该和江南水乡不太一样吧,我没去也不太知道,但是我觉得应该就是有民族特色的一些建筑、老街、商店之类的,还有就是民宿客栈。（F-63-F）	拥有苗寨、吊脚楼等传统建筑	传统建筑
人的话,我比较期待在古镇中能看到当地人真实生活的过程,比如洗衣、买菜做饭啊,让我能感觉到身处其中；能体验到古镇原始传统的生活方式。（F-109-M） 就是建筑物很古老,有种回到古代的感觉,当地人的生活应该也很复古。（FL-37-M）	当地人的生活环境和状态都保留着传统风貌	传统生活方式

续表

访谈文本示例	概念化	范畴
反正就觉得古镇应该和我脑子想的差不多，就那种看上去悠悠闲闲，人们都在那晃一晃，大家都很热情的，就这样。（FL-43-F） 应该是那种古城，可以给人一种很好的感觉，然后就是民风也是比较淳朴，友好的。（FL-12-M） 觉得凤凰还是保留了它原始的风貌，然后觉得他们那边的人还是挺好的。（FL-17-F）	当地人是淳朴友好、热情好客的	本真性的人
想象、期待的话，应该就是生活节奏很慢，觉得那里应该会很安静吧。（F-71-F） 可能在我印象中，所有古镇都是生活节奏很慢，历史沉淀感很重以及很古朴的感觉。（FL-34-F） 感觉那边建筑什么的很好，有山有水。也是一种宁静的感觉吧，看那边古老的建筑然后就感觉远离了现代社会的喧嚣（FL-39-M）	当地生活节奏慢，给人一种远离喧嚣的宁静感	宁静慢生活
应该是挺诗意的，我特别希望和我朋友冬天去，想在沱江边看一看，感觉冬天应该景色会很好，冬天气温比较低，水面上的景色会很美。（F-57-F） 没有过多的想象，就觉得它是一个美丽的古镇。（F-55-F） 烟雨朦胧的美丽的江南小镇，很漂亮，还有沱江。（F-64-M）	古城景色非常美	美丽古城
想象应该是关于沈从文《边城》的相关描述，例如小说中所讲到的翠翠的模样，还有就是那种古楼的建筑一类的吧。（F-70-F） 有啊，就是去看翠翠啊。因为离得比较近，读书的时候就一直有一个向往，就感觉我要去看一下。我就觉得它是那种世外桃源般的，很偏远的一个小镇，但是又比较有那种淳朴的感觉。（FL-42-M）	边城、翠翠、沈从文	边城世界
我认识凤凰就是通过沈从文，因为他是一个文学大家，他的书和散文是流传很广的，基本上看过《湘行散记》的人应该都对凤凰有一种向往。（F-112-F）	沈从文、《湘行散记》	湘西意境
应该跟大多数古城差不多，有看到过拍摄的画面，就感觉那边比较热闹，年轻人比较多，在古色古香的氛围中又添了一种现代化的气息。（F-58-F） 我觉得凤凰古城既有古朴的一面也有现代化的一面。古朴的一面主要表现在建筑、人文底蕴等方面；现代化的一面我认为晚上更能体现出来，沱江两岸的夜景，还有酒吧街的喧嚣，让人感觉像回到了都市。（F-96-F）	人多热闹，有现代化的夜景，具有一种现代化气息	现代化气息
我想的就是特别浪漫。（F-61-F） 看大家在朋友圈发的图片都挺漂亮的，在我印象中，就是那种木质的阁楼，小桥流水人家这种吧，少数民族的人穿着他们衣服，凤凰在我的想象中应该是一个挺浪漫的地方吧。（F-72-F）	一个浪漫的地方	浪漫气氛
对于凤凰的想象，到处是酒吧，对凤凰没有很大的期待。（FL-54-M） 我去的那个时候，反正就是说，凤凰已经从一个古镇，变得越来越商业化了，他们说什么"灯红酒绿"让我不知道该怎么去想象它。（F-79-F）	酒吧随处可见	酒吧文化
去得比较仓促，没什么特别的想象。（FL-37-M） 凤凰就是去得多，很多年以前了，没什么想法，后来又带队去过，前后有八九次吧，后来都没什么印象了。（FL-31-M）	没有明确的想象	零想象

2. 主轴编码

在初始范畴间进一步挖掘范畴之间的关系，笔者进一步归纳出了四大范畴，即本真性社会的想象、文学的想象、浪漫的想象、美物的想象，具体如表4-3所示。事实上，由于个体经验和认知的差异,每个游客心目中的想象都有所差别。人们对暂时逃离现实生活,寻找现代社会所缺失的本真性、淳朴性的渴望,激发了他们对远方的无尽想象。人们通过美好的想象去弥补现实生活中由现代性造成的遗憾,并将这种想象投射到现实世界,由此产生了本真性社会的想象。本真性社会的想象通常存在于地理位置偏远,经济不发达的边陲地带。在游客眼里,凤凰象征着传统、淳朴,是一个有着传统的生活方式和宁静祥和的生活氛围的理想社会。

在本真性社会的想象的大框架下,一些旅游者基于与湘西凤凰有关的文学作品而产生的想象是文学的想象。他们的旅游想象受文学作品影响,于他们而言,凤凰就是文人笔下拥有美丽风景、淳朴民风的古朴小镇。而有一部分游客对凤凰的想象可以概括为浪漫的想象。在这些人心中,凤凰是一个人多热闹、酒吧众多、充满浪漫气息的古镇。在现代社会,酒吧象征着夜生活和艳遇,凤凰也因此被贴上了"中国四大旅游艳遇地之一"的标签,"艳遇"是旅游者产生浪漫的想象的主要内容之一。除此之外,一些旅游者是从审美的角度去凝视凤凰古城,他们对凤凰的想象与地方美景有关,是一种美物的想象。

表 4-3 主轴编码举例

主范畴	初始范畴
本真性社会的想象	传统建筑 传统生活方式 本真性的人 宁静慢节奏
文学的想象	边城世界 湘西意境
浪漫的想象	现代化气息 酒吧文化 浪漫气氛
美物的想象	美丽古城

二、旅游者对丽江的想象

在对文本编码之前,利用 Nvivo 11.0 软件对所收集的丽江游记、点评等网络文本进行关键词词频分析,以此为基础进行访谈文本的一级编码登录。为了确保关键词分析的精准性,能够准确地反映文本特征,需对所有文本进行预处理。例如,删除与研究主题无关的句子、替换意思相同表达不同的词语等。最后选取了频次高于30、排名在100位以内的关键词,具体分析结果如表 4-4 所示。

表4-4　文本高频词表

排序	1	2	3	4	5	6	7	8	9	10
词组	丽江	古城	客栈	酒吧	地方	纳西族	玉龙雪山	喜欢	阳光	四方街
频次	2539	1752	576	359	358	390	336	272	260	198
排序	11	12	13	14	15	16	17	18	19	20
词组	生活	街巷	特色	游客	云南	美食	旅行	文化	宁静	建筑
频次	196	184	173	168	163	162	152	151	136	131
排序	21	22	23	24	25	26	27	28	29	30
词组	味道	青石板	商业化	城市	朋友	音乐	旅游	故事	东巴	酒店
频次	127	127	120	104	104	102	101	100	99	98
排序	31	32	33	34	35	36	37	38	39	40
词组	排骨	价格	历史	时光	风景	狮子山	享受	慢慢	好吃	店铺
频次	90	87	86	83	83	82	80	79	78	77
排序	41	42	43	44	45	46	47	48	49	50
词组	自然	房间	鲜花	门口	美丽	美好	风格	夜晚	院子	土司
频次	74	73	72	65	64	64	64	63	63	62
排序	51	52	53	54	55	56	57	58	59	60
词组	酸奶	咖啡	心情	景点	广场	清晨	发呆	古老	拍照	值得
频次	59	58	58	57	56	56	55	55	55	54
排序	61	62	63	64	65	66	67	68	69	70
词组	歌手	行程	导游	市场	门票	便宜	繁华	照片	休息	古朴
频次	54	54	52	52	52	51	51	50	49	49
排序	71	72	73	74	75	76	77	78	79	80
词组	方便	迷路	印象	水车	当地人	热情	节奏	小桥流水	古道	万古楼
频次	49	48	48	48	45	45	45	43	42	41
排序	81	82	83	84	85	86	87	88	89	90
词组	人生	体验	昆明	民居	环境	喝茶	城里	晒太阳	有名	欣赏
频次	40	40	40	40	40	39	39	39	39	38

续表

排序	91	92	93	94	95	96	97	98	99	100
词组	自由	泸沽湖	独特	白云	风情	漂亮	姑娘	风情	闲逛	高原
频次	39	38	37	37	36	36	36	36	35	35

1. 开放性编码

在高频词分析的基础上，标记出受访者描述中与丽江古城旅游地想象有关的语句，通过开放性编码提取概念，并对概念命名得到初始范畴。笔者共提取了9个范畴，即传统建筑、传统服饰、传统生活方式、本真性的人、宁静慢生活、美丽古城、爱情圣地、艳遇之都、文艺之城。同样，在此次编码过程中也发现少数受访者对丽江事先并无想象，因而将这类归纳为"零想象"，具体如表4-5所示。

表4-5 编码分析举例

原始访谈文本示例	概念化	范畴
它给我的感觉就是有很多古老的建筑，房子，比较偏旧一点，很古朴。还有就是它那儿的青石板路被磨得特别的光滑，有历史性气息，让人向往。（L-122-F） 就和我们的凤凰古城差不多，应该是那种古朴的建筑。（FL-34-F）	古老的建筑	传统建筑
周围一些人穿的是少数民族的服饰，特别的漂亮。（FL-10-F） 当然他们还有最华丽的民族服装这些吧。（L-46-F） 丽江古城当地居民会穿着少数民族特有的服饰，背着小背篓。（L-89-F）	独特华丽的民族服装	传统服饰
晚上那里的人会载歌载舞，白天会在河边洗衣服，像偏僻的地方寨子里的人，会沿着田埂、山路，边走边唱。（L-46-F） 古老的部落吧，我没去也不太知道，但是我觉得应该就是比较古老的、原始的地方。（FL-47-M）	歌舞、古老原始	传统生活方式
应该人和人之间相处还蛮诚实的。（L-48-F） 就是那里的人应该是蛮和蔼的。（FL-19-F） 丽江古城，在我心目中可能就是一个比较淳朴的地方啊，然后是少数民族居住地，民俗可能会和我们这些地方有些不一样。（L-58-M）	当地人和蔼、淳朴，人际交往真实	本真性的人
就是会有小榭，有小河，人们坐在船上划船，旁边的小榭有人在聊天弹琴，或者看风景，就是很惬意的生活。（L-25-F） 那边远离城市的喧嚣，一切都很宁静。（FL-29-M）	宁静、惬意、缓慢的生活	宁静慢生活
丽江处于海拔比较高的地方，就觉得风景比较美吧。（L-24-M） 在听亲戚讲并且看了他们拍的照片，加上我看过有关丽江的书后，我的脑海想象的丽江是一处拥有风烟俱静，青山绿水萦绕，多彩花朵争奇斗艳的绝佳美景圣地。（L-52-F） 丽江是一个梦幻的地方，我想象丽江有青石古巷，蔚蓝天空的美景，这让我有了想去看看的想法。（L-138-F）	蓝天白云，风景秀丽	美丽古城

续表

原始访谈文本示例	概念化	范畴
丽江嘛,就是那种情侣去得比较多的地方。(FL-38-M) 适合情侣一起去的地方。(FL-37-M) 之前朋友跟我说过丽江的一些好玩的、好看的,再加上微博上看到的,我对玉龙雪山印象特别深,据说玉龙雪山是一个神圣缔造爱情的地方,我就想跟我男朋友去。(L-127-F)	适合情侣去的地方	爱情圣地
没有什么想象,就丽江古城艳遇这一个吧。(L-23-F) 丽江,是一个可以发生邂逅的地方,应该是一个古朴、具有现代气息的地方,是一个非常浪漫、安静的一个城市。(FL-05-F)	充满邂逅与艳遇	艳遇之都
比较有文化的地方,文艺青年比较多,文化底蕴比较浓厚。(FL-40-M) 感觉丽江会有好多的文艺青年吧,听说丽江是文艺青年的聚集地,感觉是一个很文艺的城市。(L-44-F)	文艺青年聚集地,一个有文化底蕴的地方	文艺之城
还好,没有特别的想象,在去之前跑过的古镇也比较多了,去过别的地方,也没有特别的。(FL-36-F) 没有什么想象,因为我是去了那个地方,才知道有这个地方的。(L-109-M)	没有特别的想象	零想象

2. 主轴编码

在开放性编码的基础上进行主轴编码,凝练出主范畴。笔者围绕 9 个初始范畴凝练出了 4 个主范畴,即本真性社会的想象、浪漫的想象、美物的想象和文艺的想象,如表 4-6 所示。对于众多旅游者而言,旅游地不仅是一个具体的物质场所,更是一个充满了想象的地方。他们基于自身特定的记忆、经历和意愿所建构的旅游想象是其消费旅游地的重要驱动因素。一些旅游者将本真性社会的想象寄托于丽江。他们想象中的丽江是一个古老、安静、舒适、慢节奏、远离城市喧嚣,能够让人们寻找到精神寄托和心灵慰藉的高原之城,丽江是他们对抗和逃离现代性的庇护所。有些旅游者渴望在丽江的旅途中结交朋友、收获爱情,发展出新的人际关系。他们将丽江想象成是一个浪漫之都,爱情、艳遇是他们给这座城市贴上的标签。一些旅游者在关于丽江的"美"上达成了共识,他们想象中的丽江是一个风景优美的旅游胜地。与此同时,在部分游客的想象中丽江是一个文艺的城市。他们认为丽江是一个有文化底蕴的地方,是文艺青年的聚集地。除此之外,有些游客对于丽江是没有想象的,这类旅游者是零迷思零想象型游客,他们的目的地选择行为是不受旅游地迷思影响的。在脱离旅游地迷思的情境下,他们也能享受目的地的旅游世界所带来的愉悦感。

表 4-6 编码分析举例

主范畴	初始范畴
本真性社会的想象	传统建筑 传统服饰 传统生活方式 本真性的人 宁静慢生活
浪漫的想象	爱情圣地 艳遇之都
美物的想象	美丽古城
文艺的想象	文艺之城

在丽江想象的挖掘方面，本研究还采纳了 ZMET 技术的前置过程的 3 个步骤（研究方法中已有介绍）来探讨潜在游客对丽江的想象，表 4-7（请扫描本章末尾二维码）展示了一些受访者（受访者为潜在游客）对丽江想象的故事性描述和访谈员提取的构念。从 ZMET 前置过程的分析中，本研究还有如下发现：关于受访者对丽江图片的选择上，所选取的图片可以分为古城景观和自然景观两大类，其中，街巷、古城、许愿牌、少数民族、酒吧等古城景观的图片，总是伴随着潜在游客对静谧、爱情、邂逅、浪漫、夜景、文艺、民族文化等方面的想象，这些想象中体现了旅游者对闲适的慢生活和其他美好事物的向往。而雪山、水、蓝天、白云、阳光、植物等自然景观的图片，总是伴随着关于敬畏、宁静、温暖、生机、活力等感受的描述，这些透露出人们对自然的敬畏和亲近、对美好风景的追求、对平淡纯真的期待。而且，潜在旅游者会不自觉地给丽江贴上酒吧、浪漫、邂逅、慢生活等一系列的标签。从受访者的性别差异来看，男性受访者在图片选取和想象描述中偏爱自然景观，如雪山、泸沽湖、金沙江、黑龙潭公园等。可知男性更向往自然的神奇瑰丽，旷远豁达。玉龙雪山在男性受访者的故事性描述中高频出现，通常被受访者用赞美性的正面词汇加以描述，如"世外桃源""人间仙境"等，说到蓝天白云的美丽景象令其着迷。有些女性受访者会将纳西族和纳西文化（包括东巴文字、纳西古乐等）作为描述的重点，认为纳西文化有"多元性""包容性""神秘性"，认为纳西族特有的殉情习俗很吸引人。还有些女性受访者的故事描述中会提到丽江古城的悠闲生活。

第二节 旅游迷思消费的类型

本节分析旅游地迷思的消费情形。由于旅游者对于旅游地的想象不同，因而他们所携带的迷思也不同，其实地旅游体验也会存在差异。从旅游者的想象和实际旅游体验的差异来看，迷思消费的结果有3种情形：第一种情形是建构型消费。所谓建构型消费，是指旅游者到目的地旅游之后确认了迷思，其旅游想象与旅游现实基本一致，或者基本达到了甚至是超越了事前的旅游期望，旅游者的旅游经历强化及巩固了其自身心目中的迷思。第二种情形是消解型消费，与建构型消费相反，消解型消费是指旅游地迷思没有得到确认，迷思被消解了。在这个过程中，旅游者的实际旅游体验与旅游想象不一致，存在一定的差距。其旅游体验没有达到旅游期望，他的经历削弱甚至瓦解了其心中的迷思。第三种情形是零迷思消费。在旅游前，旅游者对目的地并无特别的想象与期待，或者其想象是负面的。他们不是迷思的携带者，在旅游消费过程中不存在迷思的确认或消解，这类情形称为零迷思消费。不同类型的旅游者所携带的迷思不同，他们在实际旅游过程中确认迷思的侧重点也不同。在前文笔者阐释了旅游体验质量高低与旅游者的个人性格特征的关系，不同的性格特征影响着旅游者的实际旅游体验质量，进而影响旅游地迷思的消费结果。在旅游地迷思消费过程中，旅游者的人格特征可以概括为3种类型，即逃避型旅游者、求真型旅游者、旁观型旅游者。通常而言，逃避型旅游者往往会表现出一种"鸵鸟心态"，对一些现实采取回避的态度，不敢直面问题，也就是所谓"鸵鸟政策"。这种类型的旅游者就像鸵鸟一样把头埋在地里，选择忽视旅游消费过程中现实与想象的差距，并坚持相信心中的美好幻想。因此，他们心中的迷思更容易被证实，即旅游迷思被建构和强化。而求真型旅游者则是一群"放大镜"型旅游者，他们就像一个个放大镜，往往过分求真，执着于寻找事实的"真相"。对于这种类型的旅游者而言，旅游消费过程中现实与想象的差距总是容易被他们心中的"放大镜"不断扩大。也因此，求真型旅游者心中的迷思更容易被证伪，即旅游迷思被消解和修正。而那些心中没有迷思的旅游者更像是一个"旁观者"的角色，在整个旅游消费过程中，他们不携带迷思，也不存在对迷思的消费。接下来具体分析不同类型的旅游者对不同主题迷思的消费结果。

一、迷思的建构型消费

建构型消费是指在旅游消费实践中旅游者心里的迷思得到了强化或更正。这类消费者往往是鸵鸟型人格，也可以称作逃避型人格。总体而言，建构型消费者因自身的实际旅游感受符合想象或比想象中的更好，其旅游体验质量较高。下面分析逃避型人格的旅游者对不同迷思主题的建构型消费情形。

（一）逃避型旅游者对凤凰旅游地迷思的建构型消费

1. 逃避型旅游者对凤凰本真性迷思的建构型消费

本真性的迷思包括物质文化的本真性、人的本真性和氛围的本真性3个方面。传统古朴的建筑、独特的民族服饰等物质元素被人们看作本真性社会的重要象征。在现实的凤凰旅游体验中，旅游者可以轻易收集到这些符号，物质文化的本真性迷思也因此可以得到验证。例如，下面这位受访者想象中的凤凰是具有本真性的物质文化和氛围的湘西古城，在现实中这些符号的物质形式也是可以寻找到的。尽管他的实际体验与自身的想象有所差别，但总体而言，凤凰整体形象还是满足了他的想象，其携带的本真性社会的迷思在实际旅游过程中得到了证实。

问：在出发之前，您对于凤凰古城有什么想象吗？

答：与之前了解各种信息的相比，我想象中，凤凰古城就应该是一个具有很典型湘西风格的古城，比如说当地依江而建的吊脚楼，对当地民居的一些印象。

问：根据您此次出行，凤凰在您的心目中留下了怎样的旅游印象？

答：我觉得最主要的印象还是比较符合我心目中凤凰该有的样子，比如说吊脚楼、依山而建的小镇，以及江水从古城中穿过，还有对那座桥也印象比较深刻。

问：您在凤凰的体验、感受和您去前对凤凰的想象有差异和区别吗？差异和区别有哪些？

答：当然有区别。最大的区别，我想象的凤凰古镇应该就是两座山，山中间是沱江，有点像重庆那样的风格，楼的高低差距会非常大，从山坡那样密密麻麻地铺下来。没想到刚到凤凰第一眼看到的是城墙，就是像北方的那种城市，怎么能是古镇呢？但往里走，江边还有吊脚楼，沿着一条窄窄的石板路从两个房子中间下到江边，以及它的楼、桥，确实有很深刻的印象。差别最大的就是发现一座城墙，出人意料！（F-115-M）

另外，本真性迷思的内容也包括人的本真性和氛围的本真性，这表现在旅游者对于边陲地的人们和整体环境氛围的期待和想象。在一些游客的想象中，凤凰是一个自然风景优美，充满乡土气息的边陲地。凤凰当地人应该是善良、淳朴的，当地的整体氛围是宁静的、世外桃源般的。这些游客对凤凰有着本真性社会的想象，他们试图在旅游世界中寻找本真性的体验，下面受访者叙述的内容正是逃避型旅游者对本真性氛围的建构消费的反映。在这位受访者的想象中，凤凰是安静、古朴的古镇。在实际旅游过程中，他表示凤凰是符合自身想象的，他体验到了一种安静、古朴的本真性的氛围。对于旅途中一些不尽如人意的地方，他选择了包容。

问：在出发之前，您心中对凤凰古城有什么想象吗？以及您根据以往的知识能和我谈谈您对凤凰的印象是怎么样的吗？

答：在去凤凰古城之前，对那儿还是很向往的。在和室友决定去时我特意从网上看了一下相关的宣传介绍，又看到很多的图片和旅游攻略，认为凤凰是那种很有特色，很安静、古朴的小城。

问：你对凤凰的评价如何呢？

答：感觉还是很不错的，符合想象中的安静、古朴的印象，玩的也算挺开心的，是个不错的地方。

问：您在凤凰的真实体验、感受和您去之前对凤凰的想象有差异和区别吗？

答：有的，毕竟网上的不是那么真实，不过总体感受还是不错的。但是旅游纪念品让我觉得不是特别地具有特色，有点敷衍游客的感觉，还是有可以改进的地方。（F-94-M）

凤凰有两个旅游世界：静旅游世界和闹旅游世界。这两个世界反差很大，前者属于凤凰的清晨，后者属于清晨之外的白天到夜晚。大部分旅游者都认为，安静、祥和的本真性氛围只有在清晨才能体验到。凤凰的白天和夜晚都很热闹、喧嚣，商业化气息浓重。例如，一位游客在网络游记中提到，他为了体验凤凰古城安静的氛围而特地早起，他认为在早上可以寻找到凤凰最真实、最安静的一面，"一早爬起来了，因为只有早起，你才能找到凤凰真实的一面。昨晚喧嚣的凤凰不是我心中的凤凰，早上静静的沱江，才是凤凰安静的原貌。早上会有原住民来沱江洗衣服，很纯真的人文[①]"。有全陪导游员将凤凰和浙江西塘进行了对比，认为凤凰没有规划好，没有做到区域上的区分；而西塘则功能分区规划较好，有静旅游世界和闹旅游世界的不同分区。受访者（F-156-F）说道："凤凰就不一样，就是感觉不明确，逛起来思路不清晰；西塘的目标就很明确，沿着河，河一边是闹的，一边是静的，你想去闹的那边，那边就是酒吧，全国各地的知名酒吧，西塘都有，你想去静的一边看风景这些，你就去看景。"有地接导游员和旅行社职员也讲到了凤凰这两种旅游世界的反差，具体访谈文本如下：

晨景也很好看，各是各的感受，夜景氛围就是看一种人气，早上就是沱江上面起了雾，早上起来看晨景也很漂亮，很迷人，早上没什么人，酒吧没开，那个商家也没开，你过来看到的就是那种完全晨雾弥漫在建筑的半层楼的中央吧，这样子看起来就比较惬意，比较宁静的感觉……八点夜景就全开放啦，然后人流量就越来越多啦！它这个凤凰晚上的夜景就相当于是一个非常妩媚的女人，非常妖娆的女人；而清晨的那个凤凰就相当于那个十五六的、非常美丽的、含羞的少女一样的，这两种感觉是完全不一样的。（F-165-F）

古城晚上，有酒吧唱歌的，游客也喜欢在晚上看夜景，肯定是喧闹的。那大早上没有人起床，很多人来这里就是要放松的，都没有人出来，商家也没有营业，这时候那肯定就是安静的，你说是吧。白天的话，游客相对来说是要少一些的，很多团队过来的，尤其是从张家界过来的，白天都没到这里，他们过来要晚上，晚上人就会很多。（F-143-F）

凤凰在旅游者的想象中是田园诗般的乡村生活，在凤凰可以寻找一种怀旧情感的旅游体验，有"安逸的怀旧或想象的怀旧"，凤凰古城在淡季里的白天和旺季里的清晨是一种安逸的静感旅游世界，让人有温和从容、岁月静好、现世安稳、宁静芬芳的古城怀旧感觉。而凤凰古城在旺季里的白天和夜晚让人感觉到熙熙攘攘、躁动不安的闹感旅游世界，

[①] 途牛网."湘西张家界凤凰——你存在，我深深的脑海里"[EB/OL].http://www.tuniu.com/trips/1380603/，2014-10-16.

尤其是夜晚沱江两岸的酒吧灯光、喧闹的音乐、迷离的身影，让人感觉到凤凰古城在旺季的夜晚成为一个动感、流离、浮躁的现代都市，恍若刹那之间来到了现代都市夜晚的酒吧一条街，吵闹的酒吧让夜晚的凤凰转身变为"小都市"。凤凰旅游旺季里唯一能让人有静谧、缓慢感觉的时刻便是6点以前的清晨，那时沱江两岸还没"苏醒"，淡淡的雾气萦绕在澄澈的江面，两岸有农妇捣衣的声音和画面，路上的行人只能看见两三人，人独自走在这样安静宁馨的清晨时，心里就变得特别安静，会情不自禁沉浸到这样的世外桃源里，一切景物，一切韵律，显得和谐与亲切，浪漫与宁静，能让旅游者忘却自己日常生活世界的步履匆忙，静享难得的此地闲适。傍晚的夕阳照在沱江和跳岩上，北门城楼是最热闹的地方，大量的游人都涌现在了古城北门城楼附近的沱江两岸，到了夜晚酒吧异常热闹，旅游者来到凤凰是为了暂时逃离俗世红尘，却发现在凤凰喧闹的旅游世界里又重新返回到了滚滚红尘。夏天是旅游旺季，冬天是旅游淡季，这个古城又重新沉睡过去，一年一年，这样周而复始地循环着。在淡季，宁静的凤凰古城恰如宋代无门和尚写的《颂》所描述的那样："春有百花秋有月，夏有凉风冬有雪。若无闲事挂心头，便是人间好时节。"凤凰的静旅游世界能让来自城市的人们的浮躁、烦躁的心慢慢地宁静。图4-1勾勒了凤凰旅游世界的两种极端类型：左极和右极，凤凰过去是左极的旅游世界（静旅游世界）为主流，后来被右极的旅游世界（闹旅游世界）不断侵蚀，右极的旅游世界从2004年开始已经逐渐成为当今凤凰古城的主流旅游世界，左极的那个旅游世界逐渐让位和褪色，让一部分怀旧型旅游者更加徒增怀旧的感伤。

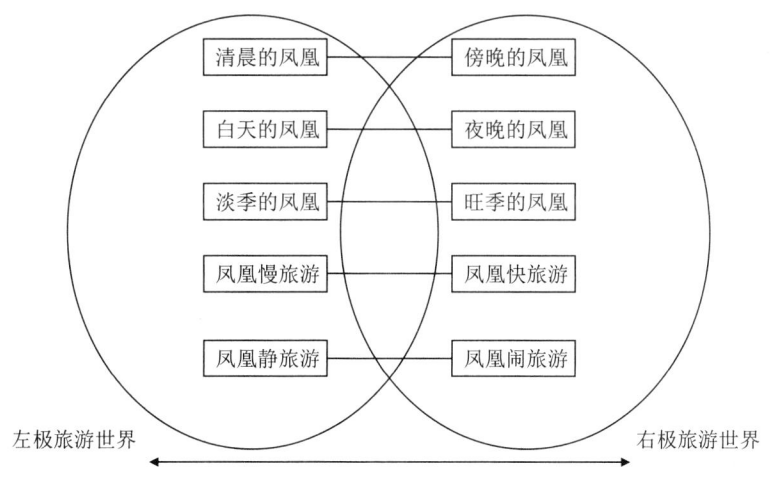

图4-1 凤凰的两极旅游世界

一些游客在与东道主的人际交往中，依然能够感受到地方居民的本真性。一些游客认为凤凰大多数的居民是比较淳朴、友好、热情好客的。下面这位游客表示自己在旅游途中体验到了凤凰当地的淳朴民风，这种实际的旅游体验强化了她对凤凰的美好印象。

问：您认为凤凰的当地居民怎样？淳朴、真实、友好吗？当地的社会氛围是怎样的呢？是民风彪悍或者民风淳朴或其他？

答：因为我当时是住的民宿，而且巧合的是接待我们的就是当地居民。房主给我的印象特别好，特别热情、好客，是那种发自内心欢迎，并不是假情假意的，所以，我觉得当地的居民真的很淳朴、很友好、很好客。在我活动的范围来看的话，我觉得社会氛围是属于那种民风淳朴的，毕竟房主给了我很好的第一印象。（F-88-F）

总体来说，这些旅游者认为凤凰还是传统的、宁静的、本地人也是淳朴的。在凤凰，他们能够验证心目中本真性社会的想象。换而言之，他们所携带的本真性的迷思在旅游消费过程中被不断建构、强化。

2. 逃避型旅游者对凤凰文学迷思的建构型消费

文化对旅游目的地的建构作用，在于它们作为一种语境能够赋予某个目的地（文本）以某种特定的意义、价值、意象、形象等非物质属性，从而对游客产生吸引力（马凌、王瑜娜，2013）[①]。凤凰古城是一个典型的文学旅游地，深受沈从文及其文学作品的影响。《边城》中营造了一个古朴神秘、诗情画意、如世外桃源般的湘西小镇，吸引了不少读者。一些受访者表示自己知晓凤凰是源自沈从文的文学作品，"凤凰的话，应该很多人都听说过。特别是沈从文先生的《边城》这本书，让它声名远播。凤凰是一个文化底蕴深厚的小镇，而且它独特的民族风情很吸引我。"（F-113-M）下面这位受访者表示自己对凤凰的想象是源自沈从文的作品《边城》。

问：在出发之前，您对于凤凰古城有什么想象吗？

答：山清水秀、古朴、安静、类似于世外桃源那样与世无争的生活情景。

问：您当时为什么会选择去凤凰旅游？

答：前期对凤凰有一定的想象和憧憬，对于翠翠和爷爷有一种情结，非常想亲眼见证他们那种安静、质朴、单纯的生活。

问：在您的旅游过程中，是否体验到《边城》中所传达的那种意境？

答：有部分体验到。

问：您体验到了哪些氛围？

答：部分世外桃源的氛围、封闭的环境、远离城市。（F-127-F）

《边城》中所描绘的生活、风景和人物建构了这位受访者（F-127-F）对凤凰的想象，她想象中的凤凰是古朴、安静、如世外桃源般的。这位受访者所携带的想象正是文学的想象，是一种文学的迷思。这种迷思驱使她到访凤凰，并且在实地的旅游经历中也部分程度上体验到了《边城》所营造的那种世外桃源般的氛围，这与她心目中对于凤凰的"边城"想象是一致的。不可否认，提到凤凰，很多游客都会把它与沈从文笔下的边城联系在一起。凤凰古城在某种意义上是文学作品传播的旅游地，有部分旅游者是因为沈从文的文学

[①] 马凌，王瑜娜.旅游目的地形象的社会文化建构："文本与语境"的分析范式——以湖南凤凰古城为例[J].学术研究，2013（3）：65-70.

作品《边城》而了解凤凰,并受其影响而前往凤凰游览的。下面这位受访者到访凤凰的原因是受文学迷思的驱动,尽管她在实际旅游过程中感受到了凤凰的商业化,但她认为这种商业性开发对凤凰来说并不是一种破坏,并且她在凤凰仍然能够体验到小说《边城》所传达的意境。也就是说,她所携带的文学的迷思在旅游消费中被证实、强化。

问:您在去凤凰之前,对凤凰有什么样的想象吗?

答:因为是古镇,每个人都向往小镇生活嘛,但是我听说现在凤凰商业化比较严重,已经失去了原来的风味,但我还是挺期待这次凤凰之行,因为凤凰在沈从文的笔下很美好,很安静,原生态的东西大家都很希望去看一看。

问:那您在旅行的过程当中是否体验到了《边城》里面所传达的那种意境呢?

答:我觉得这个《边城》嘛,它传达的意境我有感受得到。现在的凤凰具有比较重的商业化气息,因为它现在属于被开发的景区,有人的地方肯定就会有商业的存在。但凤凰它仍保留了自己原有的古朴风格,我并不觉得商业性的开发是对它的原生态的一种破坏。(F-102-F)

沈从文对边城的描绘,赋予了凤凰巨大的吸引力。他笔下的边城给了旅游者想象空间,为他们构筑了一个梦,这个边城之梦是凤凰的迷思之一。另外一位游客同样也是文学的迷思的携带者,其对凤凰古城的想象受到《边城》一书的影响,《边城》是激发其旅游欲望的一大因素。在旅游过程中,她发现现实中的凤凰少了些安静,多了份喧闹。迷思是人为建构的,因此,迷思与现实中的旅游地存在差异。但她对此的态度是宽容的,她认为只要凤凰还有淳朴善良、温婉内敛的一面,就不会妨碍自己对凤凰的喜爱。这位旅游者是典型的逃避型人格的体现,她选择忽略一些不尽如人意的事实,继续相信自己心中的美好想象,她所携带的迷思在现实中得到了确认。

最初想来凤凰,大概就是在高中课本里读到《边城》后。沈老先生笔下淳朴美丽的茶峒,大概就是我在梦里看见的凤凰的样子。很多年后,我终于兑现诺言,带自己来了凤凰。不得不说,现在的凤凰已经少了安静,多了喧闹,每晚的酒吧街都会有人纵情歌唱声嘶力竭直至深夜……我爱的却是善良淳朴的凤凰,只要那温婉内敛的一面还在,凤凰对旅游开发的妥协就无妨我对她的爱。

资料来源:携程网."凤凰古城、张家界:勇敢出发"[EB/OL].https://you.ctrip.com/travels/fenghuang988/1893834.html,2014-09-02.

对于凤凰而言,沈从文笔下的《边城》作为一种语境,建构了一种超物理属性的旅游地迷思,吸引了游客前来观赏、游览。《边城》给读者营造了一个与现实世界相差甚远的世外桃源,一个乌托邦。旅游者在阅读文本后,带着这种"边城"的迷思来到凤凰。在实地旅游体验过程中,这些逃避型旅游者的文学迷思得到了确认,并被巩固和强化。

关于边城的文学迷思消费还可以继续探讨的一个问题是,这种迷思消费的背后应该还涉及游客的文化资本。王宁(2019)指出,"游客的文化与历史知识构成他们体验吸引物的语境框架。在此意义上,它其实就是布迪厄所说的文化资本。具有高文化资本的人,不但获得更高的对文化吸引物的体验能力,而且也具有更强的文化好奇心和更高的文化鉴赏趣味。"[①] 文化资本中不仅包括个人受教育程度,还涉及个人的文化趣味、生活品位和对知识的好奇心等方面,因此,携带有凤凰边城文学迷思的旅游者群体可进一步分类为文学爱好型和非文学爱好型两个亚类,前者对这一文学迷思抱有更执着的追寻态度,对沈从文及其作品《边城》具有较高的关注度和兴趣,或者说有某一种情怀,到凤凰要到访与沈从文有关的各个景点(如沈从文故居、沈从文先生的墓地),或者要去书店购买沈从文的书籍并在书上盖上图章(如沈从文墓地附近的书店提供这项服务),他们想看看凤凰是否如沈从文笔下所描写的那般美好,他们当中多数人属于具有高文化资本的游客,当然其中也有小部分人不一定具有高文化资本,只是文学爱好者。后者没有前者那样强烈的执着心或好奇心,他们不是非要去某些景点(如沈从文墓地、沈从文故居)参观,这些人中有一部分人属于低文化资本的游客,还有一部分人确实只是对文学方面并没有较大的爱好和兴趣,并非缺乏文化资本的人。不同类型的人其旅游体验效果是存在差异的。不过,不论是哪一类型,如果游客出发前携带有这个文学的迷思,他们到了凤凰还是希望寻觅和感受到真正的边城意境,希望看到与边城相符的符号元素。除了凤凰的边城文学迷思之外,迷思的消费中会涉及游客文化资本的其他迷思,如丽江的文艺迷思,文艺迷思的受众更多是文艺青年,他们当中大多数人都具有文艺情怀。

3. 逃避型旅游者对凤凰浪漫迷思的建构型消费

凤凰是古朴的、美丽的,同时也是浪漫的。游客对凤凰有着浪漫美好的想象,他们是一群浪漫型旅游者,携带着浪漫的迷思来到凤凰。凤凰浪漫的迷思来自人们对爱情、艳遇和小资的渴望和追求。沈从文的作品《边城》中翠翠与天佑、傩送间的凄美爱情故事激发了游客对凤凰的浪漫想象,到边陲地寻找浪漫爱情成为不少游客的美好期盼。

在凤凰,酒吧表征着艳遇,而咖啡馆、特色客栈等则是小资身份感的象征。古城中的酒吧、客栈、咖啡馆这类旅游景观在社会解释中,成为浪漫的迷思的能指,这类空间场所为旅游者证实浪漫的迷思奠定了一定的基础。例如,一位受访者认为凤凰是一个浪漫的地方,这种浪漫源自古城的酒吧文化。她认为酒吧作为一种现代化元素吸引着更多游客前往,酒吧文化是古城的旅游吸引物之一。

问:你觉得凤凰浪漫吗?

答:挺浪漫的。那一带有很多清吧,别看它是个古城,但是那些现代化的商业圈还是有的。它融入了一些现代化的元素,更加受年轻人的喜爱。想想看,如果你在一个地方待很久的话,作为一个年轻人,你每天就是去看那些文化景点,也比较枯燥。当它融入一些现代化的元素之后,就会更加吸引人,就会有更多的游客前往那里。(F-117-F)

[①] 王宁.从"同景同感"到"同景异感":一个"分层对应论"的分析框架[J].旅游学刊,2019,34(09):1-3.

这类逃避型旅游者通常认为凤凰古城的酒吧是安静、富有情调的，而选择忽视酒吧喧嚣的一面，以此验证自己心中的浪漫的迷思。例如，一位女性受访者认为凤凰是浪漫的，称得上是艳遇之都。很多人来到凤凰就是想要寻求一种艳遇体验。她认为酒吧文化对于凤凰"艳遇之都"的标签来说是一种必要的存在，夜幕下的酒吧、咖啡厅这些要素营造的氛围容易加深人们对于艳遇的期待和憧憬。虽然这种酒吧文化对她的游览产生了一定的影响，但总体而言她的旅游体验是满意的。也就是说，她心中浪漫的迷思得到了确认，并且被强化。

问：中国有四大旅游艳遇地，这个说法您听过吗？

答：四大艳遇啊，这个是我们业界比较有名的。首先，第一个就是凤凰，确实是这个艳遇之都。因为它在江边就会有那种咖啡厅、闲适的小酒吧，这就是很好的艳遇场所，也有很多人其实是奔着这个，也不是说奔着这个，他可能就是想来体验一下这种艳遇的感觉。

问：您觉得凤凰浪漫吗？

答：还是挺浪漫的。比如说，我其实当时去了以后有看过江边的夜景，尤其是夜幕降临以后，水波粼粼的江面，上面有点点星光。然后呢，周边的那种小酒吧、咖啡厅，都会有那种让人心里感觉很迷幻的。在很美的灯光照耀下，你就会有那种，怎么说呢？就是蠢蠢欲动的感觉，会有一些感性。那时候，我觉得它还是称得上艳遇之地这样的称号。

问：在古城的开发中，酒吧街的酒吧文化已经逐渐形成，您认为这一现象是否会影响您的古城游览呢？

答：我觉得吧，还是会，但是挺好的吧。虽然说会有一点儿影响，但是酒吧文化我还是觉得很正常。之前我也就提过了，它是一个艳遇之都，之所以是艳遇之都，酒吧还算是要存在的。而且我看到它那边的酒吧其实开得还是比较正规的，还有一种小小的酒吧，比起说是酒吧，更像是一种比较不喧闹的、能够很有氛围的一种小咖啡厅或者小酒吧的感觉。（F-120-F）

一些游客是冲着浪漫的艳遇而来到凤凰的，下面这位受访者便是其中之一。他想象中的凤凰是一个浪漫的地方，他是为了体验浪漫的氛围而到访凤凰。他认为，尽管现实中的凤凰有些商业化，在一定程度上破坏了凤凰的美，但凤凰呈现的整体氛围还是浪漫的，让人有一种想要谈恋爱的冲动。

问：在去之前凤凰对您来说有吸引力吗？

答：有啊，光是听说凤凰古城就已经很有吸引力了，因为总是听说那里是一个很浪漫的地方，在中国是比较著名的旅游景点，很多游客都慕名而去！

问：中国有四大旅游艳遇地，这个说法您听过吗？

答：听过啊，丽江古城，凤凰古城，就是为了那个去的凤凰呢，这可是浪漫之都，当然想体验一下当地的氛围啦！

问：您觉得凤凰浪漫吗？

答：有一些浪漫吧！很多情侣酒店、酒吧，不是说很有情趣，只是让人一进入那个环境，就有一种想谈恋爱的冲动。但是，不是那种纯美爱情的感觉呢！因为商业化的气息太浓重了，我觉得有点损坏了凤凰原汁原味的美感。（F-125-M）

一位游客认为凤凰也许并不是真正的浪漫，浪漫只是人们给它贴上的标签而已。这位女性游客的描述正反映了迷思的人为建构性，地方迷思是基于一种集体想象。尽管如此，她却仍然觉得那些开酒吧的人身上还透露着浪漫的气息，能让人感受到凤凰的浪漫。

只是开酒吧的人还是有些不同常人的浪漫，挂在酒吧外面的诙谐而暧昧的语句实在是有点别出心裁。这也许就是凤凰特有的风格，是不是有点心动的感觉？我几乎对那位在衫衣上画画的男人一见钟情，这算不算是所谓浪漫？也许，凤凰并不浪漫，只是我们把它想象成我们想要的浪漫，仅此而已。

资料来源：携程网．"我在凤凰等你——湖南凤凰城"［EB/OL］.http://www.tuniu.com/trips/30015453，2015-03-21.

与此同时，人们对小资生活、小资情调的向往和追求也是浪漫的迷思的内容之一。有些游客认为在凤凰确实能够体验到小资的浪漫情调。一位游客觉得凤凰的客栈很小资，其在网络点评中写道："青稞客栈比较小资，发现灯具啥的都是宜家买回来的[①]。"另外一位游客在网络点评中也提到了凤凰的小资氛围，她说："这里小资气氛很棒，值得一提的是夜色超级棒，真的好漂亮，住一个江景房，坐在吊篮中，看着夜色，光是想想就觉得很惬意，白天在城中漫步，有耐心地慢慢看，你会爱上这座城[②]。"

另外，还有极少数旅游者把浪漫诠释为诗情画意的浪漫，是一种浪漫的诗意。他们认为凤凰如诗一般的美景能够营造出一种浪漫的氛围，使人产生浪漫的体验。正如下面这位受访者（F-54-F）所言，她认为凤凰的浪漫并不是爱情的浪漫，而是充满诗情画意的浪漫，"我觉得浪漫有很多意义吧，你如果说的是爱情的浪漫，那我觉得它应该不是，它应该是诗情画意里的那种浪漫情怀，就像是理想主义和现实主义中的浪漫"。另一位受访者也认为凤凰古城的景色很美，尤其是雨中凤凰更具有一种烟雨朦胧的诗意美，让人感觉非常浪漫。

问：您觉得凤凰浪漫吗？

答：我觉得它的景色还是很美的，除了它的明信片，还有它的小巷子都给人一种很美好的感觉。因为我们当时去的时候正好下着蒙蒙细雨，雨水打在青石板砖上真的很有诗意的感觉。早晨的时候因为我们起来得很早，那时候人真的很少，站在沱江边，我觉得整个凤凰都在一种烟雨朦胧中，好美。（F-98-F）

4. 逃避型旅游者对凤凰的神秘迷思的建构型消费

在逃避型旅游者心中，凤凰神秘的迷思也能得到证实。一些旅游者认为凤凰是神秘

---

① 马蜂窝网．"凤凰古城"点评［EB/OL］.http://www.mafengwo.cn/poi/7272.html，2009-03-24.
② 马蜂窝网．"凤凰古城"点评［EB/OL］.http://www.mafengwo.cn/poi/7272.html，2017-10-02.

的，这类神秘的迷思主要来自人们对凤凰目的地独特的少数民族风情的幻想和期待。例如，一位受访者（F-128-F）表示湘西的神秘文化是吸引她前往凤凰旅游的原因之一，她认为凤凰具有神秘感，"还有就是当地的一些民俗民风，我们都听说过关于湘西的一些少数民族的一些古老的习俗、传统，什么湘西赶尸啊，苗家养蛊，就会感到一种民族的神秘感吧，然后这个也是吸引我去的一部分吧。"这种神秘的湘西文化是否具有真实性，我们无从考证。但不可否认，一些逃避型人格的旅游者通常愿意相信这种"神秘文化"是真实的，以维护自身对旅游地的幻想和期待。下面这位旅游者就属于典型的逃避型人格，她认为尽管凤凰与以前相比发生了一些变化，但如今的凤凰依然具有神秘感。诸如湘西赶尸之类的民间传说使得她对凤凰旅游地的神秘文化产生幻想，并且无论这种传说是否具有真实性，她都更倾向于选择相信这种神秘风俗是存在的。不过，这位受访者对赶尸的认知是不确切的，她认为是赶死者的魂魄回到故乡，实际上的湘西赶尸传说是指将死者的尸体从外地赶回家乡安葬。当然，这显然只是传说，并非事实。

问：您体验到了哪些氛围？有哪些景点/情景让你觉得有违你对凤凰这座"边城"的想象？

答：现在的社会，我可能只在少部分人身上去体验过，风景倒是依旧优美，只是我觉得现在的凤凰可能和以前大不一样了，虽然建筑依旧是之前的老样子，但是作为旅游景点久了，难免留下商业气息，让我觉得很惋惜。湘西的神秘依然还在，我现在还在幻想着究竟是不是有赶尸这类的传说呀！赶尸这类故事我在当地一个司机那里有听过，他说是因为战争的时候牺牲了一位很英勇善战的将军，而那位将军正是湘西人，当地人为了不让他身首异处，不仅把他的尸首葬在了当地，还把他的魂魄也赶了回来，这便有了湘西赶尸之说。我也不知道那个司机说的真假，但是确实民俗这种东西，总有一定的来源，我愿意相信这是真的。（F-75-F）

有受访者表示自己选择到凤凰旅游是因为觉得凤凰很神秘，在实际旅游过程中也体验到了如赶尸、上刀山下火海等神秘的少数民族风俗。她认为对于潜在的旅游者而言，湘西是神秘的，湘西的风土人情是比较奇特的，因而会推荐他人前往凤凰旅游。

问：您当时为什么会选择去凤凰旅游？

答：因为比较近，觉得很神秘，想去看一下。

问：您会推荐他人去吗？

答：嗯，会吧，虽然我生活在这边，这边都是这样的，都是那种房子啊。但是对于没有来过这边的人来说，还是比较奇特的吧！这边少数民族的风土人情也是可以来体验一下的。还有那种神秘的湘西杂技，比如喷火。不是很多人还听说过湘西赶尸吗？他会给你表演，不是真的僵尸，是人穿成那个样子，就像人进鬼屋一样；还有抹黑泥，到时候僵尸还会下来，会摸你。（F-100-F）

由此可以看出，凤凰旅游目的地的相关群体，如地方政府、旅游企业、地方居民，他们出于创造旅游经济效益的需求，或出于自我的文化信念和信仰，不断对凤凰旅游地的"神秘文化"进行生产和再生产（赵玉燕，2011）[①]。这些利益相关群体借助不同的表征方式对"神秘湘西"进行符号建构，制造了凤凰这个旅游地的"神秘的迷思"。这种神秘文化恰恰满足了旅游者求异、求新的心理，部分旅游者受此迷思的驱使来到凤凰。在实际旅游过程中，一些旅游者寻找到了与"神秘的迷思"相一致的各种元素，如湘西赶尸、上刀山下火海、苗蛊等风俗，他们的旅游想象得到了印证，所携带的神秘迷思在旅游消费过程中得到了证实。

旅游者对目的地的想象和期待驱使他们不断去寻找与自己心中迷思相一致的各种符号元素。当他们的实地旅游体验符合或者说超过了自身的想象和期待时，这种迷思会得到不断的强化和巩固，这就是所说的建构型消费。建构型消费者的旅游体验是满意的，旅游经历是美好的。因此，他们乐意向他人推荐凤凰。在口口相传中，凤凰的迷思得到了扩散和传播，这类建构型消费者也是旅游地迷思的无机制造者之一。

（二）逃避型旅游者对丽江旅游地迷思的建构型消费

1.逃避型旅游者对丽江本真性迷思的建构型消费

优美的自然风光、传统的生活方式和本真性的生活氛围是部分旅游者的追求，这些旅游者可以看作一群怀旧型的旅游者。丽江作为一个旅游空间，被人们赋予了新的含义。对于这些旅游者而言，丽江就是本真性社会的真实写照。在一些游客眼里，蓝天、白云、阳光、石桥、花树、溪流等元素构成了丽江的原生态美，触发了他们对美的感悟，他们对丽江的美是比较认可的。

> 丽江的美丽、古朴、幽静，一直是有所耳闻……丽江可以说是一个纯洁、祥和的地方，那里的天空好像永远是深蓝色，小河贯穿着整个古城，河水永远清澈见底，不时可以看到一群群小鱼在水里逆游。阳春的古城里长满了成排的柳树，像少女的长发垂到河里，迎着灿烂的阳光不时地向游人搔首弄姿。四处盛开的粉色蔷薇，在古道墙垣、村舍篱笆处随意而烂漫地展示着自己，毫不遮掩，那野性中的美丽，桀骜中的坚韧，令人赞叹。沉浸在丽江柔软如缎的时光里，慢慢地行走，慢慢地观赏。
>
> 资料来源：途牛网."把魂丢在丽江"[EB/OL].http://www.tuniu.com/trips/1364179，2013-03-09.

对于这些旅游者来说，丽江是被神圣化、理想化的圣地，是挥之不去的梦，让人心醉神迷。丽江的迷思激起了人们的渴望和向往，于是，他们纷纷踏上旅程，寻找心中那个梦幻的圣洁之地，那个天堂，那个乌托邦。正如下面这位游客所描述的，丽江是她心中所构

[①] 赵玉燕.旅游吸引物符号建构的人类学解析——以"神秘湘西""神秘文化"为例[J].广西民族研究，2011（02）：184-189.

筑的一个梦，她把丽江看作心灵的归宿，在丽江她获得了存在主义本真性的旅游体验[①]，寻找到了本真的自我，她心中关于丽江的迷思得到了进一步的巩固和强化。

丽江，是毒药，即使只是远远地看，隐隐地听，也会中毒。丽江，是梦，如幻的梦。一个一直萦绕心中、隐隐浮现的梦。丽江，不论前缘，不思未来，我们，只在这里，只在这个时候。丽江，是家，心的家。在这里，遇到自己，那个失落已久的自己。

途牛网."风花雪月云南之旅，冬日来丽江晒太阳"[EB/OL].http://www.tuniu.com/trips/10066013，2015-12-19.

丽江是他们寄托美好想象、暂时逃离现实的"他地"和解脱困扰的"彼岸"，他们在丽江能够寻找到更本真性的自我，能够净化心灵。"城市中熙熙攘攘的人群，行色匆匆。各色交通工具中的步伐紧张疲惫。每日的忙碌奔波，让心灵蒙上了一层雾霾。而彩云之南，像一束阳光，柔和温暖，照进心里[②]。"丽江比较知名的旅游宣传口号正是"彩云之南，梦幻丽江"。不少旅游者表示这个旅游口号与丽江这座城市十分贴切，"丽江被称为'梦幻丽江'，我觉得这个确实也还蛮贴切的，因为去过之后就觉得那里的生活节奏比较慢，然后就是去的情侣也比较多，像是那种梦幻、浪漫的感觉。"（L-61-F）"丽江之梦"激起了旅游者心中的向往，他们希望在丽江洗涤灵魂、寻找到心灵慰藉，能让自己以一种全新的姿态去审视以后的生活和更好地回归日常生活世界。"对于丽江而言，旅行的意义，不是逃避，不是艳遇，不是放松心情，更不是炫耀，而是为了洗一洗身体和灵魂，给自己换一种新的眼光，甚至换另一种生活方式[③]。"

通常而言，携带本真性迷思的旅游者都是怀旧型游客，他们的旅游动机是"恋旧"，他们崇尚传统，强调回归真实和自然。但事实上，本真性范式不仅包含"恋旧"维度，也包含"喜新"的维度，本真性可以是"恋旧"与"喜新"的统一[④]，部分怀旧型旅游者对于新鲜事物并不是一味地排斥。对于古镇旅游而言，这些"新鲜"事物指的是商业化为古城注入的新元素，如酒吧、咖啡厅等。从一些旅游者的实际感受来看，他们对丽江的商业化并不排斥，反而是持着一种包容和认可的态度。例如，一些游客表示自己喜欢古镇中的酒吧，认为酒吧是古镇旅游的卖点之一。

我觉得（酒吧文化）不会影响古城游览吧，我觉得挺好的。我也很喜欢丽江的酒吧，酒吧对丽江的慢生活应该没有什么影响，城市也可以白天黑夜是两个完全不同的样子……它闹是闹，但是它一般是晚上，而且也不是说把整座城都闹起来吧。我觉得还是要有一个卖点，只是古城的话，你只能白天去观赏，然后到晚上基本上就是太晚了吧，观

[①] 王宁教授在1999年发表于 Annals of Tourism Research 上的 "Rethinking Authenticity in Tourism Experience" 一文中创新性地提出了"存在本真性"这一新的范式。
[②] 途牛网."我愿意留在丽江"[EB/OL].http://www.tuniu.com/trips/1364179，2013-03-09.
[③] 途牛网."云南之路，七日之停"[EB/OL].http://www.tuniu.com/trips/10002598，2015-01-08.
[④] 来自中山大学王宁教授在2018年"乡村旅游国际学术研讨会暨第五届旅游高峰论坛"中题为《中国文化中的新鲜品位与乡村旅游——从本真性探寻到新旧辩证法》的演讲。

赏也没有什么太大的趣味。我觉得丽江的那个酒吧就是对它夜景的一种十分恰当的烘托。（L-101-F）

在这类旅游者眼中，商业化带来的新元素并没有破坏他们心中关于丽江的美好想象，反而营造出另外一番韵味和风情，是对丽江旅游的补充和丰富。从某种程度上来说，他们认为商业化给人们带来了诸多便利之处，"我个人不觉得变商业化了有什么不好，至少更便捷了啊，而且出去玩就要随心就好，不要在意那么多的话，丽江古城还是蛮休闲放松的地方①。"一位游客认为丽江是传统与现代的完美结合，在传统与现代并置的张力下营造了独特的地方氛围。他说："如果要我谈谈对于丽江的印象，不是大家所公认的艳遇，或者是非常吵闹的夜晚，我觉得丽江能够非常完美地将古朴与现实融合在一块②。"而在下面这位游客眼里，她认为正是商家费尽心思的经营方式造就了丽江的不同惊喜和故事，这也是丽江的魅力所在。

商业化，是每一个古城都在面临的问题。过度的商业化导致每一个古城都是一个发展模式，让人嗤之以鼻。可正是因为每一个经营者用心去装点布置出的小客栈、小酒吧，给这个地方带来了不同的惊喜和说不完的故事。所以还是要自己去走一走，看一看，去聆听路上的故事，也许这才是丽江的魅力吧。

资料来源：马蜂窝网."匆匆而过——大研古城"[EB/OL].http://www.mafengwo.cn/i/3226377.html, 2014-10-27.

有的游客认为在丽江的实际旅游体验不仅符合想象，并高于事先预期。他们在旅游前对丽江并未抱有过多的期待，但是在实地旅游中却收获到不少意外的惊喜。一位游客认为丽江是一个有魔力的地方，因为太喜欢丽江，所以对其浓厚的商业化气息也持有很宽容的态度，甚至对丽江产生了地方依恋感和归属感。

在去丽江之前，我没抱太多的期望……初到丽江时，竟也没有产生新到一个地方的陌生感，萦绕在心头的是一种强烈的熟悉感，像是见着了一个常在梦中出现的老朋友。到了丽江以后，我发现自己对丽江的宽容超出原有的预期，即便是在接踵而至的人群和无孔不入的商业化潮流中，我还是难以掩饰自己对这个边陲古城的喜爱……丽江竟有如此魔力。我始料未及。

资料来源：马蜂窝网."古城之惑"[EB/OL].http://www.mafengwo.cn/i/3286991.html, 2015-01-29.

2. 逃避型旅游者对丽江慢城迷思的建构型消费

事实上，丽江的慢城迷思也是本真性社会的迷思这一大框架下的重要分支。丽江是一座慢城，安静、悠闲的慢生活与城市的快节奏生活截然相反。在都市高压生活的压迫下，"慢生活"成为吸引旅游者前往丽江的原因之一，并逐渐成了丽江的一大鲜明的

---

① 途牛网."丽江古城"点评[EB/OL].http://www.tuniu.com/g50070/guide-0-0/, 2015-08-03.
② 途牛网."丽江古城"点评[EB/OL].http://www.tuniu.com/g50070/guide-0-0/, 2016-08-25.

标签。许多游客在描述自己对丽江的旅游想象和实地旅游体验时，都多次提到了"安静""发呆""悠闲""晒太阳"等词，而这些词无一不表征着丽江的"慢生活"。"神话（迷思）之所以能够发生作用，是因为它符合人们的期待，这与主体的具体处境有着十分密切的联系"（林志明，1999：1-7）[①]。正如这位受访者（L-128-F）所说，"最近几年，温室效应、雾霾等环境污染问题的加重，和大城市快节奏的生活让人感觉比较压抑，我就想去丽江那边呼吸点新鲜空气，感受一下慢生活"。慢城的迷思被建构正是由于丽江慢节奏的生活满足了旅游者的想象和期待。相较于其他迷思主题，慢城的迷思更容易得到验证。这是由于丽江古城位于我国的边陲地区，地理位置较为偏僻，保留了相对原始的自然状态和生活方式。丽江古城独特的地形、地貌及气候等天然条件都为其慢生活的氛围奠定了基础。一位受访者认为丽江古城与城市的高压环境形成鲜明的对比，丽江的生活氛围是悠闲、自在的。

问：在丽江旅游过程中，您感受到当地的生活氛围是什么样子的？

答：生活氛围也很悠闲自在，逃离了城市的高压环境，没有了学习的烦恼，减少了压力。来到这里完全是一种享受，这儿真的是慢生活啊，行人不用赶路，也没有城市的车水马龙。不用担心任何的事情，无忧无虑，多好啊！（L-129-F）

旅游者渴望暂时逃离日常生活中"沉沦"的状态，在旅游世界中寻找到本真的自我。他们在流动中转换自我角色，随着身体的转移，其心理上也由此产生了变化。人们渴望在丽江体验到慢节奏的生活状态，这种"慢城"的迷思正是建立在主体的需求和欲望之上。丽江的区位特性是"慢城"迷思的建构基础，当人们赋予这个区位一定意义时，"慢城"的迷思便被建构了出来。总的来说，丽江古城的区位特性为旅游者造就了一个可以暂时逃离现代都市快节奏的场域。尽管随着现代化进程的推进，丽江原始的自然状态和生活方式有所改变。但对于这些逃避型旅游者而言，他们仍然可以在丽江找寻到"慢生活"的符号，以证实心目中的"慢城"迷思。一位游客认为丽江的生活是安逸舒适的，"丽江生活"是他梦想中的生活。他说："丽江的阳光是免费的，生活是安逸、悠闲的，喝茶、聊天、做梦、发呆，这是梦想中的丽江生活，可惜也是一个匆匆忙忙游览两三天的游人所难享受到的[②]。"另一位受访者（L-127-F）认为丽江当地的生活节奏特别慢，在丽江她能够找到放松、自由的状态，"当地居民人很好的，我有什么不懂地问他们，他们都很耐心。他们生活特别的慢节奏，现在的人生活节奏太快了，压力非常大，所以我在丽江玩得特别开心、特别放松"。下面这受访者也持有同样的看法，她想象中的丽江是一座民风淳朴、安静的慢城，正是这种"慢城"的迷思吸引她前往丽江，并且在实际旅游过程中，她所携带的"慢城"的迷思也得到了验证。

[①] 林志明."《神话——大众文化诠释》导读"[M].//[法]罗兰·巴特思.著.许蔷蔷，许绮玲译.神话：大众文化诠释.上海：上海人民出版社，1999年3月第1版：1-7.

[②] 途牛网."纵情云南，我欠丽江一场邂逅"[EB/OL].https://www.tuniu.com/trips/10053229，2015-10-08.

问：在出发之前，您对于丽江古城有什么想象吗？

答：民风淳朴、清静、慢节奏的生活。

问：您认为这个古城最吸引您的部分是什么？

答：古城最吸引我的部分便是行走在古城中体会到的那种慢节奏生活，耳边传来具有民族色彩的手鼓敲击声。

问：请您总结一下，在旅游之后，您对于丽江古城的印象和感受？

答：在旅游之后，我在丽江古城中感受到了淳朴的民风、慢节奏的生活、极具民族色彩的文化。丽江古城不像其他的旅游景点，来到丽江古城并没有觉得有多喧闹，而是能感受到它的静，具有民族色彩的手鼓打击乐能使人放松身心，感受丽江古城的慢。（L-54-F）

3. 逃避型旅游者对丽江浪漫迷思的建构型消费

古城中，酒吧与客栈这两类空间在传统与现代的并置张力下承载并表征浪漫性（赵红梅，2014）[①]。丽江古城的浪漫体现在三个方面：第一个是浪漫的爱情与艳遇（前文将其命名为浪漫的迷思），第二个是浪漫的小资（前文将其单列为小资的迷思），第三个是浪漫的文艺旅游（前文将其单列为文艺的迷思）。这里将这三类迷思都纳入"浪漫"这一大框架下进行迷思消费的分析。

首先，关于爱情与艳遇的浪漫。伴随着丽江旅游业的不断发展，追寻浪漫的"爱情"和"艳遇"成为浪漫型旅游者对丽江旅游地的一种期待和憧憬。在丽江，"艳遇"一词最早是从2005年开始出现的，"旅游艳遇地"的标签绝大部分原因在于旅游发展中"酒吧文化"的兴起，古城的酒吧是艳遇文化的核心隐喻。对于大多数旅游者而言，他们仍然是在熟悉的"环境气泡"里去追求异地他者的真实生活。于是，旅游经营者致力于将当下的流行元素与地方特色相结合以打造现代都市消费场所。通过再现现代都市消费的场景，去迎合都市消费者的审美，满足他们的心理预期。在一些商家的精心设计下，酒吧成为旅游艳遇的重要空间场所。

问：在古城的开发中，丽江的酒吧文化已经逐渐形成，您认为这一现象是否会影响您的古城游览呢？酒吧文化与丽江的慢生活、艳遇之间有相互影响吗？

答：我觉得酒吧文化不影响古城的游览吧，因为我个人比较浪漫，而且我看的很多电影，就是很多人都是在丽江邂逅的，我希望我也能在丽江的酒吧里有一场邂逅。我比较喜欢去酒吧玩，里面会有全国甚至世界各地的人，或许能交到几个朋友。我觉得是酒吧都会有点喧闹，但对于我这种游客来说是没什么影响的，而且我觉得出去旅游的话我还是喜欢热闹一点的感觉。（L-119-F）

可以说，酒吧和艳遇画上了等号，如同咖啡厅和小资可以直接构成符号的能指到所指

[①] 赵红梅. 世界文化遗产——丽江古城浪漫意象的生产与消费[J]. 百色学院学报，2014，27（6）：63-69.

的指称关系。"当华灯初上,各种音乐响起,四面八方的红男绿女聚集而来,丽江古城酒吧就开始热闹了。丽江古城里'艳遇'元素正在升腾,也许许多故事就要上演①。"这些年来,丽江、凤凰、阳朔和乌镇并称为"中国四大旅游艳遇地"。据受访者们看来,四大艳遇地可以有几种答案,具体如表4-8所示。

表4-8 受访者回答的"中国四大旅游艳遇地"

第一种说法	丽江、凤凰、阳朔、大理
第二种说法	丽江、阳朔、凤凰、成都
第三种说法	丽江、成都、上海、阳朔
第四种说法	丽江、大理、成都、凤凰

资料来源:根据本课题实际调研的访谈文本整理而成。

由表4-8可知,这4种说法中,每一种答案中均有丽江,丽江出现了4次,凤凰出现了3次,阳朔和成都也出现了3次,大理被提及2次,上海1次。

古城的酒吧一条街成了艳遇多发地,丽江也由此被冠以"艳遇之都"的名头。旅游为艳遇创造了氛围,提供了具体的情境,旅游艳遇成为部分游客到访丽江的旅游动机之一,这已然是不争的事实。一般来说,旅游艳遇是一种一次性的、短期的亲密关系,但当两性旅游者在交往中投入了更多时间、精力和情感后,这种亲密关系可能会演变成正式的情侣关系甚至是婚姻关系。一些旅游者在丽江收获爱情、缔结婚姻的故事,也为丽江这座小城增添了不少浪漫色彩。

丽江班布酒吧的创始人臭豆腐夫妇于2005年因旅行相识于丽江,两人都热爱阅读、音乐、美食,以及这高原小城的简单生活。于是,两人相继放弃了原本安逸的都市生活,在丽江古城里摆起了最简单的臭豆腐摊,6年来,最质朴的坚守和最本真的愿望,陪伴他们一步步走向了梦想中的完美生活。2005年,臭豆腐夫妇相识于丽江的一家书店。2006年,他们在丽江卖臭豆腐、米糕,是古城里最有名气的小吃。2007年,在丽江古城新华街创立第一家班布书吧,汇集了豆腐婆最爱的书籍、音乐和她的自制美食。

资料来源:马蜂窝网."越夜越色,在丽江古城里"[EB/OL].http://www.mafengwo.cn/i/910520.html,2012-06-13.

另一位受访者认为现实中的丽江与"艳遇之都"的名号是相符的,在实际旅游过程中能够感受到丽江的浪漫氛围,会让人对爱情产生憧憬。

问:关于丽江,有许多美丽的传说,也有许多关于爱情的故事,对于它"艳遇之都"的名称,您怎么看?在丽江旅游中,您是否感受到这种氛围?

---

① 马蜂窝网."醉在丽江古城华美的遇见"[EB/OL].http://www.mafengwo.cn/i/2997755.html,2014-02-28.

答：我觉得丽江被称为"艳遇之都"还是有一定道理的，在那种风景和情境下确实让人有一种想产生罗曼蒂克的感觉，并且当地有很多爱情故事，确实给人的影响还是挺大的，我在旅游途中也能很明显感受到这种氛围。如果对象适当，我也会想谈恋爱。（L-63-F）

其次，是关于小资的浪漫。当"小资产阶级"被缩略成"小资"的时候，其更多的是指一种状态、一种情调，而这种"小资情调"强调的是一种消费方式和消费形态（张涟，2011）[1]。换而言之，小资的浪漫体现在小资产阶级对浪漫情调的追求，这种浪漫是他们对自我生活所持有的一种态度，是一种生活品位。相较于凤凰，丽江的小资氛围更浓厚一些，因而人们关于浪漫的小资生活的期待和憧憬也更容易得到满足。在一些旅游者的想象中，丽江是富有情调的，是小资的天堂，是很多人都向往的地方。对于绝大部分追求"小资的浪漫"的旅游者而言，"小资天堂"应该同时具备自然原始的风景，以及他们日常生活中所熟悉的环境。只有旅游地发展出一套能够满足他们需求的旅游设施，这些旅游者才能在舒适的环境中体验所谓小资情调（赵丽佳，2008）[2]。在小资文化的作用下，古城涌现出一批批极具"小资情调"的咖啡馆、客栈及酒吧，这些装潢独特、富有情调的空间场所无一不表征着丽江"小资天堂"的形象，如游客在网上写的文字："在返回的四方街里，看到左右两边的酒吧里的歌手们拿起乐器开始唱起歌来了，这个时候不得不承认丽江确实是一座很小资很休闲的城市，至少在丽江古城是可以这样子说的吧？[3]"

一位游客用"繁华""小资"等词概括了他在丽江的体验，"'如果说大理是背包客的故乡，那么丽江就是小资的天堂。'当我在大理的时候，一个驴友这么和我说的。先到过大理，再去丽江，对比过后，感觉会非常不同。一个是安静的，一个是繁华的；一个是淳朴的，一个是小资的。[4]"对于这些游客而言，酒吧、咖啡厅是体现丽江小资情调的主要元素，就如一位游客所描述："如果你有小资的钱或小资的气质，那么你就去泡吧吧。很爽，很蓝调[5]。"这些"小资"游客认为古城的田园风格、极具情调的酒吧和客栈等元素是浪漫氛围的重要象征。

最后是关于文艺旅游的浪漫。游客这一旅游主体将自己认作文艺青年，将丽江这一旅游客体看作富有文艺气息、文艺氛围和文艺情怀的古城。"文艺青年"是继"小资"后兴起的新型群体标识，是一些对文学艺术稍有涉猎的群体给自我添加的动听标签。与"小资"相似，"文艺青年"这一群体所追求的也是一种富有情怀的、浪漫的生活方式。几位

---

[1] 张涟.被误会的"小资"——布尔乔亚及周边文化溯源浅析［J］.商业文化，2011（09）：207-208.
[2] 赵丽佳.旅游人类学视野下的丽江"小资天堂"形象研究［J］.思想战线，2008（S2）：82-84.
[3] 途牛网."丽江古城：人文情怀与自然景观完美融合的人间天堂"［EB/OL］.http://www.tuniu.com/ trips/12457748，2016-11-28.
[4] 马蜂窝网."丽江古城之旅"［EB/OL］.http://www.mafengwo.cn/i/1154672.html，2013-03-13.
[5] 马蜂窝网."丽江（三）大研古城"［EB/OL］.http://www.mafengwo.cn/i/6866033.html，2017-04-11.

95后受访者在笔者主持的一次焦点小组访谈中各自描述了文艺青年的特点,具体如下:

"文青"是"文艺青年"的简称。①首先必须具有浪漫主义情怀。天真爱幻想,理想中的生活很美好,但是有点不切实际,在理想与现实之间别扭地生活着,向往自由,同时向往新兴职业。②思想天马行空,很特别,喜欢有才华的人。喜欢一些作家,如张爱玲、三毛、饶雪漫、安妮宝贝、川端康成、沈从文、张嘉佳等,喜欢的影视作品是文艺片和治愈系电影,文艺片如王家卫的电影(如《重庆森林》《东邪西毒》,特别是《重庆森林》),以及岩井俊二、是枝裕和、新海诚、张艾嘉、侯孝贤、徐静蕾等导演的电影,治愈系电影有《小森林》《托斯卡纳艳阳下》《井之头恩赐公园》《四个春天》《夏威夷男孩》《殡之森》《七月与安生》《生日卡片》等;喜欢音乐,如刘若英以及巴萨诺瓦曲风的代表歌手王俪婷、张悬、曹方、陈绮贞、朴树等人的歌曲;在日常的生活中以书为伴,喜欢的刊物有《CEREAL谷物》《物外》《青年文摘》等;喜欢美好的事物,如房屋设计摆放、插花、弹琴弹吉他、做甜品;会去看话剧,听音乐会,希望自己的生活有品质并且与众不同……大体上喜欢慢音乐,文青不一定喜欢民谣,音乐是文青的充分不必要条件,在音乐方面文青是分类型的,如有人喜欢听日本歌,有人喜欢听民谣。喜欢什么类型的书,喜欢什么类型的音乐,其实是文艺青年的充分不必要条件。男性文青喜欢看的书是中国古代诗词歌赋。③喜欢的旅行地有日本、法国、海边(如圣托里尼、厦门、涠洲岛、舟山群岛等),以及黔东南、西藏、青海等旅游开发程度不高并且自然环境特别好的地点,还有乌镇等江南水乡;我认为喜欢旅行是充分不必要条件,不是喜欢旅行的人就是文艺青年……旅行是文青的标签。在旅行中,照相机、摄影(拍摄美食、美景、人物,拍景物多于拍自己),服饰街拍、写旅行记录都是必不可少的。我不愿意用旅游这个词,觉得旅行更适合形容自己出游的情形,用旅游这个词就会想到旅行社的跟团游。④情感细腻甚至有点泛滥,有多种表达方式(如拍照、写随笔、画画),尤其喜欢写东西,可能在旁人看来有点忧郁和无病呻吟,关注情感与女性。⑤相信少数比多数神圣,一旦某个事物大众化就没这么喜欢了,有一种逆向思维,不会跟随大众流行,要显露自己的特别。⑥未必有改天换地的志向,但是会维护自己的小天地,有自己的小世界,不需要每个人都能理解……我有一个高中同学,是文青,他是高中文学社社长,喜欢写诗和随笔,他有诗词歌赋的功底,阅读量很大。他读的诗有泰戈尔的《飞鸟集》和徐志摩的诗。他曾用一个月的时间和驴友骑行川藏线,后来又骑电动车去了川藏线。(G7-25-F,G7-27-M,G7-26-M,G7-22-F)

丽江的文艺气息整体来说还是比较浓厚的,这是由于近年来一批批所谓"文艺青年"不断拥入丽江,在"文艺情怀"的驱使下他们经营起了酒吧、客栈、咖啡馆和手鼓店,以凸显热爱自由、特立独行的"文艺青年"身份感。正如Cresswell(1996)所说,一个地方的社会空间的属性是由人们的行为来定义的（李大伟，2018）[①]。不同文化背景的社会群体对同一地方的建构是不同的，一开始作为原始的、传统的、边陲的丽江，在"文艺青年"这一群体的推动下具有了新的社会空间属性，"文艺"逐渐成为丽江这个旅游地新的标签之一。在部分旅游者的想象中，丽江是一个富有文艺气息的古城，是文艺青年的聚集地。如受访游客所说："听歌的时候感觉丽江是那种有挺多年轻人，特别是文艺青年、爱好音乐的人、背包客，或者年轻文化比较多的地方，因为挺多民谣歌手歌唱那里。"（L-130-F）"读过其他的书，主要讲丽江的一个歌手的生活。读完这些书后，就觉得丽江是个很文艺，有很多文艺青年的感觉，然后感觉很有归属感，很有文化气息。"（L-90-M）因此，一些游客在现实的丽江古城中能够寻找到富有文艺气息的各种元素，他们关于丽江的文艺的浪漫想象是可以得到证实的。

问：在古城的开发中，丽江的酒吧文化已经逐渐形成，您认为这一现象是否会影响您的古城游览呢？

答：其实还好，因为一开始就知道有这种东西，有这种店在，所以对它还蛮满怀期待的。现在的酒吧其实也不算那种分什么迪斯科的，它都是很文艺的，就是很安静，偶尔有个歌手在上面唱歌，你就喝你的酒，吃你的东西，和你的朋友聊聊天。其实那只是一个休息的地方而已，也不能说是酒吧吧。（L-48-F）

总的来看，一些逃避型的旅游者在游览过程中容易对丽江产生强烈的地方依恋感，所以丽江古城的重游率比较高。一位游客评论道："有个冲动，想留在这里，不想回去了，但也只是想想而已。商业化挺严重的，不过跟大城市的感觉还是不一样的[②]。"另一位游客也表示自己每次到访丽江古城时心情都能得到放松，并且产生留在丽江的念头，"去了都不想回来了，景致很美的，而且每次去心情都能得到放松[③]"。在旅游过程中，这类消费者倾向于凝视符合自己想象的事物，他们的迷思得到了确认和强化。而对于一些打破美好幻想的负面事实，他们会选择性地"过滤"，或以一种宽容的态度去对待。在他们眼里，尽管丽江过于商业化已成事实，但总体而言丽江是美好的。在丽江，他们能够放松身心，寻找到快乐和本真性的自我。

二、迷思的消解型消费

消解型消费体现在旅游供应方面向旅游者制造的迷思，最终在实际旅游过程中分崩离析。旅游者的体验消解了既有的旅游地迷思，他们的迷思没有得到确认，甚至不断被削弱、瓦解。这也意味着旅游消费者的旅游体验是消极的、负面的。迷思的消解型消费

[①] 李大伟. 城市历史街区重建方式的地理视角［J］. 城市地理，2018（8）：66-67.
[②] 途牛网. 游客点评［EB/OL］. http://www.tuniu.com/g50070/guide-0-0/，2016-07-31.
[③] 途牛网. 游客点评［EB/OL］. http://www.tuniu.com/g50070/guide-0-0/，2016-07-22.

情形通常存在于求真型人格的旅游者当中。求真型人格的旅游者执着于寻找真实、追求完美，他们就像一个个放大镜，在实际旅游过程中不断放大理想与现实之间的差距。也因此，他们的期望和幻想是较难被满足的，难以取得正面的旅游体验，其迷思自然容易被证伪、消解。

（一）求真型旅游者对凤凰旅游地迷思的消解型消费

1. 求真型旅游者对凤凰本真性迷思的消解型消费

求真型旅游者通常认为自身的想象与现实世界中的凤凰存在一定的差异，有时甚至是巨大的反差。例如，下面这位受访者想象中的凤凰是山清水秀的，如世外桃源般，但现实中，她所看到的凤凰人非常多，酒吧也很嘈杂。她认为自己对凤凰的想象和期待在实际旅游过程中并没有得到满足，其本真性的迷思被消弭、瓦解。

问：在出发之前，您对于凤凰古城有什么想象吗？

答：因为之前就是看有沱江什么的，我觉得就是应该有那种山清水秀，有点世外桃源吧，因为它位置也比较偏。

问：您在凤凰的体验、感受和您去前对凤凰的想象有差异和区别吗？

答：有差距。我们是淡季去的，以为不会有那么多人，可是人还是很多，尤其是坐船和穿苗服拍照的时候。晚上酒吧太嘈杂了，对它的期待有点高了，虽然有朋友说不怎么样，但我还是想亲自看一看，可能没有朋友描述的那么糟糕，不过实际和他们描述的差不多。（F-126-F）

有的游客认为凤凰的商业气息很重，凤凰古城就是一条商业街，缺乏本地特色，民居都是仿古建筑，古镇的景色不尽如人意，住宿设施也比较差。在实地旅游过程中，他的旅游体验是很负面的，并表示不愿意再重游。

说实在，真没啥特色，说白了就是仿古建筑的商业街，报团去的就更坑了，说没购物，结果只留给你15分钟拍照时间，最后给你往银饰品店一带，就完事，最后时间自由活动，都被带走迷路了，自由活动又能走哪去？最终还是在银饰品店里或附近转，这地方就是个坑。景色和乌镇什么的也没法比，甚至都不如芙蓉镇，就是宣传得大，广告打得响而已。住宿也非常差，订的四星酒店，结果热水就一会儿，空调也是坏的，被子根本不御寒，一晚上都是冷飕飕的。11月23号住的，天很冷，朋友都冻感冒了，导游就会说好听的，根本不给解决，总之太坑了，再也不会去了！

资料来源：马蜂窝网."凤凰古城"点评［EB/OL］.http://www.mafengwo.cn/poi/7272.html，2014-12-31.

在这些怀旧型旅游者的想象中，凤凰的当地人应该是淳朴友好、热情好客的。但一些游客的实际遭遇打破了他们的美好想象。一位游客觉得凤凰中没素质的人占大多数，这位游客用了"素质差""地痞流氓"等词形容在古城中遇到的当地人，说本地人敲诈勒索游客，表达了其不满的情绪。

　　凤凰风景美，但人的素质差，说实话十个里面不说有九个素质差，嗯，反正在我晓得的里面一半都素质差，讲得不好听一点，一半以上都是一些地痞流氓，敲诈游客，勒索游客。五六个地痞在店铺门口看你人不多，人不高，人又老实，就直接在店门口几个人把你一围，反正都是他们的人，他们也不怕。

　　资料来源：马蜂窝网."凤凰古城"点评［EB/OL］.http://www.mafengwo.cn/poi/7272.html，2014-07-07.

　　另外一位游客也有同样的感受，他认为凤凰当地人素质不高，在凤凰旅游容易被人坑。他两次到访凤凰所留下的都是负面印象，他在凤凰的实地旅游体验很不好。

　　凤凰，这个名字我喜欢，但讲实话我又不太喜欢凤凰，为什么呢？我到凤凰去过两次，第一次去呢，没有玩几天，就是感觉有点坑人。第二次朋友叫我去玩，我又去了，这次去玩的时间更短……当时我就觉得凤凰没素质的人占大多数，还有很多就不一一讲出来了，总之就三个字——很不爽。

　　资料来源：马蜂窝网."凤凰古城"点评［EB/OL］.http://www.mafengwo.cn/poi/7272.html，2014-07-07.

2. 求真型旅游者对文学迷思的消解型消费

　　一些文学旅游者所向往的是沈从文笔下有着美丽的自然风光和淳朴、安静氛围的纯净"边城"，他们期待在凤凰能够体验到书中所描绘的"边城"的意境，"边城"是他们对凤凰的想象。下面这位受访者想象中的凤凰应该有翠翠、爷爷那样淳朴、善良的当地人。但在实际旅游过程中，外地人占大多数，本地人很少见，还有古城过多的游客和过度商业化的现象打破了他的想象和期待。他认为《边城》中所描写的原始的、朴实的、本真的生活方式在凤凰已经无法体验到了，完全没有《边城》电影里的感觉，这让他感到了"边城"已逝。

　　问：在出发之前，您对于凤凰古城有什么想象吗？

　　答：其实没有太多想象，就是单纯地想去看一看吧。嗯……我想象中的话，它那里的人应该是很善良很淳朴的，像电影《边城》里翠翠和她爷爷那样；景的话，因为看过网上的图片和朋友拍的照片，所以去之前没有太多想象。

　　问：在您旅游过程中，是否体验到《边城》中所传达的那种意境呢？

　　答：没有，我感觉两者之间差距很大。

　　问：有哪些景点/情景让您觉得有违您对凤凰这座"边城"的想象吗？

　　答：总的来说，就是去的人太多了吧，还有到处都是卖东西的。并且在古城里感觉当地人很少，大部分都是外地人，感觉不到古镇的文化。

　　问：您对凤凰的感觉和印象如何？

　　答：只能说还行吧，景色、建筑、酒吧比较喜欢，但是原始本真朴实的生活方式已感

受不到了，那边的桥啊、船啊也都被政府或者开发商承包了，完全没有"边城"电影里的感觉。（F-109-M）

另外一位游客是典型的文学旅游者，他是为沈从文而去凤凰，他希望在凤凰体验到《边城》书中所营造的氛围和感觉。但实际上他的体验不如预期，他认为凤凰古城的游客太多，过分喧嚣，少了边城的味道，"我们是奔着沈从文先生去的，国庆节小城人太多，多了点喧嚣，也许人少的时候更能体会到边城的味道吧[①]"。一位游客在实地旅游后，觉得凤凰古城与自己心中所想的古镇有很大的出入，他认为凤凰商业气息太重。同质化的古镇模式、千篇一律的商业街、毫无地方特色的旅游购物品、喧嚣吵闹的酒吧、刻意营造的"艳遇"名号等，这一切都与他认可的古镇的形象和古城应有的气质相冲突，显得格格不入，如今的凤凰早已不是那个宛若世外桃源的"边城"世界。

下午和晚上的凤凰，不是我心中的样子。感觉全中国的古城都被打造成了一个模式，长长的商业街卖着雷同的货品，各种形式的漂流和泛舟，夜晚灿烂的灯火，酒吧劲爆的音乐，关于艳遇的暧昧蛊惑……这一切真的跟古城的气质相符吗？我只想静静坐在江边的吊脚楼里，看江水慢慢流淌，日影缓缓西斜，江风微微拂面，但片刻安宁难得。是啊，像我等俗人都趋之若鹜，这里怎么还能是沈从文笔下的边城世界呢？

资料来源：马蜂窝网."凤凰古城"点评［EB/OL］.http://www.mafengwo.cn/poi/7272.html，2017-07-08.

然而，并不是所有求真型旅游者的想象都不能得到满足，在消解型消费中也包含不过分求真、淡然对之且无所谓型。如今的凤凰的确难得见到"边城"的影子，但早上的凤凰和淡季的凤凰仍可以寻觅到一点"边城"的感觉。下面这位旅游者受沈从文笔下《边城》的影响，她把凤凰想象成一座很质朴、很美的城市。然而，在现实中，夜晚的凤凰霓虹灯闪烁、充斥着震耳的音乐声，街道也十分拥挤，她认为这与她想象中的"边城"有所差别。但她表示早晨的凤凰非常安静，空气也很清新，偶尔有行人，这时还能够较好地体验到"边城"所描写的场景。

我觉得应该是非常的质朴，那种青石板的路我觉得应该可以蔓延到很远，如果说是晚上的话沈从文他所描写的那种边城不应该是整座城都笼罩在五光十色、火树银花的那种景色中，我觉得这跟边城给我的印象是不一样的。其他的吸引我的地方？我觉得虽然她给我的灯光的形象不是很好，但是我觉得她在早上的时候还是非常能体现出沈从文所描写出的边城的那种场景，比如说早上非常的安静，你从窗户望过去你可以望见沱江的水从下面流过，她非常地静，不会说是从很高的悬崖上面忽然掉下来或者是非常地有声响，就是非常的安静，整个空气的话也非常的清新，偶尔的话可以看到那种起得非常早的人，因为现在的话人都起得很晚，他们不会特别特别早地起来，这样的话更能体现更加像边城里面描述

---

① 携程网."凤凰古城"点评［EB/OL］.https://piao.ctrip.com/ticket/dest/t17369.html，2018-01-21.

出来的那种场景，很少的人走在青石板的路上，而不是说像晚上一样大群大群的人进进出出，而且还有酒吧里面那种很大很大的音乐声飞出来。（F-104-F）

总而言之，凤凰古城的过度商业化使旅游者对于凤凰的想象破灭，造成旅游者实地旅游体验与自身的期待或者想象存在差距。他们美好的想象被打破，旅游体验是消极的。因而，他们的旅游地迷思也没有得到确认，这都反映了旅游迷思的消解型消费。旅游者对凤凰的想象或者说期待都是美好的，他们希望在凤凰能够找到边陲地的本真性社会，能够看到沈从文笔下的边城，但现实中凤凰浓厚的商业气息打破了人们美好的幻想。在全球化、商业化的浪潮下，边城早已不在，边陲地的本真性也难觅踪影。过度商业化可谓是旅游者迷思被消解的重要原因之一。旅游供应者在旅游营销中企图掩盖凤凰商业化的事实，也恰好反映了迷思的折射性、扭曲性的特征。

（二）求真型旅游者对丽江旅游地迷思的消解型消费

1. 求真型旅游者对丽江本真性迷思的消解型消费

现代社会中的繁忙、乏味和人情淡漠让人们开始想追寻一些返璞归真的东西，古镇成为怀旧型旅游者逃避世俗和压力的理想地。在一些怀旧型旅游者的想象中丽江是一个安静的、古朴的、原生态的古镇。但事实上，现实中的丽江古城人群熙攘，商业化气息浓厚，人们也不再淳朴。现代化的商铺、过多的酒吧、过多的游人，都是丽江本真性社会迷思被消解的原因。从旅游者的体验来看，相对于物质文化的本真性迷思，人与氛围的本真性迷思更难以被确认。旅游者期待的宁静、祥和的氛围被拥挤的游人打破，而人与人之间淳朴的、友好的、真实的情感也因旅游开发后当地对经济利益的追求而发生变化。这些携带本真性迷思的旅游者表示现实中的丽江古城与自己想象中的差距很大。一位游客认为电视上宣传的丽江虽然美丽，但是现实中与自己所想象的质朴、纯净的古城有所差异，"丽江现在已经是一个商业古镇了，虽然很多电视剧当中把它拍得非常漂亮，但是现在已经不是我们所幻想中的丽江。我们所向往的是质朴纯净的一个古城，但现在到了晚上，真的就是酒吧一条街[①]。"在下面这位受访者的想象中，丽江是一个安静的、如世外桃源般的小镇。但事实上，他看到的丽江古城是一个游客非常多，十分热闹的地方。他认为宣传片中的丽江古城被美化，与现实存在一定的差距。不过他对丽江的总体评价还是可以的。

问：在出发之前，您对于丽江古城有什么想象吗？

答：想象中的丽江应该是一个远离喧嚣，像世外桃源般的小镇。比如说有雪山、蓝天，有古城，有清澈的泉水和新鲜的空气，有独特的民族文化。

问：您对丽江的实际感受与您事前的想象有差距吗？是想象比实际好，还是实际比想象好，还是想象与实际体验一致。若有差距，差距在哪里？

---

① 途牛网."丽江古城"点评［EB/OL］.http://www.tuniu.com/g50070/guide-0-0/，2016-09-01.

答：还是有差距的，想象比实际好。我想象中的古城是那种世外桃源的地方，至少比较安静，但是丽江古城有点热闹了，人太多了，人山人海，可能因为我是暑假去的，旅游旺季人比较多吧。宣传介绍得都比较完美，一般宣传片还是有点夸张的，不过总体来说还是不错的。（L-121-M）

下面这位受访者则表示，随着旅游开发进程的不断推进，丽江大研古城出现了浓厚的商业化现象。如今的丽江大研古城丢失了原有的质朴，经济利益至上，难以再寻找到本真性的氛围和人。他对丽江束河古镇的评价还好，认为束河尚保留了古朴的民风。

丽江古城给我的感觉就是完完全全是一个小镇，与外面的大都市很不一样，有种与世隔绝的感觉。但是近几年旅游越来越开放，越来越开发丽江古城，我觉得丽江古城现在是越来越商业化，并没有原来很古朴的感觉，都找不到了。相反，我觉得我住的束河古镇民风还是比较古朴的，丽江古城开发比较久，商业气息比较重，商人之间利益化。（L-23-F）

另外在访谈的过程中，不少受访者都主动提及了自己在去丽江旅游前就听过关于当地人殴打游客的负面新闻。这对他们关于丽江的本真性社会的美好想象产生了一定的冲击，他们认为丽江的当地居民并不像以前那样淳朴、友好，认为当地居民为了赚钱会坑骗外地游客甚至野蛮地殴打游客，因此，对丽江的印象很不好。

就是之前网上不是有那个丽江打人至毁容事件嘛！然后我朋友还说有一次她在丽江旅行中被偷过两次，我觉得感觉跟以前相比变化还挺大的。就让我感觉现在丽江古城鱼龙混杂的，也没有之前当时去玩的时候民风那么淳朴，我觉得如果不再实施一些管制的话，以后会更加一发不可收拾。（L-105-F）

之前觉得丽江这个地方挺好的，但在听说过丽江打人事件之后对丽江的好感大大降低，觉得以后不想再去丽江这种地方了，因为觉得好危险啊！我觉得他们（当地居民）为了赚钱，表面上还是挺友好的，但是实际上会坑人，感觉并不淳朴、友好。（L-68-F）

过多的酒吧、商铺及游客不断拥入，导致空间密集程度加剧，打破了古城原有的安静、祥和的氛围，旅游者对丽江的本真性社会的想象也因此被颠覆。与凤凰古城相似，在丽江古城里，求真型旅游者携带的"本真性的迷思"是较难得到证实的。随着时代的变迁和旅游开发进程的推进，丽江古城的商业化程度也随之不断加深。在这种环境背景下，求真型旅游者往往难以取得较好的旅游体验。因而，求真型旅游者所携带的本真性的迷思在实际旅游体验过程中容易被消解、颠覆。

2. 求真型旅游者对丽江浪漫迷思的消解型消费

大多数旅游者携带的浪漫迷思指向于丽江古城的"酒吧"，酒吧为旅游艳遇提供了重要的场所。"本质上，酒吧以酒水、歌舞、音乐、故事为触媒，有意无意制造出自由、不羁的浪漫氛围，消解人际交往的文化束缚，酒吧因此成了艳遇文化的核心隐喻（赵红梅，

2014）①。"旅游经营者有意识地生产和制造丽江古城浪漫的迷思，以此吸引旅游者去旅游目的地消费。在丽江古城的实际旅游过程中，相对于浪漫的小资而言，关于爱情或艳遇的浪漫迷思更容易被消解。部分旅游者认为，古城里的一些商家趁机借着"艳遇之都"的名号，聘请美女做酒托，欺骗旅游者，这些虚假艳遇打破了他们对丽江浪漫的想象，由此导致了其浪漫的迷思被消解。以下旅游者的描述正反映了其携带的浪漫迷思在实际旅游体验中被消解的现象，在这些游客眼里，丽江"艳遇之都"的称号是名不副实的，在酒吧所谓艳遇有可能是一场精心设计的骗局，"丽江，一个被誉为艳遇之都的地方，现在早已经名不副实了。艳遇基本上都是酒托，所以不要相信什么艳遇！②"一位女性游客表示，在现实中的"艳遇"与想象的不同，大多数都是酒托设计的虚假艳遇，自己对丽江古城"艳遇之都"的旅游宣传口号很是反感。

问：你是否听说过丽江的旅游形象或旅游宣传口号？

答：嗯，听说过，大概就是"邂逅一座城，艳遇一个人"之类的吧。

问：你对于这个口号有什么看法？

答：呃，当时纯粹只是好奇吧，然后直到亲临丽江感受到了之后才觉得和想象的不太一样，有些反感。因为从当地人那里了解到大多数的艳遇其实都是酒托。听说，长沙已破获了一起诈骗案，就是说长沙的那个犯罪集团，伪装成身在丽江的女性游客，然后和当地的男性游客进行聊天，把他约到酒吧之后再由当地的女酒托接手。（L-62-F）

"艳遇之都"这一标签是人为添加的，在旅游生产者的推动下，逐渐成为吸引游客的一大噱头。一些旅游者将浪漫的迷思投射给旅游目的地，并渴望在现实中遇到符合自身想象的旅游情境。然而，现实中的酒托骗局打破了一些游客艳遇浪漫爱情的美好想象，他们所携带的浪漫的迷思被证伪。

问：在出发之前，您对丽江古城有什么想象吗？

答：丽江古城，好像之前还挺牛的，觉得应该挺好玩的吧。感觉应该是一个特别古老的地方，然后应该充满人文气息，会比较好玩一点，会有很多的艳遇。

问：您记得您同学是怎么描述的吗？

答：他当时跟我说的就是，来丽江吧，丽江特别爽，包你玩得飞起嗨得飞起，随便喝随便玩，各种艳遇。

问：那您是怎么看的呢？

答：它是个假的艳遇之都，太假了！好多人都是骗你去酒吧喝酒的，就是那些酒托。酒托比较多，艳遇的人还是少。（L-65-M）

除此之外，还有少数旅游者携带的关于文艺的浪漫迷思在实际旅游过程中被证伪、消解。一位受访者表示自己想象中的丽江是很文艺、有故事、很淳朴、很美好的一个地方。

---

① 赵红梅. 世界文化遗产——丽江古城浪漫意象的生产与消费［J］. 百色学院学报，2014，27（6）：63-69.
② 携程网. "丽江古城"点评［EB/OL］. https://piao.ctrip.com/ticket/dest/t17369.html，2016-05-05.

但事实上,丽江古城里看不到原住民的日常生活,古城里大部分是经商的外地人,丽江的游客非常多,十分商业化,与自己的想象存在很大的差距。他在现实的丽江旅游过程中并没有感受到文艺的气息,并发出了"相见不如怀念"的感慨。

问:在出发之前,您对于丽江古城有什么想象吗?

答:我没去的时候以为古城里会有原住民,会有一些生活气息。还以为它像凤凰一样,有河流,还以为会有艳遇,会很文艺。

问:您是否听过丽江的旅游形象/旅游宣传口号?

答:"很文艺的地方"。因为我喜欢弹吉他、唱歌,所以当时特别想去。

问:那您对于这个形象有什么看法呢?

答:去之前感觉很美好,很文艺,去之后感觉商业气息太浓,人太多,全是商铺,相见不如怀念。

问:您对丽江的实际感受与您事前的想象有差距吗?

答:有差距,它根本就不是我想象中的样子。可能是我自己的原因,我对丽江的期待太大了,我以为它很文艺、有故事、民风淳朴、能看到当地人的生活轨迹。可事实上并不是很文艺,古城里的商人大部分都是外地人在那里做生意,感受不到当地人的生活。(L-67-M)

总之,旅游地的一些迷思与真实是存在反差的,是具有折射性的,这也造成了旅游想象与旅游现实的反差。旅游地迷思通常是为了弥补人们在现实生活中的遗憾和不满而建构出来的,是符合人们心中的美好想象和期待的建构。旅游地迷思为旅游者营造了一个美好的梦境,驱动旅游者不断去游览、探索旅游目的地。所以,迷思自带的特性也导致了求真型旅游者所携带的一些迷思容易被证伪和消解的结果。旅游开发者和经营者为了迎合游客的需求,通过精心的设计和巧妙的包装塑造了理想化的旅游地。一些游客携带的关于丽江的"本真性社会""浪漫的旅游艳遇""文艺之城"的迷思,在实际体验中并没有得到验证和满足,这种反差让他们产生了挫败感,因而旅游体验质量偏低。

三、零迷思消费

除了上述建构型和消解型消费外,还存在一种特殊的消费情形:一些旅游者在去某个旅游地之前,可能对该地一无所知,或者所知甚少,其头脑中是不存在迷思的,到了该旅游地之后也不会进行迷思的消费。此类情形称为零迷思消费。根据旅游者是否有想象,零迷思类别可以划分为两种类型:一是零想象零迷思型,二是有想象零迷思型。具体而言,零想象零迷思指的是旅游者在旅游前对目的地没有具体想象或期待,也无迷思;而有想象零迷思指的是旅游者在旅游前对于目的地有想象,但并不携带具体的迷思。总的来说,这两类旅游者的旅游动机是不受迷思驱动的,在实际旅游过程中也不涉及对地方迷思的消费,他们更像是旅游地迷思的"旁观者"。因此,他们在实际旅游过程中的体验可以称作是零迷思消费。从文本资料来看,凤凰和丽江两个旅游地都存在零迷思消费情形,接下来对不携带迷思的旅游者在实地旅游中的消费情形进行具体分析。

例如,下面这位受访者就属于零想象零迷思型消费者,在旅游前他对丽江没有过多的了解,也没有特别的想象和期待,其旅游动机与迷思无关,这种消费情形是典型的零迷思消费类型。

问:您之前是否听说过或者去过丽江?

答:听过,也去过,单位组织旅游的。

问:在出发之前,您对于丽江古城有什么想象吗?

答:我以前读大学的时候就听说过那个地方很好玩,后来去了一次觉得不怎么好玩,还有点落后。如果说我是什么地方都没去过的话,我觉得还可能会有想象,但是现在去了很多地方了,没什么大的兴趣。

问:那您是否听过丽江的旅游形象/旅游宣传口号?

答:这个我没听过,也不太了解,就只是走走看看。(FL-31-M)

而下面这位受访者可以称作是有想象零迷思型游客。她出发前对凤凰古城是有想象的,但这种想象是负面的,并不涉及迷思。她表示在自己的印象中,凤凰古城的口碑很差,她仅是顺路到凤凰旅游。显然,这位受访者的旅游动机不受迷思所影响,并且她的旅游体验也是消极的。

问:您刚刚说您去过凤凰,那您是通过什么途径知道的啊?是网络还是书籍或者是亲朋好友的推荐呢?在出发之前,您对于凤凰古城有什么想象吗?

答:这个真不记得了。凤凰古城在我的脑子里印象已经差到了极致。

问:那您当时为什么会选择到凤凰旅游呢?是出于什么动机呢?

答:我当时只是去张家界玩,顺便路过去看一下,只是为了带另外一个小朋友到那儿去玩,并不是说特意跑到凤凰,我也不愿意去,因为所有的口碑已经不行了。

问:您说您对这个古城印象比较差,但是在古城里有没有哪一块是比较吸引您的?

答:还真没有,以前开始的时候就觉得凤凰很好,可以去。但是后来去过的朋友,还有其他的同学都会告诉我那里是什么样子的,慢慢地我的印象就越来越差。后面会去也是因为另外一个朋友要带她小孩去张家界玩,然后顺便在湘西附近转一下。张家界也去了好多次了,但是凤凰去了一次我真的再也不想去了,本来也没想着要去。(FL-36-F)

另一位受访者同样也是有想象零迷思型游客。在他想象中,凤凰古城的酒吧很多,比较商业化,他对凤凰的印象不好。他提到自己前去凤凰旅游仅是因为距离近,出行较为方便。也就是说,在旅游消费过程中,这位受访者并不涉及对旅游地迷思的消费。

问:在出发之前,您对于凤凰古城有什么想象吗?

答:我对凤凰古城的想象的话,怎么说呢?对它没有什么想象,主要是商业化吧,有很多的酒吧。因为我对凤凰是没有太多,就是什么好的印象。去凤凰的话,是因为它离我比较近,去比较方便,所以才会选择去凤凰旅行的。(F-121-M)

零迷思型的旅游者心中并不存在迷思,他们的旅游动机不受迷思所驱动。正如下面这位受访者所言,在自己的想象中,凤凰是一座很古老、破旧,但是有民族特色的城市,与张家界的很多景区类似。对于她来说,凤凰古城并不具备太大的吸引力。她去凤凰旅游是跟随父母出行的,并非自己想去,不属于主动选择的旅游消费。

问:在出发之前,您对于凤凰古城有什么想象吗?

答:因为它叫凤凰古城,在我的印象里面我对它的想象就可能是一座很古老很破旧的城市吧,但是,有自己的民族特色的一个城市。

问:您当时为什么会选择去凤凰旅游?

答:当时为什么去凤凰旅游呢?因为我们全家一起出行,是家长定的地方,所以就跟家长一起去的。

问:在去之前凤凰对您来说有吸引力吗?

答:在去之前凤凰对我来说没有很多的吸引力,因为在我的想象中,我觉得张家界有很多的景区跟凤凰是类似的。(F-97-F)

迷思为旅游地着魅,赋予旅游地灵魂。一些携带迷思的旅游者会将旅游目的地理想化,由此建构出一个理想的世界。因此,对于有迷思的旅游者而言,旅游目的地属于高语境的吸引物,吸引着他们前往游览、观赏。在实际旅游过程中,他们心目中的迷思被建构、强化,或是被消解、修正。而零迷思消费是旅游迷思消费中的一种特殊情形,对于零迷思的旅游者来说,旅游目的地的吸引力可能更多地在于其物理属性,是属于低语境类的旅游吸引物。其出游原因或是因为旅游地的地理位置距离出发地较近(如凤凰之于湖南省游客),或是去其他旅游地的线路安排上顺道游览此地(如去张家界旅游就顺路游览凤凰),或是一种被动选择的旅游消费行为(如朋友相约、单位组织、家庭出游等)。在旅游前,他们对旅游地并无过多的想象或者没有任何想象,或者是想象中并不涉及迷思,对旅游地的迷思为零认知。在实际旅游过程中,相比那些旅游迷思的携带者,他们更像是一个"旁观者"的角色,对旅游地欠缺兴趣、热情和好奇心,他们的旅游消费行为不涉及对迷思的建构或消解消费。简而言之,零迷思型游客通常不了解附着于旅游吸引物上的非物理属性,他们的旅游动机不受旅游地迷思所驱使。

本章剖析了不同类型游客对迷思消费的不同结果。依据游客是否携带迷思,可以将旅游者划分为有迷思型游客和零迷思型游客。有迷思型游客可进一步划分为逃避型和求真型,零迷思型游客则可以划分为零想象型和有想象型。不同类型的旅游者到达目的地后,在实际游览过程中会出现不同的迷思消费情形。有迷思型的游客对迷思的消费存在建构型与消解型两种结果,而零迷思型游客不存在对迷思的消费,也就是零迷思消费情形,如图4-2所示。

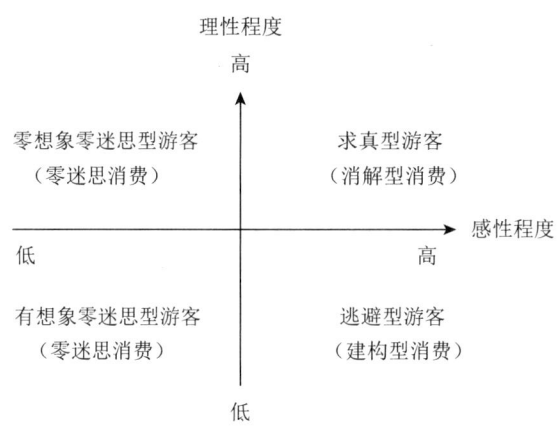

图 4-2 不同类型游客的迷思消费情形

在图 4-2 中，感性程度越高表示该类型游客的旅游动机越容易受迷思影响，而理性程度越高则表示该类型游客的旅游动机越不容易受迷思影响。相对于零迷思型的游客而言，有迷思型游客的感性程度更高，他们的旅游动机通常是受迷思驱使的。其中，逃避型游客类似于鸵鸟，他们对于迷思的求证是一种建构主义的视角，即"我认为它是真的，那它就是真的；我认为它存在，那它就是存在的"，在实际旅游过程中，他们总是能够找到符合自身想象的元素，而对于一些不符合自身想象的现实，选择忽视、过滤或视而不见。也就是说，此类型的游客的感性程度高于求真型旅游者，他们所携带的迷思总是能够得到证实、强化，也就是所谓建构型消费情形。求真型游客类似于放大镜，他们对于迷思的求证是一种客观主义的视角，即迷思必须是客观存在的，是客观真实的，是没有虚假成分的，对于景观的求真性上这部分游客也有类似的倾向。例如，有一些游客看到古城镇时希望古建筑必须是原有的真实的古建筑，可以加以修缮和维护，但是不能是后期重建的仿古建筑，仿古的、看上去比较新的古建筑在他们看来就不是真实的，他们在实际旅游过程中总是比较较真，追求完美，于是看到了理想与现实的差距，这类游客的感性程度要低于逃避型游客，而且这类游客往往是怀旧型的旅游者，因此，他们所携带的迷思通常容易被证伪、被瓦解，这种消费情形可称为消解型消费。恰恰相反，相对于有迷思型游客而言，零迷思型游客的理性程度会更高，他们的旅游动机不受迷思驱使。其中，零想象零迷思型游客的理性程度又高于有想象零迷思型游客，但这两种类型的游客在实际旅游过程中都不存在对迷思的消费。

本研究依据旅游者对迷思的消费将旅游者分为逃避型、求真型和零迷思型 3 类旅游者。如果按照旅游者所携带的迷思和他本身的性格特征来分类的话，在凤凰和丽江的案例研究中，可以把旅游者分为文学爱好型、浪漫型、怀旧型等不同类型，其中文学爱好型旅游者也可称为文学旅游者，他们往往携带着关于凤凰的边城文学迷思，他们去凤凰是要去看沈从文故居和沈从文墓地，而且要寻找边城的纯净古朴的意境和氛围；浪漫型旅游者就包括对旅游地真爱或艳遇有所期盼的人，或者希望古城镇是诗情画意的旅游世界的游客，或者自己标榜为小资身份的人，或者自认为是文艺青年或者伪文艺青年；怀旧型旅游者与文学旅游者和文艺型游客有所交叉，他们对过去的传统、本真性的社会、世外桃源有一种怀念或向往，希望小镇是安静的、朴素的、淳朴的，希望能找到本真性的人、本真性的景观、本真性的物质文化元素、本真性的生活氛围等，如上文所说的求真型旅游者。

从前文分析来看，凤凰和丽江的不同迷思主题的消费结果并不相同。凤凰旅游地存在本真性的迷思、文学的迷思、浪漫的迷思和神秘的迷思这四大类迷思主题。在实际旅游过程中，游客所携带的文学迷思更多地被证伪，也就是被消弭、瓦解，而浪漫的迷思、神秘的迷思则更多地被证实与强化；此外，本真性的迷思也能得到部分验证。例如，旅游者仍然可以寻找到一些本真性的物质文化元素，但本真性的氛围和人则往往得不到证实。丽江旅游地存在本真性的迷思、慢城的迷思、浪漫的迷思、小资的迷思和文艺的迷思这五大类迷思主题。分析中，将丽江小资的迷思和文艺的迷思归并到浪漫的迷思这一大类中。在实际旅游过程中，游客所携带的慢城的迷思更多地被证实；而本真性的迷思则被部分证伪，一些游客认为在丽江难以寻找到本真性的人与氛围；同样，浪漫的迷思也被部分证伪，部分游客表示丽江"艳遇之都"的称号与现实不符，浪漫的艳遇实际上是一些商家精心设计的引人上钩的骗局，在这样的骗局中，酒托就是诱饵，游客不过是愿者上钩的大鱼。并且由于过度商业化，他们在实际游览过程中也没有感受到丽江浪漫的气质和文艺的气息。事实上，无论是哪种类型的旅游者，他们想要追寻的"真相"都可能是"求而不得"罢了，因为迷思都是被人为建构的，具有折射性，它并不是现实的、完全真实的、原原本本的再现，而是被不同程度地美化、理想化。旅游地有着不同版本的迷思，于是就有了多个迷思主题，在这些不同的迷思中，有的迷思是对现实的过分夸大和过度美化，如同化着浓妆的美丽女子，她卸妆后的真实素颜十分普通甚至难看；有的迷思是真实与虚假的混合物，其内容存在真实成分，在旅游地是可以得到印证和证实的，如部分游客心中的小资迷思和文艺迷思及慢城的迷思。所以，不同迷思的折射性是有着不同折射角度的，有的远远偏离真实，有的却比较接近真实。总之，迷思是高语境旅游吸引物的"故事"，是旅游地的神奇叙事方式，是旅游地的灵魂所在。迷思为旅游地附着了很大的魅力。因为迷思对旅游地的着魅功能，在历史文化遗产的活化中，迷思可以充分发挥这个功能，为旅游地添加无穷的吸引力，从而让古城镇型的文化遗产得到更好的旅游活化。

第四章二维码

第五章　古城镇遗产的活化：凤凰古城和丽江古城

第一节　凤凰古城和丽江古城的旅游发展历程

本章主要探讨古城文化遗产的活化问题。首先有必要对凤凰古城和丽江古城的旅游发展历程作一番梳理，以了解两个古城活化历程中的时间谱系。

一、凤凰古城旅游发展历程

凤凰古城坐落于湖南省湘西土家族苗族自治州西南部。凤凰古城素有中国最美的小城之称，这来源于新西兰作家路易·艾黎的一句话："中国有两个最美的小城，一个是湖南的凤凰，另一个是福建的长汀。"1934年，凤凰籍作家沈从文的小说《边城》出版，让凤凰这个不为人知的边陲小城进入人们的视野，这奠定了凤凰发展旅游的前期基础。

20世纪80年代到90年代，凤凰县的财政主要依靠本地的烟草行业来维持，但是当地的烟草生产受到地理区位和交通条件的限制，最终无法维持下去。此时，凤凰县政府考虑到当地拥有众多人文和自然旅游资源，就开始探索发展旅游业的道路。

1983—1993年，凤凰县委县政府拨款610万元修缮文物遗存，期间开放了奇梁洞、黄丝桥、沈从文故居等景，同时划定了古城保护区。1991年，凤凰古城成为湖南省风景名胜区，次年南华山成为国家森林公园（凤凰县地方志编纂委员会，2015：5，6）[①]。

"1985年左右，凤凰县政府就已经开始发展旅游业，并且聘请知名画家黄永玉担任顾问。"（胡婷婷，2009）[②] 1997年，凤凰县的经济支柱——烟厂遭受"限产压库"后，凤凰县利用悠久的历史文化资源，实施旅游资源开发（凤凰县地方志编纂委员会，2015：5，6）[③]。在这十几年中，凤凰县成功申报省级历史文化名城和国家级历史文化名城，但是旅

[①] 凤凰县地方志编纂委员会.凤凰县志：1978—2001[M].北京：方志出版社，2015年5月第1版：5-6.
[②] 胡婷婷.民族旅游区导游的民族文化传播研究——以湖南凤凰县为例[D].中南民族大学，2009：13.
[③] 凤凰县地方志编纂委员会.凤凰县志：1978—2001[M].北京：方志出版社，2015年5月第1版：5-6.

游发展的状况和旅游创收并不十分理想。"在 2002 年以前，凤凰县的旅游开发一直采取的是粗放式、低效率的模式，基本上处于有旅游但没有旅游业、有游客但没有旅游收入的状态。"（阎友兵，2014：17）^①这种困境束缚着凤凰县的旅游发展，但是凤凰县政府很快就找到了突破这种困境的办法——引进市场机制经营旅游景点。2001 年是凤凰县旅游业的经营权发生改变的一年，也是凤凰县旅游业开始真正腾飞的一年。在这一年中，凤凰县政府与张家界黄龙洞投资股份有限公司签订《湖南省凤凰旅游景区（点）经营权转让合同》，向其转让凤凰古城 8 个景点（这 8 个景点是黄丝桥古城、沈从文故居、熊希龄故居、奇梁洞、南方长城、凤凰古城、沱江和杨家祠堂）50 年的经营权。"合同期间，凤凰县人民政府享受上述景点的所有权与经营权，黄龙洞投资股份有限公司享有上述景点的经营权和收益权。"（朱羽，2003）^②"依据合同，以经营开发凤凰八大旅游景区（点）为主的凤凰古城文化旅游投资股份有限公司于 2002 年 1 月 1 日正式经营。"^③张家界黄龙洞投资股份有限公司后来成立了凤凰古城文化旅游投资股份有限公司，本书将凤凰古城文化旅游投资股份有限公司简称为"凤凰古城公司"。

凤凰古城公司获得凤凰古城 8 个景区（点）的经营权之后，便开始对古城进行建设和维护，近亿元的投资被用于古城硬件设施的修缮和当地的旅游推广。在一系列的措施之下，凤凰古城过去旅游业发展中的各种问题被一一解决，获得了经济效益和社会效益的双丰收。

在《凤凰城旅游景区转让后的效应评价》一文中，我们可以了解到，自 2001 年起，凤凰古城的旅游经营权归属凤凰古城公司之后，凤凰古城的旅游业发展在接待人数、旅游总收入等方面形成爆发性的增长。文章从旅游产业规模、景区形象、市场知名度、旅游资源的开发状况和旅游开发对社会的影响等方面做了分析和研究，得出景区经营状况的结果为"绩效显著"（王凯、谭华云，2005）^④。由此可知，在 2001 年凤凰古城的旅游经营权发生改变之后的几年里，凤凰古城的旅游业得到显著的发展。

虽然凤凰古城的旅游业发展在凤凰古城公司主持之下取得了较为乐观的经济效益，但是从 2006 年开始，针对凤凰古城旅游门票的事情开始漫长的争议之路。2006 年 4 月，凤凰县内四景区（凤凰古城、南方长城、黄丝桥古城、奇梁洞）门票上涨，通票价格由 168 元涨至 186 元（保留分票制，游客可单独购买凤凰古城门票，价格为 98 元/人），门票风波在网上引起热议，但是这次的门票价格调整尚在合理的范围之内，也并未引起凤凰古城旅游业的倒退和停滞。2013 年 4 月，凤凰古城实行"一票制"，游客要进入古城，需要

---

① 阎友兵. 经营权转让后的景区运营状况实证研究：以湖南省凤凰古城景区为例［M］. 湘潭：湘潭大学出版社，2014 年 5 月第 1 版：17.
② 朱羽. "黄龙"西行娶"凤凰"［N］. 中国旅游报，2003-02-26.
③ 华声在线. "凤凰古城'金主'浮现，被曝拥湖南多景点经营权"［EB/OL］. http://hunan.voc.com.cn/article/201304/201304181001553300.html，2013-04-18.
④ 王凯，谭华云. 凤凰城旅游景区转让后的效应评价［J］. 中国人口·资源与环境，2005（04）：37-42.

购买148元的门票,此举被称为"围城收费"。"围城收费"引起了古城内的商户、当地居民及游客的强烈不满,众多媒体也对"围城收费"一事口诛笔伐。最后在2016年4月,凤凰古城景区暂停了"围城收票"的做法,改为小景点验票收费的方式继续经营景区中的八大景点。

与此同时,凤凰古城因旅游业发展而产生的商业化现象也同样被人指摘。凤凰古城的所在地原本是以苗族等少数民族为主的民族聚居地,但是随着旅游的开发,外来人口大量拥入,本土文化为了吸引旅游者的到来也发生了某些扭曲;古城内的客栈、酒吧的数量十分庞大,过去当地人生产生活的场景已经不复出现。此外,古城内还出现了环境污染等问题,沱江污染就是其中之一。这些问题伴随着旅游业的发展而逐渐产生,并且直到现在依然存在。

凤凰古城的旅游发展历程在古城镇旅游发展中具有相当的典型性,其发展条件可以概括为先天优势和后天机遇。先天优势包括当地的自然山水、民族风情和"中国最美小城",以及文学作品《边城》带来的声望;后天机遇包括当地政府对旅游业发展的支持、企业为主导的经营模式的实施等。

表5-1所示为凤凰县旅游发展年表。

表5-1 凤凰县旅游发展年表

年份(年)	事项
1986	全国旅游外事开放甲类县城
1991	湖南省级风景名胜区
1999	湖南省级历史文化名城
1999	国家级生态示范县
2001	国家级历史文化名城
2005	凤凰古城被评为"湖南十大文化遗产"之一
2006	凤凰古城被列入中国文化遗产预备名录
2007	中国旅游强县
2006	凤凰进入中国世界文化遗产预备名单
2009	凤凰古城成为国家4A级旅游景区
2010	奇梁洞景区成为国家4A级旅游景区
2010	凤凰古城获"影响中国文化旅游的一个古城古镇古村"金奖
2017	凤凰古城被评为"2017最受网民喜爱的十大古村镇"之一

资料来源:作者整理

表5-2所示为2001—2019年凤凰县旅游发展情况。

表5-2 2001—2019年凤凰县旅游发展情况表

年份（年）	旅游人次（万次）	增幅（%）	旅游收入（亿元）	增幅（%）
2001	57	—	0.74	—
2002	89	56	1.1	48
2003	108	21	1.5	36
2004	189	75	2.9	93
2005	252	33	5.5	89
2006	350	39	11.87	115
2007	430	22.86	17	44.31
2008	426	-0.93	19	11.7
2009	486	13.93	26.1	35.32
2010	520	7	30.2	15
2011	600	15.4	44.3	47.01
2012	600.49	15.05	53.01	19.63
2013	842.42	22	66.86	26.13
2014	903.61	7.3	80.98	21.1
2015	1200.02	25.5	103.23	27.48
2016	1250	16.04	115	26.4
2017	1510	9.4	141	21.2
2018	1800.12	19.21	170.22	20.27
2019	2010.93	11.71	200.01	17.5

资料来源：彭丹.旅游迷思研究：关于湘西凤凰古城的个案分析［M］.北京：旅游教育出版社，2016年4月第1版：69-70.；凤凰县统计局.凤凰县国民经济和社会发展统计公报［R］.2001—2019.

二、丽江古城旅游发展历程

丽江古城位于云南省丽江市古城区，是一座始建于宋末元初的古城。丽江在行政上隶属于云南省，云南省多民族聚居的特色在丽江古城内也十分明显。而且，丽江古城旅游开发的一部分重点就是对当地民族风俗和文化的再现与活化。丽江古城不仅体现了我国古代城镇的整体布局特点，而且集中了丰富的民族特色景观。因此，丽江古城的申遗与旅游开发便显得更有力量与底气,成为我国"以整座古城申报世界文化遗产获得成功的两座古城之一"①。

丽江古城旅游业的发展起始于申报世界文化遗产。丽江古城的申遗准备是从 1994 年 10 月开始的,在历经 3 年的时间之后,也就是在 1997 年的 12 月 4 日,经世界遗产委员会正式批准,丽江古城被列入《世界遗产名录》,至此古城申遗正式完成,丽江古城的旅游知名度也得到空前提高。1999 年,世界园艺博览会在云南省省会昆明市举办,丽江因此获得了非常大的客流。也正是从这一年开始,丽江不仅"鼓励古城居民开办旅游小企业,同时积极鼓励外地人进入大研古城投资经营"(和灿芬,2016:3)②。20 世纪末的这些举措为丽江今后的旅游业发展奠定了十分良好的基础,此后,丽江不负众望,旅游发展呈现出高速增长的态势。2001 年 10 月,联合国教科文组织亚太地区文化遗产管理第五届年会在丽江举行,"丽江模式"一词横空出世,成为世界文化遗产管理的典范。到 2005 年,丽江被中欧国际旅游论坛组织评为"欧洲游客最喜欢的十大中国旅游城市"之一③。同年,张艺谋受丽江旅游局的委托,筹划大型旅游演艺作品《印象·丽江》④。《印象·丽江》这类大型旅游演艺项目,并不是古城旅游的规划者一时心血来潮而计划创作的,早在 2003 年,丽江政府就已经鼓励、引导民间的艺人和民众积极以本民族的文化底蕴为基础,创作和表演各类文化节目。为了扩大旅游市场,丽江在全世界范围内开展旅游推介会,如 2011 年在马来西亚、2014 年在新加坡等。2014 年,丽江政府推出大型文化旅游演艺项目《丽江千古情》。2015 年,丽江政府为了促进丽江古城的旅游产业又好又快发展、不断适应旅游发展的新需求,丽江市成立旅游发展委员会,立志完成丽江旅游"从管理到发展的转变"(王玲伟,2015)⑤。2016 年,国家旅游局公布首批创建"国家全域旅游示范区"名单,包括丽江在内的云南省 6 个市县被列入在内。丽江当地按照国家旅游局的要求,在 2~3 年的时间,把丽江创建为"国家全域旅游示范区",加快丽江"旅游业的转型升级"(和世民,2016)⑥。

丽江古城的旅游发展并非一帆风顺,同样遭遇了许多困难和调整。其中最大的挑战就是丽江古城申遗前发生的那一场地震。1996 年 2 月 3 日,也就是丽江古城正为申遗积极准备之际,丽江地区发生了 7.0 级地震。地震对丽江古城造成了一定程度的破坏,古城也因此被迫"重建",如今我们所见到的古城其实是重建后的丽江古城。在之后的旅游发展

---

① 百度百科."丽江古城"[EB/OL].https://baike.baidu.com/item/%E4%B8%BD%E6%B1%9F%E5%8F%A4%E5%9F%8E/304665.
② 和灿芬.丽江古城生活方式型旅游小企业主移民社会认同及社区影响研究[D].昆明:云南大学,2016:3.
③ 人民网."旅游快讯"[EB/OL].http://www.people.com.cn/GB/paper39/15626/1382532.html,2005-09-05.
④ 《印象·丽江》是在玉龙雪山表演的实景演出,分为《古道马帮》《对酒雪山》《天上人间》《打跳组歌》《鼓舞祭天》《祈福仪式》共六大部分,体现了丽江地区的独特文化。
⑤ 王玲伟.丽江成立旅游发展委员会[N].中国旅游报,2015-03-18(003).
⑥ 和世民.丽江创建全域旅游示范区[N].中国旅游报,2016-03-30(C01).

过程中，丽江古城也涌现出了各种各样的问题。2007年，丽江古城内发生一起导游伤人事件，一位来自吉林的导游在四方街持刀砍伤了20人。2011年，根据《中国旅游报》的报道，"在近几年的丽江发展过程中，商业化气息浓厚，游客怀着憧憬而来，失望而归"（班若川，2011）①。2015年是丽江政府成立旅游发展委员会的一年，也是被国家旅游局严重警告、勒令整改的一年。尽管经过整改，警告被撤销，但之后的2017年，丽江又一次被警告。另外，2014年、2016年、2017年丽江古城景区及其附近地区均有火灾发生，对古城的建筑保护和旅游发展都产生了或多或少的影响。除了上述问题之外，丽江古城的发展在古城大火之后，面临着网友质疑多年收取"古城维护费"的必要性问题，还存在古城原著居民遭受外来商人排挤的冲突事件等问题。

丽江旅游发展的过程中机遇和挑战并存。1996年的地震尽管确实对丽江古城造成了破坏，但好在这场地震并没有阻碍丽江申遗的进程，甚至可能在一定程度上让世人都知道了丽江这个地方。另外，丽江对文化遗产的科学规划和管理也是助推丽江旅游发展的因素之一。《丽江县城总体规划》（1982）、《丽江历史文化名城保护规划》（1986）、《云南省丽江历史文化名城保护管理条例》（1994）等的颁布奠定了丽江古城遗产保护规范化和制度化的基础。尽管之后遭遇地震，但科学的规划和管理让丽江重现生机，并且形成了国际公认的"丽江模式"。2015年和2017年丽江古城两次被国家旅游局警告，这也让丽江意识到了自身的问题所在。丽江古城在旅游发展的过程中不断调整自身，发现并且解决因旅游发展而带来的问题。

表5-3所示为丽江旅游发展年表。

表5-3 丽江旅游发展年表

年份（年）	事项
1985	乙类对外开放地区
1986	第二批国家历史文化名城
1992	玉龙雪山被开发并成为省级旅游区
1994	开始重点发展旅游业
1996	"二·三"地震，旅游业受重创
1997	丽江古城被列入《世界遗产名录》
2001	丽江古城入选全国文明风景旅游区示范点
2003	"三江并流"成为世界自然遗产
2003	东巴古籍文献被列入《世界记忆遗产名录》

---

① 班若川.建设丽江国际精品旅游胜地［N］.中国旅游报，2011-04-01（001）.

续表

年份（年）	事项
2004	丽江古城被评为"世界上最令人向往的旅游目的地"
2007	玉龙雪山景区成为5A级旅游景区
2010	《印象·丽江》获得"影响中国文化旅游的一部旅游演出"银奖
2011	丽江古城景区成为5A级旅游景区
2015	丽江古城景区被严重警告
2016	丽江入围"国家全域旅游示范区"
2017	丽江古城景区再次被严重警告
2017	丽江古城被评为"2017最受网民喜爱的十大古村镇"之一

资料来源：作者整理

表5-4所示为2001—2018年丽江市旅游发展情况表。

表5-4 2001—2018年丽江市旅游发展情况表

年份（年）	旅游人次（万人次）	增幅（%）	旅游收入（亿元）	增幅（%）
2001	322.1	10.9	20.43	9.5
2002	337.51	4.79	23.37	3.0
2003	301.48	−10.7	24.04	2.87
2004	360.18	19.47	31.76	32.11
2005	404.23	12.2	38.58	21.5
2006	460.09	13.8	46.29	15.3
2007	530.93	15.4	58.24	25.8
2008	625.49	18.13	69.54	19.23
2009	758.14	21.21	88.66	27.49
2010	909.97	20.03	112.46	26.84
2011	1184.05	30.12	152.22	35.36
2012	1599.1	35.05	211.21	38.75
2013	2079.58	30.05	278.66	32.17
2014	2663.81	28.09	378.79	35.94
2015	3055.98	14.72	483.48	27.64

续表

年份（年）	旅游人次（万人次）	增幅（%）	旅游收入（亿元）	增幅（%）
2016	3519.91	15.18	608.76	25.91
2017	4096.46	15.61	821.9	35.01
2018	4643.3	14.1	998.45	21.48
2019	5402.35	16.35	1078.26	8

资料来源：丽江市统计局．丽江市国民经济和社会发展统计公报［R］.2001—2018.；丽江市文化和旅游局官方网站．"2017丽江市旅游接待情况"［EB/OL］. http://www.927youyu.com/tjxx/p/7863.html，2015-01-25.；丽江市文化和旅游局官方网站．"2019丽江市旅游接待情况"［EB/OL］. http://www.ljta.gov.cn/html/infor/tongjixinxi/15369.html，2020-04-16.

三、两座古城旅游发展历程的比较

丽江古城与凤凰古城都是我国古镇旅游的主要旅游目的地，两者的旅游开发模式虽然不一样，但是在古城的旅游开发条件、项目建设、氛围营造、旅游景区管理方面都存在一些共同之处。前文已对两个古城的旅游发展历程各自进行了概括性介绍，接下来对两城旅游业的发展情况进行比较分析。

1. 相同点

首先，两座古城旅游业的发展都依赖当地的文化背景和人文建筑景观。丽江古城与凤凰古城都属于古城镇类型的旅游目的地，这类旅游目的地与自然景观类型的旅游目的地不一样。在旅游开发和管理上，古城镇类型的旅游目的地更多依赖于当地的文化背景和人文景观，这一点，丽江古城与凤凰古城都具有高度的一致性。丽江古城的旅游开发正是依托于丽江市内古城区的古建筑群及生活于此的原住民的生活习惯而发展起来的"慢生活"旅游体验感；凤凰古城的旅游开发则是依赖于沈从文《边城》一书中所描绘的山水氛围和民族特色而发展起来的神秘感和世外桃源的氛围感。不论是丽江古城还是凤凰古城，旅游发展的基础都是当地的文化背景和人文景观，以及以此形成的独特性。而且丽江古城和凤凰古城均属于高语境的旅游吸引物。

其次，两座古城都通过收取门票或者类似于门票的古城维护费对古城进行管理。在2011年的《中国旅游报》中，虽然有人提出古镇发展需要放弃门票经济而转为"依靠合理的商业业态和体验式的高端消费形式去实现古城镇的运营和发展"（王蕾，2011-11-28）[①]，但是在现阶段，门票依然是很多古镇旅游目的地的主要经济收入来源。凤凰古城曾经对门票制度进行相应的改革和调整，并因此在网上闹得沸沸扬扬；丽江古城虽然不收取景区景

---

① 王蕾．古镇发展需要放弃门票经济［N］.中国旅游报，2011-11-28（013）.

点门票，但是进入丽江古城仍然需要交纳 80 元的 "古城维护费"，丽江政府美其名曰维护费，而非门票。可是对于游客来说，不论古城镇收取的是维护费还是景点门票，进入古城游客都需要缴纳相应的金额。在交费的名义和收费主体方面所存在的差别，就是经营主体的区别。

再次，两座古城在各自的文化氛围营造方面具有相似之处。就古城镇旅游目的地的旅游项目建设和旅游文化氛围的营造而言，虽然各个古城镇之间存在些许差异，但是若在旅游目的地类别中进行区别，还是比较清晰的。相对于自然景观类型的旅游目的地，古城镇类型的旅游目的地更倾向于开展具有互动性、真人表演性质的旅游演艺活动，力图在有限的古城镇地域和特殊的文化氛围之内形成 "舞台效应"，将来自四面八方、五湖四海的游客带进已经营造好的古城氛围之中。丽江古城与凤凰古城在这方面具有较高的相似性：都有大量的酒吧，由酒吧等场所衍生出浪漫的氛围，古城的悠闲的生活节奏和远离都市的边陲小镇的 "避世感"①，营造出 "慢生活" 与 "小资情调"，正如受访者提到过，去丽江、凤凰，就会感到很舒适；丽江的酒吧让人留恋，凤凰江边的清吧给人深刻的记忆，丽江的慢生活让一些游客长久地停留在丽江甚至成为丽江的外来居民。受访者说道，"酒吧是艳遇的场所，也可以说是交朋友的场所，但是据了解很多人会因为在丽江结识了很多朋友，所以就继续留在丽江，过的就是这种慢生活。酒吧白天是没有什么事情的，也不用朝九晚五，很容易让人留恋"。（L-62-F 讲述丽江的酒吧）"我当时去了一个酒吧，印象很深，叫'边城故事'，是一个清吧。点一杯酒，听他们唱着民谣，看着外面的江水，也是很好的"。（F-112-F 讲述凤凰的酒吧）

最后，两座古城在旅游发展的过程中均出现许多类似的负面现象。旅游业的发展所带来的负面效应是旅游景区不可避免的。凤凰古城和丽江古城同属于古城镇类型的旅游景点，它们在旅游业发展过程中出现的问题也类似。一是商业化问题，两座古城旅游起步的时间相差不大，发展到如今，两座古城的商业化问题都饱受人们的诟病，古城内数量庞大的客栈、酒吧、餐馆和旅游纪念品店铺，都显示着当地商业化程度之高，而商业化在一定程度上也是对当地传统文化和本地人传统生活方式的一种排挤；二是古城内的旅游业乱象：游客被殴打、商家宰客拉客、酒吧的酒托等现象在凤凰古城和丽江古城都曾经出现过，这些现象的出现对古城的旅游声望造成了损害。同样作为古城镇型的旅游景区，凤凰古城和丽江古城旅游发展的乱象有共通之处，将两座古城的问题放在一起也可相互借鉴。

2. 不同点

上文虽然在古城镇的旅游开发条件、景区管理、负面效应等方面陈述了丽江古城与凤凰古城在旅游开发和发展过程之中的相同之处，但是若要细分两座古城在旅游业发展

---

① "避世感" 是笔者自拟的一个词语，这里指丽江、凤凰等地理位置偏远的边陲型旅游地因其边陲的地理位置和古城本身的古朴氛围，让出发地旅游者对其生成 "世外桃源" 的美好想象，想象着可以在这样的旅游地短暂地体验 "避世而居" 的感觉，可以暂时放下日常生活中的烦恼和压力。

过程中的不同点，丽江古城和凤凰古城仍然具有部分差异。对于这种差异，笔者概述为以下3个方面：古城经营主体的不同、古城构建旅游氛围的基础不同、古城旅游发展的着重点不同。

首先，两座古城的经营主体不同。正是古城经营主体的差异，直接导致古城在旅游发展过程中采取的措施和发展的方向有所不同。众所周知，在2001年，凤凰县政府就以8.33亿元的价格将凤凰古城八大景点50年的经营权转让给叶文智创办的张家界黄龙洞投资股份有限公司，并为此成立了凤凰古城公司，所以，凤凰古城的经营主体是凤凰古城公司，公司掌控着古城的经营权和收益权，这种模式是"经营权出让模式"[①]。反观丽江古城则不然，丽江古城的旅游开发是由政府一手主导的整体开发，没有引进外来的公司经营管理，采用的是"政府主导模式"[②]。正是因为各地方政府担任的角色不一样，才导致了上文中提到的丽江古城收取的不是景区景点门票而是维护费，而凤凰古城收取的是景区景点门票。

其次，在古城构建旅游氛围的基础方面，丽江古城和凤凰古城也存在差异，这个差异可以分为两个方面：古城周围环境和古城的人文风情。以古城周围的环境来说，丽江古城所在的地区自古以来就是多民族聚居区，丽江古城自古以来又是我国西南部一个重要的交通要道，来往人多，交通便利，即便在如今，丽江古城所在地区都是区域旅游的交通中枢。从古城的人文风情来说，丽江古城是丽江市内的一个片区，交通便利，可以说是繁华城市里的一座花苑，"慢生活"氛围是古城之内的纳西族人生活习惯养成的一种特殊"环境"。也就是说，丽江古城的"慢生活"氛围主要依托的是当地原住民的生活习惯。凤凰古城则与之不同，凤凰古城位于湘西地区，由于地理环境的特殊性，凤凰县的交通并不十分便捷顺畅，往往经由公路进出凤凰县城，这与交通相对便利的丽江古城完全不同。凤凰古城虽然周围也有城区，但是自然而成的山水景观和凤凰古城融为一体，更加凸显了幽静深处的一种桃源生活。凤凰古城的迷思有一部分来自沈从文所写的《边城》一书，尽管此城非彼城，但是在游客的憧憬之中却是不分彼此的。凤凰古城的"慢"与丽江古城的"慢"也有差异，凤凰古城的"慢生活"氛围更多依赖于这方山水天地和边城迷思。基于此，可以说丽江古城和凤凰古城虽然都具有"慢生活"的标签，但是深究之下，两座古城构建旅游氛围的基础却有所差异，而且丽江的"慢生活"标签更加广为人知，更受世人认可。

最后，在古城旅游发展的侧重点方面，丽江古城与凤凰古城也存在些许差异，这些差异正是基于上述两点的不同而产生的。上文提到，丽江古城的经营主体是丽江市政府，凤凰古城的经营主体是凤凰古城公司；丽江古城的"慢生活"旅游氛围主要是依靠当地的原住民纳西族人的生活习惯而养成的，凤凰古城的"慢生活"旅游氛围主要是依靠自然山水

---

① 龙藏.资本运营：创新古镇旅游开发模式[N].中国旅游报，2004-01-19.
② 龙藏.资本运营：创新古镇旅游开发模式[N].中国旅游报，2004-01-19.

人文环境的一体化，加上边城迷思而形成的；丽江古城的交通发达，属于区域旅游的交通枢纽，而凤凰古城交通闭塞，往往只有公路与外部相连。面对这些差异，丽江古城的旅游发展应侧重于发挥区位优势和纳西族的文化特色，促进和维系以纳西族东巴文化和以当地自然环境为基础的"慢生活"氛围和相关的迷思；反观凤凰古城，由于交通进入性较差，应重视地理位置和山水景观形成的世外桃源生活氛围的营造和山水人文景观集合映射出的边城迷思。如果说丽江古城是"大家闺秀"，那么凤凰古城就是"小家碧玉"，应当各自把握好自身的特色，形成自己独特的旅游发展道路。

第二节 遗产活化的路径

2014年2月25日，习近平总书记在北京考察工作时强调："历史文化是城市的灵魂，要像爱惜自己的生命一样保护好城市历史文化遗产。"[①]。作为历史文化的载体，历史文化遗产扮演着守护"灵魂"的重任。遗产研究也因此成了一个重要命题。

"遗产旅游"的出现使遗产得以被"消费"，因此遗产地演化为旅游地，遗产演化为旅游吸引物，遗产因此具备了"双重性质"。遗产的"双重性质"不仅使遗产发挥出新的功能（旅游功能），也被赋予了新的意义。旅游活动的大众性将遗产从神圣的地位上拉下来，具有神圣意义的遗产成为普通游客可以直接感知、触摸的旅游客体（彭兆荣、肖坤冰的《人类学与"遗产"研究》一文中有类似的观点）。在"去神圣化"过程中，遗产为了适应世俗而必然产生一些"缺失"。Goulding等（2018）认为：就遗产而言，缺失是一种"损失"，意味着它已经消失，不再以任何物质形式存在[②]。遗产的"缺失"对于遗产来说是一种毁灭，意味着遗产的死亡。对于那些"濒死"的遗产，要进行"活化"，在新的语境下赋予其新的内涵，弥补它的"缺失"。

首先，本研究认为，对遗产进行活化可以通过旅游的方式、商业运作和国家财政资助的方式。再次，如果单从遗产的外观和功能的活化而言，遗产活化的程度大致可以分为四类：保持原貌（保持不变，不去改变遗产的历史风貌，如北京圆明园）、复古（如修建仿古式建筑、营造仿古的氛围）、局部调整（细处的改变）和革命性的革新（对遗址进行彻底的改变，包括外观改造和功能的彻底性改变）。丽江和凤凰分别属于第二种和第三种，其中，丽江因为当初在准备申报世界文化遗产的前夕经历了一场大地震，丽江市政府对古建筑依照"修旧如旧"的原则进行了复古式重建，古建筑的主体结构没有改变，丽江的复古是做得比较成功的。与丽江的成功模式相反，国内有不少仿古建筑再建的失败案例，如

---

① 段金柱，郑璜.像爱惜自己的生命一样保护好文化遗产[N].福建日报，2015-01-06（01）.
② Goulding, C, Saren, M, Pressey, A. "Presence" and "Absence" in Themed Heritage [J].Annals of Tourism Research, 2018, 71（04）：25–38.

长沙的关山古镇，该古镇内全部都是新建的、人工打造的仿古式建筑，没有丝毫古朴的风貌可言，这种复古就是不成功的复古，古镇宣称其依托的文化是三国时期的关羽，以此成为一个供游人参观的微型古镇景区。凤凰古城的局部调整体现在凤凰古城景区内部对一些吊脚楼的外部基座进行了再次修缮，对一些古民居内部进行了生活空间的现代化改造；在复古方面，在沱江上方新建了几座风雨桥，或是因为原有建筑被损毁后新建了仿古建筑，新建建筑是在水泥房子的外表包上木板。2014年凤凰遭遇了特大洪水，冲掉和损毁了很多沱江两岸的建筑，因此新建了一些建筑，有受访者就说到了2014年洪水导致的老建筑损毁及新建建筑的情况。

真正的老建筑几乎没有了，2014年一场大水把这里都冲掉了，都到这上面了（酒吧街以上），那个虹桥啊，那上面所有的老建筑都没有了，等于说上面的就是虹桥。就是说，你到凤凰，没有到过虹桥就等于你没来过。因为什么嘞，只有虹桥是原来的老建筑。后来建的都是水泥房子了，现在这里的人也要追求生活舒适，你看到的这些木头房子，很多都是用木板架起来的，里面是水泥的，外面包的木板。这里这么湿，木头房子容易腐蚀，客栈也不好做，潮湿啊。（F-142-M）

目前国内学界将遗产活化划分为客观主义模式（静态博物馆模式）、建构主义模式（实景再现模式）和述行主义模式（舞台化表现模式）3种范式（吴必虎、王梦婷，2018）①。根据目前学界已提出的理论范式，结合目前活化的研究现状，本研究总结出活化的5种路径，分别是旅游活化、博物馆式活化、商业活化、功能性活化和舞台式活化，这几个路径是对遗产从外观到功能，再到内在文化等各个方面的全面的、系统的活化，与上一段所说的指针对外观和功能的活化路径相区别，这5种活化路径之间既相互联系又存在区别，它们构成了文化遗产活化的基本路径。

一、旅游活化

对于"旅游活化"，2014年《中国旅游报》所发表的文章《旅游让文化遗产活起来》中有类似的表述，其中说道：

用旅游激活文化遗产价值，是指在保护文化遗产资源、环境质量的前提下，在尊重、适应游览参观者心理行为规律的基础上，通过旅游化理念与手段挖掘、展示、传播文化遗产资源蕴含的各类信息与价值，吸引更多的人关注、亲近、接触、理解文化遗产景观及相关信息，使文化遗产资源在与不同时代、不同地区的人的互动交往中，展现文化魅力，获得持续生机。

资料来源：李萌.旅游让文化遗产活起来[N].中国旅游报，2014-06-13（002）.

---

① 吴必虎，王梦婷.遗产活化、原址价值与呈现方式[J].旅游学刊，2018，33（09）：3-5.

上文中的表述虽然没有直接点出"旅游活化",但具体内容可以认为是它的同义语。而且上文的内容正好落脚在"如何令遗产重焕生机",不但完全确认遗产在"旅游活化"中的主体地位,而且不偏执于文化遗产的保护,也不过分强调对文化遗产进行旅游开发,与笔者对"旅游活化"的认知是相一致的。

吴必虎、王梦婷(2018)曾提出旅游活化是"副作用最小的保护发展"和"最好的遗产活化方式"①。旅游是旅游主体(旅游者)和旅游客体(旅游地)的互动而形成的一个系统,Leiper(1979)提出了客源地和目的地通过"旅游通道"相联系的旅游系统模型,在该旅游系统的基础上加入活化概念,形成旅游活化系统,如图5-1所示。在这一系统中,旅游者的主体地位让位于旅游客体——遗产地。

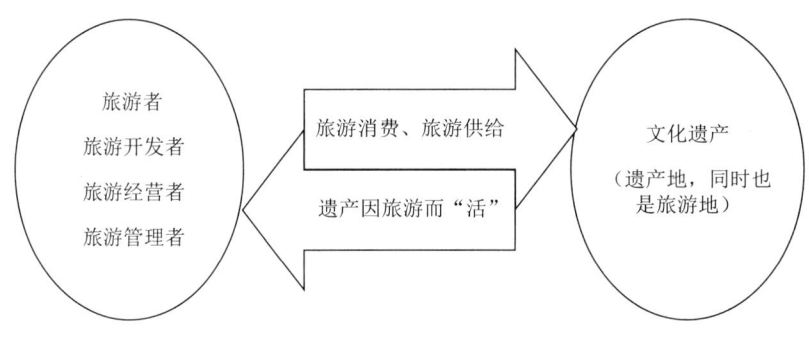

图 5-1　旅游活化模型

旅游活化是一种涉猎广泛的活化模式。旅游活化主要针对的是遗产地(如历史文化名城、名镇、名村等),旅游活化有以下特点:

首先,与旅游活动相比,旅游活化中的主体发生了变化。如果旅游者依然是旅游活化中的主体,就与遗产活化的要求产生了本末倒置的矛盾。因此,从活化的角度来说,旅游活化系统中旅游者和遗产地的地位与旅游系统是相反的,旅游者的重要性让位于遗产地。

其次,旅游活化是一种动态形式的活化,这表现在两个方面:一是旅游者是动态的,不同的旅游者在旅游过程中呈现出不同的特点,同时旅游者开展的旅游活动形式多样;二是遗产地(旅游地)也存在一种动态的变化,遗产地(旅游地)不断适应旅游者的各种需求,处于一种变迁的过程之中。

最后,旅游活化的目的是利用旅游者开展的旅游活动,达到遗产地的"活化"效果。也就是说,通过旅游活动的开展,遗产地(古城、古镇、古村)有机会恢复其原有的功能,展现出历史上曾有过的生机和活力。

"旅游"在文化遗产的活化中大有可为。由于旅游的外延十分广泛,旅游活化也成为众多文化遗产的活化路径中最为复杂的一种路径。

---

① 吴必虎,王梦婷.遗产活化、原址价值与呈现方式[J].旅游学刊,2018,33(09):3-5.

二、博物馆式活化

博物馆式活化模式分为两类，一类是对于可以移动的小型文物，集中在博物馆内进行展示；另一类是对于不可移动的建筑、遗址等改造成博物馆或者国家遗址公园。

博物馆式活化是一种与旅游活化有相似之处，但是也与之存在区别的活化路径：旅游活化中的"旅游者"在此成了以遗产物（或文物）为对象的"观赏者"或者以博物馆为对象的"参观者"；活化中的"遗产"对应的是静态的单体遗产，而且双方的互动过程也不相同。

博物馆式活化模式的特点如下：

首先，博物馆式活化模式中观赏者的作用相对弱化。博物馆式活化是一种静态的遗产活化模式，吴必虎、王梦婷（2018）认为这种模式中"保护工作相对重要"[①]，这是因为这种活化模式主要针对以单个的形式呈现的、静态的且不可再生的遗产资源。

其次，博物馆式活化模式要求提高文物本身的内涵。博物馆式活化的过程中虽然有观赏者的参与，但是建造博物馆、"遗址公园"的目的应该不仅包括对遗产进行保护，也有开展国民教育的因素在内。现在很多博物馆"为了拉近和观众之间的距离和增加观众体验，过度依赖数字技术，片面强调博物馆文创，而没有在深入探讨文物本体的价值内涵上下功夫"（杭侃，2018）[②]。

最后，博物馆式活化模式的主要过程是"展示"和"接受"（或者说"展示"和"观赏"），这两者都是可创新和开拓的主动过程。现在很多博物馆和展览馆都采用了新型的数字技术在遗产展示上进行创新。新的展示方式激发了观赏者的新鲜感和接受潜力，从而赋予遗产新的意义。

三、商业活化

商业活化是依托商业行为进行活化的一种活化模式。商业活化可以分为两种：旅游商业活化和非旅游商业活化。前者是在旅游活动中进行的，是旅游活化中的一种具体形式，如古城镇旅游的开展而导致当地商业的兴起和繁荣，从而导致商业化现象的产生；后者则是通过除旅游活动之外的商业行为进行的活化，如故宫博物院发展文创业和出版业。

商业活化存在如下明显的弊端：

首先，商业本身是现代社会一个重要的社会领域，但商业追求的是经济利益至上，出于对经济利益的追求，现代社会各个领域都或多或少地商业化；我们活化的对象是文化遗产，在一定程度上它是与现代化相对立的事物。因此，商业活化若控制得不适当，容易呈

---

① 吴必虎，王梦婷.遗产活化、原址价值与呈现方式［J］.旅游学刊，2018，33（09）：3-5.
② 杭侃.文化遗产资源旅游活化与中国文化复兴［J］.旅游学刊，2018，33（09）：5-6.

现出过度商业化从而产生过度活化的后果。

其次，由于商业化本身存在的缺陷，商业活化相比其他活化模式更容易引发其他的社会问题，也更容易使遗产或者遗产地遭到破坏。如过分追求商业化而忽略了遗产本身的意义，部分商业纠纷会对遗产产生不良的影响，另外，还有诸如遗产的所有权归属等问题也对商业活化产生了挑战。

尽管如此，商业活化的效果却普遍较好。由于商业是现代社会中极具活力的一个因子，所以，相比其他活化路径，商业活化也是最能使遗产"活"过来的一条路径。最明显的例子便是故宫文创业的成功：自从故宫发展文创业，不仅创造了巨大的经济财富，更令故宫文化在消费者尤其是青年群体中产生了非常高的声望，对故宫和故宫遗产的活化产生了很好的积极效应。

四、功能性活化

遗产的"功能性活化"是指在事实上让遗产恢复其历史上的功能，并给当今人类带来价值。这种活化模式适用于至今仍能发挥其原有功能，且这一功能的发挥具备某种现实意义的文化遗产。如大运河作为世界文化遗产，至今仍有一部分河段承担着内河航运功能，而且其功能仍在不断开发之中。2019年5月，中国大运河的组成部分之一的浙东运河宁波段利用运河的航运功能，实现了宁波地区的大宗商品内河水运中转。这种功能性活化的实质就在于在新的时代背景下对遗产原有价值的再开发。

功能性活化让遗产在当今时代重新为人类创造价值，解决了如今人类在发展过程中的一些难题。另外，功能性活化真正做到了使遗产"活"起来，遗产功能的发挥不仅肯定了它在历史上的地位，也在新时代赋予了它新的价值。

功能性活化虽然可以让遗产在事实上恢复其历史上的某种功能，但是一般来讲，这种被恢复的功能很难比得上其在历史上真正发挥作用时的水平，同时这种功能在如今的地位也与其历史上无法相比。如大运河的部分河段虽然恢复了航运功能，但如今内河航运的重要性已经让位于铁路和公路，其地位大大下降，如今恢复航运功能只能作为铁路等运输方式的补充。

另外，遗产活化必须以保护为前提，功能性活化虽然令遗产在现代重新获得活力，但这往往会令人忽略对遗产的保护。不仅如此，在遗产重新被人们利用并发挥功能时，遗产受到损害的概率也大为提高。

本研究的两个案例地——凤凰古城和丽江古城的活化目的中很重要的一项就是恢复它们的生活功能，是"功能性活化"路径的体现。下文将对此进行详细阐述。

五、舞台式活化

舞台式活化模式分为"活态展示"和"舞台表演"两种活化模式。这种活化模式主要应用于非物质文化遗产。活态展示指的是在博物馆、生态展示馆等地点进行的传统手工艺的现场展示和手工艺品的现场制作,面向游客演示传统技艺过程。如位于京杭大运河杭州段附近的手工艺活态展示馆,馆内的非遗传承人就通过现场制作刀剪、油纸伞、手工扇子的方式,向大众进行非遗的现场展示。舞台表演主要通过舞台剧和现场表演的形式再现旅游目的地当地的文化特色,这是非遗活化的普遍方式,在展示和传承文化的过程中起到了非常重要的作用。如凤凰古城的实景演出《边城》,丽江古城的大型舞台剧《印象·丽江》《丽江千古情》《东巴魂》等,都是舞台式活化的例子。

舞台式活化融合了非物质文化遗产的实践性和观赏性。在舞台式活化的过程中,表演者和观赏者分别扮演了不同的角色,表演者是舞台式活化的践行者,表演者和表演工具一起成为非物质文化遗产的载体。

表 5-5 所示为 5 种活化路径对比。

表 5-5　5 种活化路径对比

活化路径	活化对象	遵循范式
旅游活化	遗产地或遗产群落	建构主义和客观主义
博物馆式活化	静态的单体文物或遗址	客观主义
商业活化	遗产地或有某种开发潜力的遗产	建构主义和述行主义
功能性活化	能够在当今发挥其原有功能并因为功能的发挥带来某种价值的遗产	客观主义
舞台式活化	非物质文化遗产	述行主义

这 5 种活化路径各有其针对的活化对象。本研究的两个个案——凤凰古城和丽江古城则较为特殊。作为古城镇类遗产,这两座古城是国内炙手可热的旅游地景区,它们的活化路径以"旅游活化"为主,其他几类活化路径兼而有之。如果当地传统建筑和文化保存完好,可以作为"建筑博物馆"或一个展示当地文化的空间。古城内浓厚的商业化气息体现了商业活化的路径,古城生活功能的发挥则体现了功能性活化,而古城内的传统手艺人对传统文化的传承、当地居民操着方言,以及古城内的各种文化演出、旅游演艺项目则体现了舞台式活化的路径。对于凤凰古城和丽江古城这类古镇型遗产来说,各种活化路径复杂地交织在一起。

第三节 古城镇类遗产的活化

一、古城镇类遗产活化的特殊性

古城镇类遗产是遗产活化的重要领域,在遗产活化中有其特殊性。第一,这类遗产并非单个文化遗产,本质上是文化遗产群落或者文化遗产集合,因此笔者将其称为"历史文化遗产地",其内部包含诸多各不相同的物质和非物质文化遗产(这也是古城镇类遗产的活化涉及多条路径的原因),因此,在遗产活化中需要以整体的视角去看待这类遗产。第二,古城镇类遗产地往往同时也是旅游地,发挥着重要的旅游功能,所以,也存在诸多因为旅游开发而带来的利弊。遗产地和旅游地的结合既为遗产活化带来了契机,同时也为遗产活化带来了挑战。

二、古城镇类遗产活化的内涵

2015年《中国旅游报》曾发表一篇题为《古镇古村的三代旅游开发模式》的文章(任国才、韦佳,2015)[①],对古镇古村的旅游开发与发展历史进行了梳理,认为全球范围内的古镇古村的旅游开发模式经历了文化观光型、休闲度假型(丽江大研古城就属于这一类型)和生活体验型3个过程。其中"生活体验型旅游开发模式"的特点如下:

一是重视当地传统文化的传承,同时有选择性引入外来创意文化或艺术,增加文化传承发展的生命力;二是时尚旅游元素的低调注入,满足现代人的物质和精神消费需求,同时不破坏当地的人文脉络和生活习惯;三是强调人与自然的和谐共生,保留传统生活方式和自然居住模式。

资料来源:任国才,韦佳.古镇古村的三代旅游开发模式[N].中国旅游报,2015-01-28(011).

文中还提道:古镇古村的旅游开发和发展,不是为迎合外来游客而改变自身气质,而是凭借和发挥自身独特气质和传统生活方式,吸引真正的文化旅游者到访甚至长期居住,共同参与古镇古村的保护与发展。文章认为"生活体验型旅游开发模式"的探索和实践结合了"对传统文化的保护(村镇风貌、古建筑)与传承(非物质文化遗产);尊重地域和传统文化的'新文化人'进入,带入创意和知识,促进文化融合和发展;现代生活及休

---

① 任国才,韦佳.古镇古村的三代旅游开发模式[N].中国旅游报,2015-01-28(011).

闲方式与古镇古村生活方式融合；控制游客接待总量，主动选择接待游客类型"4个要点（任国才、韦佳，2015-01-28）[①]。

综上看来，"生活体验型旅游开发模式"同时注重"文化"和"生活"两个方面。传统文化的传承和时尚旅游元素的注入是为了保持古镇古村的文化活力；而保留传统生活方式和自然居住模式除了恢复古镇古村的居住功能的考量之外，更是为了凸显古镇古村的传统生活气息。据此，根据本书对活化的定义，笔者将古城镇类遗产活化界定为"在对古城镇进行旅游开发和本真性保护的基础上，将其恢复成为富有生活气息的地方"。其活化的结果应为本真的活化、适度的活化。

古城镇类遗产不同于其他物质遗产，作为历史文化遗产地，古城镇本身就是人们生活的地方，而且这类遗产往往历史悠久，是人们世世代代的栖息地。自从人类进入工业社会，许多历史悠久的城镇发展成了现代市镇，传统社会也随之瓦解，如今能保留下来的古城镇也岌岌可危，不再是人们曾经生活的社区。因此，对古城镇进行活化，就是要恢复它们在历史上的生活功能，这是古城镇类遗产活化的目的。

三、古城镇类遗产活化过程中的特点

古城镇类遗产由于拥有独特的历史风貌和时代特色，一直以来都是开发利用和保护的重要对象。它们往往拥有诸多相同的特点：古朴的地方建筑、传统的生活方式和独特的文化氛围等。古城镇类遗产的魅力不仅在于它的"古"（古城传统格局和传统建筑等营造的历史风貌），也在于它的"新"（特殊的商业文化和传统文化在当代的新体现），古新结合构成了其最鲜明的特色。

厚重的历史感和深厚的文化底蕴给这类文化遗产赋予了独特的魅力。不仅如此，这类遗产虽然披着古朴的外衣，却又与现代文明同步前进，当地为了谋求地方经济的发展，开发旅游业成为它们如今主要的发展途径。古城镇类遗产具备旅游功能，能够适应当代旅游者的需求，传统和现代的反差使得这类遗产吸引到了大量的游客。要想取得较好的"活化"效果，就要求这类遗产能够在传统与现代两者的张力之间达到平衡的状态。在这一前提下，针对古城镇类遗产的"活化"，就是基于在开发利用和保护中存在的问题，有针对性地对其进行研究和探讨，寻找活化的路径、手段和对策。

作为在国内外享有盛名的社区型旅游地，凤凰古城和丽江古城在旅游业的发展过程中存在非常多的问题。胡卫华（2007）曾归纳出包括丽江古城和凤凰古城在内的古城镇旅游开发中的六大问题，分别是旅游产品同质化现象、整体保护与局部保护的关系、旅游开发与环境破坏的关系、商业经营活动带来的文化冲击、旅游开发与社区参与的关系、古城镇

[①] 任国才，韦佳.古镇古村的三代旅游开发模式[N].中国旅游报，2015-01-28（011）.

旅游经营权出让[①]。问题的出现标志着古城镇类遗产在旅游开发的过程中遇到了一定的阻碍，我们试图通过"活化"的视角来看待这些问题，从而探究解决的方法。

第四节　凤凰古城和丽江古城的活化与保护现状

凤凰古城和丽江古城都属于社区型的历史文化遗产和旅游地，其中丽江古城包括大研古城和束河古镇两大景区。从旅游的角度而言，凤凰和丽江都可看作历史文化遗产型的旅游目的地。凤凰古城和丽江古城这两个"社区"旅游地都发挥着强大的旅游功能，在国内外享有盛誉；同时这两个地方在发展过程中又面临着各种各样的问题，且在很大程度上这些问题是由旅游业带来的。凤凰古城和丽江古城的旅游活化和社区营造是围绕着"遗产"和"旅游"这一体两面而展开的。作为遗产，主要任务是对其进行"保护"，不能进行过度开发；作为旅游地，则要通过"开发"使它充分发挥旅游功能，因此，旅游活化和社区营造需要从这两个方面展开。

通过旅游活化使古城呈现出活性，恢复古城的生活气息是古城活化的重要路径和内容。凤凰古城和丽江古城在旅游活化的过程中也表现得颇有可圈可点之处，本节从古城品牌、历史风貌和文化资源3个角度入手，阐述两座古城在旅游活化和遗产保护过程中的诸多做法。

一、旅游社区品牌营造与活化

"品牌"在旅游目的地开发、管理和营销中常常被提及，旅游目的地管理者常常出于对外营销目的打造本地的品牌形象，品牌的打造在旅游市场营销、旅游目的地形象塑造、游客体验质量提升乃至旅游地战略发展等方面都起到了一定的作用。

不同的研究者对旅游目的地品牌的理解不同，如张文娟（2010：20）从品牌提供者和接受者来分析旅游目的地品牌，从品牌提供者的角度来说，旅游目的地品牌是"提供品牌的名称和标识，并通过品牌的这些具象表现实现对旅游目的地整体形象的表达"；从品牌接受者的角度来说，旅游目的地品牌是"游客通过品牌名称和标识对旅游目的地整体形象的联想和感知"[②]；母泽亮（2006）将其理解为"旅游者心中被唤起的情感、想法和感觉的总和，以及旅游目的地与旅游者之间的一种契约，一种对情感、品位和品质的长期承

---

① 胡卫华.古城镇旅游开发的问题与对策——以云南丽江古城和湖南凤凰古城为例［J］.小城镇建设，2007（04）：95-99.

② 张文娟.基于区域整体利益的旅游目的地品牌营销研究［D］.武汉：武汉大学，2010：20.

诺"①。从这些观点来看，旅游目的地品牌与旅游者之间能通过旅游体验等过程形成联系。

（一）凤凰古城的品牌营造

1. 从"中国最美的小城"到"天下凤凰""魅力凤凰"——重"生活"到重"推广"

第一个提出凤凰是"中国最美的小城"说法的是新西兰作家路易·艾黎，他旅居中国近60年，留下一句名言："中国有两个最美的小城，一个是湖南的凤凰，另一个是福建的长汀。"这个"最美"的称号为凤凰今后的旅游营销推广奠定了基础。在凤凰发展旅游业之后，凤凰县政府对这句口号广泛宣传，将凤凰的"最美""小城"等印象率先植入人们的脑海，这种在头脑中先入为主的印象有利于旅游者对凤凰进行建构和想象，成了制造凤凰迷思的政府话语。

根据对去过凤凰的游客的访谈结果，笔者发现，不同的受访者对凤凰是不是"中国最美的小城"的认同度不同，如受访者认为："去过凤凰之后，觉得凤凰的风景还是非常不错，当然口号也是有点广告效应。这个口号一方面对我而言有一个很好的吸引力，另一方面凤凰确实风景也非常出色。如果这样单论景观的话，凤凰还是比较有底气说出这句话的，确实非常好。"（F-115-M）"凤凰打的口号是'中国最美的小城'吗？我觉得虽然有夸大的成分，但是我相信这么夸凤凰是最美的古城也是有一定原因的吧，不可能形成特别大的反差吧！"（F-88-F）"我觉得它既然这么讲，肯定是有自己的道理的，她确实也是非常非常美的一个城市。但是如果说中国最美的小城，我觉得这样说未免也太绝对了，毕竟美的城市有很多啊！"（F-104-F）

许多受访者虽然承认了凤凰的"美"，却认为这种说法有夸大之嫌。作为旅游目的地而言，打出"最美"的口号能够帮助古城聚集人们的目光，将"最美"的印象印刻在人们的脑海之中。

"中国最美的小城"并不足以概括凤凰，而且"最美"这类话语有落俗套之嫌。为此，凤凰县政府在2004年开始打造"天下凤凰"和"魅力凤凰"的品牌。《中国旅游报》2004年刊登的一则新闻报道《凤凰发展亮新招》中写道："当2月的旅游春风劲吹土乡苗寨时，湖南凤凰亮出了以'天下凤凰'品牌经营古城、以'魅力凤凰'文化品牌提升古城形象的新招数。"（张顺心，等，2004-02-16）② 这一旅游品牌的打造本质上是为了发展凤凰的旅游经济。"天下凤凰"这一响亮大气的口号在提高凤凰古城关注度上起到了不错的效果，为凤凰赢得了一定的关注度。《凤凰发展亮新招》这则报道中还指出"天下凤凰"品牌是一种对资产的经营："凤凰县委、县政府借助日渐响亮的'天下凤凰'品牌及世人对凤凰的高度关注，提出了走经营城市的发展新理念，把发展文化旅游的思路从经营单个或几个景点上升到整座城市的层面，将凤凰古城和古城文化作为一项资产来经营。"这种经营思

---

① 母泽亮. 旅游目的地品牌系统建设研究［J］. 中国市场, 2006 (36): 14-15.
② 张顺心, 赵垒, 邓敏敏. 凤凰发展亮新招［N］. 中国旅游报, 2004-02-16 (T00).

路简单说来就是对凤凰古城的各个景点进行整合，融合古城文化，再以统一的面貌向外展示。"天下"二字不仅展现了凤凰古城招徕世界游客的决心和凤凰古城大气雍容的气质，也凸显了自身的文化内涵和景区景点的丰富程度。可见，"天下凤凰"品牌的背后，是凤凰县以旅游业来发展经济的巨大决心。

"魅力凤凰"是凤凰古城的文化品牌，在打造这一品牌的过程中，凤凰县利用本身的非物质文化资源，策划"魅力凤凰"系列非物质文化活动，"实现'月月有节庆，天天黄金周'的目标"（张顺心，等，2004-02-16）①。通过这种方式对本地传统文化进行展示，不仅在招徕旅游者方面起到了一定的作用，也在传统文化保护、丰富文化特色等方面起到了一定的效果。

"天下凤凰"和"魅力凤凰"两个品牌的打造同时服务于古城经营和文化形象展示。如今，"天下凤凰"已经成为凤凰古城的别称，常常被人称为"神秘湘西，天下凤凰"，但是，随着旅游业的发展和对外开放程度的加深，湘西已并不如原来那么"神秘"，因此，用"神秘"形容湘西的现象正在消退；"魅力凤凰"也成为凤凰知名的文化品牌，以"魅力凤凰"命名的篝火晚会等旅游演艺活动也成为游客来到凤凰之后的体验项目。总而言之，这两个品牌蕴含着古城旅游开发和文化保护两方面的意义。

从活化的角度来说，从"最美小城"到"天下凤凰""魅力凤凰"的转变，体现了凤凰古城将旅游发展的侧重点从"对生活氛围的渲染"转向"积极向世界宣传推广"。"小城"这个词本身就包含了浓浓的生活质感，邓丽君演唱的歌曲《小城故事》中的歌词"小城故事多，充满喜和乐""人生境界真善美，这里已包括""请你的朋友一起来，小城来做客"等将"小城"描绘成本地人纯真善良好客、充满烟火气的宜居之所。以"小城"作为对凤凰古城的称呼，正是体现了古城惬意、悠闲的生活氛围。"最美小城"的称呼与凤凰古城优美古朴的自然人文环境相映衬，造就了一个十分理想的居住地的意象。"天下凤凰""魅力凤凰"宣传口号的出现则体现了凤凰当地努力将凤凰向世界推广的决心，这是与凤凰古城旅游业的亟需扩张相一致的（主要是为了发展当地经济）。"天下凤凰""魅力凤凰"口号的提出也昭示着凤凰古城一方面要摆脱"养在深闺人未识"的状态，努力走出湘西，走入全国人民和海外人士的视野，另一方面也暗示了凤凰古城从"小家碧玉"向"大家闺秀"转变。对开发旅游业持消极态度的人士可能会认为这种转变有多此一举的感觉，但这却是凤凰古城在现代化大潮中转变自身定位、振兴当地经济的必由之路。

2. 从"为你等了千年"到"琴棋书画歌"——古城亲切感和文化个性的塑造

凤凰古城早期的宣传口号是"为了你，这座古城已等了千年"，将凤凰古城塑造成了一个历史悠久的古城形象和期待外人到访的"等待者"，以第二人称"你"指代所有来到或者即将来到凤凰的旅游者，在旅游者与凤凰古城之间架起一座穿越千年的桥梁，以拟

---

① 张顺心，赵垒，邓敏敏. 凤凰发展亮新招［N］. 中国旅游报，2004-02-16（T00）

人化的手法拉近了两者之间的距离。事实上，凤凰古城旅游公司在打造这句宣传口号时，"'梦回故里，凤凰古城'是宣传主题，'为了你，这座古城已等了千年'是副标题。"（彭丹，2017）[①]凤凰古城公司在推出这条口号的同时也推出了另一句口号："放下行囊，便回到故乡"，与"梦回故里"相呼应。尽管"这句口号并没有表现出凤凰古城的人文地理景观特征，也没有传达出古城的自身旅游形象定位"（龙南慧，2016）[②]，除了"古城"二字之外，这句标语并不能体现出凤凰古城自身的独特之处，仅对自身与旅游者做了一个富有情感和创意的互动，但是这一"亲民"型的旅游标语能够让旅游者感受到强烈的亲切感，不仅吸引了旅游者的目光，也让人对它产生强烈的向往，古城似乎成了一样"活物"，彰显出生机和灵动。

在部分受访者眼中，"为了你，这座古城已等了千年"这句口号是充满诗意美的，能激发受众的旅游欲望："这句口号感觉非常美，给我留下了非常深刻的印象，感觉这句口号特殊在让我感觉到非常浪漫，充满了诗意美。"（F-128-F）"我觉得这句口号挺好的，而且推广也做得挺不错的，大家都知道这句话，已经深入人心了，而且这句话也会让人产生想来看的欲望，也挺符合凤凰的一些形象的。"（F-130-F）

2010年后，由于原标语缺乏独特性，被其他旅游地剽窃，凤凰古城推出了新的标语："凤凰，在沈从文的书里，在黄永玉的画里，在宋祖英的歌里，在谭盾的琴里，在罗洗河的棋里"，囊括了"琴棋书画歌"，该话语书香气质浓郁，显示出古城独特的文化素养。这句宣传标语被视为"不可复制"，展现了凤凰浓厚的人文气息，又以"琴棋书画歌"这些美好的文化艺术事物给人以美的感受。这一标语虽然缺少了早期标语的那种亲切感，而且也略显得烦冗而失于简洁，仅仅是对自身文化单纯的介绍和叙述，但它更多地蕴含了凤凰古城自身的元素，体现了古城的文化个性和独特之处。

这两个宣传口号不仅充满诗意，而且都蕴含着"家园"的理念。"梦回故里"和"为了你，这座古城已等了千年"营造出一种回到故乡的感觉。而"琴棋书画歌"则直接将凤凰这块神奇土地上孕育的人物摆在人们面前（不过，宋祖英和罗洗河都不是凤凰人），在体现凤凰人杰地灵的同时也体现了凤凰强大的文化孕育能力和艺术感染力。从活化的角度来说，这两个口号以不同的形式展示了凤凰古城鲜活的状态。亲切感的塑造不仅体现了"家园故土"的温馨，更有一种贴近生活、如沐春风的感觉；而文化个性的展现则让人体会到了当地的文化活力。

3. 媒体时代的品牌宣传——直观展示古城古朴之美

从凤凰古城旅游官方的媒体宣传来看，凤凰县人民政府官方网站中"凤凰旅游"模块目前是官方的凤凰古城旅游网站。其首页是"走进凤凰"4个字和对凤凰的简要介绍，并

[①] 彭丹.制造旅游迷思：关于湘西凤凰古城的个案分析［J］.旅游学刊，2017，32（09）：34-46.
[②] 龙南慧.基于符号学视角的旅游地品牌形象构建研究——以凤凰古城、梁平县金带镇为例［D］.重庆：重庆大学，2016：24.

突出显示了凤凰古城是"4A级旅游景区"。其他内容均是从政府官方的角度对凤凰古城进行介绍。网站上没有挂出上文中所说到的凤凰古城的宣传标语,对凤凰古城的文字介绍也是中规中矩。但在视觉呈现上,依然通过图片呈现了一个古朴唯美的古城形象——碧绿的沱江、成排的吊脚楼、乌篷船和船夫,几乎没有出现任何现代化的元素。之所以如此,这一方面与凤凰古城的传统面貌保存较好有关;另一方面也是更重要的一方面是当地政府在推广凤凰古城旅游的过程中,要为旅游者营造一种原始、朴素的美感,显示出凤凰古城的自然人文景观的独特性,直观地体现凤凰古城之美。古城中密集的沿江而建的客栈、酒吧及少量现代化风格的建筑,被遮蔽隐藏起来,这也即本书前文探讨过的迷思的折射性。

凤凰古城旅游的官方微博由凤凰古城文化旅游投资股份有限公司运营,俞来辉、李敏(2015)对"@凤凰古城"微博进行了内容分析,发现"@凤凰古城"微博的内容主题可以分为景区攻略、分享互动、精品活动、景区文化、心情语录、公益和其他几类[①]。如今,"@凤凰古城"微博的内容仍然以古城的旅游宣传为主,且更侧重于景区的宣传营销。其微博内常常大量发布凤凰古城优质的景区图片,且更注重与旅游者的互动,经常分享、转发旅游者拍摄的高质量的旅游照片,并通过旅游者的体验来面向潜在旅游者加以推广,旅游者也向自己的熟人社会推广("安利"[②])这个旅游地。

从凤凰古城的官方宣传渠道来看,古城通过展示原始朴素的画面,面向旅游者,积极营造出一种世外桃源般的感觉。虽然我们都明白,无论官方媒体使用了何种宣传形式,都是在"贩卖"旅游地,其最终目的是招徕游客,为当地的旅游业增加收益或者提高当地的知名度。但是官方所展示出的古朴唯美画面依然让人感觉到凤凰古城是一个理想世界,是一个适合生活的地方,能够使人产生前去游览或者在当地深度体验生活的欲望。

(二)丽江古城的品牌营造

1.丽江古城的品牌传播内容及影视品牌的重要影响

与凤凰古城一样,丽江古城同样重视品牌打造。丽江古城凝聚着特色鲜明的文化,这些特色鲜明的文化也成为丽江古城打造文化的底气和自信的来源。"一直以来,丽江高度重视旅游文化品牌打造,2004年提出打造'文化旅游名市'的目标,进一步确立了'文化立市,旅游强市'的发展策略;2013年1月9日提出的'建设世界文化名市,打造丽江文化硅谷'的思路,进一步确立了打造文化品牌的战略地位。"(和世民,2016)[③]

根据前人的研究成果,丽江的旅游品牌传播内容由三部分构成:茶马古道之乡、异域

[①] 余来辉,李敏.旅游景区品牌微博内容分析及其发展策略——以"@凤凰古城微博"为例[J].湖南科技学院学报,2015,36(03):172-175.

[②] "安利"是网络用语,动词,指把自己认为好的东西、事物告诉他人,因为自己喜欢,所以真心推荐。此词在微博、微信等社交媒体上较为常见。

[③] 和世民.品牌升级丽江再树雄心[N].中国旅游报,2016-02-17.

风情浓郁的纳西族东巴文化和休闲爱情之都（宋恒敏，2015：13）[①]。在笔者看来，这三部分分别是从丽江当地的经济文化交流的历史积淀、传统的民族文化呈现和古城文化氛围进行归纳的，体现了丽江古城丰富的文化内涵和旅游资源的丰富程度。其中，"茶马古道之乡"和"休闲爱情之都"体现的是丽江的过去和现在，"异域风情浓郁的纳西族东巴文化"则是贯穿了古今，在传统文化的流变中呈现出新的面貌。

在丽江的品牌传播中，"影视品牌"对丽江文化品牌的宣传力度极大，众多知名影视剧如《木府风云》《一米阳光》等影视作品的传播，是对丽江旅游和丽江文化的重要宣传。由于这些影视剧覆盖面波及整个中国甚至海外地区，影响力甚大，因此，影视剧所塑造的品牌形象相比于其他形式更加深入人心。

大众媒体是丽江古城迷思的制造方之一，影视文化的传播对丽江古城的品牌宣传起到了"着魅"的作用。在影视作品和电视综艺节目的渲染之下，丽江不仅得到了无数的宣传机会，同时使人们在头脑中产生对丽江的某种固有印象，甚至可以将影视剧的传播视为一种价值观的输出。例如，电视剧《木府风云》以丽江的"木府"为核心，通过描绘明代丽江的土司家族的内部故事，不仅使人们窥见了丽江旧时的历史，也让人对纳西族的风土人情和丽江古城的人文景观有一个大致的了解。新奇而陌生的异域文化很容易引起社会大众的好奇，加上影视剧的描绘，更让人产生探索丽江的欲望。电视剧《一米阳光》结合丽江的风情和上海的都市文化，不仅展现了丽江的神秘，更有丽江本土文化与都市文化的碰撞产生的冲击。这部电视剧的热播使剧名"一米阳光"四个字成为丽江的代言——丽江古城中逐渐出现带有"一米阳光"的符号元素，而且更多的人也因这部剧对丽江产生了向往，甚至剧中展现的爱情元素或多或少也对观众产生了影响，从而形成了丽江的浪漫爱情迷思。

在访谈过程中，部分受访者也坦言因为影视剧的影响而对丽江产生前去旅游的冲动。"看过《木府风云》，讲的是纳西族木府的故事，里面有玉龙雪山、绝情谷和木府，感觉丽江既神秘又美好。"（L-92-M）"以前看过一部电视剧叫《一米阳光》，我觉得里面的场景特别漂亮，后来查了一下，发现原来大部分都是在丽江拍的，就觉得有时间一定要去丽江看一下。"（L-104-F）

当时吸引我的是去上网搜的时候介绍说《一米阳光》里面展现有很多丽江的那种景色，拍摄了很多那种关于丽江的画面和场景，有一个场面我觉得特别吸引人，就是有那个夕阳西下的青石板小路，然后还有那种古旧诗意的木楼，我觉得丽江的时光，在那里面展现得非常柔和，我觉得挺不错的。（L-117-F）

如果从活化的角度来理解丽江的影视剧的影响，笔者认为，这是通过影视剧的传播制造古城的迷思，不但激活了丽江古城的文化特征，同时也使人产生某种向往。影视剧的传播力度之所以如此之大，一是传播方式简单，观看者通过电视机、互联网等传播媒介对影

[①] 宋恒敏.古城旅游品牌传播策略研究——以平遥与丽江古城为对比［D］.太原：山西大学，2015：13.

视剧的接受不那么困难;二是因为影视剧所表现的剧情更有趣味性,容易引起观看者的兴趣。在这种传播形式之下,丽江的美丽景观和民族文化特色被彰显出来,人们因此产生对丽江的向往,丽江的品牌印象自然而然被加深了。

2. 丽江古城的品牌形象——与现实相分离的"梦幻丽江"

丽江市旅游发展委员会的官方网站上的"温馨提示"板块中的第一句话便是"欢迎您来到柔软时光,梦幻丽江"。"柔软时光,梦幻丽江"可以被认为是丽江官方的旅游宣传标语。"梦幻"二字是丽江当地对丽江的总结和宣传。根据辞海的解释,"梦幻"意指"不切实际的梦境、幻觉"①。因此,"梦幻"二字赋予丽江一种超脱于现实之上的意象,换句话说,丽江营造的是一种与现实世界相分离的意境,让人感觉到"不真切""如梦似幻"。在访谈中,很多受访者表示他们听过的关于丽江的宣传口号是"七彩云南,梦幻丽江"。可见,丽江的"梦幻"品牌形象深入人心,可以让游客将丽江想象成梦幻的天堂。如一篇网络游记中写道:"没有去拉市海,没有去泸沽湖,没有去香格里拉,没有去玉龙雪山。这就是我来丽江的目的,我就在丽江古城,享受这足够细软的时光。褪去了华丽的外表,在整个古城闹中取静,这对于所有在城市中享受那些水泥森林的人来说无疑是一片天堂②。"官方话语中的前半句"柔软时光"也为丽江增添了很大的吸引力,这种诗性的话语能一下戳中人的柔软内心。

与"不真切""如梦似幻"的感觉对应的是现实中实实在在存在的丽江。人们在日常生活中无法寻找到"梦幻之地",但是作为旅游地的丽江却满足了人们对"梦幻"的很多想象。丽江将不切实际的"梦幻"呈现在人们的眼前,使人们在现实之中找到了对"梦幻"的寄托。人们相信,丽江就是一个能够切实感受到、亲自伸手够得着的梦幻之地,身处丽江的人们可以找到现实生活中难以触到的"柔软"的"慰藉"。可以说,丽江打出的"梦幻"口号激发了人们对理想的追求,同时又通过实实在在的丽江古城将理想与现实衔接了起来。

丽江此前还提出过"天雨流芳,梦幻丽江"的宣传口号。"天雨流芳"作为汉语词语,意为"天降润雨,滋润万物",而在纳西语中,则是"读书去吧"的发音。这是对丽江文化中"重视学问"的肯定,鲜明地体现了丽江独特的文化内涵。在2006年的"中国品牌价值管理论坛"上,丽江市人民政府和南开大学城市品牌课题组联合申报的"天雨流芳,梦幻丽江——云南丽江城市品牌整合与提升"案例获得了"2006中国十大最佳品牌建设案例"。颁奖词中这样写道:"这一案例以顾客视角而非资源视角关注城市,深入挖掘丽江的城市文化内涵,确定统一的品牌定位——'天雨流芳,梦幻丽江',并运用现代的文化营销、

---

① 辞海之家."梦幻"[EB/OL].http://www.cihai123.com/cidian/1062875.html,2020-05-24.
② 马蜂窝网."丽江古城:一次怦然心动的旅行"[EB/OL].http://www.mafengwo.cn/i/2844082.html,2013-09-10.

事件营销、品牌联合、品牌内化等途径，有效地传播了丽江的城市品牌和城市气质"①。

但直到 2010 年，"天雨流芳，梦幻丽江"形象依然未能深入人心，邬恋、罗丽珊（2010）认为，主要原因是"缺乏与之配套的形象传播策略和整合措施"，但同时也确认"这一形象在维系古老文化内涵的基础上，突出了丽江'天人对话，古今融通'的独特城市气质，具有极强的专业性"②。笔者认为，"天雨流芳"四字粗看起来虽然十分唯美，但深入理解却发现却略显晦涩，按照汉语的字面意思去理解有一定的难度，作为丽江对外宣称的标语，对丽江本土文化不了解的外地游客难以掌握它的真正含义，也就无法将"天雨流芳"与丽江古城联系在一起。这或许才是"天雨流芳"这前半句口号无法在受众心中留下记忆的根本原因。

后来，"柔软时光，梦幻丽江"的宣传标语出现，"柔软时光"4 个字渐渐出现在人们的视野之中，成为丽江的对外宣传语。2008 年 11 月 17 日的《中国旅游报》分别以《天雨流芳，梦幻丽江》和《柔软时光，休闲丽江》为标题对丽江进行了专题介绍（佚名，2008-11-17）③④。2010 年 7 月，由丽江市旅游局编著、中国民族摄影艺术出版社出版的图书《丽江：天雨流芳，梦幻丽江；柔软时光，休闲丽江》正式与读者见面；2012 年 8 月，云南人民出版社出版发行了图书《丽江的柔软时光》，这本书在丽江大研古城的一些店铺中均有售卖；2017 年 11 月 17 日至 19 日，"2017 中国国际旅游"交易会在昆明举办，丽江展馆的主题就定为"柔软时光、梦幻丽江"，展馆的设计风格和展出的工艺品都对丽江文化做了充分的展示⑤；2018 年 2 月 10 日至 3 月 18 日，"七彩云南·相约台湾"文化月系列活动在中国台湾举行，活动举行期间的 2 月 28 日，在台湾佛光山举办了以"柔软时光·梦幻丽江"为主题的丽江旅游推介，推介会"向参会的 1000 多名台湾嘉宾介绍以'两山、一城、一湖、一江、一文化、一风情'为代表的旅游资源、旅游产品及旅游产业要素"⑥；2018 年 10 月 29 日，以"柔软时光·休闲丽江"为主题的丽江旅游文化宣传展示活动在昆明长水国际机场亮相，该活动向中外游客展示了"反映丽江旅游文化的自然风物和民族风情摄影作品"及"丽江民族文化、歌舞、东巴书画"⑦；2019 年 1 月 24 日，被冠名为"丽江号"的 G1376/1 次高铁列车（往返于上海虹桥—昆明南）正式启程，"丽江号"

---

① 南开大学新闻网."南开城市品牌研究力捧中国最佳品牌建设奖"[EB/OL].http://news.nankai.edu.cn/zhxw/system/2006/10/27/000002333.shtml，2006-10-27.
② 邬恋，罗丽珊.丽江城市旅游形象的市场认知现状及对策思考[J].科教文汇（上旬刊），2010（01）：202-203.
③ 佚名.天雨流芳，梦幻丽江[N].中国旅游报，2008-11-17（026）.
④ 佚名.柔软时光，休闲丽江[N].中国旅游报，2008-11-17（027）.
⑤ 新浪旅游.'【2017旅交会】丽江展馆尽显纳西风情，别具特色吸'睛'无数"[EB/OL].http://travel.sina.com.cn/domestic/news/2017-11-17/detail-ifynwnty4425721.shtml，2017-11-08.
⑥ 丽江市文化和旅游局官方网站."丽江组团在台湾开展旅游推介"[EB/OL].http://www.ljta.gov.cn/html/news/ljdt/14802.html?security_verify_data=313630302c31363030，2018-03-08.
⑦ 中国日报中文网."'柔软时光·休闲丽江'旅游文化宣传展示活动亮相昆明机场"[EB/OL].http://yn.chinadaily.com.cn/2018-10/30/content_37163101.htm，2018-10-30.

满载丽江的符号元素,列车上就印有"柔软时光,休闲丽江"的标语,它的开行是"丽江以高铁为载体,打造旅游文化'移动新名片',创新旅游宣传促销方式的又一举措"[①]。

如今,游客前往丽江,仍然能看到"七彩云南·梦幻丽江"的宣传标语。至此,"天雨流芳""柔软时光""梦幻丽江""休闲丽江"等词汇以各种形式组合在一起,成为丽江对外展示的话语。"梦幻"二字贯穿始终,最能体现丽江的特色,成为丽江的代名词。

从游客体验的角度来看,受访者一般认为"梦幻"二字确实符合丽江的形象,也具有相当的吸引力,如受访者谈道:"没去之前,我觉得这些宣传口号都是过分夸张了,但是到了丽江以后,我觉得这个描述还是比较符合实际的,因为丽江古城给我的感觉就是一种说不清道不明的滋味,丽江确实担当得起'梦幻'这两个字。"(L-73-M)

当时看到这个口号的时候,我觉得这应该就是一个梦幻的地方,是不是犹如天堂一般呢?并且云南还是一个气候很好的地方,四季如春,是非常适合生活的理想胜地。我很喜欢这个口号,我不知道这个口号对别人的吸引力怎么样,至少这个口号对我还是蛮有吸引力的。(L-107-F)

"梦幻"是丽江古城人为制造的话语。从旅游者的角度来解读"梦幻",可以认为人们对丽江的向往来源于人们对"梦幻生活"的一种理想和向往。梦幻世界脱离于现实世界,是虚幻的,但是又很美好的世界。如今大多数人都身处平淡日常、百无聊赖的现实生活世界,亟需这样一个可以给心灵以慰藉的理想化世界,而丽江就是存在于现实中的理想化的梦幻世界。尽管迷思具有折射性,但丽江的"梦幻"与那个远方的理想化世界还是保持了一定的契合度。因此,丽江成为很多旅游者向往的、希望能获得梦幻生活感受,而又现实存在的地方。

(三)品牌宣传与活化

品牌营造实质上是一种对外的营销行为,其前提是将古城镇侧重于作为"旅游地"而非"遗产地"看待。凤凰古城和丽江古城在品牌建设和宣传的过程中,向旅游者展现的是一种具有很强吸引力的、能够吸引旅游者前来参观访问的旅游形象。作为旅游地而言,品牌宣传的内容要与当地独特的气质相一致,或者说品牌宣传的内容根本就是当地自身气质的概括和浓缩。凤凰古城营造的"古朴的故乡"和丽江古城所宣传的"梦幻"都是根据旅游地本身的气质提炼而出的,它们在旅游者的头脑中留下相应的印象,使旅游者对这两个旅游目的地心向往之。

在古城镇的活化方面,品牌营造同样也起到了一定的作用。不论是凤凰古城的"古朴",还是丽江古城的"梦幻",都展现给人们一种"宜居"的感觉,建构了"舒适之地"的意象,可以激发人们前往当地旅游的欲望,甚至令旅游者产生留在当地生活的想法,并

---

① 云南网."打造丽江文旅游'流动新名片''丽江号'沪昆高铁专列启程"[EB/OL].http://yn.yunnan.cn/system/2019/01/24/030186472.shtml,2019-01-24.

确实有一些旅游者留在丽江生活。这对于古城的活化有很大的促进作用。

但对于古城镇的旅游活化而言，通过品牌宣传塑造形象和营造氛围也存在不足之处，笔者认为有如下几个方面：

（1）品牌宣传是对外的，因此针对的仅仅是古城镇外的潜在旅游者，但是旅游者在古城镇中的停留时间短，他们是古城镇"临时的客人"。古城镇的真正主人是在古城生活的常住居民，而对于常住人口，尤其是因为真心喜欢这个地方而留下来生活的外来者来说，古城所营造的"古朴""梦幻"氛围是否会因为长时间的居住而淡化，这是一个需要考虑的问题。

（2）品牌建设的过程中打的更多的是"情怀"牌，若只侧重"情怀"的话，能吸引的对象群体有限，主要是有一定文化水平的人群，如知识分子、文艺青年等。这类人群在旅游消费中往往更注重标榜自己"文艺青年"的身份，他们寻求的是文艺清新的旅游目的地，但是"文艺""情怀"对于其他大众游客是不是同样也有吸引力，也值得思考。事实上，旅游者的口碑效应会比目的地品牌本身更为有效。

（3）品牌宣传主要体现外在的氛围营造，对于生活和当地文化的内在元素体现较少，以至于停留在文化的表层，如何在品牌宣传的基础上依托地方文化内涵由内而外地营造生活氛围，从而实现古城活化，这是需要思考的问题。

二、历史风貌的保护与活化

"现代符号过多，产生不伦不类之感是我国古城镇旅游开发中的主要问题之一。"（邹益民等，2005）[①] 因此，在旅游活化中应注重历史风貌的保护。古城镇既是"遗产地"又是"旅游地"，作为"旅游地"的古城在开发的过程中，对历史风貌的破坏是较为常见的现象；而作为"遗产地"，又要求对古城进行保护，以期在开发和保护中寻求平衡。古城镇的开发和保护通过"旅游活化"统一了起来。但是古城镇的"活化"含义又超越了开发与保护的意义，寻求的是一种更高层次的改造。

古城镇历史风貌的活化在一定程度上可以被看作"古迹活化"的同义语。2006年《中国旅游报》的文章《"古迹活化"与古城镇保护开发》中提出了新的"古迹活化"的定义："对于城市及乡镇所遗留下来的具有历史价值及特色的建筑遗产，加以维护及改造以符合时代需要的途径或过程。"（刘思敏、姜庆，2006）[②] 古迹是可见的、有形的，古迹活化可以说是遗产活化中最为突出也最可作为的一部分。

古城镇中的"历史街区"是古城历史风貌的重要载体，不但在物质层面上起着古城镇的"门面"作用，同时也在文化和精神上有着重要意义。正如日本长野县须坂市的"信州

[①] 邹益民，卢军霞，李娜.我国古城镇的旅游开发［N］.中国旅游报，2005-08-15（014）.
[②] 刘思敏，姜庆."古迹活化"与古城镇保护开发［N］.中国旅游报，2006-02-20（015）.

须坂街屋协会"在谈及街屋营造的必要性时所说的:"街屋就像是街道的脸孔一样,反映出地方居民的精神风格。"(西村幸夫,2007:85)①王小莉、衣玮(2011)认为,历史街区具有"独特的地段风貌""丰富的历史遗存""淳朴的民风民俗"等特点,此外还具有其"个性","以其独特的魅力来吸引游人"②。凤凰古城和丽江古城在历史街区的保护和环境整治方面的探索和实践都有其代表性。笔者将在下文从古城作为"遗产地"的角度阐述凤凰古城和丽江古城在历史风貌保护和环境整治方面的做法。

(一)凤凰古城的历史风貌保护

1. 古城内外——为古城保护划定界线

如今凤凰城区几乎完整地分为古城内、古城外两个区域。古城外是主要的城市功能区,政府部门、大型医院、客运总站等占地面积较大、具有现代社会功能、提供社会服务的设施都被放置在古城外,或者被安排在古城的边缘,它们承担了凤凰县大部分的城市功能和基本的社会服务。古城内则保留了大量与旅游有关的景物和设施,如客栈旅舍、餐馆饭店等发挥旅游功能的设施和名人故居、博物馆、城楼等旅游景点,是真正的凤凰古城旅游景区。这样的安排首先让古城成为一个完整的、具备完善旅游功能的区域,使古城在开发、建设和改造的过程中能够明确地域范围;其次也为古城的保护划定了地理界线。过去,凤凰城区内旅游区与城市功能区的界限并不清晰,直到2013年凤凰古城"围城"收费,才使凤凰古城景区的具体界线彻底明确了下来。

2. 传统建筑与古城整体风貌的保护

凤凰古城自建城至今,较完整地保留了明清时期的特色民居、庙祠馆阁、石板街道等物理层面的景观。然而,在凤凰古城的旅游开发中,为了增加古城内具备旅游功能的商业设施,城中的建筑遭到了一定程度的破坏。建筑物的破坏大致可以分为两种:一是破坏了传统建筑的建筑原则(如吊脚楼的"占天不占地,占水不占陆,可以朝南北,不可朝东西"的建筑原则);二是"吊脚楼木结构重建为钢筋水泥结构"或"在建筑物上进行破坏性的改造"(如不顾建筑规则地任意打开门面、加盖楼层或者拆旧屋改建为砖结构的客栈等)(佘凯旋,2017)③。前者是对独有文化传统的漠视甚至毁灭,后者则破坏了古城的整体美感。传统建筑受到的这些损害对整个古城风貌的影响是显而易见的,有的建筑尽管在外观上仍然保留了传统风貌,其内里却已经与传统背道而驰,这在本质上是不利于遗产保护和活化的。

对本地建筑文化不了解的旅游者只要看到了古朴的建筑,就会想当然地认为那是古城原汁原味的传统建筑(尽管那已经与真正的传统建筑大不相同了),这是古城发展中的一

---

① [日]西村幸夫.再造魅力故乡:日本传统街区重生故事[M].王惠君,译.北京:清华大学出版社,2007年4月第1版:85.
② 王小莉,衣玮.历史街区旅游开发的"三维坐标"和"七化手法"(上)[N].中国旅游报,2011-01-21(011).
③ 佘凯旋.面向可持续发展的湘西凤凰古城文化资源保护研究[J].贵州民族研究,2017,38(01):194-197.

个普遍现象。虽然很多古建筑并非真正的传统建筑，但考虑到旅游者在旅游目的地的短暂停留需要当地相应的旅游服务设施的支持，加上这些仿古建筑并没有与古城的整体风貌显得格格不入，人们对于这类建筑持有较为宽容的态度，如受访者普遍对于在凤凰古城沿江新建许多仿古式的宾馆都表示可以理解或赞同。"我觉得（沿江新建很多宾馆）可以啊，因为游客去那边总要有住所吧。并且那些宾馆多是木质建造，融入古城之中，没有违和感。不违背古镇古色古香的氛围的现代化引进我觉得是可以的。"（F-109-M）"因为随着游客的增多，所以它必须要建很多的宾馆。但是它的宾馆是建得很好的，就是那种撑起来的竹楼，而且是很仿古的那种。当时我就是住在这种江边的客栈里，我觉得还是挺好看的，住宿环境也很好。"（F-112-F）

凤凰古城的景点也不完全是原汁原味的，部分是经过重建的。如卧在沱江之上的虹桥，桥体是明代洪武年间所建，但桥上阁楼则是2000年重建的。另外，2014年凤凰古城遭遇洪灾之后，沱江边的吊脚楼群和古城街道就经历过一次"修旧如旧"的维修[1]，另外，沱江之上的风、雨、雪、雾四座景观桥是在2011年由凤凰县著名画家黄永玉亲自设计、捐资修建的，造价1100万元，于2012年11月落成。如今由于人们传统建筑的保护意识比较强，加上凤凰古城这类古城镇景区进行开发的目的是招徕游客，获取经济利益，因此，无论是政府，还是古城的经营方，都力求恢复古城原本的样貌。在访谈过程中，多数受访者表示，对于旅游者来说，凤凰古城这种局部性的重建是可以被肯定的。如受访者说道："看样子就知道肯定不是原有的，原有的应该会有很破烂的感觉，有些人可能会更欣赏，但是作为开发旅游来说的话，肯定要有所改变的。"（F-81-F）"像那种建筑和文化的流失肯定是有变化的。因为以前应该都是那种吊脚楼吧，现在应该就是楼房，然后在楼顶加上砖啊瓦啊，吊脚楼的部分也是刻意做上去的，看上去很逼真的那种，但它就是楼房。可能建筑的变化也是因为时代的进步无法避免。"（F-76-F）

凤凰古城从一开始就认识到保护古建筑的重要性。在凤凰旅游发展起始阶段，"县政府为每户补助300元，要求其房屋必须保留飞檐翘角，保证民居的完整，就这样保留了一座古镇"（赵书军，2011）[2]。但到了21世纪初，凤凰古城内还存在许多与古城风貌极不协调的建筑，这些建筑以凤凰县委、人大、政协等行政办公单位为主。此外，在传统建筑改造成商业设施的过程中，许多建筑遭到了破坏：吊脚楼成了钢筋水泥的民居，甚至一些老屋直接被拆毁，重修为砖房，摇身一变成了"家庭旅馆"。在古城旅游业发展过程中，"一些凤凰人将老屋拆掉，重修两三层的砖房开'家庭旅馆'，或随意洞开门面，肆意在房顶加层，使越来越多的新式房屋穿插于古巷间"（于磊焰、陈澎，2003）[3]。值得庆幸的是，当

---

[1] 潇湘晨报."凤凰古城灾后重建工作收尾 8月15日全部完工"[EB/OL].http://www.xxcb.cn/wap/event/jishi/2014-08-14/8931451.html，2014-08-14.

[2] 赵书军.民族地区旅游发展大有可为——访全国政协常委、湖南省湘西土家族苗族自治州政协副主席田岚[N].中国旅游报，2011-03-11（3）.

[3] 于磊焰，陈澎.湘西凤凰城恢复明清古城风貌[N].中国旅游报，2003-01-08.

时"保护老城，建设新城"思想已经逐渐成熟。2003年左右，为了冲刺世界文化遗产，恢复古城的历史风貌，县委办公大楼等这些"不协调"的建筑带头开始了搬迁工程，"被拆迁的单位统一搬迁至建设中的面积约4平方公里的凤凰县新城区"（于磊焰、陈澎，2003-01-08）[①]。这些单位从"老城"到"新城"，为古城恢复历史风貌留下了空间。

第一个针对凤凰古城的"护身符"，是湖南省十届人大常委会第九次会议表决通过的《湘西土家族苗族自治州凤凰历史文化名城保护条例》（以下简称《条例》）。《条例》确定了凤凰历史文化名城的保护范围，古城保护分为核心保护区、风貌协调区和区域控制区，并对三种区域的建筑均进行严格规定。其中，对于核心保护区的保护力度最大，对街区样式、风貌特征、建筑物的外观和高度等都进行了严格的限定，甚至连允许通行车辆的类型都做了相应的规定。

2008年，湖南省湘西土家族苗族自治州全面启动"百千万"特色民居保护工程，"百千万"指的是"百个特色村寨、千栋百年老宅、万户民族民居"，"百千万"特色民居保护工程的具体内容如下："对未使用现代建筑材料的木结构、砖木结构、土砖房、石板房等具有土家族苗族建筑特色的原生态民居和自然村寨进行保护，对不符合民族传统建筑风格的民居进行改造，构建整体风貌协调的湘西民族特色村寨群落。"[②]在这项工程中，"凤凰筹资500万元，用于老家寨、苗人谷、千潭等村寨的保护"[③]。虽然这项工程并不单独针对凤凰古城的建筑保护，但凤凰古城在这项工程中也获得了民居保护的实际利好。

政府在凤凰古城保护方面所做的努力远不止于此。根据2015年发表在《红网》上的文章《凤凰全力推进文化旅游产业跨越发展》，凤凰县人民政府从发展文化旅游产业的角度出发，实施了一些了保护措施：

> 按照"保护古城、改造旧城、开发新城、修复长城、打造名城"的思路，编制了《凤凰县旅游发展总体规划》，围绕"神秘古城、天下凤凰"主题，精心设计了名人文化、山水风光、乡村民俗和兵战文化4条主题线路。完成了《凤凰历史文化名城保护规划》《古城保护详细规划》《文物景点控制性详细规划》等规划编制，确定了古城保护核心区、协调区和控制区。制定和下发了《关于加强凤凰古城房屋维修改建管理的规定》《凤凰县城镇建设中充分体现民族特色的若干规定》《凤凰风景名胜区保护管理暂行办法》等规范性文件，初步形成了符合凤凰古城实际的较为完善的历史文化名城保护体系。

资料来源：红网湖南频道."凤凰全力推进文化旅游产业跨越发展"[EB/OL].https://hn.rednet.cn/c/2015/07/17/3740454.htm，2015-07-17.

---

① 于磊焰，陈澎.湘西凤凰城恢复明清古城风貌[N].中国旅游报，2003-01-08.
② 中央政府门户网站."湖南湘西启动'百千万'特色民居保护工程"[EB/OL].http://www.gov.cn：8080/jrzg/2010-08/04/content_1671515.htm，2018-08-04.
③ 黄标，陈新祥，龙清彰，等.为"百千万"喝彩——湖南湘西州"百千万"特色民居保护工程纪实[J].城乡建设，2012（02）：14-15.

这些举措突出了凤凰县政府做好古城保护工作的决心，在遗产保护成为主流的大环境之下，凤凰县政府因势推动古城的保护，促进了文旅产业的发展与古城遗产保护的"双赢"，体现了旅游活化的具体实践。

从凤凰古城保护与开发的历程来看，凤凰古城的保护是与开发利用同步进行的。20世纪末凤凰县的旅游业开始发展，对古城的历史风貌保护也就随即开始了，这体现了当时地方政府的远见。

3. 营造良好环境——凤凰古城的环境整治

沱江河横穿凤凰古城，是古城"山、水、人、城"中不可缺少的部分，没有沱江河，凤凰就失去了灵气。"坐上乌篷船，听着艄公粗犷的号子，看着两岸已有百年历史的土家吊脚楼，别有一番韵味。顺水而下，穿过虹桥，一幅江南水乡的画卷便展现于眼前：万寿宫、万名塔、夺翠楼……一种远离尘世的感觉油然而生。"（佚名，2003-02-26）①沱江河像一条玉带，不仅装饰了凤凰，还将凤凰古城内的景点串联了起来。但是由于旅游业的发展，这条"玉带"却不那么洁净了。2011年5月，天涯论坛上一篇名为《触目惊心的沱江污染，陨落天际的凤凰古城》一文发表，描述了沱江被污染的现状，并辅以图片展示。在图片中，沱江的水已经不再澄澈，水面上有各种漂浮物，生活污水直接排入沱江。有网友在评论中说到"想去凤凰的，看到这样的图片，不想去了"，还有网友讲述了自己的亲身经历："7月30日到凤凰，那时候水大了一点，但是也是很脏很臭。洗衣洗菜洗宾馆的被单，都在江上。"②之后，又有多篇贴子对沱江的污染情况进行了描述。可以想见，凤凰古城环境遭到破坏与当地旅游业的发展不无关系；沱江的污染很大程度上是旅游业超负荷发展和环保意识不强的结果。

也有受访者表示凤凰古城沿江的宾馆会造成水污染，沱江污染对游客体验来说会产生很强的负面影响：

我觉得沿江会有一些污染的问题，所以说宾馆的建筑要非常小心翼翼地去选择，不要跟景区显得很突兀。你突然在那边建一个太现代化的建筑的话，其实是对游客来说，那个体验感会下降。要非常注意那个江水的保护。因为水污染，这个事情其实也很多，如果很脏很臭的话，我觉得其实对于景区来说，还有对于游客来说，都有种大打折扣的感觉。（F-120-F）

为了治理沱江的污染，凤凰县政府采取了各种举措加大治污力度。首先是出台文件，如《凤凰县水污染防治工作实施方案》《凤凰县饮用水源保护区工作实施方案》《关于依法取缔关停沱江河上游河段禁养区内畜禽养殖场的通告》等文件相继出台；其次是整合专项资金开展专项整治，采取多种行动（如安排专人巡查，制止居民在沱江洗衣洗菜等）保护

---

① 佚名. 凤凰八个旅游景区（点）简介［N］. 中国旅游报，2003-02-26（T00）.
② 天涯社区. "触目惊心的沱江污染，陨落天际的凤凰古城"［EB/OL］. http://bbs.tianya.cn/post-828-193600-1.shtml, 2011-05-30.

水体不受污染[①]。一位凤凰县委领导（F-01-M）谈到地方政府一直以来都重视对沱江母亲河的保护，访谈文字如下：

沱江是凤凰的母亲河，一直以来县政府非常重视母亲河的保护。第一方面，我们加强教育，在全县范围内开展"保护环境，珍爱古城，保护沱江"的宣传教育活动，从思想意识层面牢固树立保护沱江的这种意识。第二方面呢，建立了一系列的"珍爱古城、保护沱江"的规章制度，从制度上约束大家。第三方面是加强硬件建设，在上级有关部门的支持下建立了污水处理厂，生产、生活用水经过净化处理才能排入沱江，从而减少对沱江的污染。我们常年对水质进行监测，是长期性的工作，水利部门、水文部门和环保部门对水质、水位、水文的状况都有监测。（F-01-M）

2006—2008年，叶红专出任凤凰县委书记时，对沱江河进行了几次大型的河道清淤工作，叶书记当时经常在下午下班后带着相关职能人员巡查沱江沿岸。叶红专后来调任湘西州出任州委书记。有几位受访者跟笔者谈到了叶红专书记对沱江河的治理情况，肯定了叶书记的执政业绩和担当作为，也表露出了对沱江水质污染的忧虑。访谈文本如下：

沱江是不可替代的旅游资源，现任州长、州委副书记、原凤凰县县委书记叶红专在当县委书记的两年多时间里，从2006年到2008年，对沱江河进行清淤，就是用挖机把沱江河床挖一次，把沉在河床上的污物打扫了一次卫生，这是解放50多年以来第一次搞了这么一项大行动，让沱江更清。还有一个是打造沱江河夜景。我们在一起吃过饭，叶书记说他的强项不是行政工作，他本来是搞美术的，美术是他的强项，他是中国摄影家协会会员。他特别热爱沱江河，他是龙山人。沱江夜景的亮灯时间一般是7点，夏天天黑迟就亮灯迟一点，冬天天黑早一点，就亮灯早一点。沱江污染是个很严重的问题，很多外地来参观的游客出于对凤凰的厚爱，他们也说："沱江河啊，一定要保护好！"沱江河是凤凰的灵气所在，如果没有沱江河，凤凰就要减色，会大大失色。沱江河的污染已经引起了我们重视。第一，叶红专做了新中国成立以来第一次沱江河的清淤。第二，环保局具体负责沱江河保洁工作。我们建了全省第一家县级的污水处理厂。现在沱江河古城公司承包了，河上的污物专门请人清理，水草专门请人割。每天在沱江泛舟就可以看到有那么一两条船在打捞污物。叶书记在凤凰的时候就曾经做出决策要把吊脚楼的餐馆搬迁，因为餐馆对河水的污染比较重，有的没有排到污水管里，就直接倒到河里面，餐馆的油水很多，太多的话恐怕管道也不一定能够接得下去（容量有限），搬迁了一些餐馆，但是还没有搬完餐馆他就调走了，调到州里任州长。他调走以后，因为搬迁餐馆的阻力很大，沱江河边开餐馆生意很好，他们这些人开了很多年，不是一两家餐馆，是几十家餐馆，他们联合起来抵抗。沿河的客栈没有多大污染，住宿没有多大污物，客栈的污物是排入污水处理管。沿岸洗衣服，前不久也有人跟我提到，河边洗衣服本来是凤凰的一道风

[①] 红网湖南频道."凤凰县出台多种举措防治水污染，提升沱江水质"[EB/OL].https://hn.rednet.cn/c/2018/06/19/4657746.htm, 2018-06-19.

景,棒槌声声啊,他们现在又觉得洗衣粉中含有磷,对河水是一种污染,说磷会杀死河里的鱼,河里没有鱼就没有生气,客栈不会买无磷洗衣粉,只管能洗干净就行;有游客说床单在河里洗是否会沾了矿物质在床单上,会沾到身上;从长远看,高端游客越来越多,特别是国外游客,比较讲究。现在的县委、县政府对沱江河还是没有给予足够的重视,没有叶书记那么重视,叶书记非常爱沱江河,他说他把自己看作凤凰人,他跟凤凰人民结下很深的感情,凤凰人对他也有很深的感情,反过来他对凤凰人民也有很深的感情,在来凤凰做县委书记之前他是湘西州发改委主任。我觉得沱江污染要引起足够的重视,凤凰政府还是没正式说不准在沱江边洗衣服,我觉得这个难度也比较大。(F-07-F,注:访谈时间为2010年)

在其他环境整治方面,早在2013年以前,为打造宜居城市和创建国家卫生城市,凤凰县开展以"三街一江"整治为核心的环境综合治理工作,对沱江、全县的施工工地、夜市等地开展了整治工作[①]。2016年,为争创国家5A级旅游景区,凤凰县委县政府发布了《2016年凤凰古城创国家5A级景区环境专项整治工作实施方案》,将环境整治作为一项重要的工作展开[②]。2017年,凤凰古城开展古城风貌和旅游环境双项整治,依法拆除了13 000多平方米影响古城风貌的蓝色钢架棚,同时也查处了旅行社和商户强制购物、高额回扣等行为[③]。2018年十一黄金周来临之前,凤凰县又"重拳出击,开展旅游市场秩序专项整治工作,规范旅游市场秩序,排查旅游安全隐患,进一步优化旅游市场环境",这项行动除了对旅游市场进行整治之外,也通过定期清理沱江河的水草和漂浮物、查处向河道倾倒垃圾等行为,对沱江及两岸的环境卫生进行了治理[④]。这些从政府层面开展的环境整治行动,不仅包括对自然环境和环境卫生方面的整治,也包括对旅游市场环境的治理。从遗产活化的角度来说,环境治理是遗产保护的具体要求之一,环境的破坏就是对遗产本身的破坏,遗产活化的过程中不能将环境问题抛诸脑后。

(二)丽江古城的历史风貌保护

1. 多民族环境下丽江的传统建筑

丽江古城历史较为悠久,距今已有800多年的历史,唐宋时期已有聚落在此形成,宋元之交古城开始建设并渐成规模,明清时期古城发展成熟。正是因为这悠久的历史,丽江古城才拥有十分丰富的建筑遗产资源,"(丽江市)古城区第三次全国文物普查资料显示:

[①] 新浪博客."凤凰古城环保整治工作成效显著"[EB/OL].http://blog.sina.com.cn/s/blog_af72a38c0101ds3d.html,2013-01-12.
[②] 红网湖南频道."凤凰古城创国家5A级景区环境整治工作会召开"[EB/OL].http://hn.rednet.cn/c/2016/03/23/3940630.htm,2016-03-23.
[③] 湖南卫视."凤凰古城、风貌环境双整治"[EB/OL].https://sv.baidu.com/videoui/page/videoland?pd=bjh&context={%22nid%22:%2247681823339645762O3%22,%22sourceFrom%22:%22bjh%22}&fr=bjhauthor&type=video,2017-04-02.
[④] 凤凰网湖南."备战黄金周:凤凰古城出重拳净化旅游环境"[EB/OL].http://hunan.ifeng.com/a/20180929/6918070_0.shtml,2018-09-29.

在古城范围，有古建筑 58 处和近现代重要史迹及代表性建筑 27 处"，且都"以土木结构和砖木结构为主"（木健先，2017）[①]。除了悠久的历史，丽江市之所以有丰富的古建筑资源，与其丰富的民族文化不无关系。丽江古城聚居的民族众多，除了汉族以外，纳西族、彝族等少数民族均有分布，因此，古城中的建筑风格取自众多民族的传统建筑精华。作为多民族的聚居地，丽江古城同样也继承了当时中原王朝的建筑风格。但它的整体格局与中国其他古城不同，"它虽然吸收了中原王朝的一些建筑文化风格，却又不照中原王城的建筑模式"（黄海，2008）[②]。这些都体现了丽江古城在传统建筑方面的民族融合的特征。

丽江的建筑充分体现了民族特色，具有特殊的历史价值和观赏价值。以纳西族土司宅院木府为例，鲜明地体现了丽江当地的东巴文化。《东巴文化在木府建筑景观中的体现》一文阐释了木府建筑中所蕴含的东巴文化符号："有别于传统风水所倡导的坐北朝南，木府坐西向东，被枕狮子山，面朝低矮的东坝，取'迎旭日而得木气'之意，迎合了东巴教对'木'的崇拜"；在选址上，"既符合了传统风水学所提倡的'藏风聚气、山环水绕、四兽朝迎'"，"也呼应了东巴文化中的'和合'理念"；主体建筑部分也有"'和合'思想融于其中"；开放式外廊体现了"东巴文化对汉字的学习和接纳"（不设围墙，是为了避免"木"字变成"困"）；建筑装饰"体现了东巴木雕的精致古朴"；景观小品如正门入口处矗立的"天雨流芳"牌坊"体现了纳西族对文化的崇尚"（任轶、包蓉，2018）[③]。

独特的建筑风格和可观的古建筑数量为丽江古城营造了浓郁的古朴文化氛围。不仅使丽江古城成为炙手可热的旅游地，更是让其成为举世瞩目的世界文化遗产。

2. 地震对古城保护的挑战

丽江古城的传统建筑在保护过程中受到了自然灾害的挑战。1996 年 2 月 3 日，丽江地区发生 7.0 级地震，此时正值丽江古城申报世界文化遗产之际，此次地震无疑是对丽江古城保护和申遗的一次巨大的挑战。

根据云南省政府 1996 年 2 月 15 日第二次新闻发布会的统计数字，"2·3"丽江地震导致"房屋毁损 90 余万间（倒塌 35.8 万间，损坏约 60 万间）"（这个统计数据范围包括地震波及的滇西北丽江、迪庆、大理、怒江 4 个地州）（巫孟还，1996）[④]。地震使丽江的古建筑资源遭到了严重的破坏。但网上也有资料显示，钢筋混凝土筑就的新大楼的破坏程度大于传统的木结构的老房屋，这是因为中国传统建筑采用的大多是木结构体系，抗震效果良好。因此，在传统建筑保存完好的丽江老城区内，出现了很多"墙壁被震倒，架构依然

---

① 木健先. 丽江古城的现状与保护［N］. 中国文物报，2017-02-17（006）.
② 黄海. 走进丽江古城——丽江古城规划建设和保护探秘［J］. 城乡建设，2008（02）：76-78.
③ 任轶，包蓉. 东巴文化在木府建筑景观中的体现［J］. 西南林业大学学报（社会科学版），2018，2（01）：26-29.
④ 巫孟还. 云南丽江地震灾害及其成因［J］. 上海保险，1996（04）：16-17.

在"的现象①。也正是这一原因,有人认为那次强烈的地震对丽江古城的破坏并没有想象中的那么严重。

在大地震发生后不久,曾有人建议将丽江古城"全部推翻拆除、重建丽江",无疑这一建议被否决了,"经过丽江当地即云南省相关领导和专家多番论证,救灾过后,决定'恢复重建''修旧如旧'"②。

丽江古城的恢复工作几乎是全民参与,当时丽江古城内有3000多个院落,6000多户人家,25 000多名居民,都对恢复古城风貌和申遗持支持态度,"没有一个人对丽江古城申遗说'不'""甚至于一直住在木府的36户人家和单位也得搬出来"③。并且,政府对木府进行恢复重建,"使其成为丽江古城区的心脏和丽江的'紫禁城'"④。正是这种全民坚决保护传统建筑的态度和做法,使得震后的丽江能够以全新的"旧貌"展现在世人的眼前。

对于丽江古城来说,正值申遗之际遇到地震实属运气不佳,但这场地震为丽江古城的恢复和改造提供了绝佳时机。震后,古城恢复重建工作成为当时丽江县政府的首要任务,在当地政府和人民的共同努力之下,到地震后的第二年(1997年),古城的恢复重建已经取得了较好的效果,并在当年年底,丽江古城顺利被列入《世界遗产名录》。

在恢复重建工作中,丽江县政府把古城恢复作为首要任务,按照《丽江古城震后恢复重建规划》,结合古城申报世界文化遗产整治工作,投入4037万元(其中世界银行贷款1768万元),进行了大规模的震后修复。截至1997年8月,已完成17个单位、2万多平方米的东大街改造恢复原貌工程;完成23 980平方米的古城民居(公房)修复;古城民居(私房)就地修复完成投资1248万元,搬迁民居168户;古城内的桥梁、街道、通信、路灯、小品的恢复也卓有成效。此外,还实施了古城排污及木府修复工程。

资料来源:段松廷.丽江古城历史风貌得到恢复[J].城市规划通讯,1997(22):12.

申遗成功后的丽江不仅没有停止对古城风貌的保护,反而不断加强保护力度,"修旧如旧"的思想被延续了下来。"从1998年起,为了保留古城特有的风貌,政府对基础设施进行全面修建改造。还将古城内原有的两大集贸市场也逐步疏散,搬迁到新城;拆除与古城不协调的3万多平方米砖混结构建筑,取而代之的是'修旧如旧'的纳西族传统民居。"(刘栗,2005)⑤

---

① 中国园林网."中国古建与地震的关系"[EB/OL].http://gj.yuanlin.com/Html/Detail/2006-4/1713.html,2006-06-24.
② 新浪新闻."丽江古城:大地震中涅槃重生成就世界三遗产"[EB/OL].http://news.sina.com.cn/c/2009-09-08/103018604753.shtml,2009-09-08.(注:"三遗产"指的是丽江的东巴文化、丽江古城和三江并流。)
③ 搜狐网.【遗产丽江20年】揭秘!20年前,丽江古城经历了一场'惊心动魄'的遭遇……"[EB/OL].https://m.sohu.com/a/211015835_99961154,2017-12-16.
④ 刘栗.丽江:把古城灵魂留住[N].中国旅游报,2005-08-01(013).
⑤ 刘栗.丽江:把古城灵魂留住[N].中国旅游报,2005-08-01(013).

由于丽江古城经过重建，旅游者所见到的不再是历史上真正的丽江古城，而是"修旧如旧"的古城。在对去过丽江的游客的访谈中，有很多受访者并不清楚丽江曾发生过大地震，对于丽江古城经过重建这一事情完全不知情；知晓此事的受访者大多表示较为可惜但也能理解："因为1996年的那场7.0级的地震，不过听说丽江古城的建筑物大部分是墙体倒塌，房屋主体受损小。即使是重建了，但它也不是几千年前的建筑，跟国外的凯旋门等相比在意义上差了那么一点。也是挺可惜的。"（L-138-F）

丽江古城重建大约是在九几年的时候吧，那时候丽江发生地震，后来修整过。对于自然灾害的破坏，肯定是要重建的……我觉得重建后的感觉肯定跟以前不同了，就好像一面镜子破了你再怎么拼也不可能拼到跟原来一模一样的，我后来去丽江旅游的时候，感觉其实还行。（L-117-F）

3. 申遗成功、遗产保护与"丽江模式"

申遗成功使丽江获得了绝佳的发展契机，丽江的旅游业进入了一个飞速发展的阶段。但在这背后，是丽江为古城保护所做出的诸多努力。

丽江古城很早就开始探索古城保护模式。最早的尝试要追溯到1958年当地政府第一次编制《丽江县城市总体规划》时提出的"保护老城，建设新城"的战略思想[①]，在之后几十年的发展进程中，这一思想不断被付诸行动。

表5-6所示为申遗前丽江古城保护模式探索历程。

表5-6 申遗前丽江古城保护模式探索历程

时间	事件
1958年7月	第一次编制《丽江县城市总体规划》，提出了"保护老城，建设新城"的战略思想
1961年	竺可桢到丽江视察，提出"保护老城，建设新城"的意见，与1958年《丽江县城市总体规划》的思想不谋而合
80年代	对古城的保护已由民间的自发行为和有识之士的呼吁上升到各级地方政府规范保护的轨道上，古城保护从此翻开新的篇章
1981年7月	丽江古城保护的第一个地方法规被人大常委会批准并由县政府颁布实施，古城保护向法制化迈出第一步
1983年3月	编制了丽江古城保护的第一个专业规划——《丽江古城及风景规划》
1987年6月	《丽江历史文化名城保护规划》开始编制，并在1995年经云南省人民政府批准实施
1987年	《丽江纳西族自治县古城消防安全暂行管理办法》发布
1988年5月	《丽江纳西族自治县古城保护建设管理暂行规定》通过，以下简称《规定》
1994年	1988年通过的《规定》升格为《云南省丽江历史文化名城保护管理条例》

资料来源：黄海. 走进丽江古城——丽江古城规划建设和保护探秘[J]. 城乡建设，2008（02）：76-78.

---

① 黄海. 走进丽江古城——丽江古城规划建设和保护探秘[J]. 城乡建设，2008（02）：76-78.

丽江古城的成功申遗对丽江古城的保护提出了新的要求。"2000年，原丽江纳西族自治县人民政府公布了《关于进一步加强古城内房屋及经营活动管理的通告》"（黄海，2008）①，2001年6月，云南省人大常委会批准了《云南省丽江纳西族自治县东巴文化保护条例》②，"2002年7月，世界文化遗产丽江古城保护委员会委托上海同济规划设计院编制了《世界文化遗产丽江古城保护规划》"（黄海，2008）③。这一系列做法不但为丽江古城的保护确定了科学的方向，也在事实上使丽江古城得到了保护，同时也奠定了古城保护的制度基础。

"丽江旅游业的异军突起，被旅游界称为'民族文化和经济对接'的'丽江现象'和'世界遗产带动旅游发展'的'丽江模式'。"（木基元，2004）④ 2001年10月，联合国教科文组织亚太地区文化遗产管理第五届年会在丽江召开，也就是在这次会议中，"丽江模式"闪亮登场。丽江模式全称为"联合国教科文组织亚太地区可持续性文化旅游发展丽江合作模式"，是一种综合性的"文化产业管理模式"，由"文化遗产资源保护的财政管理模式""旅游业对文化遗产保护的兼容和投资模式""对社会团体进行教育和技能培训的模式""遗产管理者之间的矛盾解决模式"四部分组成（和良辉，2005）⑤。从这四部分所涉及的具体内容来看，"丽江模式"在遗产保护的过程中涉及了遗产保护资金问题，遗产保护与旅游业的关系问题，当地居民、游客与旅游从业者的遗产保护意识问题，遗产管理中的各方利益问题，是一种全方位、多角度的文化遗产保护模式，思虑周全、富有远见。在丽江模式之下，丽江通过建立健全古城保护管理机构，鼓励传统的民族文化活动，加强对古城居民和游客的文化遗产、名城意识的宣传教育，规范和控制古城的商业活动等一系列措施对古城进行管理和保护（黄海，2008）⑥。

丽江在古建筑保护方面做出的努力人们是有目共睹的，一系列保护措施和"丽江模式"的产生不仅成就了其世界文化遗产的美名，也使丽江一跃成为我国著名的旅游胜地，其声誉响彻海内外。"丽江模式"对丽江的遗产保护和旅游发展具有切实的积极意义。

4. 教训后的补救——丽江古城的环境整治

2015年10月，国家旅游局召开新闻发布会通报，对包括云南丽江古城在内的3家5A级旅游景区做出严重警告处理决定；2017年2月，国家旅游局宣布，经全国旅游资源规划开发质量评定委员会评定，对5A级旅游景区云南丽江古城做出严重警告处理决定，

---

① 黄海.走进丽江古城——丽江古城规划建设和保护探秘[J].城乡建设，2008（02）：76-78.
② 百度百科."云南省丽江纳西族自治县东巴文化保护条例"[EB/OL].https://baike.baidu.com/item/%E4%BA%91%E5%8D%97%E7%9C%81%E4%B8%BD%E6%B1%9F%E7%BA%B3%E8%A5%BF%E6%97%8F%E8%87%AA%E6%B2%BB%E5%8E%BF%E4%B8%9C%E5%B7%B4%E6%96%87%E5%8C%96%E4%BF%9D%E6%8A%A4%E6%9D%A1%E4%BE%8B/16509020?fr=aladdin.
③ 黄海.走进丽江古城——丽江古城规划建设和保护探秘[J].城乡建设，2008（02）：76-78.
④ 木基元.从"丽江模式"看世遗的保护与利用[N].中国旅游报，2004-07-05.
⑤ 和良辉.从"丽江现象"到"丽江模式"[J].理论前沿，2005（03）：46.
⑥ 黄海.走进丽江古城——丽江古城规划建设和保护探秘[J].城乡建设，2008（02）：76-78.

限期6个月整改。近几年丽江古城先后两次被国家旅游行政部门严重警告，标志着丽江古城旅游业发展过程中的矛盾和恶性问题终于爆发和凸显，虽然这两次严重警告主要针对的是丽江的旅游业乱象，但丽江在环境保护方面也存在相当大的问题。

在访谈过程中，有部分受访者谈到了丽江古城的环境卫生问题，如有受访者说道："我觉得丽江需要改进的地方就是一些环卫工作，就是一些卫生做得不够到位，不过这个也是可以理解的，旅游的游客数量非常多，一下子难以做好环卫工作。"（L-120-M）"我认为丽江的旅游环境已经遭到破坏，要加大对丽江旅游环境和总体生态环境的保护，倡导绿色旅游和生态旅游。"（L-137-F）"在丽江古城你可以看到一些烤鱼店等各种餐馆，都在与日俱增。导致丽江古城的环境遭受到了一定的污染。我在丽江旅游的时候，就看到有一些餐馆直接将污水排进了河沟，基本上每个街道面前都会有河流，但是河水就没有以前那么清澈了。"（L-60-F）

面对环境卫生问题，丽江古城也积极做出了努力。2015年被警告后，丽江市很快就通过了《国家旅游局通报古城景区存在问题的整改方案》（以下简称《整改方案》），除了对旅游市场存在的欺诈、宰客等问题提出了各项解决措施之外，对古城的环境卫生方面也提出了解决方案。从加大环卫设施投入、加强环卫人员配备，到加强日常巡查，合理制定垃圾清运时间表等，都体现了丽江古城对环境进行整治的决心。

在具体措施上，《整改方案》列出了十分详尽的执行措施，如针对环境卫生脏乱差的问题，除了对违法违规行为进行处罚及媒体曝光，以及法律法规的宣传和教育培训之外，还通过组织相关单位开展每月一次爱国卫生运动和每年两次河道清淤活动等具体方式对环境进行治理；针对卫生设施及人员不足的问题，政府加大相关投入、加强环卫人员配备、增补应急备用车和人力三轮垃圾车、增补和更换果皮箱、升级公厕、新增环卫人员；针对垃圾清理不及时的问题，采取加强巡查、制定清运时间表、加强人员配备、延长工作时间、加强宣传力度及对违规行为给予上限处罚等[①]。这些措施十分具体细化，可见丽江市政府在环境卫生问题和整治方面做出了切实有效的行动。

经过2015年这一次整改后，丽江古城环境卫生状况有了明显的好转，丽江古城的环境质量有了明显的提升。这是丽江古城吸取教训后做出的有效补救。但是在2017年丽江古城再一次被严重警告。这一次丽江古城在被做出严重警告决定的12天后，出台了《丽江古城5A级景区整改工作方案》，再一次集全城之力对古城进行治理。最终在2019年11月，国家文化和旅游部对丽江古城的整改完成验收，丽江古城整改后达到国5A级景区标准要求（胡昊，2020）[②]。

---

① 人民政协网."丽江被列入旅游局'黑名单'，最新整改方案出炉"［EB/OL］.http://www.rmzxb.com.cn/c/2015-10-19/599694_1.shtml?n2m=1，2015-10-19.
② 胡昊.8家被要求整改的5A级景区全部达标［N］.中国旅游报，2020-01-02（001）.

(三)小结

1. 原真性(本真性)的保持

马云晋(2019)认为历史文化街区保护与利用应把握"保持历史原真性""避免过度开发""注重文化传承"3个关键①。从凤凰古城和丽江古城的开发和保护历程来看,这两座古城都在竭力保护古城原本的面貌,即使对古建筑进行修缮,也是遵循"修旧如旧"的原则,做到了对历史建筑和文化街区的原真性保护。但是这两座古城在旅游业的开发过程中,也存在过度开发的现象,如凤凰古城沿江的吊脚楼被改造成宾馆,丽江古城中出现了部分与整体风貌不协调的建筑,都与当地旅游业的过度开发有着深刻的关系。在古城活化的过程中,本真性的保持是必须被重点考虑的,保持历史文化街区的历史原真性是古城存在的基础,失去本真性(即原真性)意味着古城不"古",古城也就因此失去了存在的根基;避免过度开发是为了保证古城活化在合理的范围之内,历史文化街区的适度开发是"适度活化"的内容之一。古城的文化是古城的灵魂,在古城的活化过程中,注重古城文化的传承与创新,是保持并增添古城的生机和活力的重要前提。

在历史街区的原真性(本真性)保存方面,有一种有代表性的声音:"历史保存的杰出理论家乔瓦诺尼在1936年《论修复》中即指出了将古迹活化整合进当代建筑艺术的道路,古迹活化在建筑生命意义上是完全当代的,而不是机械地恢复到从前,古迹活化不能局限于考古修复的范畴,也可以将其导入当代建筑艺术领域。"(转引自刘思敏、姜庆,2006-02-20)②

本雅明在其作品《机械复制时代的艺术作品》中提出了"灵韵"(也说"光韵"或"光晕")这一词语,其指的是艺术作品的一种审美特征。"在机械复制时代,由于现代技术对作品的大量复制,作品存在的价值一再被贬低,环绕它的'光晕'也就消失了。"③结合之前乔瓦诺尼的观点,笔者认为,历史街区的保存虽然要注重其原真性,但同时又必须明确它在当代的意义,也就是说,即使对古迹"修旧如旧",它依然是属于当下这个时代的,应当被赋予当下时代的意义和价值。身处当下的被"活化"的古迹,早就失去了它原来具有的审美特征——灵韵。乔瓦诺尼所说的"将古迹活化整合进当代建筑艺术"正是在当下赋予古迹新的"灵韵",形成新的审美特征。所以,展现在当代人面前的丽江古城和凤凰古城,应该是具有"灵韵"的古城。

2. 古建筑的开发、保护与活化

虽然古城镇的开发和保护都包括在"活化"的定义之中,但是在提到古城镇的历史风貌时,我们更多地提到"保护"而非"开发",这有如下几方面的原因:一是正如上述所

---

① 马云晋.历史文化街区保护与利用的三个关键[J].人民论坛,2019(25):50-51.
② 刘思敏,姜庆."古迹活化"与古城镇保护开发[N].中国旅游报,2006-02-20(015).
③ 金炳华,等.哲学大辞典(修订本)[M].上海:上海辞书出版社,2001年6月第1版:480.

提到的，保持历史文化街区的原真性是古城镇存在的基础，是古城镇之所以"古"的原因所在；二是当古城镇是以"遗产地"而非"旅游地"的身份存在时，对古城镇建筑和历史文化街区的活化必然是以"保护"为主。但在古城镇"保护"和"开发"的讨论之中，我们应该明确的是，对于古城镇的活化来说，保护和开发并不构成最终的目的，而仅仅是一种手段，是恢复古城原有功能、营造古城生活气息的途径。

古城镇的"保护"和"开发"之争往往涉及"地理脱嵌性"的问题。地理脱嵌性是古建筑保护过程中的一个难题。古建筑的嵌入性表现为"传统建筑与当地的自然环境协调一致"，脱嵌性则表现为"现代化建筑取代传统建筑"（王宁，2017）[①]。城市文明的出现和扩张使传统村落建筑的脱嵌性越来越明显，这为传统建筑的保护设置了障碍。遗产地居民对现代化建筑的渴求体现了他们对现代城市文明的向往，他们有权利享受现代文明的成果。因此，对传统建筑的保护就必须对这一矛盾进行深刻的考虑。作为遗产地的凤凰古城和丽江古城，在进行历史风貌的保护过程中，对古建筑进行保护的思想从未动摇，"修旧如旧"是对历史传统的最大尊重。或许，在传统建筑的保护过程中，"内外有别"（古建筑外在保持传统风貌，内部按现代化标准进行改造）的改造或许是古建筑保护的一条明路。丽江古城在震后恢复重建的过程中，丽江市政府曾出台相关规定："允许古城区内的原居民在不改变外部结构的前提下，进行内部装修，使他们能在古老的建筑中过上现代化的生活。"[②]（刘栗，2005）这就体现了政府层面对脱嵌性矛盾的应对之道。而除了遗产地的居民之外，从旅游者体验的角度出发，游客也希望客栈等建筑的内部设施有现代的厕所和淋浴设备，以及电视、空调等现代电气化设备。

3. 古建筑是古城灵魂的承载物

在古城活化的过程中，不能仅仅注重建筑外观的复古，对于作为古城灵魂的文化内涵更应该加以重视。清华大学建筑学院教授陈志华认为"乡土建筑是乡土社会和生活的史书"，民间的乡土建筑记录或见证了民间大众的历史[③]（转引自沈仲亮，2014）。"古城卫士"阮仪三也曾说："它们（古建筑）蕴藏着中国传统文化的精髓，是一种不可再生的记忆活体。"（转引自俞莞，吴振东，2014）[④]两位古建筑专家对古建筑的理解对古城活化有着十分重要的意义：古建筑是历史与文化的集中体现，是一个古城灵魂的承载物，是一种记忆和见证。在古城的"活化"中，对古建筑的保护就是记住历史、记住文化、记住集体的记忆。对古建筑和古城历史风貌进行保护是人们对作为遗产地的古城的尊重，也是当下社会不可逆转的社会潮流。

---

① 王宁.传统村落的地理嵌入性、地理脱嵌性及其社会保护机制[J].旅游学刊，2017，32（02）：1-3.
② 刘栗.丽江：把古城灵魂留住[N].中国旅游报，2005-08-01（013）.
③ 沈仲亮.中国乡土建筑的世界意义[N].中国旅游报，2014-01-17（006）.
④ 俞莞，吴振东."古城卫士"阮仪三：让国人记得住历史，留得住乡愁[N].中国文物报，2014-02-21（003）.

三、古城文化资源与活化

（一）古城文化遗产的分类

文化遗产的分类在学界是一个争议不断的话题。联合国教科文组织于1972年通过的《保护世界文化和自然遗产公约》（别称《世界遗产公约》）将世界遗产分为文化遗产和自然遗产两大类（上文已经列出了我国37个世界文化遗产），并在文化遗产和自然遗产之下又细分为三类。2005年国务院《关于加强文化遗产保护的通知》将文化遗产分为物质文化遗产和非物质文化遗产，其中物质文化遗产分为可移动文物和不可移动文物两类[1]。这两种分类方法都是相对权威的分类方法，而且更多是考虑到遗产保护的需要。

凤凰古城和丽江古城作为我国著名的历史文化遗产地，其内部各类文化遗产十分丰富，笔者通过查阅资料，根据本研究的需要，建立了一个分类标准，并对两座古城的文化遗产进行了相应的分类，如表5-7所示。

表5-7 凤凰古城和丽江古城的文化遗产分类

凤凰文化遗产	物质遗产	古城内：南华门、北门城楼、大成殿、朝阳宫、杨家祠堂（德星聚奎祠）、熊希龄故居、陈氏宅院、东门城楼、沈从文故居、文昌阁、三王庙、回龙阁、准提庵、接官亭（遗址）、杜母园、万寿宫（江西会馆）、遐昌阁、万名塔（在古时"字纸炉"塔上重新改建而成），等等 古城外：靖边关亭楼、阿拉营、三潭书院、苗疆边墙（中国南长城）、黄丝桥古城、天星山苗民起义遗址、复汉流血义士冢，等等
	名人逸事	吴王起义战苗疆、郑国鸿大战英军、田兴恕怒斩洋教士、"神童"熊希龄、爱国诗人田兴奎、唐世钧光复凤凰、唐司令断案、田应诏拥孙讨袁、打不死的朱将军（朱早观）、沈从文文坛趣事、黄永玉和他的画，等等
	民俗遗产	傩堂戏、凤凰阳戏、凤凰茶灯戏、凤凰苗拳，等等
丽江文化遗产	物质遗产	丽江古城（大研古城、束河古镇、白沙古镇）及古城内：木府、万古楼、五凤楼、方国瑜故居、周霖故居、四方街、玉水河古桥、科贡坊、纳西人家、文昌宫及观景台、天地院、雪山书院、手道丽民间手工艺术馆、王家庄基督教堂遗址、恒裕公民居博物馆、白马龙潭寺、顾彼得旧居、净莲寺、普贤寺，等等 古城外：宝山石头城、丽江黑龙潭、白沙明代建筑群及壁画、文峰寺及"南洲第一灵洞"、普济寺铜瓦殿、指云寺、福国寺五凤楼、北岳庙及唐柏、玉峰寺与万朵山茶、永宁扎美喇嘛寺、灵源箐及石刻观音像、金山寺、石鼓红军渡口纪念碑、香港同胞捐助丽江地震灾区纪念碑、昔日"花马国"——巨甸、他留山古墓群、塔城古铁桥遗址、金龙桥、"元跨革囊"踪迹，等等
	名人逸事	顾彼得与《被遗忘的王国》、玉龙雪山知音——李霖灿、植物学家秦仁昌、赖耀彩修建"普济桥"、孤棹闯滩人未还（金沙江航道试航员）、滇史巨擘方国瑜、滇西才女高玉柱、金沙江边两才子——李寒谷、范义田、画家周霖先生、周凡与《大道之行》、赵银棠及其《玉龙旧话》、李群杰和"李群杰奖学金"、动物营养学家杨凤、徐振康抢救东巴文化、郭沫若撰写丽江黑龙潭楹联、纳西族作家王丕震（"丽江四大怪才"之一，历史小说作家）、奇人宜科、丽江名医和士秀（"丽江三杰"之一）、把第一面五星红旗插到南极极点的纳西人和煜东博士、和志刚口书（"玉龙一绝"）、驼峰线上的丽江、香格里拉，等等

---

[1] 中华人民共和国国务院. 国务院关于加强文化遗产保护的通知[Z]. 2005-12-22.

续表

丽江文化遗产	民俗遗产	纳西祭天、"勃谷"大典、"除骤"仪式、棒棒会、三朵节、骡马会、火把节、清明插柳、"舅父为大"的礼俗、（摩梭人和普米族）成年礼、摩梭人朝山节、他留人粑粑节、丽江古城的化踪、婚俗（传统婚俗、殉情、摩梭人的"阿夏"婚、小凉山的婚姻形态、他留人的"青春棚"、其他婚俗）、丧葬习俗、民歌（山歌、民间小调、生产调、喜歌和丧歌、儿歌）、纳西古乐、口弦、东巴舞、摩梭族甲搓舞，等等

资料来源：刘金山.古城凤凰[M].长沙：湖南美术出版社，1992.李群育.新编丽江风物志[M].昆明：云南人民出版社，1999.

（二）凤凰古城的文化资源

1. 凤凰古城的人文资源和民族民俗风情

谢正发、瞿商（2015）认为凤凰古城文化资源的历史积淀表现为民族建筑文化厚重、人文资源历史荟萃、民族民俗风情浓郁3个方面[①]。其中建筑文化资源属于物质形态的文化资源和旅游资源，前文在古城开发、建设、保护与活化中已提及。凤凰古城的人文资源和民族民俗风情则是古城的文化内核所在。

凤凰古城的人文资源与凤凰悠久的历史积淀和长期以来的发展而形成的文化相关。在历史上，凤凰古城的兴起就与它作为军事驻地有关，因此，凤凰古城从根源上而言就是一个因军事而兴起的地方。"明清时期，（凤凰）古城系朝廷扼守苗疆的边防重镇，常年驻军，尚武之风盛行。"（谢正发、瞿商，2015）[②]那时候的凤凰古城虽然还未建县，但是作为一个边防重镇，它的发展也渐趋成熟。除军事外，明清时期凤凰古城所在地的经济活动与文化活动逐渐增多，在边疆政治、民族文化和商业贸易等方面都有一定的历史地位。这种历史地位的形成与凤凰古城的地理位置、民族结构和自然环境及其所在区域的文化背景都有相应的关系。

由于凤凰古城政治和军事方面的重要地位和后期经济文化的兴盛，当地在民国时期涌现出了许多政治、军事和文化方面的人才："为了维护民族尊严怒斩外国不法传教士的一品钦差大臣、贵州提督田兴恕；定海浴血抗英，万古流芳的民族英雄郑国鸿；民国第一任民选内阁总理'湖南神童'熊希龄；文学巨匠沈从文；国画大师黄永玉。"（中国旅游报，2003-02-26）[③]这些名扬全国的政治、军事和文化名人都证明了凤凰在政治、军事和文化上的独特地位。如今，凤凰古城在政治和军事上的辉煌已经不复存在，但是因此而形成的文化积淀却为凤凰古城旅游业的发展锦上添花。现在凤凰古城内有许多古建筑还是当时政

---

① 谢正发，瞿商.湘西民族地区文化旅游转型的实践与经验探讨——基于凤凰古城的考察[J].贵州民族研究，2015，36（06）：136-139.
② 谢正发，瞿商.湘西民族地区文化旅游转型的实践与经验探讨——基于凤凰古城的考察[J].贵州民族研究，2015，36（06）：136-139.
③ 佚名.凤凰八个旅游景区（点）简介[N].中国旅游报，2003-02-26（T00）.

治、军事和文化的遗存，如陈斗南宅院、熊希龄故居、北门城楼等。

凤凰的名人文化是凤凰的地方文化的重要组成部分。沈从文对凤凰本地人有着很大的影响，而且凤凰本地人以沈从文为凤凰的骄傲，他们对沈老有着崇敬之情。在凤凰旅游业的开发中，沈从文先生成为凤凰古城的名片、符号和代言人；沈从文等名人让当地具有了潜在的经济和文化资本。可以说，以沈从文为代表的文化名人是凤凰古城旅游业强有力的助力，很多旅游者正是因为沈从文的作品而认识了凤凰，甚至来到了凤凰。如一位受访者（凤凰县委一位领导）介绍凤凰的旅游业情况时首先就说到了凤凰的几位名人。

政治名人：袁世凯当总统时的总理熊希龄；文学名人：历史学家沈从文；艺术名人：山水画家黄永玉；曾在凤凰县任知县的陈宝箴，是陈寅恪的祖父，江西省义宁县人，陈家三豪五杰，陈寅恪的父亲是陈三立，诗坛奇才，陈寅恪三兄弟中另外两位分别是著名画家陈衡恪，老大；经济学家，老二；陈寅恪为老三。（F-01-M）

从沈从文之于凤凰的意义而言，他也确实担得起"凤凰城之魂"的称号。他除了提高了凤凰的知名度之外，还在自己的作品中细细描绘了凤凰，让人们知晓凤凰，更"懂"凤凰，更"爱"凤凰，也让来自五湖四海的游客在凤凰古城游玩时有了参考。

历史上凤凰古城所在区域流行的是"巫楚文化"。"楚文化是一个以本土巫文化为中心，吸收了中原文化和三苗文化的多元文化"（马海霞，2002）[①]，"传统楚文化源于巫文化，楚乡民间，巫风极盛"（魏挹澧，2018）[②]。巫楚文化与正式的楚文化相比，有更多的原始色彩。至今，在湘西的很多地区依然可以看见巫楚文化的遗存，巫楚文化是凤凰的重要文化特色之一。"神秘"是巫楚文化的重要特征，凤凰古城曾经就以"神秘"来标榜自己，并以此作为古城的宣传卖点，究其原因就是这个地方直到今天仍然残留着"巫楚文化"。因此可以说，"巫楚文化"在凤凰如今的旅游业发展中也有所助力，众多有着好奇之心的旅游者对"神秘"的湘西凤凰有一种探索的欲望。

当下对巫楚文化的研究主要体现在文学领域，古代作家以屈原为代表，现代作家则以凤凰本土作家沈从文为代表。凤凰本地出现的政治和军事人才也是在凤凰本土文化的熏陶下产生的。但巫楚文化在现代社会的发展也存在问题：巫楚文化本身的神秘性与现代社会显得格格不入，几乎只能被保留在远离现代社会的地方。而随着旅游者的大量拥入，巫楚文化的神秘性逐渐被打破，失去了神秘性的巫楚文化能否还被冠以"神秘"的标签？根据现在凤凰古城的旅游开发程度，为本地的巫楚文化提供生存的土壤已显得艰难，传统的巫楚文化正处于被瓦解的边缘。尽管每个地方都有意识地保护自身的文化，但是"有计划地保护"是否能有成效，依然未知。

作为一个多民族的聚集地，凤凰古城的民族民俗风情较为浓厚。从民族构成上来说，

[①] 马海霞.巫楚文化的现代形态——残雪文化的文化意蕴［D］.石家庄：河北师范大学，2002：4-5.
[②] 魏挹澧.巫楚之乡，山鬼故家——湘西风土建筑的历史文化渊源与民居特点探析［J］.建筑遗产，2018（03）：9-15.

苗族和土家族的人口数量占多数，因此，民族风情更偏向于这两个少数民族。民族风情主要表现在民族服饰、饮食习惯、婚恋习俗（如"边边场"恋爱习俗）、民间艺术（如传统手工艺）、戏曲（如傩戏等）、神祇与信仰（如信鬼不信人等）等几大类（梁自玉，2007：15）[①]。与丽江古城不同的是，凤凰古城并没有对当地的民族文化进行整合，因此，对凤凰地区并不深入了解的旅游者会认为凤凰地区的民族文化与广大西南地区的少数民族文化并无太大的差别。相比而言，丽江古城形成了一整套民族文化体系——纳西族"东巴文化"。当然，两座古城的历史和地理情况并不相同，凤凰古城并不处于民族文化的中心，也就无法像丽江古城一样形成完整的民族文化体系。

在旅游体验过程中，旅游者来到凤凰古城，往往首先通过视觉来体验当地的文化。映入眼帘的民族建筑、穿着民族服饰的当地人（或者"演员"）几乎是旅游者最能感受到民族风情的方面。但如今凤凰古城内"民族风情"被营造得较为刻意。旅游者仅仅是暂时来到旅游目的地，他们对当地民族文化的体验是一个短暂的过程，因此，旅游目的地有必要通过各种方式营造自然的、非刻意的本真性民族氛围，使旅游者以最高的效率在短时间内体会到当地的民族文化。

随着现代社会的发展和旅游业的日渐繁荣，凤凰古城的文化资源正在日渐消失，如今这些民族文化与过去相比已经发生了极大的变化。上述提到的凤凰古城历史上的政治和军事文化、巫楚文化及传统的民族风情，如今还有部分为人所熟知，恐怕也是因为依附于旅游业才不至于被完全湮没。可以看出，文化活化的重点和难点就在于如何把握好旅游业的发展与传统文化保护和更新之间的关系。

2. 凤凰古城现今的文化活动

如今的凤凰古城旅游业发展得如火如荼，也在通过一些手段或举办一些活动在当下展现古城的独特文化。

《边城》实景演出是湘西烟雨凤凰旅游演艺有限公司在2015年推出的一部"森林舞台剧"，由沈从文的小说《边城》改编，是改编自文学名著的文艺演出。演出分为六幕，分别是身世、初萌、端午、灵犀、魂诉、渡缘，另外还包括序（啦啦渡）和尾声（等你）。《边城》实景演出通过舞台剧的形式诠释了沈从文笔下的湘西文化，是游客来到凤凰古城之后的一场视听盛宴。在访谈过程中，部分看过这一演出的受访者对《边城》实景演出有比较高的评价："凤凰让我最满意的反而是现代的实景演出，讲的是沈从文写的那个故事……那个实景演出之前我是没有了解过，可以说是意外之喜。"（F-137-F）

直接打电话订票，订《边城》的，订《巫傩神歌》表演的，都有啊……如果客人没来，要靠我们地方上的人去推广了解，消费低的人，不舍得花钱的啊，只能这样说，看那个《桃花岛》，看那个便宜一点的，但是那种也有它的优势，原生态，打火把，但是表演

---

① 梁自玉. 文化变迁与旅游业发展研究——以湘西凤凰县为例［D］. 北京：中央民族大学，2007：15.

的人不是那么漂漂亮亮的，就是那种普通的阿嫂在那里表演，衣服也没有那么亮丽。如果舍得花钱的，就看这个《边城》，花了一两个亿打造的，里面还有沈从文先生的作品，把湘西的人、神情表现得淋漓尽致。看过这一台的，还会来订这一台……《边城》还可以，我们凤凰人看了都说还可以。我没看完，我是觉得，我喜欢看山江那台《苗寨故事》，《苗寨故事》那场我喜欢看，里面有赶边边场，我喜欢看。《边城》这一台就是规模有那么大嘛，投资了那么多的钱，很多人到那里去了。《桃花岛》就是没那么上档次，有点原生态，《苗寨故事》在离这里20公里的山江镇。（F-144-F）

凤凰古城的篝火晚会是古城为游客准备的演艺项目，最有名的两场篝火晚会是"天下凤凰"和"魅力凤凰"。篝火晚会上有丰富多彩的苗家传统民俗活动：湘西赶尸、傩戏、苗家绝技上刀山下火海、苗家婚礼、土家哭丧嫁、苗家青年男女赶"边边场"等活动。篝火晚会"原始、粗犷、充满野气，将湘西凤凰的神秘性与风情性演绎得淋漓尽致"①，集中展示了凤凰当地的文化特色。有一篇网络游记中写到"魅力凤凰"的表演节目，文字如下：

魅力凤凰是以湘西欢快的《土家摆手舞》、含情绵绵的《桑植民歌》、神奇的《湘西祭祀》、浓厚的《苗家呷酒》、奔放的《湘西苗鼓》、多情的《土家女儿会》《张家界花灯》、独特的土家婚嫁《哭嫁》、神秘的千年古谜《湘西赶尸》、粗犷的活化石土家《茅古斯》等表现湘西民风民俗为主题的室内大型演出，全面展现和诠释了湘西民间民俗文化艺术。

资料来源：马蜂窝网."凤凰，我会记得你"[EB/OL].http://www.mafengwo.cn/i/778231.html，2011-11-19.

春节期间，在凤凰古城文化广场举办的春节文化活动，是凤凰古城一年一度的文化盛会。春节文化活动包括古城的传统歌舞表演、戏曲展演、民俗巡游和书画影展等形式，是集中展示凤凰古城传统文化的聚会。在春节文化活动中，舞龙舞狮、跳茶灯、敲腰鼓、青狮罗汉、旱船秧歌、挑花篮等传统的民俗活动，傩堂戏、阳戏、茶灯、傩戏、黄梅戏、花鼓戏、现代阳戏和地方小调等戏曲活动都趁着春节文艺演出集中呈现。

端午期间，凤凰古城会举办一年一度的"抢鸭子大战"，这是湘西地区民俗文化的独特体现。在活动开始前，成千上万的参与者赤膊跳入沱江，等待岸上的人将鸭子抛向江中。"抛下的第一只鸭子是信号。鸭子下水，水面、岸上，人群立马沸腾起来。两只、三只，鸭子陆续落进水里，被水里的泳者寻找、发现、抓住"②。除了抢鸭子大战，赛龙舟也是凤凰古城端午期间的民俗文化活动。在这项民俗活动中，来自凤凰县各界的参赛队伍齐

---

① 湘西网."凤凰古城旅游必看的篝火晚会"[EB/OL].http://www.xxxinwen.com/xiangxilvyou/lvyouzixun/1995.html，2019-06-27.
② 华声在线.凤凰古城上演"抢鸭子"大战密集恐惧者开始方了……[EB/OL].http://hunan.voc.com.cn/article/201906/20190608093102900604.html，2019-06-18.

聚沱江，他们身着不同颜色的队服，与其他队伍在沱江上竞赛、切磋。

中秋期间也是凤凰古城传统文化集中展示的时期。2017年中秋节，凤凰古城在城北游客服务中心、三隧一桥游客服务中心、生态停车场等服务点免费为游客发放月饼，共计600余斤[①]。2018年中秋，凤凰古城推出了"翠翠陪你看月亮"（游客观看《边城》森林实景剧）、"包下长城给你看月亮"（游客在南方长城景区喝酒听音乐，欣赏摆手舞、猜灯谜等活动）和"对酒当歌看月亮"（游客参与沱江泛舟，与"翠翠"合影、对歌）三大活动[②]。凤凰古城利用"翠翠"这一凤凰独有的文化符号，借助旅游业的开展，在传统节日之际展现凤凰独有的"边城"文化魅力。

事实上，凤凰古城景区公司在运营初期就已经开展过各种文化活动并以此为事件营销。彭丹（2016）在《旅游迷思研究：关于凤凰古城的个案分析》一书中列举过古城公司为事件营销而开展的各种活动，如世界围棋巅峰决赛、音乐会、天下凤凰聚凤凰活动，以及为纪念沈从文先生诞辰一百周年而举办的"中国湘西从文文化节"活动等[③]。

（三）丽江古城的文化资源

1. 丽江古城的传统文化——东巴文化

丽江古城与凤凰古城相似的地方在于，丽江古城的文化资源在很大程度上也依托于少数民族文化。丽江地区的少数民族以纳西族为主，众多少数民族的文化对丽江地区的文化发展产生了重要的作用。

丽江作为一个少数民族聚居区，在清代改土归流前实行的是土司制度，归附明朝后，明太祖朱元璋为丽江的土司家族赐姓木，木氏土司也成为中国最著名的土司政权之一。与民国才正式设县的凤凰相比，丽江成为行政单位的时间更早，经济也更为繁荣。稳定的政治和繁荣的经济促进了丽江地区的文化发展，除了各民族的文化在丽江相互交融、交相辉映之外，丽江也积极吸取中原文化，因此，在丽江地区也能见到许多中原文化的印记。

丽江文化以东巴文化为核心，东巴文化是"民族文化产业集群形成与发展的核心文化资源"（晏雄，2019）[④]，是丽江当地文化的内核。"东巴"指的是"纳西族原始社会沿袭下来的巫师和祭司"，东巴文化是"纳西族的原始古代文化"（李晓红，2018）[⑤]。东巴文化内涵丰富，主要包括东巴文字，舞蹈、服饰、音乐、绘画在内的艺术形式，各种东巴手工艺品、东巴建筑和东巴教。东巴文化是丽江地区纳西族特有的文化，在丽江古城有很高的地

---

① 环球网."湖南凤凰古城中秋节免费为游客发放六百余斤月饼"［EB/OL］.https://m.huanqiu.com/article/9CaKrnK5rUA，2017-10-5.

② 浙江新闻."凤凰古城推出三大活动伴游客过中秋"［EB/OL］.https://zj.zjol.com.cn/news.html?id=1033519，2018-09-18.

③ 彭丹.旅游迷思研究：关于湘西凤凰古城的个案分析［M］.北京：旅游教育出版社，2016年4月第1版：95-96.

④ 晏雄.全球化与地方化：世界文化遗产与丽江民族文化产业集群发展研究［J］.西南民族大学学报（人文社科版），2019，40（02）：34-38.

⑤ 李晓红.浅论纳西族东巴文化的发展保护传承［J］.文物鉴定与鉴赏，2018（16）：78-79.

位。杨振之（2007）曾提出丽江古城在世界上的核心竞争力，其中两项就是"东巴文化"和"东巴天、地、人和谐统一的生存方式"。关于东巴文化，他提到，"东巴文化是一种天、地、人和谐共生的文化体系，与之相应，在这里多元文化共存，多民族相融，多神崇拜和多种宗教共生，这种文化形态在全世界也难寻找"；而对于"东巴天、地、人和谐统一的生存方式"，他提到，"人与自然、人与人的和谐共处，千百年来成为东巴人的生存方式和生活状态，这种生存方式的完整保留使其在世界上独具魅力"[①]。由此可见，东巴文化对丽江古城的传承和发展至关重要，可以说，东巴文化构成了丽江古城的"魂"。

但是，目前东巴文化的发展呈现出一种"泡沫化"的倾向。东巴文化表面上欣欣向荣，实际上暗藏危机：首先，表面上十分繁荣的东巴文化在如今的商品社会中被看作可以交换的商品，"导致了东巴文化的滥用和庸俗化"；其次，"年轻人只顾学习东巴文化的外在躯壳和形式，而不从根本上领悟其文化精髓，忽视其博大内容和精神传承"（桑月华，2018）[②]。如今东巴文化的繁荣主要是旅游业带来的，而旅游业是一把双刃剑，它带来的负面影响同样作用于文化本身，导致文化的衰微。但是要明确的是，在文化活化的过程中，东巴文化不能也不可能"恢复"成旅游开发之前的原始状态（笔者在前文已经提到过相关的观点）。在东巴文化发展的十字路口，如何让东巴文化在今天依然焕发活力成为今后文化活化要着重讨论的问题。

总之，在木氏土司长期的管理之下，丽江地区的传统文化更具整体性，并且以东巴文化为核心形成了一个完整的文化体系。如果说凤凰地区的文化彰显的是神秘性，那么丽江地区的文化则体现了吸纳各方的开放性和包容性。由于传统文化渊源、特征和具体发展道路上的不同，凤凰和丽江在文化活化的问题上具有一定的差异。

2. 丽江古城的商业文化

就目前活化过程中的商业化问题来说，丽江作为茶马古道上的一个节点，自古就有商业化的渊源，并很早就形成了自己独特的商业文化。

丽江古城的商业文化分为古代商业文化和现代商业文化，但是两者并不是接续的关系，它们的形成各有其缘由，其内核也是不同的。丽江的古代商业文化是以茶马古道为大背景而产生和发展的，作为位于茶马古道之上的滇藏贸易集散地的丽江也正是由于便利的地理位置，才形成了良好的商业环境，并促成了丽江的繁荣和历史文化的发展。丽江的现代商业文化则是由于20世纪90年代丽江申遗成功后，在旅游业的发展过程中形成的，其自身原来所蕴含的独特的文化资源吸引了来自世界各地的游客，从而营造了以古城、客栈和酒吧为载体，以"诗和远方"的文艺情怀为外衣的旅游商业文化。2013年，时任丽江市长和良辉在采访中说道："目前，丽江古城里面的商铺有1030多个，事实上比历史上

---

① 杨振之.丽江古城东郊环境整治及旅游开发的理念[N].中国旅游报，2007-06-27（014）.
② 桑月华.丽江东巴文化的发展变迁刍议[J].文化创新比较研究，2018，2（14）：42+46.

（丽江作为）茶马古道（上）的重镇时的 1600 多个铺面还少得多①。"可见，不论是古代还是现代，丽江的商业都非常繁荣。这两种商业文化除成因和所处时期上的区别外，丽江在时代大背景下的地位是不同的，丽江在古代只是茶马古道上的一个节点，是一个"配角"，服务于当时滇西南的贸易；而在如今，丽江的商业文化已经脱离了那种大环境，是因为其自身的旅游发展而兴盛的，做了自己的"主角"。关于商业文化的内容将在后文中继续分析。

3. 丽江古城的"艳遇"文化

酒吧是丽江现代旅游商业文化的重要载体之一，在丽江的现代商业文化中，酒吧文化既能代表丽江的风格，又能体现丽江古城商业化的繁盛，还和丽江的"艳遇文化"紧密联系在一起。2009 年就有网友将丽江的酒吧归结为三大流派，分别是酒吧一条街，以吵闹的迪厅为主；二是五一街；三是"游离于餐厅和酒吧之间的'餐酒吧'"。不同的酒吧适合不同的人群，"一般游客都是去酒吧一条街"，那里的酒吧名字也是选自诸如"千里走单骑""一米阳光""桃花岛""小巴黎"这样家喻户晓的事物；网友所列出的五一街的酒吧都极富个性，如"38 号""江湖""大冰的小屋"等，能给人惊喜（尤其是大冰的小屋有多位受访者提及）；餐酒吧如"秋月阁"将很有个性的流浪歌手"绑架到"酒吧来驻唱②。

"艳遇"已经在丽江形成了一种庸俗的文化和旅游地迷思，"艳遇"是丽江的一个鲜明的、广为人知的标签。"其实丽江本与'艳遇''一夜情'毫不沾边。绝大多数游客并不了解，那是纳西族古老的'殉情'风俗被异化使然"（张帆等，2016）③。此类将本土文化解构并标签化的做法事实上是为了让"殉情""艳遇"这样的文化成为旅游目的地向外营销的资本，使旅游地的文化表征能够接近当今世界的主流文化，旅游目的地的文化与旅游者平时接触到的文化和价值观一旦相接近，就有机会促使旅游者前往当地感受当地的文化氛围。有很多受访者都坦言想去丽江是为了看一下这个"艳遇之都"是否能真的有艳遇。

随着时代的发展，丽江古老的殉情文化不再，它已演变成了当今的"艳遇"文化。古老的殉情和当今的艳遇都贯穿着"爱情"这一叙事主题。丽江的艳遇文化之所以在如今能够风靡，原因之一便是"爱情""艳遇"是丽江传统文化与现代文化的契合点。在如今，社会开放和思想的自由解放使人们可以放心大胆地追求自己的爱情，但"爱情"在何处？就在云南丽江。在人们向往爱情并前往丽江寻求"艳遇"的同时，人们对于爱情的态度也开始变得随意，这是现代主流文化做出某种改变或妥协的表现。与此同时，丽江的艳遇文化也将现代社会的特点融入了丽江的传统文化之中。

---

① 腾讯房产."云南丽江回应过度商业化质疑：不了解古城历史"[EB/OL].https://km.house.qq.com/a/20130317/000015.htm，2013-03-18.
② 新浪博客."在丽江娱乐"[EB/OL].http://blog.sina.cn/dpool/blog/s/blog_6342d6b40100gfzz.html，2009-12-1.
③ 张帆，徐元锋，杨文明，等.丽江古城：商业化与文化的角力[N].人民日报，2016-09-02（016）.

4. 丽江古城现今的文化活动

《丽水金沙》是"第一部全面反映丽江民族文化的大型文艺演出，同时也是丽江第一部全面反映云南民族风情的大型文艺演出"①。相比《印象·丽江》《丽江千古情》等旅游演艺项目，《丽水金沙》首演时间较早，早在 2002 年 5 月 1 日，《丽水金沙》就举行了首次公演。《丽水金沙》共有 4 场，分别是"序""水""山""情"，由于《丽水金沙》并不仅仅展示丽江核心区的纳西族文化，因此，在演出中可以看到许多民族文化的荟萃。网络上一则旅游攻略中写道："《丽水金沙》就是表现云南各少数民族风情的大型歌舞晚会，其中有纳西族的棒棒会、彝族的火把节、摩梭人的走婚或是为了追求自由爱情的殉情等，蛮有震撼力的。"②

大型实景演出《印象·丽江》是由张艺谋、王潮歌、樊跃共同执导，在玉龙雪山之下呈现的一场视觉盛宴，演出分为《古道马帮》《对歌雪山》《天上人间》《打跳组歌》《鼓舞祭天》《祈福仪式》6 个部分。《印象·丽江》以露天展示的形式开展，舞台是红色立体式的，整体呈现出"之"字形，背景是白雪覆盖的玉龙雪山，整场表演宏大、壮阔，令人震撼。《中国旅游报》曾刊登的一篇游记中对《印象·丽江》有较为详细的描述：

一场名为《印象·丽江》的演出，把游客带入远古的历史烟云中。演出在一个露天的场馆，背景是一座高山，高山上有一条条小路，形似蜀道。天下着雨，演员们认真表演，我们身披雨衣忘情地观看。这场表演生动再现了茶马古道上各族人民的生活。男人们骑着滇马，穿行于群山峻岭间，以货易货，把云南的茶叶、丝绸运出去，把西藏、中原的货物驮回来。背景音乐是原生态的民族歌曲，歌词反映出少数民族对大自然的崇拜和尊敬。

资料来源：胡忠伟.七彩祥云别样天［N］.中国旅游报，2010-07-26（015）.

观看过《印象·丽江》的受访者表达出了他们的感受，如有受访者表示感受到了原生态的文化氛围，说道："演员都是当地的普通农民，几乎每个演员都在奋力地跳喊，感觉是在用生命来演出，在玉龙雪山脚下，听着那原汁原味的民族音乐，我感受到了淳朴的纳西族原生态的文化氛围。和我之前期待的体验是一样的。我觉得丽江《印象·丽江》比《丽江千古情》要好"。（L-128-F）还有受访者表示很震撼，文本如下：

我去看了那个，因为大部分去玉龙雪山旅行都会赠送大型实景演出，很超值，对于慢步行走都已有一些累的我来说，很佩服他们蹦蹦跳跳的演员。在那么高的地方，空气那么稀薄，整场演出 60 分钟，我觉得他们很厉害，会分段表演不同的一些场景及当地的风俗。纳西族的殉情那段很感人，拼酒的场景又很幽默，我语言不足以表达这场演出的震撼，总之是大大超出我的预期。（L-132-M）

大型歌舞《丽江千古情》是丽江千古情景区的核心产品，由序（《纳西创世纪》）、第一幕（《泸沽女儿国》）、第二幕（《马帮传奇》）、第三幕（《古道今风》）、第四幕（《玉

---

① 丽江丽水金沙演艺有限公司门户网站."公司简介"［EB/OL］.http://www.ljlsjs.com/article/6，2016-12-15.
② 豆瓣小组."春节丽江旅游攻略"［EB/OL］.https://www.douban.com/group/topic/9484513/，2010-01-05.

龙第三国》)、尾声(《寻找香巴拉》)几部分组成。《丽江千古情》被称为"一生必看的演出","有人说,丽江千古情是丽江文化的魂,将古老的传说和历史事件,结合当代的IMAX3D技术,呈现了一场大片的视觉盛宴"①。

类似于《印象·丽江》《丽江千古情》这样的旅游演艺项目将丽江本土文化浓缩后以舞台剧的形式展现在旅游者和观众的面前,将千百年的民族文化压缩在几个小时内,使前来丽江的旅游者能以最短的时间整体性地观赏到丽江的本土文化。除了正在上演的一些大型演艺项目之外,丽江还在不断开发新的能够展现本土文化的旅游演艺项目,"继《丽水金沙》《印象·丽江》《丽江千古情》等精品演艺节目之后,于2016年6月2日成功推出大型原生态打击乐舞《云南的响声》"(李学斌,2016)②。

除了《丽水金沙》《印象·丽江》《丽江千古情》等大型旅游演艺项目之外,丽江的《纳西古乐》不仅能够称为旅游演艺项目,它本身还是丽江传统音乐文化的传承。"据考证,这种古乐起源于公元14世纪,它是云南省最为古老的音乐,也是中国或世界最古老的音乐之一。纳西古乐是纳西族人民在接受以儒道文化为代表的中原文明影响下而创建的艺术结晶。"③纳西古乐作为非物质文化遗产,它的活化遵循的是"舞台式活化"的路径,而其中的商业表演又体现了"商业活化"路径的影子;其他旅游演艺项目都同时体现了"舞台式活化"和"商业活化"的路径,但是相比"纳西古乐",这些旅游演艺项目商业性质更为突出,对传统文化的表现更为抽象。在合理的活化路径和活化方式的基础上,纳西古乐的活化获得了成功。

与物质文化遗产相比,类似于纳西古乐这样的非物质文化遗产在活化过程中有很强的可塑性,人类在其中也能发挥更多的创造性。在多数情况下,非物质文化遗产要被人观赏、接受,首先需要由人来"表演"。因此,"人"在非物质文化遗产传承和活化的过程中占据了很大的主动性。但是要注意的是,不论是物质文化遗产还是非物质文化遗产,遗产永远是活化的"主体"。非物质文化遗产的"舞台式活化"虽然是由"人"来表演的,但是表演者不可全然不顾遗产本身的文化特性而自由发挥。

(四)文化资源活化中的问题与新形式

1. 文化活化中面临的问题

传统文化发展到如今,面临着"消亡"还是"改变"的选择。古城的文化活化就是要使凤凰古城和丽江古城在经历文化变迁之后,让本土文化能够得以"恢复"。但要明确的是,文化的"恢复"并非让文化完全恢复到原初状态。"完全回到过去"不符合社会发展

---

① 搜狐."丽江千古情,为何都被世人称'一生必看的演出'?"[EB/OL].https://www.sohu.com/a/190869885_266824,2017-09-11.
② 李学斌.丽江做活旅游市场的三招棋[N].中国旅游报,2016-07-05(003).
③ 百度百科."纳西古乐"[EB/OL].https://baike.baidu.com/item/%E7%BA%B3%E8%A5%BF%E5%8F%A4%E4%B9%90/90443?fr=aladdin.

的客观规律，也不是古城活化所追求的目标。因此，我们要选择"适度活化"，遵循"中庸"原则，"活化不足"将无法对遗产起到恢复作用，"过度活化""极端活化"的结果又使得遗产地过分迎合现代社会的需求或过分追逐商业利益，致使其本真性完全丧失，从而失去其生命力。文化本身是一个十分宽泛的概念。在文化活化中，必须摆正对待传统文化的态度，并且需要远见卓识，要求能够预见文化活化后的结果。如今，凤凰古城和丽江古城在文化活化方面存在较多的问题：

（1）传统文化和现代文化的对立

古城之所以"古"，除了在外观上保留了一定的古朴风格，其中的文化内核起到了更为重要的作用。如今我们所看到的古城依然保持着古色古香的风格，除了确有保护的因素在其中外，也是为了发展旅游业、获取经济利益的结果，甚至"获取经济利益"才是古城保护的动力。事实上，古城的文化看似得到了保护，实际上却为了迎合旅游业的发展而做出了扭曲的改变（比如前述吊脚楼为改造为宾馆而改变其原有的式样），这是一种无声的破坏。文化复兴的最终受益者本应是对地方文化负有传承义务的当地居民，但是当地居民在与外来旅游者进行文化互动的过程中，由于人数众多和长时间的影响，当地出现了"文化涵化"的现象。传统文化逐渐"快餐化"，旅游者来到古城旅游，像享用快餐一样品尝过当地文化之后又匆匆离开。当地为了让旅游者享用这一份"快餐"，旅游目的地已经对传统文化做出了一定程度的改变。

谢彦君（2015：312，313）在《基础旅游学》一书中曾阐述过文化孤岛现象："正是由于旅游者对奇异文化的癖好或珍爱，由于旅游发展必须建立在满足旅游者需要的基础上，旅游目的地的文化要素不断发掘出来，经过孤离、整理、加工，最后呈现在旅游者面前，这也构成了另一种文化形态：旅游文化。"[①] 同时他也认为："严格地说，在拥有独特的民族原始文化的地方，因旅游而发展起来的旅游文化，已经不可能重塑本土原始文化的形骸和精神。"（谢彦君，2015：313，314）[②] 从这个意义上来说，"旅游活化""商业活化"最后的结果并不能完全使人满意，因为这种被"复活"的文化并非原本的传统文化，而是一种为满足旅游者需要而被制造的、被称为"旅游文化"的文化。

（2）文化发展和文化转型的矛盾

古城的文化"活化"并不是让古城文化真正"复古"，而是为其寻找适合的发展方向。目前凤凰古城和丽江古城都面临一个文化抉择的问题，游客不断来访，对旅游吸引物不断进行建构，赋予其新的意义和价值，创造出新的话语和语境。这不仅使当地文化发生变化，也对两座古城作为旅游地的生命周期有重要影响。古城的文化随着旅游的发展不断被解构又重构，古城因此面临着文化转型的问题。从衣食住行、日常礼仪、民间艺术、节日文化、生产和生活方式、思想观念各方面来看，民族文化的变迁是一个全面的过程。

---

① 谢彦君.基础旅游学［M］.北京：商务印书馆，2015年2月第1版：312-313.
② 谢彦君.基础旅游学［M］.北京：商务印书馆，2015年2月第1版：313-314.

文化变迁有纵向变迁和横向变迁之分，纵向变迁是指"文化特质不断积累、逐渐发展、进化的文化变迁过程"，横向变迁是指"通过传播、涵化等方式所导致的文化变迁过程"[1]（毛伟，2008：181）。凤凰古城和丽江古城的文化变迁则更偏向于横向变迁。在社会经济日益发展和旅游功能日渐发挥的过程中，不同文化之间的"借用"效果越来越明显，在古城内部体现为对少数民族文化的冲击。在这种文化的冲击下，古城逐渐"接受"了外来文化。

不可否认的是，文化涵化是所有少数民族社区面临的问题。对于古城镇型遗产地的旅游社区而言，又有其特殊性。这主要表现在文化外衣与内核之间的矛盾，为发挥旅游功能和实现遗产保护，尽管当地的文化内核已被破坏，但是必须在外表上保持一定的古朴风貌。从某种意义上说这也是对遗产地的一种浅层次的保护。

文化涵化的结果包括经济代价、社会代价和心理代价，但是涵化不可避免，也可能导致新的文化产生[2]（毛伟，2008：188）。因此，古城的文化涵化需要辩证地看待。

（3）旅游目的地的无差异化

世界范围内出现的旅游的迪斯尼化、麦当劳化等现象彰显着当今众多旅游目的地的无差异化。目前中国有数量非常多的古城镇型遗产旅游地，这些遗产旅游地的同质化现象非常明显，甚至被称为古镇的"千人一面"。从古城镇的古朴"外衣"，到古城镇内的酒吧、客栈，再到古城各商铺售卖的相同的旅游纪念品和旅游购物品，这些古镇失去了地方特色，"去地方化"现象十分明显。旅游目的地的无差异化也体现了旅游行业竞争的加剧，既然古城镇型旅游地没有差异，那么旅游者的选择就可以相对随意，而且有经验的旅游者在去过一到两个古城镇后，就不会想去下一个。旅游目的地的无差异化、去地方化体现了当地商业化与地方性之间的冲突。商业化把旅游目的地推向单一、普遍、同质化，而地方性（地方化）塑造的是古城独特的地方魅力。因此，对地方性的恢复和塑造是促进遗产旅游地"活化"的重要一步。

2. 文化活化的新形式——解构传统文化

笔者认为，古城镇型遗产旅游地所代表的是一种民族传统文化，而大多数旅游者拥有的是一种当代社会的主流文化和价值观，这两方面存在不小的差异。旅游者来到古城参观游览，是主流文化与传统文化的接触或碰撞过程。这个接触或碰撞过程不一定是完全和谐或者完全冲突的，对于不同的旅游者和东道主会有不同的表现。如果两种文化的接触或者碰撞是和谐的，它可能经历了一个"匹配"的过程，如图5-2所示。

---

[1] 毛伟."涵化：旅游与文化变迁"[M]//张晓萍，李伟，等，著.旅游人类学[M].天津：南开大学出版社，2008年7月第1版：181.
[2] 毛伟."涵化：旅游与文化变迁"[M]//张晓萍，李伟，等，著.旅游人类学[M].天津：南开大学出版社，2008年7月第1版：188.

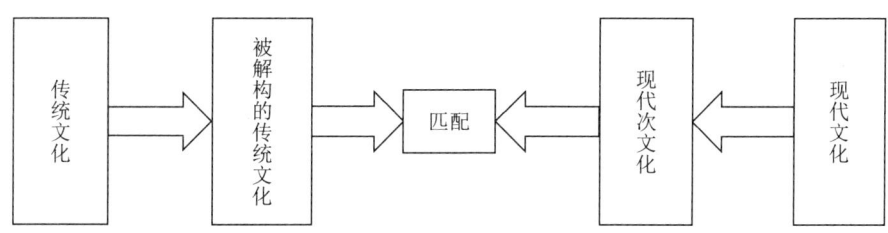

图 5-2　古城镇旅游地的传统文化与旅游出发地的现代文化的匹配过程

由于传统文化和现代主流文化本身的不兼容，要形成这一"匹配"过程，必须同时对传统文化和现代文化进行解构。如果被解构的传统文化与被解构的现代主流文化（现代次文化）成功匹配，则形成了较为积极的结果；如果两者没有经过合适的解构，那么两者之间就无法形成匹配，因此产生冲突。

这一观点可以帮助我们理解古城的文化活化，文化活化的过程在一定程度上就是对传统文化的解构过程。解构传统文化的目的是使传统文化在当代现代性社会背景下恰当"活化"。凤凰古城和丽江古城在文化活化的过程中对传统文化进行了解构。如凤凰古城内穿着民族服饰的当地人（或演员），他们的穿着带有更多的表演成分，这是麦肯奈尔（MacCannell）所说的"舞台本真性"，却失去了"客观本真性"，这些"表演"不是完全从文化传承的角度来考虑的；丽江古城的艳遇文化也是对东巴古老殉情文化的解构，表现为"建构本真性"，部分旅游者可能会体会到艳遇的文化，多数旅游者却发觉艳遇只是一种骗局，更会有些旅游者认为艳遇文化失于庸俗，失却了"驼峰线上的阳光小镇"丽江的浪漫真实爱情原本的文化内涵和爱情的真谛。因此，同样要格外注意的是活化的"适度"性。一旦过度解构传统文化，将会加速文化本真性的消失。现实情况是，中国的古城古镇如丽江、凤凰的本土传统文化都遭遇了过度解构的问题，传统文化被过度活化，从而失去了本真性。这一问题在凤凰和丽江等古镇还是比较明显的。

3. 旅游演艺、传统文化与本真性

（1）旅游演艺与传统文化

《中国旅游报》（2014）曾刊文《旅游演艺：传统文化传承和创新之活化载体》，其中写道："旅游演艺就是一种建构文化原真性的重要方式，是旅游目的地主动建构并展示地域传统文化的过程，是地域传统价值观的现代诠释过程""影响旅游演艺成果与否的关键是，其是否通过表层文化符号诠释了中层的制度文化和位于核心的文化价值观"[①]。遗产旅游地的旅游演艺项目毫无疑问地必须植根于当地传统文化，演艺项目的创作者其实是文化的加工者、创造者，他们在传统文化之上建构起一个可以被外来旅游者认知、接受和传播的"旅游文化"（这里的"旅游文化"可以看作一种传统文化的表层文化符号）。而旅游演艺作为文化传承和创新的活化载体，在重新建构并展示传统文化的同时，也要求

---

① 刘思敏.旅游演艺：传统文化传承和创新之活化载体[N].中国旅游报，2014-04-30（011）.

能透过表层的文化符号，窥探到当地传统文化的内核，这是一个双向的过程，如图5-3所示。

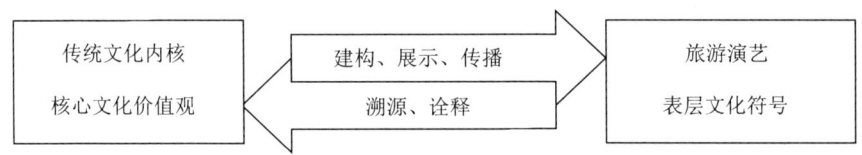

图5-3 传统文化和旅游演艺关系图

图5-3展示的是一个从传统文化内核到旅游演艺（表层文化符号），再从作为表层文化符号的旅游演艺到核心文化价值观的双向过程。这一过程可以被看作"舞台式活化"路径的内在过程。旅游演艺以"舞台活化"为路径，使当地的传统文化被来自五湖四海的旅游者所认识和感知，避免了"被淹没"的命运，促进了当地文化恢复生机。在旅游演艺对传统文化正确溯源和诠释的基础上，这一"表层符号"也能够成为接受者探索传统文化内核和核心文化价值观的入口。

（2）旅游演艺与本真性

布鲁勒（1994）把本真性分为原件本真性、复制逼真性（神似）、复原精确性（形神两似）和认证本真性（转引自王宁，2014），王宁（2014）重新将其分为原件本真性、复制本真性和复原本真性；王宁提到，在西方，人们在追求"原件本真性"不得的情况下转而追求"复制本真性"或"复原本真性"，而中国旅游本真性的问题与西方不同，不是朝着道德化发展而是朝着审美化发展，"原件"不那么重要，重要的是意境（王宁，2014）[①]。这一观点对我们理解凤凰古城和丽江古城的旅游演艺等文化活动很有启发。

诸如凤凰古城的《边城》《魅力凤凰》，丽江古城的《丽水金沙》《印象·丽江》《丽江千古情》等旅游演艺项目是对当地传统文化的展示，在遗产活化中遵循了"舞台活化"的路径，是以舞台展示的形式对当地传统文化进行"复原"。这些旅游演艺以一种较为抽象而非写实的形式展示在观众的面前，它们对当地传统文化的展示并不是追求"逼真"，而是追求"意境"。这符合王宁（2014）提出的"艺术本真性"的内涵："某些具有现实的根源（真实元素），但元素与元素的组合，却是根据艺术创作或艺术想象的规则，以创造某种审美意境。"[②] 作为观众，往往从审美的角度来欣赏旅游演艺项目的内容，如果他们在这些旅游演艺项目中看到的是完全真实、没有意境的当地文化的展示，或许他们并不能真心喜爱或接受，因为他们在日常生活世界中所接受的文化与当地本土的文化相去甚远，旅游者接近旅游目的地的传统文化需要一个文化"匹配"过程（上文中已经提到这个"匹配"的过程）。《边城》《印象·丽江》《丽江千古情》等旅游演艺项目的创作者在对当地

[①] 王宁.旅游伦理与本真性体验的文化心理差异[J].旅游学刊，2014，29（11）：5-6.
[②] 王宁.旅游伦理与本真性体验的文化心理差异[J].旅游学刊，2014，29（11）：5-6.

传统文化进行展示时已经对传统文化做出某些再生性的创造，在除了体现传统文化在当下时代的发展需要外，也体现出了更为注重"意境"，注重观众对演艺的内容是否"买账"、是否乐意接受这些节目内容。在取材于当地传统文化的基础上，中国观众追求"美"，这些旅游演艺项目就创造"美"，与其说这是一种对观众的"妥协"，不如说这体现了活化过程中的"互动"要求。

第五节 社区营造和社区参与

1985 年，Murphy 在《旅游：社区方法》一书中首次指出："旅游业从其一产生，就有着巨大的经济效益和社会效益，如果能够将它从纯商业化的运作模式中脱离出来，从生态环境和当地居民的角度出发，将旅游考虑为一种社区的活动来进行管理，那么一定能够获得更佳的效果，这就是社区方法。"（转引自王瑞红、陶犁，2004）[①]

从这一段话中可以得知，当旅游地褪去它的商业色彩，剩下的就是对居民生活和生态环境的讨论，"商业色彩"和"居民生活"是旅游地的一体两面。这在古城镇的活化中有更为明显的特征。遗产活化的路径之一是"功能性活化"，即活化的目的是恢复遗产原有的功能，对于古城镇来说，"生活功能"是古城镇最原始也最基本的功能，而与这一功能最密切相关的是当地的居民。对于古城镇来说，"商业色彩"和"居民生活"的博弈，就是"旅游功能"和"生活功能"之间的较量，甚至体现了古城镇的"遗产地"性质和"旅游地"性质之间的矛盾。

据此，笔者在接下来的章节设置上，基于"旅游活化"这一大前提，一方面重视社区参与（即本节的内容，涉及"功能性活化"的路径，而且地方社区参与中的利益相关者是遗产活化研究中的重要概念，当地的利益相关者包括当地居民、地方政府、旅游企业等）；另一方面又对当前的商业化现象进行探讨（下一节将进行讨论，涉及"商业活化"的路径），这两个方面就构成了古城镇活化的基本架构，如图 5-4 所示。

[①] 王瑞红，陶犁. 社区参与旅游发展的形成及内涵 [J]. 曲靖师范学院学报，2004（04）：42-47.

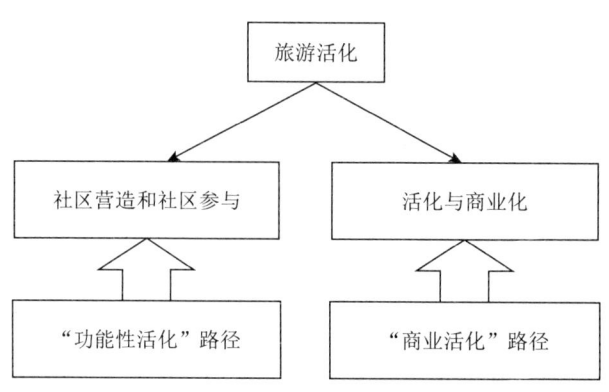

图 5-4 古城镇活化的架构

"公众参与是文化遗产'活'起来的动力与源泉,这既能增加公众对文化遗产的了解,促进传统文化走出去,又能增强公众保护文化遗产的意识与自觉性。"(尹卫国,2016)[①]社区参与对社区旅游起着十分重要的影响,"社区参与是社区旅游发展的内在动力,社区参与的主体是社区居民,客体是社区旅游中的各种事务"(孙九霞、保继刚,2006)[②]。与旅游地社区居民相对的,是握有政治资本的当地政府和握有经济资本的旅游企业。此外,外来旅游者作为一个暂时性的介入因素,与社区居民、政府及旅游企业通过各种形式的互动,形成了一个旅游社区的参与网络。社区参与是旅游社区营造的基础。旅游社区营造的良好结果,是让社区重新具有生命力和生机,也即取得了较好的活化效果。

凤凰古城和丽江古城居民的社区参与主要涉及旅游经营方面。阎友兵(2014:83,84)对凤凰古城的社区居民参与旅游的方式做过调查,发现当地居民进行旅游参与的方式分为资产参与(房屋出租、出让土地使用权和斥资入股)、人力资源参与(成为景区开发公司员工和居民个体经营)和文化要素参与(为保护社区文化而保留原生活形态)三种情况[③]。鲍金蓉(2010)曾以丽江古城下的束河古镇为例,总结出当地社区参与的形式主要有如下几种:"①开发特色民居资源为旅游资源,开辟家庭旅馆;②用社区马帮作游客接待;③利用家族传承的手工艺开发旅游产品;④利用民族风情等文化资源开发农家乐;⑤开出租车为旅游者提供交通工具。"[④]从参与的这几种形式来看,当地居民的参与主要是开展旅游业的经营活动。也就是说,当地居民参与社区旅游事务的主要目的是获取经济利益,更多是谋生性的活动,少部分居民的文化参与属于非营利性的文化事务。孙九霞、黄秀波(2017)也曾以丽江白沙村为例,将当地居民的旅游参与分为直接性旅游参与(参观经营与旅游商品销售)、间接性旅游参与(民居出租与客栈转让)和补给性旅游参与(农民耕

---

① 尹卫国.大众参与是文化遗产"活"起来的动力[N].中国旅游报,2016-06-10(004).
② 孙九霞,保继刚.从缺失到凸显:社区参与旅游发展研究脉络[J].旅游学刊,2006(07):63-68.
③ 阎友兵.经营权转让后的景区运营状况实证研究:以湖南省凤凰古城景区为例[M].湘潭:湘潭大学出版社,2014年5月第1版:83-84.
④ 鲍金蓉.云南省丽江市古城区纳西族社区参与旅游发展的调查研究[J].东方企业文化,2010(02):61.

种与蔬菜供给）[1]。这些参与活动也都是为当地的旅游业服务的，虽然参与程度上略有差别，但不外乎是为了获取经济利益。在凤凰同样存在这样三大类型的本地居民旅游经济参与行为：直接性旅游参与（在沱江岸边租赁民族服装给游客拍照，沱江下游段泛舟，客栈经营）、间接性旅游参与（民居出租与商铺门面出租）和补给性旅游参与（农民耕种贩卖水果和菜类，如直接卖水果给游客，或向餐馆供给菜类）。丽江和凤凰的这三类居民的旅游参与实际上是经济参与。除此之外，凤凰古城的社区参与还包括既往研究中归纳的"人力资源参与"，如成为古城景区公司的员工，以及文化参与（后文会对凤凰当地居民的文化参与进行阐释）。

2019年初的中国文化遗产活化利用与可持续发展论坛上，中国旅游协会民俗客栈与精品酒店分会会长张晓军提出了乡村民宿发展的4个方向，其中一点是"乡村民宿要重视社区关系的维护和社区的建设，强调全村共享，做好农村合作社"（转引自王龙霄，2019）[2]。乡村民宿经营是旅游地社区居民进行旅游参与的具体形式之一，这也体现在了旅游地社区居民的参与活动中，旅游经营活动是其中一项十分重要的内容。甚至可以说，在我国，旅游地居民的社区参与可以与旅游经营活动画上约等号。而事实上，社区参与的原本概念更应该接近于社区居民对社区事务与活动的参与，以形成一种自下而上的力量，对社区发展产生积极的影响。但是由于我国特殊的社会状况和政治制度，遗产地居民的社区参与行为较为有限，因此，经济上的参与——依靠旅游业"发家致富"成为其中最重要的内容。

居民的旅游经营活动成为社区参与的主体活动，嵌入到当地旅游经济的发展之中，这是居民参与的主要形式。但是在旅游社区内，旅游业是一张"大饼"，发展成果要在利益主体之间进行分配。社区居民虽然有着庞大的体量，但是由于其经营活动一般规模较小和它本身所具有的分散性，在与政府部门和旅游企业的竞争中并不占优势，因此，社区居民在发展成果的分配中也处于劣势。但是无论如何，"社区居民是旅游地最主要的利益相关者之一，不能忽略其在旅游发展与利益分配中的角色和地位，社区参与是旅游可持续发展及走向公民社会的基础"（孙九霞、黄秀波，2017）[3]。

除旅游地社区居民之外，作为旅游目的地和遗产地的重要主体，政府和旅游企业在社区事务中扮演了十分重要的角色，他们在遗产活化中都起着非常重要的作用。因此，本研究在分析社区参与这一部分，将从社区居民、当地政府和旅游企业（投资开发商）3个不同的利益相关者出发，探讨社区参与与活化的关系。

---

[1] 孙九霞，黄秀波.民族旅游地社区参与中的空间协商与利益博弈——以丽江白沙村为例［J］.广西民族大学学报（哲学社会科学版），2017，39（02）：40-48.
[2] 王龙霄.文化遗产活化的新思考［N］.中国文物报，2019-01-18（005）.
[3] 孙九霞，黄秀波.民族旅游地社区参与中的空间协商与利益博弈——以丽江白沙村为例［J］.广西民族大学学报（哲学社会科学版），2017，39（02）：40-48.

一、居民参与

（一）居民参与状况

1. 凤凰古城居民的文化参与

作为一个文化特色十分鲜明的遗产地，凤凰古城经常举办各种各样的文化活动，这些活动是古城文化在特定时间内的集中体现。笔者通过收集相关资料发现，当地居民对文化活动的参与比较积极。

春节文化活动是近年来凤凰古城每年新春佳节之际开展的群众参与的文化活动，近几年在媒体上屡见报道。尽管这类活动的主办方是政府或者带有政府性质的社会组织，但这依然不影响居民对这些活动参与的积极度。春节文化活动一般安排在每年春节前后，通常在凤凰古城内的文化广场举行。在活动过程中广场上往往聚满了人，体现了居民对这一活动的参与热情。从新闻媒体发布的照片来看，广场上会搭起一个主舞台，用以进行地方戏曲和传统歌舞等节目的表演；在广场上还会开展其他类型的传统文化活动，如摄影展、书画作品展、文茶灯戏和舞龙等。节目的表演者和观赏者都是凤凰县内的居民。对春节文化活动的参与不仅是凤凰县居民在传统节日里的文化娱乐活动，也是当地传承传统文化的体现。

与春节文化活动一样，每年端午前后的"抢鸭子"活动也是凤凰古城居民积极参与的传统文化活动。这一活动极具凤凰古城当地特色，参与人数也非常多。沈从文先生在《边城》等作品中均描述过凤凰的这个端午节习俗，其描写十分生动有趣。从新闻报道上的照片来看，参与"抢鸭子"活动的人以青年男性为主，活动过程中参与者密密麻麻地布满沱江，"抢鸭子"的场面异常激烈。此外，端午节还有赛龙舟等传统活动。

除了春节和端午节之类的多民族的共同节日之外，凤凰古城还开展当地少数民族特有的节日活动，如苗族的"四月八"跳花节就是其中的典型代表。被报道较多的是2013年和2014年在凤凰古城举办的"四月八"跳花节。2014年的跳花节上演了千人"长龙宴"。

凤凰古城居民对文化活动的参与足以说明古城人民对自身文化的热爱，也说明了"文化活化"在根本上需要社区居民的积极参与。在社区居民文化参与过程中，古城的文化氛围与文化特色被进一步强化，这也是"文化活化"的表现之一。当然，本地居民的社区参与不仅包含文化参与，更多的是经济参与，如前文已分析的三类经济参与行为。之所以对文化参与更加着墨介绍，是因为文化参与对古城遗产活化总是起到正面积极的作用，而经济参与则不然，旅游经济参与是一把双刃剑，既有促进古城遗产活化的积极效应，又会有导致古城过度商业化和过度活化（不恰当活化）的负面作用。

2. 丽江和凤凰的原住民与外来人口——人口置换下的社区参与

2005年《中国旅游报》发表的文章显示："1996年以前，（丽江）古城内有原住民3万多人，而今仅余6000余人，大量原住民搬出古城，大批外地人搬进古城。"（刘栗，2005-

08-01）[1]这说明丽江古城在旅游业的发展过程中出现了一种值得探究的现象——人口置换。随着丽江旅游业发展进程的加快，外来人口不断进入丽江古城，大部分原住民则迁出古城，迁入丽江新城区，仅剩的原住民占了古城人口很小的一部分，因此，古城内外来人口的比例不断增大，甚至逐渐成为丽江古城人口的主体部分。这些外来人口可以被称作"新丽江人"。

丽江古城的"人口置换"与当地旅游业的发展是同步进行的。古城的移民潮起源于20世纪末，丽江成功申遗、昆明世博会的举办等重大事件促使了外来人口涌向丽江，并在古城内从事旅游经营活动，这也是当时古城旅游发展的需要。与此同时，部分丽江原住居民由于各种原因离开了丽江。孙九霞、罗婧瑶（2019）认为，"原住民搬离古城或是由于古城内不便的基础设施，或是基于对高额房租的需求，或是因为旅游发展催生的各类社会问题"[2]。根据2017年《中国青年报》的报道，"（丽江市）大研街道办事处的数据显示，2003年至今（2017年），古城的核心区，基本完成了'人口置换'"（张文凌，2017）[3]。丽江古城产生的人口置换现象的直接后果之一，就是导致了古城内的外来人口成为社区参与的主体。

"新丽江人"对丽江的旅游发展做出了巨大的贡献，他们带着巨大的投资前来，在丽江从事经营活动，促成了丽江如今旅游业的繁荣。"但遗憾的是，许多'新丽江人'仍然是以赚钱为目的，对丽江本土文化的认同缺乏主动性和积极性，也缺乏社区主人翁意识。"（张文凌，2017）[4]这一现象非常不利于丽江古城的文化保护和传承。为了解决这一问题，为了让新丽江人也参与到丽江的旅游发展中来，丽江市地方政府积极采取了如下一些措施：在社区组织和基层组织成立联合工会，为新居民提供便利，选举优秀新居民代表为巷段长，成立流动党支部，建成流动党员驿站，吸纳新居民党员；为增强新居民的参与感和融入感，组建文化宣传队，利用传统节庆吸引新居民参与各类民俗活动，增加新老居民的交往；为增加沟通和增进互信互解，召开原住民和新居民的座谈会等（如2011年起每年组织"丽江古城拍砖会"[5]），增强新居民的归属感和主人翁意识（和丽萍，2017-11-10）[6]。

也有一部分外地人出于对丽江文化的喜爱而留在丽江从事传统文化传承工作。如辽宁人张新福由于对丽江和东巴文化的喜爱，20世纪90年代来到丽江后，不断学习东巴文化，

---

[1] 刘栗.丽江：把古城灵魂留住［N］.中国旅游报，2005-08-01（013）.
[2] 孙九霞，罗婧瑶.旅游发展与后地方共同体的构建［J］.北方民族大学学报（哲学社会科学版），2019（03）：101-108.
[3] 张文凌.喧嚣旅游潮中能否还原丽江古城［N］.中国青年报，2017-03-09（08）.
[4] 张文凌.喧嚣旅游潮中能否还原丽江古城［N］.中国青年报，2017-03-09（08）.
[5] 注：丽江古城拍砖会是丽江古城的管理方与居民、经营者甚至网民面对面对话与交流的平台。
[6] 和丽萍.丽江"新遗产人"的培育与融合［N］.中国文物报，2017-11-10（006）.

从事东巴文化的木刻,并在丽江扎根开店①。

"新丽江人"中也不乏充满文艺气息的青年男女。重庆女孩娜娜在2005年与开小吃店的纳西族老公相遇,11个月后结婚,她借了亲戚的房子在丽江开起了客栈,她说开客栈的原因是"朋友太多",甚至客栈墙上都写着"我们只接待朋友,不接待上帝";贵阳人马先生来到束河古镇,开了客栈,并在这里遇到了来旅游的游客,后来成了他的妻子,一家人生活在这里,获得了满满的归属感;湖北人小倩喜欢唱歌,一次旅游后就留在了丽江"豆腐夫妇"所开的班布酒吧(邓敏敏,2012-12-03)②。这些人或许是因为一场旅游或旅行,或许是自己体内就有文艺的基因,因为各种机缘巧合来了丽江并留了下来,这些外来人成为丽江古城里不可或缺的一部分。一篇网络游记上写道丽江大研古城已经成为一座外来人的城,说这些外来人是具有相近趣味、喜欢"慢生活"的人。游记中的部分文字如下:

古镇原住民把房屋出租,然后买新房,在新城居住,而来自五湖四海的漂泊者,来到这里开店、开客栈、当导游、做司机,喝酒的喝酒,唱歌的唱歌,找艳遇的找艳遇,旅行的旅行,消遣的消遣。从此它成为一座外来人的城,聚集了一大批有着类似趣味、喜欢"慢生活"的人,你可以在这里找到驴行天下的旅者、从大城市归隐的高人、饱含情怀的文青、落魄的画家、清高的诗人、嗓音沧桑的歌手、放荡不羁的浪子、安静明媚穿着长裙的女子。

资料来源:马蜂窝网.丽江旅游攻略"古城经验之谈"[EB/OL].http://www.mafengwo.cn/i/3177540.html,2014-05-21.

除了新丽江人之外,原住民是社区参与的另一个重要群体。原住民的流失对古城会产生诸多不利影响。为此,社区基层管理组织"借助旅游参与的机会动员原住民进行社区自组织的'打跳'(纳西族民间舞蹈)活动,希望让'脱域'的原住民重新与丽江古城建立联系,再嵌入到曾经的社会文化联结中"(孙九霞、罗婧瑶,2019)③。

一部分原住民除了参与当地的旅游发展之外,也承担起了东巴文化传承的使命。如"纳西象形文字绘画体验馆"中的东巴画师免费向游客教授纳西象形文字;有本地女孩开办婚庆公司,用来举办东巴婚礼;也有本地人在各界的资助下,将自己的祖宅改造成博物馆,接待四方来客(张文凌,2017-03-09)④。

孙九霞、罗婧瑶(2019)认为"丽江古城正在形成以丽江文化为内核的'后地方共同

---

① 搜狐网."在丽江20年,他可能比很多本地人还了解东巴文化……"[EB/OL].http://www.sohu.com/a/226262714_208591,2018-03-23.
② 邓敏敏.丽江客栈让过客成为归人[N].中国旅游报,2012-12-03(013).
③ 孙九霞,罗婧瑶.旅游发展与后地方共同体的构建[J].北方民族大学学报(哲学社会科学版),2019(03):101-108.
④ 张文凌.喧嚣旅游潮中能否还原丽江古城[N].中国青年报,2017-03-09(08).

体'",其中主体依然是当地居民,新丽江人和具有自反性的游客被纳入其中①。

丽江古城的人口置换现象决定了古城内社区参与主体的特殊性。"新丽江人"和原住民在旅游发展和遗产活化中承担了不同的角色。多数"新丽江人"在丽江以投资和经营为主要目的,因此,他们在进行社区参与的过程中,主要从事与旅游经营相关的事务。但是他们同样也发挥着发扬丽江当地文化的作用,他们在古城的"后地方共同体"中扮演着重要角色。而携带着丽江文化基因的原住民,除了依靠旅游业谋生计之外,也承担着本地文化保护和传承的重任,是不可或缺的一部分,尽管在"人口置换"的现实情况之下,原住民依然占据主体地位。

凤凰的情况与丽江类似,凤凰古城内有来自外省(如河南人)、本省其他市县等外来人口,他们在古城内开设旅游购物品商店,或经营客栈、酒吧、餐馆等,这些人可以统称为凤凰的"外来旅游商户",他们主要从事旅游经营行为,一位受访者(F-147-F,凤凰本地人,职业为导游员)说:"像周边他们自己开客栈啊,开餐馆这些都有的。现在百分之六七十的都是外地人在做生意。当地人经商可能没有像外地人那么懂。"另一位受访者(F-152-F)说:"(我)是本地人,从小就生活在这里,30多年了。我今年刚租下这个店,做早餐,粉店……很多古城里的人把自己的房子租出去了,自己搬到外面住了,条件好了,想要更舒适的生活不。现在古城里开店的,基本上都不是本地人。"

外来旅游商户虽是外来人口,但也是古城社区内的常住居民,在经营效益良好的情况下,这部分人口的流动性不大,他们所获得的经济效益与古城游客量的多少直接挂钩。所以,不论丽江还是凤凰,外来的"旅游商户"居民是不愿意古城设卡收费或围城收取门票费的,因为如果古城收取"进城费"将导致游客数量锐减,这是外来商人不愿意看到的,每当地方实施强硬的收费举措之后,外来商户就会集体抵制,凤凰和丽江均出现过此类情形。在经营效益较差的情况下,这部分外来人口的流动性就比较大,有凤凰的外来商户就在访谈中表述他们的生意不好做,在2014年的那场特大洪水之后,很多外来商户都离开了凤凰。访谈文本如下:

我是2017年来的,本来我是开饭店的,做十几二十年,做厌烦了。我侄儿在那边懒人小屋(客栈),我侄媳妇是本地人,英语很厉害,湖南大学毕业的。他们在这里做,他们是2016年过来的,做得比较好,只有12间房。但是来凤凰,我们是关注了很多年了,我们在零几年就关注了,我们每年12月、过年的时候都会过来,都只是来玩一下,真正决定在这里做是2017年……你知道吗?2014年那场大水之后,下面的吊脚楼没有人要,别人一来,水一冲,投了几百万元就亏了,2014年跑了很多商户。因为像这个商户,我们这个设备,6~7年就陈旧了,又要换新的。随便搞一下预算就要200万元左右,这边搞个装修不容易的。那边的一家客栈,装修了一年多了,装得好的一间房接近一百万元。看

---

① 孙九霞,罗婧瑶.旅游发展与后地方共同体的构建[J].北方民族大学学报(哲学社会科学版),2019(03):101-108.

了这生意,都在说,不知何年何月就做不下去了。(F-142-M)

一位河南人(凤凰的旅游商户)描述了他们在凤凰古城做生意的情况,他讲到了不同地方的人经营不同类型的商户,也提到丽江的房租比凤凰要高很多,访谈文本如下:

来凤凰做生意的河南人少说有10%,多说20%,就廻龙阁这条街有9家是河南人开的,河南人的店子总共有100家左右。我是两年多前来到凤凰的,每年除去吃、住等花费,还余2万~3万块钱。河南人做服装、龙须糖;张家界人做客栈;本地人做生意做不赢外地人,本地人做姜糖、银器、烧烤,餐馆是本地人经营居多,本地人做餐馆生意做得要大一些,周边人、外地人也经营餐馆、酒吧。餐馆没有集中化,东正街那里有一些餐馆看着比较近,比较方便,但是生意没有古城内的餐馆生意好。明年不做服装店了,现在凤凰的银器、猕猴桃、姜糖、龙须糖等店子是在硬撑,一年也能赚十几万,但是导游拿的回扣太多了……旅游肯定要讲究风景好,风水、天地、人和,房子是其一,自然风景是最重要的。这也是为什么那么多人去杭州、去丽江,全国各地很多人都去过丽江。我听说丽江风景好、游客很多,就我这样一个摊位,在丽江租金要翻几番,我这里只要两三万一年,丽江要十几万一年,从房租就可以看出来,如果生意不好,就不会有这么高的房租,凤凰的物价没有丽江贵,哪里的房子都有它的价格。凤凰的名气在全国有一点,还不算名气大,古城游中数丽江名气最大,丽江旅游是以古城为主,风光为辅,凤凰的游客还没有张家界的多。(F-13-M,访谈时间为2010年)

"人口置换"现象对古城镇当地的文化氛围和历史底蕴有比较大的影响,2011年《中国旅游报》的文章《古镇旅游开发不能排斥原住居民》就曾提到,"古镇中的各种文化遗存之所以得以保存,古城古镇之所以有灵气是因为那里有居民生活在其中。否则这些物质遗存就只是一个没有生命的躯壳,古镇就成了死城死镇"。本地居民的离开换来了大量的外来经营者的流入,这也导致了当地本土氛围的流失:"现在不少古镇,原住居民由于种种原因纷纷外迁,各种各样的外来经营商取代了原住居民,外来经营者人数超过了原住居民。难怪游客发出这样的感慨:古镇旅游越来越没有味道!"(王兴斌,2011)[①]。1997年丽江古城之所以能够申遗成功,其中一个重要原因就是当地居民依然保持原始、古朴的生活状态,这也是丽江古城的灵魂:"丽江古城被联合国教科文组织列入世界文化遗产保护名录,重要的原因是这里保留的'活着的文化'——纳西人的生活状态"(刘栗,2005)[②]。所以,古城开发旅游业以后,还是要尽量想办法"挽留"一定数量的原住民,因为游客希望看到本地人生活在古城里面。如有的受访者(ZL-39-F)就提到了原住居民给古城镇赋予了生活气息,她认为丽江的灵魂,就在于当地舒缓的节奏和原住居民。有一位受访者为专职导游员,她举了乌镇东栅的例子,她认为有意义的古镇在于历史、文化和居民的生活,既有诗情画意,又有烟火气息。具体文本如下:

---

① 王兴斌.古镇旅游开发不能排斥原住居民[N].中国旅游报,2011-07-18(002).
② 刘栗.丽江:把古城灵魂留住[N].中国旅游报,2005-08-01(013).

像我这样天天在古镇待着的,(我认为)有意义的古镇还是有历史、有文化、有居民生活,诗情画意中带点烟火气息的古镇。比如说我们天天去的乌镇,乌镇分为东栅、西栅、南栅、北栅和乌村,开放的是东栅和西栅,还有乌村,乌村近几年也很火。东栅是在原来老建筑、那些老房子的基础上建的,那些青石板路啊什么的,有居民居住;西栅不一样,西栅是在东栅火起来以后,在东栅的基础上原模原样仿建的一个新的景区,西栅比东栅大,西栅的民宿、商铺要多,民宿做得很好,不能说非常好吧,但是很干净,外面看上去就是那些江南水乡的老房子,里面有的是现代化酒店一样……去东栅的话,东栅是有本地居民在里面生活的,有时候我们带团在东栅的时候,就喜欢去和那些大爷啦啦呱,他们在古城里下个棋、拉个二胡的,生活得可滋润。西栅就完全是对游客开放的,主要是酒吧、民宿比较多,没有当地人。(F-156-F)

(二)居民与旅游者的权力关系与二元对立

旅游者与当地居民分别扮演着"消费者"与"生产者"的角色。但是旅游产品的生产和消费不仅涉及经济联系,还隐含着一种"政治关系",是以经济为基础的各种利益交织的集中体现,"权力"是其中重要的表现之一。有学者认为,权力涉及多方主体之间的关系,因此,权力并不只属于游客(Wearing & Foley,2017)(转引自 Su 等,2018)[①]。

在旅游社区内,作为生产者的当地居民与作为消费者的旅游者之间的交易可以分为"显性交易"和"隐性交易"。"显性交易"指的是当地居民直接为旅游者提供在其旅游过程中所需要的旅游产品和服务,是伴随旅游活动的正常经济现象;"隐性交易"是指当地居民在向旅游者提供旅游产品的过程中,牺牲了自身的生活环境,改变了原有的生活方式,这并非直接的旅游产品销售过程,而是旅游业所带来的间接影响,可以将其看作当地居民通过旅游业"贩卖"自己的生活环境和生活方式。这一点在遗产旅游中表现得更为明显。这种"隐性交易"是以东道主和游客为主体的权力支配下的交易。这与厄里(Urry)的旅游凝视理论的内涵有几分类似,都涉及"权力",但也有所区别。"厄里的'旅游凝视'理论多是针对西方游客到第三世界国家旅游而提出的,其中暗含有若干殖民地(国家)与被殖民地(国家)之间剥削与被剥削的文化意味"(刘丹萍,2007)[②],它涉及政治层面的权力关系;而笔者提出的"隐性交易"则更多涉及当地的居民生活和文化层面。但是"隐性交易"同样隐含着剥削与被剥削的关系,展示出一种无意识的"强买强卖",游客要强制购买当地居民的生活环境和文化氛围,而旅游者离开后,当地居民的生活环境和文化氛围已经因"交易"而改变了。

这种"隐性交易"事实上是一种不平等的交易,旅游者购买的应该是当地生活环境和

---

① Su, R, Bramwell, B, Whalley, P A. Cultural Political Economy and Urban Heritage Tourism [J]. Annals of Tourism Research, 2018, 68 (01): 30-40.
② 刘丹萍. 旅游凝视:从福柯到厄里 [J]. 旅游学刊, 2007 (06): 91-95.

文化氛围的使用权，且不应该对当地居民"使用"生活环境和文化氛围产生影响。但是事实却并非如此，当地的生活环境和文化氛围因旅游者的到来而发生了改变，当旅游者离开后，旅游地却并没有恢复原样。这反映了旅游者和当地居民之间存在持续性的"影响"和"被影响"的关系和矛盾。面对这些矛盾和错综复杂的关系，古城镇旅游的发展要平衡好社区居民与旅游者之间的利益关系，这也是遗产活化的要求之一："在古镇旅游规划与开发中，应该充分考虑既有外来游客相对集中的活动空间，又有原住居民的生活街区，还有两者共享与交流的场地，使游客与居民各得其所：既保证居民安静、私密的日常生活，又能满足游客寻访异域风情的心理需求，还有与当地人接触、交流的机会。"（王兴斌，2011）①

王宁（2017）认为我国的传统村落中存在进步主义与浪漫主义的二元对立，"进步主义"是指本地居民对居住现代化的渴求，"浪漫主义"是指城市知识分子希望保留传统村落的那一份"乡愁"；"从社会学角度看，传统村落的去与留，受到两种不同的文化代理人（进步主义者和浪漫主义者）之间的力量对比关系的影响"（王宁，2017）②。因此，本地居民与城市游客（或者那些具有"乡愁"情怀的城市知识分子）之间始终存在一种"渴望现代"与"追求传统"的对立（并且这种对立涉及权力和力量的大小）。不过值得庆幸的是，对于凤凰古城和丽江古城这样的古城镇遗产地来说，这种对立较为缓和：古城保护的思想深入人心，保持古建筑的传统样貌不仅是旅游者、城市知识分子的意愿，更是本地居民保留自身文化特色和旅游资源、维护自身经济利益的出发点。

（三）居民参与和增权理论

增权理论（Empowerment Theory）由美国学者巴巴拉·所罗门（Barbara Solomon）率先从种族的议题提出，现已扩展到了旅游研究领域（左冰，2008：302）③。增权理论与权力（或权能）、去权、无权、增权等核心概念密切相关，世界银行曾指出社区参与是增权的一项要素：以参与方式进行增权，使弱势群体作为合作方与有关部门一起把握决策和运用资源（左冰，2008：302-305）④。"增权"在一般意义上是指"充实或提升个人或群体的权力或权能的过程"；"去权"则是"权力或权能受到削减或抑制"的过程（王宁，2006）⑤。Scheyvens 将旅游增权划分为心理增权、社会增权、政治增权与经济增权 4 个方面（转引

---

① 王兴斌.古镇旅游开发不能排斥原住居民［N］.中国旅游报，2011-07-18（002）.
② 王宁.传统村落的地理嵌入性、地理脱嵌性及其社会保护机制［J］.旅游学刊，2017，32（02）：1-3.
③ 左冰."旅游的社会文化影响"［M］.//王宁，刘丹萍，马凌，等.旅游社会学.天津：南开大学出版社，2008年12月第1版：302.
④ 左冰."旅游的社会文化影响"［M］.//王宁，刘丹萍，马凌，等.旅游社会学.天津：南开大学出版社，2008年12月第1版：304.
⑤ 王宁.消费者增权还是消费者去权——中国城市宏观消费模式转型的重新审视［J］.中山大学学报（社会科学版），2006（06）：100-106+124-125.

自左冰，2008：305）①。吴媚、郭占锋（2017）通过研究，发现古村落旅游开发的过程中存在4个有代表性的"去权"问题：社区旅游的参与去权、建议去权、获益去权和知情去权；同时提出在经济、政治、心理和社会4个方面的"增权"建议②。旅游社区中的"去权"和"增权"问题涉及当地居民的切身利益，对于居民来说，去权和增权正是"损"与"益"的关系。在现实中，旅游地社区居民"去权"或"无权"的现象屡见不鲜，个人或群体在旅游发展的过程中受到压制，这将对旅游社区的可持续发展产生影响。

凤凰古城和丽江古城的居民社区参与中的增权和失权问题也较为突出。目前学界已有很多关于遗产地居民"失权"和"增权"的讨论，有学者总结出凤凰古城在旅游开发的过程中，居民去权表现在自身权利缺失（如居民无法参与决策）、经济权益受损（如旅游资源征用的补偿低、古城传统经济模式被打破）和自我认同感丧失（如外来文化和现代文化对本土文化的冲击）3个方面（喻彩霞，2017）③。

丽江古城也存在类似的问题。李磊（2017）发现丽江的束河古镇存在民族性急剧弱化和生计急剧转变的问题，从而导致社区冲突的产生。民族性弱化是由于外来经营者从数量上对本地居民产生的冲击，生计转变则是社区变迁、居民生机模式变化的结果，同时也产生了利益分配不均等问题④。

从上述可以看出，在遗产地居民社区参与的过程中，普遍表现出"失权"的现象，这种现象表明社区居民不仅在社区参与的过程中处于弱势，而且在当地旅游业发展的全过程中也处于不利地位。其原因分为两点，一是从居民自身的角度来看，他们进行社区参与的意愿不足，仅仅限于各自的经营活动之中；二是居民无法取得适当的社区参与的机会，甚至其参与社区事务的权力也被削减。前者是居民主观上的原因，后者则是客观上的原因。其中客观原因更为主要，这涉及本地居民之外的其他社区主体，如地方政府、旅游开发商等。但事实上，旅游开发的过程中并不能忽视本地居民的作用，正如王兴斌（2011）所提到的，"原住居民是古镇的主体，他们的存在使古镇的生命得以延续，使古镇的文化依然鲜活。他们既是本土旅游开发的资源的所有者，也是旅游资源的一部分；他们不是旅游开发的包袱，而是旅游开发的财富"⑤。因此，解决本地居民"失权"的问题，必须从客观原因着手。

再看主观原因，遗产地居民在进行社区参与的过程中的"失权"还与自我认同感丧失有关。面对外来文化和现代文化的冲击及本地商业化的浪潮，本地居民陷入了自我怀疑之

---

① 左冰."旅游的社会文化影响"[M].//王宁,刘丹萍,马凌,等.旅游社会学.天津：南开大学出版社,2008年12月第1版：305.
② 吴媚,郭占锋.城镇化进程中古村落旅游社区发展的"去权"与"增权"——以陕西省韩城市Y村为例[J].华中农业大学学报（社会科学版）,2017(01)：92-97+144.
③ 喻彩霞.凤凰古城旅游开发社区居民去权原因及对策分析[J].市场周刊（理论研究）,2017(06)：137-138.
④ 李磊.少数民族旅游区域的社区冲突与规范——以束河古镇为例[D].昆明：云南大学：2017：12-19.
⑤ 王兴斌.古镇旅游开发不能排斥原住居民[N].中国旅游报,2011-07-18(002).

中（如同过去中国民众的"崇洋媚外"，相信"外国的东西都是好的"），自我认同感渐渐丧失，从而主动放弃了话语权。

从以上内容来看，主观和客观两方面的原因造成了社区居民在当地政治、经济、社会和文化等各项事务的参与中的缺位。而在旅游参与过程中的"失权"使他们渐渐地被边缘化，这也是旅游地"去地方化"的结果。政治资本和经济资本的强大力量对当地的社会和文化发展进行压制，加上外来文化和现代性的冲击，居民的力量很难发挥出来，居民在旅游各项事务中的边缘化导致了当地地方性的衰退。

最后，从政治、经济、社会和文化这4个维度的参与来说，首先，居民在政治参与方面可以说是微乎其微的，这是由中国全能主义政府所决定的；其次，当地居民以经济参与为主，然后才是文化参与；最后，在社会参与层面，居民的参与度也是比较低的。从参与的频度、强度和影响力来说，经济参与最多，其次是文化参与，再次是社会参与，最少的是政治参与。

（四）小结

如今凤凰、丽江及其他很多古城镇中居民社区参与的主要内容是旅游经营活动，这是谋生性的活动，让古城回归其生活的本质才是作为古城进行旅游发展、居民进行旅游参与的最重要目标，但是如今却事与愿违。日本作家西村幸夫所著的《再造魅力故乡：日本传统街区重生故事》中讲述了17个日本城镇中以居民为代表的各方力量进行旧城保护、开展社区营造的故事，但是我国情况与其完全不同。托桑（2000）观察到，"在发展中国家甚至是发达国家的欠发达地区，参与性发展战略的实践并不令人鼓舞，真实的参与其实很少出现"，并将其归结为3类限制和约束：操作性限制（行政机构权力过于集中）、结构性限制（组织的、权力结构的、司法或立法的及经济体制的限制）和文化限制（穷人的能力限制和社区低水平的意识甚至是漠视）（转引自左晓斯，2010：148-150）[1]。这一观点与我国社区参与的现状是十分吻合的。在我国的诸多古城镇型遗产旅游地中，居民以旅游经营为主要参与活动，获取经济利益是他们最先考虑的问题。其中最为典型的便是，丽江古城中的外来人口是抱着"赚钱"的目的来到古城的，这加剧了社区居民参与的经济色彩。各方面的限制（如上述操作性限制、结构性限制和文化限制）也导致两座古城社区居民参与呈现出目前这样的特征。

在非参与旅游经营活动的社区居民中，他们的主要参与方式就是"文化要素参与"，即保持当地文化的原生态。在非涉入旅游业的居民中，也有不少零参与人士，他们属于过自己的生活、不关心社区的旁观者，这类旁观者在经济、文化等维度都是零参与。由于在旅游发展过程中"失权"现象普遍，即使本地居民有积极参与的意愿，他们也难以通过更

---

[1] 左晓斯.可持续乡村旅游研究：基于社会建构论的视角［M］.北京：社会科学文献出版社，2010年7月第1版：148-150.

多的形式进行社区参与。正如日本足利未来俱乐部的介绍单上的那句话——"思考市街问题的人数多寡决定了这个市街活力的层次"（西村幸夫，2007：81）[1]，我国社区型遗产旅游地的"活化"之路还需要更多居民的参与，尤其是本地原住民的多维度参与。

古城镇类型的景区对于旅游者来说是旅游地，对于本地居民来说却是生活的场所。因此，居民在进行社区参与的过程中，不仅是为了完善当地的旅游功能，更是建设自己的生活家园。在凤凰古城和丽江古城的遗产活化过程中，社区居民参与长期处于缺位的境地。作为生活家园的古城让位于旅游业的发展，成为人们生活着的"经营场所"，甚至出现了人口置换，这不仅降低了居民进行社区参与的范围和程度，也使古城的"活化"成为旅游经济发展的附庸。因此，发挥居民作用，拓宽居民进行社区参与的渠道，提高居民在社区中的地位，是古城活化的一个十分重要的方向。

二、政府和旅游企业的角色和地位

（一）政府和企业在社区参与中的角色和地位

左晓斯在《可持续乡村旅游研究——基于社会建构论的视角》一书（2010：127）中提道："随着旅游活动的强化，旅游开发显得迫切，更为强力的部门和企业开始介入社区，居民们包括原先在社区拥有相对权力的基层官员将发现，他们已开始远离权力中心，逐渐被边缘化……居民的话语权已经被剥夺，转移至公权部门和旅游企业手中。"[2]这一表述解释了旅游社区的居民在旅游业发展之后的权力流失问题。居民权力流失之后，权力就往往归于地方政府和与政府相捆绑在一起的大型旅游企业手中，而地方政府对外来投资表现出一种"求商若渴"[3]。

作为参与主体中的权力代表，政府是社区参与的三方力量中最有话语权、最能起决定作用的一方，因为中国地方政府拥有强大的政治资本；旅游企业则凭借其经济资本形成了一定的力量。左晓斯认为（2010：115）"政府及其官僚阶层在欠发达的乡村地区处于强势地位，对辖区内的政治事务拥有话语权、话事权""政府也是经济人，有自己的利益诉求并追求自身利益最大化"，认为"政府会追求直接的经济利益"[4]。纵观我国旅游业40多年来的发展，其发展模式一直都是"市场化的政府主导"，这一模式"突出强调政府主导的过程主要是围绕着长期的市场化发展目标，采取的是带有明显的市场化性质的行为和

---

① ［日］西村幸夫.再造魅力故乡：日本传统街区重生故事［M］.王惠君，译.北京：清华大学出版社，2007年4月第1版：81.
② 左晓斯.可持续乡村旅游研究：基于社会建构论的视角［M］.北京：社会科学文献出版社，2010年7月第1版：127.
③ 注："求商若渴"这个词引自左晓斯的书《可持续乡村旅游研究——基于社会建构论的视角》118页。
④ 左晓斯.可持续乡村旅游研究：基于社会建构论的视角［M］.北京：社会科学文献出版社，2010年7月第1版：115.

举措，包括带有明显的市场化思维与特征的行政措施"①（厉新建，等，2019）。由此可见，在三方力量的博弈中，政府力量始终处于主导地位和绝对优势地位。

除了政府之外，作为市场主体的企业是另一方强大的力量，他们的多数决策和行为是在市场的影响下完成的，因此，他们在社区营造和社区参与中扮演的角色与社区居民完全不同。而且在居民群体内部，除了直接参与旅游经营的商户或间接性旅游参与的居民之外，遗产地的社区居民并不一定会受到市场的影响。因此，与政府和企业相比，社区居民当中不以旅游经营活动为生的人更加不关心本地的旅游业是否兴旺发达，甚至会感觉到旅游者的到来侵扰了他们安静的生活。

在很多情况下，拥有政治资本的当地政府和拥有经济资本的旅游企业在一定程度上是以"联合"的形式进行本地旅游业的开发和参与的，可将其称为"共谋"关系。虽然也有人将其称为"政府主导、市场运作、公司经营、群众参与"，但是群众的"参与"往往只是蜻蜓点水，群众缺乏话语权，最终当地的旅游业成为政府和旅游企业的"一盘棋"。

从开发主体的角度去理解政府和旅游企业在旅游地的地位和角色，能够获得更加清晰的认识。古城镇旅游的开发有3种模式，分别是政府主导模式、政府主导的项目公司模式和经营权出让模式，其中丽江大研古镇属于政府主导模式，凤凰古城属于经营权出让模式（龙藏，2004）②。开发模式的区别使旅游地在整体的开发、经营和管理过程中呈现出不同的特点。其中，以凤凰古城为代表的经营权出让模式中，政府虽然仍然占据主导地位，但是享有经营权和收益权的旅游公司也具有很大的话语权。

在凤凰古城实行经营权出让模式期间，2013年的"围城收费"是一个十分典型的事件，它体现了古城内各主体之间的矛盾和微妙的关系。2013年，凤凰古城开始"围城收费"，这种创收方式被认为是旅游企业和当地政府联合"增加创收"行为。所得到的门票收入，凤凰古城公司和凤凰县政府均有分成。若不考虑这两方行动者在旅游基础设施和景区建设上的投入，仅从"围城收费"这一措施来看，这一行为确实是凤凰县政府和古城公司为了谋取更多经济利益，凭借其所占据的政治和经济地位而做出的。而其他参与方——古城内的商户、当地居民和游客则被排除在外。"2013年4月11日，凤凰古城实行'一票制'第二天，大批商户和当地居民因不满'一票制'政策关门歇业，同时聚集在古城北门码头附近（表示抗议）"。③ "据《湖南日报》2016年3月31日专题报道：'古城内大部分居民和商户，对现行围城设卡验票方式不满''大量的、多次上访'。"（周泽猛，2016）④一位从2010年开始至今每年带游客游览张家界和凤凰的全陪导游员主动谈到了凤凰古城围城收费遭到抵制的事件，她说道：

---

① 厉新建，时姗姗，刘国荣.中国旅游40年：市场化的政府主导［J］.旅游学刊，2019，34（02）：10-13.
② 龙藏.资本运营：创新古镇旅游开发模式［N］.中国旅游报，2004-01-19.
③ 腾讯大湘网."凤凰古城'一票制'为何遭抵制"［EB/OL］.https://hn.qq.com/a/20130412/000115.htm，2013-04-12.
④ 周泽猛.凤凰古城不再"围城"给旅游目的地政府的启示［N］.中国旅游报，2016-05-16（C02）.

有一个叫叶文智的人专门投钱,把这个地方打造的。所以在早几年前这里曾经有网上报道过,这里强行购票,必须消费148元才能到这个地方来,如果没消费的话就不准进这个古城,会有专门的人押着这个车去购买门票的。但是这个强买强卖以后呢,是有很大的影响的,很多人就不愿意到这个地方来了,因为全国各地有很多的古城,而且有的地方也不需要要门票嘛,就很少人来了。后来拗不过取消了,取消了后来又强制了,强制后外面的人造反了,以至于现在没有强制性售票了,他那个100多块钱的话就放在沈从文故居啊、熊希龄(故居)啊、博物馆啊,这些东西。(F-165-F)

在凤凰古城围城收费的做法中,直接受到损失的是当地商户和涉入旅游业的当地居民。这体现了在古城的旅游参与中,政府、企业和当地居民(包括商户)三者之间的矛盾由原来的三方矛盾发展成为双方矛盾,体现了不同利益者之间的融合与对立。更具体地说,当地居民和商户成为三方势力中最为弱势的群体(尽管从数量上来说这个群体最为庞大),而本就掌握古城管理权和经营权的政府和古城公司通过联合、"共谋",有了压倒性的优势。不过凤凰古城的"围城收费"实施了3年后就宣布取消了。其中的原因应该主要是考虑到游客量的问题。调研中有些受访者也谈到了凤凰围城收费这一事件,如旅游出发地(旅游客源地)的一位旅行社职员就说到了这个事情:

对于这个联票参观这个事情,从2016年的4月10日起这个联票参观的事情就已经停止了,但是它依然保留了这个景点验票的形式,就是说只限于游客本身他进入古城是不需要购票的,但是古城内的九个核心景点,你仍然需要买门票,这就意味着这个凤凰古城从2013年4月10日起开始就是收取门票,三年之后它就取消了这个门票制。三年前凤凰古城开始向游客收取148元的大门票,在社会上引起了巨大的反响,很多游客认为可能是提高了他们的出行成本,就会考虑到底要不要去花这148块钱,或者说对于旅行社来讲这148元本身是不包含在游客的成本里,但是他们现在要加上这148元就要提价,然后说旅行社提价也会造成一个连锁反应,也就不得而知。然后古城那个商户针对这个提价收148元的门票,那来这个景区的人会不会变少啊,来我们店铺购物消费的人会不会变少啊,那如果人变少了那我的生活还怎么样维持呢?(F-116-M)

政府主导的旅游开发模式下的丽江古城在各方力量博弈中也有类似问题。在申报世界文化遗产的过程中,丽江当地政府作为古城的保护者和管理者大有作为。"但是,在市场经济的推动以及'经济化、数字化'考核指标压力下,丽江地方政府越来越成为一个具有自身利益诉求的'准市场主体',这导致了地方政府开发各种有价资源,并谋求利益最大化。"[①](蔡礼彬、巩建军,2011)这一结果便是,政府表现出了市场中的趋利性,在谋求政绩和经济发展方面忽略其他因素。而古城的原住居民,除非成为古城内的旅游经营者或者有着间接的经济参与(将房屋租赁给外来商户),否则并不能获得古城旅游业发展的利好,

---

① 蔡礼彬,巩建军.基于博弈论的丽江古城保护利益相关者分析[J].乐山师范学院学报,2011,26(05):43-46+56.

反而需要忍受古城因旅游业的开发而导致的环境污染、生活质量的下降。

也就是说，社区居民在与政府、企业三者之间的利益博弈中处于劣势。这种劣势的存在导致社区居民与政府、企业的对立，三者分别具有的是社会资本、权力资本和经济资本，前者是遗产地社区的社会力量，后两者则是政治经济力量。在这三者的博弈中，社会文化力量相对于政治经济力量较为弱小，也是造成社区居民处于劣势的深层原因之一。不过，社会力量与政治经济力量之间的对立不是时时存在的，只有当切身利益受到较大损害时，当地居民才会出现对立的情绪，并可能采取相应的行动。而且地方居民对政府的态度与政府的执政者（尤其是第一把手）有相关性，如凤凰古城的居民对以前的凤凰县委书记叶红专印象较好，认为叶书记就是一位有作为、办实事的官员，认为他对凤凰县和凤凰古城做出了切实的贡献，那么彼时当地居民对执政者和政府的印象好，故而没有对立的情绪。而当执政者更换之后，倘若执政者不如之前的官员有作为，那么地方老百姓就会对政府态度转变，可能给出负面评价。如一位受访者说道：

滕万翠书记调到州里之后是张永中做县长，后来2006年，叶红专来凤凰做了县委书记，叶红专做两三年的县委书记相当于别的书记做十年。滕万翠把工作交给张永中，然后张永中2006—2008年把工作交给叶红专。叶红专做了两件工作：一是亮化沱江风光带，二是沱江河治理。（这）在张永中的时候就已经提出来了，只是没实施。张永中当时说过他有三大梦想：第一，沱江两岸风光带亮化工程；第二，沱江河治理；第三不记得了。叶红专把第一个和第二个梦想切实实施和实现了。叶红专后来还做了一件事情，在古城大街小巷做了石板路，山上也做了石板路，是红岩石板路和青色石板路。叶红专调走后是张永中当县委书记接手旅游工作，2008年至今又没做事情了，基本上是吃老本。（F-02-M，注：访谈时间为2010年）

（二）社区参与的不平衡性：政府拜物教、资源分配的不平等和相对剥夺感

陈莎、张海燕（2012）将民族地区旅游发展中的社区参与现状归结为社区政府的高参与、社区居民的低参与和相关者的矛盾重重3个方面[①]。笔者认为，"高参与"与"低参与"涉及参与范围和参与程度两个方面：从参与范围上看，政府在理论上可以参与到古城旅游的方方面面（虽然实际上并不一定能够做到），而社区居民则仅能参与到部分旅游产品和服务的直接经营或间接性获利之中；从参与程度上看，社区居民只能在最浅层次上进行参与——通过提供部分旅游产品或出租房屋、门面获取经济利益，而相对深层次的，诸如古城旅游发展最重要的决策权则完全由政府把控，社区居民基本上无权参与旅游决策。社区参与的不平衡性有多重原因。

"政府拜物教"是一种在欠发达国家和地区颇为流行的信条："没有政府办不成的事，

---

① 陈莎，张海燕.民族地区旅游产业发展中社区参与机制研究——以凤凰古城为例[J].资源开发与市场，2012，28（12）：1131-1135.

也没有离开政府能办成的事。"(左晓斯,2010:120)① 我国旅游发展中的社区参与之所以形成不平衡的状态,与政府拜物教的信条不无关系。"在我国实行了长期的计划经济体制的背景下,政府依然存在着万能强势的'大政府思维'。"(阎友兵,2014:81)② 在政府拜物教的信条之下,社区居民往往认为政府有能力解决旅游发展中的一切问题。因此,不论是旅游发展规划、决策,以及旅游开发发展过程中出现的其他问题,社区居民都会认为是政府的责任,政府应该也能够解决,这就导致其自身参与旅游发展的意愿下降了许多。从政府的角度来说,在"大政府思维"之下,政府在很大程度上也有包办一切的自觉和意愿,居民和政府在这一点上就形成了一种共识,因此,政府的高参与与居民的低参与就自然而然地产生了。

资源配置的不平等也是社区参与不平衡性产生的原因。"政府拜物教"的信条势必导致政府在社区旅游事务中占据主导地位,而政府与当地的旅游企业又形成了一种"共谋"关系,两者的联合压制了社区居民在旅游事务参与中的地位。不仅如此,旅游社区中大多数资源的掌握者是政府和大型旅游企业的投资者,同时他们手中握有远远大于社区居民的权力。旅游社区内的各项资源名义上属于当地全体居民所有,但是事实上居民并没有对这些资源的处置权,更不要说旅游发展过程中的决策权了。这种不平等的状况导致了社区居民话语权的缺失。很多情况下,社区居民"对事关自己切身利益的事务并非没有立场观点,只是他们的立场和观点被人忽视"③(左晓斯,2010:195)。左晓斯(2010:194)指出,"不平等的权力关系自然会造成不公平、不公正的资源使用和利益分配关系。从社会不平等到心理不平衡,再到经济不公正,最可能引发强烈不满甚至是暴力冲突"④。要改变这种状况,就要重新进行资源和权力的配置。政府和投资者应将一部分权力让渡出来,让社区居民获取他们本应有的权力。

同时,在居民内部,社区参与也体现出"不平衡"性,相对剥夺感就是表现之一。"相对剥夺感"是社区参与中存在的问题之一,是指"个体或群体通过与参照群体横向或纵向比较而感知到自身处于不利地位,进而体验到愤怒和不满等负性情绪的一种主观认知和情绪体验"(熊猛、叶一舵,2016)⑤。在个体微观层面上,旅游社区内,部分居民作为个体与另一部分居民进行比较,获得较低收益的居民往往由于与参照群体存在一定的差距而产生相对剥夺感。居民的相对剥夺感普遍存在,而相对剥夺感的产生让社区居民在心理上

---

① 左晓斯.可持续乡村旅游研究:基于社会建构论的视角[M].北京:社会科学文献出版社,2010年7月第1版:120.
② 阎友兵.经营权转让后的景区运营状况实证研究:以湖南省凤凰古城景区为例[M].湘潭:湘潭大学出版社,2014年5月第1版:81.
③ 左晓斯.可持续乡村旅游研究:基于社会建构论的视角[M].北京:社会科学文献出版社,2010年7月第1版:195.
④ 左晓斯.可持续乡村旅游研究:基于社会建构论的视角[M].北京:社会科学文献出版社,2010年7月第1版:194.
⑤ 熊猛,叶一舵.相对剥夺感:概念、测量、影响因素及作用[J].心理科学进展,2016,24(03):438-453.

不再作为一个整体，而且还隐含着社会冲突。张大钊、曾丽（2019）指出社会冲突受到经济、社会文化、环境等因素的影响①，相对剥夺感正是经济等原因的不平衡导致的。目前也有学者对相对剥夺感进行实证研究，如李平等（2013）在研究中确认了丽江束河古镇社区居民存在相对剥夺感，并提出了心理疏导机制与其他相关机制共同运作、通过媒体宣传等方式正确引导、选择合适参照群体和对不同人分别对待等心理疏导对策②。社区居民在进行旅游参与的过程中本就具有分散性，相对剥夺感的产生加剧了居民内部的分裂。这就容易造成社会冲突，所以，对社区居民的相对剥夺感也要加以重视。

（三）在利益博弈中"活化"古城

凤凰古城和丽江古城等古城镇型的遗产旅游地都将发展旅游业作为古城的首要事务，这符合我国自改革开放以来的"以经济建设为中心"的基本思想。但是随着发展理念的转变，追逐经济利益已不再是唯一的目标，和谐的人居建设和生态环境保护被提上日程，古城的"活化"便在这样的背景之下铺开来。

虽然地方政府、旅游企业、旅游商户和社区居民对于社区事务参与的最重要目的依然是发展旅游业和获取经济利益。但是营造良好的人居环境是所有居住型社区的基本内容，在旅游社区中更是如此，这不仅是为了保证当地居民可以获得良好的生活环境，同时也是为了保证旅游者享有良好的旅游环境。凤凰古城公司的负责人也曾提过，"围城"收费的做法实际上是为了继续改善古城内的基础设施，为古城内的居民和商户提供更好的服务；丽江古城收取古城维护费也是为了对古城进行维护，改善古城内的各种设施，提升环境质量。尽管收费的目的不是经济上的增收，还有古城维护等目的在内，但是社区居民和商户并不认同。2016年6月，丽江大研古城内的商家为了抵制自2015年开始的设卡收费（80元古城维护费），集体罢市、停止营业。商户们称，自设卡收费后，丽江古城游客骤减，甚至无法维持房租，导致商户亏本经营。凤凰古城也出现过商户、船家集体抵制"围城收费"的集体性事件。网络上对于丽江收取古城维护费有不少相关报道，如下面这则网络文本所示：

6月1日，丽江古城大量商户闭门抗议古城管理部门收取古城维护费，引发社会热议。6月2日下午，丽江古城保护管理局发布消息称，"古维费"涨价消息不实，前一天参与停业的客栈加商铺共有884家，今日古城内店铺陆续开门，经营情况基本恢复。

丽江古城的收费管理模式其实从2000年就已经开始了，不过当时定价为20元/人·天。2007年，收费价格调整为每人次80元。但是收费只在主入口，其他诸多入口都没有设置收费关卡，游客可以通过其他不同入口进入古城。丽江古城的收费历经了15个

---

① 张大钊，曾丽.旅游地居民相对剥夺感的应对方式理论模型[J].旅游学刊，2019，34（02）：29-36.
② 李平，宋宛锋，刘晓石，等.旅游地社区居民"相对剥夺感"的心理疏导对策研究——以丽江束河古镇为例[J].市场论坛，2013（09）：87-89.

年头，为何今天引起巨大争议呢？根本问题还在利益分割方面。每个入口设置关卡，征收维护费，游客就不能再像以前一样免费入城。

资料来源：光明网."丽江古城收维护费 网友：无异于饮鸩止渴"[EB/OL].http://news.gmw.cn/2016-06/07/content_20449247.htm，2016-06-07.

"围城收费"是凤凰古城以企业为主导的经营模式下引发各方矛盾的一个焦点问题。2013年，凤凰古城实施"围城收费"，在每个进入古城的通道处设卡，欲进入凤凰古城的游客需要购买148元门票方可进城参观游览。"围城收费"一经官方公布，新浪网就开辟专题讨论，标题是"湖南凤凰古城收148元/人门票引发争议"，专题摘要是"被新西兰著名作家路易·艾黎赞誉为'中国最美丽的小城'的凤凰古城在2013年4月10日正式结束免费时代，开始向游客收取148元的门票费。一个古城的收费在全国范围内引起了巨大的争议"[1]。从2013年4月10日到4月18日这一周，是凤凰县委最为"焦灼"的一周，因为34家媒体从全国各地分三拨奔向了凤凰古城。凤凰古城一时之间成为海内外的热点新闻，当时美国的报纸也对凤凰古城进行了多次报道[2]。当时凤凰古城收费引来热议，92%的网民持反对态度，网民反对的原因在于这触犯了他们自身的经济利益，本来不要买景区门票，现在强制要买门票，一时之间难以接受，但是殊不知世间没有免费的午餐。2013年，一位微博"大V"发起呼吁，让大家在五一期间不要去凤凰古城旅游，引来了众多粉丝转发，这是旅游者维护自身利益的表现。凤凰古城"围城收费"即使有利于当地旅游可持续发展，也会被扣上"赚钱赢利""动机不纯""疯狂敛财"的大帽子。尽管凤凰县政府和凤凰古城公司预先想到会产生"危机"，但是也没想到会演变成"与民争利"的尴尬局面。当时有学者在网上评论凤凰古城收费就是一场闹剧，没有学理和法理；新京报还站出来批评其涉嫌违法违规，需要中央多部门联合起来进行调查。凤凰古城收取148元的门票原本是依据凤凰古城公司对一城九景的定价148元，但是这种收费事先并没有召开价格听证会，没有进行市场调研，没有事先与当地老百姓和商户进行协商，就按照原来的捆绑定价148元强制收费，略显得有点草率和仓促，这是"一刀切"的模式。对于这次大张旗鼓地公开收费，政府宣称自己从148元中拿走了两部分，一部分是"两费一金"（根据《湖南省物价局关于规范凤凰古城门票价格的批复》，包括资源有偿使用费15元、旅游宣传促销费7元和价格调节基金11元），一共是33元；另一部分是企业经营产生的相关税收，有营业税、企业所得税等。

从凤凰旅游业现存的日益凸显的诸多问题和长远的可持续旅游发展来考虑，凤凰古城在当时情况下确实可以围城收费。收取古城景区门票最积极的效应在于抑制游客数量，防止古城游客爆满，让凤凰古城降温、做减法，从而更好地保护凤凰古城的自然生态环境和

---

[1] 新浪网."湖南凤凰古城收148元/人门票引发争议"[EB/OL].http://hunan.sina.com.cn/zt/news/fhmp/index.shtml，2013-04-30.

[2] 注：笔者当时正在美国访学，在旧金山市图书馆搜集到了一些关于凤凰古城收费报道的华语报纸。

文化遗产。从长远来说这是有利于凤凰古城可持续旅游发展的，只是在短期内损失了部分群体的经济利益，如在凤凰古城景区的商户（商家和个体户，如拉客人员、无证导游）、间接参与经济的原住居民（如出租房屋、门面的居民）、凤凰当地旅行社和旅游出发地专做凤凰旅游品牌的旅行社批发商等。其中最主要的还是触犯了当地涉入旅游业人员的经济利益，这就引发了集体抵制、抗议等群体性行为。强制"围城收费"是政府和凤凰古城旅游公司在预料到会引起强烈抵触却依然为之的"铁腕行为"。凤凰古城几经收费风波，每次政府和凤凰古城公司将古城圈起来收费就遭到当地商户和老百姓的集体抗议，商户罢市、集体谈判多次发生。在2013年之前的几年，地方政府和凤凰古城公司几次尝试推行"强制收取门票"的政策，均导致当地商户和其他涉入旅游业人员的抗议。对于2013年的"围城收费"，政府和凤凰古城公司显然事先有一定的心理准备，但是没想到最后事情的严重程度超过了预期。如果政府只推行几个月门票政策就根据市场反应而取消，那么政府的这番行为反倒会落一个"收取门票是为了谋利而非为了长远的保护和发展"的口实，因此，在必要时期必须将合乎长远目标的铁腕政策推行到底，笔者当时在2013年时就认为凤凰县政府和凤凰古城公司的门票政策至少将坚持3~5年，这是合乎长远保护和可持续发展的理性行为，凤凰旅游业的可持续发展必须这样走，不然凤凰古城游客数量会一直爆满，到时人文环境的破坏、自然环境的污染和旅游市场秩序的混乱等一系列问题就很难治理了。围城收费维持刚好3年之后，2016年4月，凤凰县取消了大门票的收费政策。这到底还是应了经济学的规律，主导市场发展力量的是需求，而不是供给，买方的权力（需求）是市场扩展的主导力量，但是，买方经常被小看，而凤凰古城围城收费这次事件的始末倒是显示了买方的力量。从当地居民、商户和游客的角度来说，这种"大门票"的商业模式是对他们利益的一种侵害，导致了游客的大量减少和当地居民生活的不便。但当地政府在"围城收费"实施之前宣称这一做法是对古城内商业化的一种"缓解"。政府所说的"缓解商业化"这一说法在事实上确实具有一定的合理性。在凤凰古城取消"围城收费"后，有评论者就表示"从政府管理的角度，凤凰县政府正面临'围也难不围也难'的艰难选择"（周泽猛，2016）[1]。政府要考虑到对旅游地的管理，"围城收费"的做法确实有利于对景区的管理，但是这也会导致游客数量减少。"现在的游客分为两种，一种是走马观花式，去收取大门票的乌镇、周庄游览的游客便属于此类；还有一种是休闲度假式，如去丽江寻找'艳遇'、坐酒吧等的游客，收取门票肯定会对这种业态造成沉重打击。"（刘思敏，2013）[2]

除了政府的态度之外，凤凰古城公司一方则认为凤凰收门票可能是"坏事变好事"。2014年《中国旅游报》一则报道中写道："虽然此事（指凤凰古城'围城收费'）引起如此大的争议，但购票的游客数量是在增加的。叶文智给出了一个数据，2013年4月10日开

---

[1] 周泽猛. 凤凰古城不再"围城"给旅游目的地政府的启示[N]. 中国旅游报，2016-05-16（C02）.
[2] 刘思敏. "凤凰"变"乌鸡"之虞[N]. 中国旅游报，2013-04-22（013）.

始收门票至2013年底，凤凰古城的购票人数比上年同期增长了131%"（冯颖，2014）[①]。笔者认为购票数量增长的主要原因是游客前往凤凰古城游玩时不得不购买门票，实际的游客数量可能并没有增加（甚至很可能减少了），但景区却实实在在地增加了门票收入，凤凰古城公司也因此获得了更多的收益。

从政府和凤凰古城公司的说法来看，古城收取门票的做法是"以商制商"的策略，通过收取门票，促进古城内旅游环境的改善，同时以游客的数量换取质量，对古城环境的优化和商业化的弱化都有益处。而对凤凰县政府和凤凰古城公司来说又不止于此，在"以商制商"的同时，门票收入得以增加，这对于旅游企业和政府部门来说又是一桩益事。但是收取景区大门票期间，古城内的居民并没有因此获得好处，反而对经营旅游业的商户造成了损失。

总之，凤凰古城收取景区大门票有政治资本和经济资本主体共同谋取经济利益之嫌。不管是凤凰还是丽江，居民、外来商户、大型旅游企业、地方政府等各利益主体之间都存在矛盾和冲突。尽管各方的利益博弈是客观存在的，但古城的"活化"依然在持续进行之中。

三、社区的地方感

地方感是旅游研究中的一个热门话题。Rose（1994）曾言："基于人本主义地理学的思考，地方不仅仅是人存在的地理空间，而且具有意义和身份。"（转引自周尚意、戴俊骋，2014）[②] 段义孚在其著作《空间与地方》中这样描述地方感："一个人在一个地方生活久了，便对自己的生活环境中的一山一水、一草一木、一砖一瓦产生了感情。这种情感的依恋就是地方感。"（转引自周尚意，2013）[③] 笔者认为，古城的活化最终是要让古城适合"生活"，让古城中的人（包括社区居民、外来商户和外来旅游者）对这个地方产生依恋，让古城成为他们"宜居的生活空间"。因此，在古城的活化研究中应引入"地方感"这个概念。

作为历史文化遗产旅游地的古城在旅游开发的过程中经历了翻天覆地的变化：无数游客来到古城参观游览；外来人口进入古城从事生产经营活动，古城的商业化初显；部分本地居民开始从事经营活动，成为旅游产品的提供者；部分本地居民开始搬离古城到城外居住，古城内本地居民数量减少；再到后来古城内出现"人口置换"现象，商业化浓厚……凤凰和丽江古城都存在这样的现象，旅游业的开发使当地的地方感减少了很多，不再是从

[①] 冯颖.凤凰古城收门票是"坏事变好事"[N].中国旅游报，2014-03-14（003）.
[②] 周尚意，戴俊骋.文化地理学概念、理论的逻辑关系之分析——以"学科树"分析近年中国大陆文化地理学进展[J].地理学报，2014，69（10）：1521-1532.
[③] 周尚意.人文主义地理学家眼中的"地方"[J].旅游学刊，2013，28（04）：6-7.

前那个适合生活的地方。而一个"活"的古城应该是这样的：有原住民，有地方性的、本真性的生活气息，有宁静闲适的氛围，也有活泼的生活感和生气感，有宜居的自然生态环境和社会环境，有着自身的地方感，有吸引游客前往、停留甚至长住，以及多次重游的魅力和吸引力。古城镇好的"活化"结果如下：它是一个十分适宜生活的古朴小城，有一定数量的原住民生活在古城，也可以有适量的外来人口居住在古城，尽量保留地方的本真性，具有地方感，是一个活生生的、有着生机和活力的小城。

我国的众多古城都是孕育"地方感"的胜地。古城是社会发展中的点点星光，当世界众多城市被卷入工业化的浪潮中，成为创造经济价值的基地，古城（至少在外观上）仍然保持它的原貌。因此，古城是继承历史的，同样也是继承了人们原有的生活的。它在其他城市早已经将自己的全部精力放置于"生产"的时候，古城依然是那个注重"生活"的古城。丽江古城和凤凰古城之所以能够被世人熟知，很重要的一个原因就是它们夹在千万个工业化城市之中，依然保留历史，依然适合生活。那些生活在工业化城市中的人们毫无疑问对这样的地方充满向往。

但是如今旅游业的过度发展使当地的人口过度膨胀，古城内的那种生活气息浓厚的"街"已经被络绎不绝的游人所占据。尤其是到了旅游旺季，街上无处立足。而且丽江古城根本没有旅游淡季，它一年四季、每个月都是旺季，好在丽江大研古城在历史上被设计规划之初，其街巷就四通八达，大量游客涌进丽江大研古城后就能如流水一般分散开来，不至于显得十分拥挤。而凤凰的旅游淡季是冬季（但春节期间不是淡季），凤凰古城到了旅游旺季就变得水泄不通，该城的巷道设计并不像丽江古城那样四通八达，游人进入凤凰古城以后，街道就变得拥挤不堪、人头攒动，其情景同厦门的曾厝垵十分类似。有受访者（一位资深的凤凰地陪导游员）曾说过，他当导游多年，觉得中国尤其热闹的地方有两处：一是北京天安门，二是凤凰。访谈文本如下：

问：您觉得丽江是什么形象？宣传标语知道吗？

答：宣传标语我真不知道，我去过一次丽江，过去的感觉真好。我跟我的客人都说，走在丽江古城里面，凤凰自愧不如，但是走在沱江河边、跳岩、北门对面，特别是早晨，下雨过后有点雾，凤凰古城全国仅有，丽江古城也绝对赶不上，凤凰古城江边这段有山、有水、有吊脚楼、有古城还有跳岩。

问：您觉得凤凰美的元素在哪里？

答：我觉得就是我刚才说的这些，沱江、吊脚楼、跳岩、山水，包括宁静的老街，清早和晚上的老街。傍晚人很多，我说凤凰古城几乎就没有消停过，旺季过来的话你都找不到清晨和晚上的那种感觉，淡季过来人也是蛮多的，只是相对现在人少一点。我感觉全国各地，除了北京天安门，很少有像凤凰这么热闹的地方。这个街比较挤，人散不出去。（F-41-M）

丽江古城和凤凰古城的街道如今的情景如下：客栈、酒吧、餐馆、旅游购物店等旅游商户林立，尤其像凤凰古城，长达几百米的旅游商品一条街成了专为游人开设的纪念品、土特产品市场，街上的商铺不再为城内居民提供日常的生活用品。一位凤凰县政府干部（F-07-F）曾说过："旅游商品一条街有几百米长，很窄，有的地方三四米，有的地方两三米宽，走路都显得很拥堵，原来是一条很清静的街，住的是一些很贫困的人，发展旅游后很多外地人来这里做生意，租了当地人的门面，就成了很繁华的古街。"这样一来，这种"街"不再是"生活"的街，而是纯粹"观光游览"的街。谢彦君（2017：177）指出："中国现阶段城市规划中对'人'及其'生活'的忽略，是不给'地方感'一个立足之地。"①"乡愁""怀旧"事实上是一种对地方的情感，并且这种情感是在时空变化中不断加强的。随着时间的变化，人从青年到中年再到老年，他们的乡愁感越来越浓厚，因为"地方"已经不是过去凝聚着文化和情感的"地方"了，那个不复存在的"地方"只能在记忆中找寻。

近几年社会发展十分快速，城市化的进程之快导致了人们在短时间内经历了频繁的"记忆变迁"。如今很多原生地是乡村的中年人和青年人，他们在少时生活的地方还是古朴的街巷，长大后就生活在都市的高楼大厦之中，这一变化让他们的地方感更为强烈。过去那种狭窄的街道、热闹的邻舍、田园般的生活环境已经一去不复返，这让他们产生了一种怀旧的情结。而远离工业社会的古城则完好地保存了许多人幼年时的记忆。因此，人们乐意前往古城游览，带着怀旧的情绪和"乡愁"去找寻小时候的"地方"，找寻他们愿意体验的"地方感"。他们希望能在古城里感受到那里的"烟火气息"，在古城中寻找他们向往的美好生活并且享受当地的生活。

游客前往古城，要寻找生活的感觉，那么古城的建设就需要迎合游客的这一需求。古城不仅要做到名如其城——"古"，还要让人们在古城中找到他们所向往的生活并能亲身体验生活。这就需要古城社区的建设者集思广益，让古城充满生活气息，让游客产生一种"共鸣"。总之，好的古城活化，就是要考虑到人的居住，要有原住民住在古城内，从人口构成而言，以本地人（原住民）为主，外地人为辅，如受访者所提到的那样，让外来游客看到当地人、本地人真正的生活，与都市不一样的慢生活。古城是有着地方感、有着生气、有地方本真性、有原住民生活在其中的、有活力的小城。若无人居住在古城，那么这样的城就是死城、孤城、空城；若无本地人居住在古城内，只有外来商户和旅游者这些外来人口居住在古城内，那么这样的城就是徒有其表、失去地方人文情怀和地方性的"空心城"。

---

① 谢彦君.灵水识谭［M］.北京：中国旅游出版社，2017年1月第1版：177.

第六节 活化与商业化

对于同时作为遗产地和旅游地的凤凰古城和丽江古城来说,古城活化的商业化问题实质上是旅游商业化的问题。不少学者探讨了旅游商业化问题,如保继刚、苏晓波(2004)认为旅游商业化是对目的地某种特定商业现象的描述。他们总结出了旅游商业化现象的特征:"(1)商业功能的转化是由旅游推动的,大量商铺的顾客群体发生转变,面向旅游者的店铺数量比例很大,甚至超过面向本地居民的店铺数量,商铺商品的供给超过当地居民的购买力;(2)旅游商品同质性严重,手工艺品减少,大规模生产的产品充斥市场。"[1] 商业化问题是遗产活化中的一个不可避免的问题。目前作为旅游景区的古城和古镇或多或少都呈现出商业化的特点。笔者认为,古城镇的商业化问题是伴随其旅游功能的发挥而带来的必然结果。著名的例子如江浙一带的古镇,乌镇、周庄、西塘等古镇目前旅游业十分繁荣,旅游功能的显著发挥与它们的商业化程度是成正比的。商业化程度较低的古城镇(古村落)往往处于开发的早期,尚未有大量的游客进入,如因综艺节目《爸爸去哪儿2》而进入公众视野的浙江建德新叶古村,在节目播出之初由于尚处在开发的初期,知名度尚未完全打响,因此商业化气息并不浓厚,原始风貌保存较好(但是如今新叶古村已经有旅游公司入驻,居民在慢慢向外搬迁);部分古城镇(村落)商业化气息不浓厚还与受各种因素的影响而不便开发有关,这些古城镇(古村落)往往有着较好的自然条件和保存尚好的淳朴民风,如安徽黄山市休宁县的木梨硔被誉为"黄山最美的高山村落",拥有突出的旅游景观,目前吸引了一批又一批"驴友"前来游玩,但是由于地理位置和交通因素的制约,它至今没有也难以成为商业化的村落。这些商业化气息不浓厚的古城镇(村落),为了适应旅游业发展的需求,村民会自发建立一些古朴的民宿和客栈,来解决游客的食宿问题,但这仅仅是解决了旅游者最基本的需要,对于当地居民来说,并不存在大量的盈利空间,同时也没有外来投资者的参与,因此,这个古村落的旅游开发并不属于高度商业化,而只是低度商业化。

对于旅游地的遗产活化来说,商业化是难以避免的,而关键在于如何在商业化和恢复古城本真性的生活气息之间寻求平衡。

一、古城镇的商业化与过度商业化

旅游地和景区的过度商业化是由旅游商业化引申而来的概念。过度商业化是指"片面

---

[1] 保继刚,苏晓波.历史城镇的旅游商业化研究[J].地理学报,2004,59(03):427-436.

和过分追求经济利益,忽视文化利益、社会利益和其他利益进行商品生产与交换的行为"[①](尹小娜,2015)。在遗产和旅游层面,过度商业化有相对具体的解释。保继刚、苏晓波(2004)曾提出"过度商业化"是一个"默认的概念"[②]。李倩等(2006)在其自定义的旅游商业化概念的基础上,提出了旅游的适度商业化和过度商业化概念,认为过度商业化是指旅游开发"成为一种文化资本向经济资本的单向度转化过程",是"旅游商业化的极端表现"[③]。不管如何,"过度商业化"必然是旅游商业化的一种非良性发展的结果。

从古城活化的角度来说,古城镇的商业化是使古城镇"活"起来的一个重要因素。通过发展商业进行活化,是古城镇恢复生机的一条重要途径。但是要注意的是,"过度商业化"会对古城造成许多负面影响,最直接的负面影响就是会影响旅游者的体验质量,从而影响古城的口碑,有很多受访者认为凤凰古城和丽江古城的过度商业化是古城存在的现实问题,导致人们对古城有着不好的负面评价,并降低了旅游者前往这两个旅游目的地的出游意愿,如下面这位旅行社职员谈到凤凰古城的商业化问题:

真正地说撇开这些商业化的因素不去看的话,凤凰它本身本地的居民和本地的风土人情带给你的这种观感上的体验还是比较让人满意的……其实现在很多游客去凤凰古城之前也会顾虑到这一点,他会考虑凤凰古城的商业化到底到了什么样,究竟值不值得他们去看。凤凰古城对于现在来说它确实商业化程度已经有点改变它本身的样貌了。所以说这种变化肯定是不好的,但是最近政府呢他们又推出了政策,鼓励居民弃商,帮助古城回归到原本的样貌。我觉得就凤凰古城本身还是值得去的,可能凤凰去过的人会看到凤凰本身它的河水都已经有些变色了,不像当年沈从文小说里写的那样清澈,但是这也是无法避免的。你还可以看到到处都是所谓姜糖店、银器店,还有这种酒吧,它们取代了之前很古朴的铁器店。从2001年开始这个股权开发之后,这种经济利益和外来文化的冲击已经使凤凰古城失去了它原有的样貌了,当然超过80%的凤凰店主他以前不是本地人,而且也看不到像沈从文小说里写的那样,沱江流水中洗衣服的妇女,现在连沱江两岸几乎全部改造成酒吧,南面的吊脚楼就建成了密密麻麻各式各样的家庭客栈,像商店、餐馆、银器店,还有所谓姜糖店,不光这些,凤凰古城本身的部分建筑也都发生了不少的变化,原本两层的房子过几年就加盖一层啊,然后过几年可能居住面积又不够了又加一层,然后这种违章建筑,严格来说大部分的违章建筑,地基承载力有限,所以说这种安全隐患也是一个很大的问题。然后像之前有专家说过他刚到凤凰古城调研时,完整的吊脚楼就仅仅只有13座,但是现在130座都不止,就是说,多了的吊脚楼是哪里来的呢,大部分都是违章建筑,所以说这种商户竭泽而渔的做法,让古城本身已经没有回头路可以走了,所以说你要想了解这个古城的商业化程度就从这些方面可见一斑。(F-116-M)

---

① 尹小娜.历史文化街区发展中本土文化的回归与利用研究[D].泉州:华侨大学,2015:23.
② 保继刚,苏晓波.历史城镇的旅游商业化研究[J].地理学报,2004(03):427-436.
③ 李倩,吴小根,汤澍.古镇旅游开发及其商业化现象初探[J].旅游学刊,2006(12):52-57.

对于过度商业化和活化的关系，可以这么认为，"过度商业化"也是"过度活化"的一个重要特征。其中最重要的就是影响当地居民的生活质量和影响旅游者的体验质量，从而给旅游地（旅游景区）带来很多负面的口碑评价，破坏旅游地（旅游景区）的形象。关于过度商业化对当地居民的影响，《中国旅游报》的一篇文章《古镇开发如何把握度》中就指出："城市最重要的功能是居住和生活，包括发展旅游在内的任何商业活动都应该以不影响当地居民的生活秩序、生活环境为前提。"（王德刚，2014）[①]但是事实上，我国诸多古城镇在旅游开发的过程中出现的"过度商业化"现象都已经影响到了当地居民的日常生活。这时我们就需要反思，怎么样才算是适度商业化？如何来解决过度商业化的问题？

二、凤凰古城的商业化

（一）凤凰古城的过度商业化

我国著名画家黄永玉的祖籍是湘西凤凰，他曾经提到过自己的两个人生愿望，其中之一就是"希望中国人都知道凤凰，知道那里的风景和人都非常好"，他把凤凰比作一位"十六七岁的漂亮到极点的女孩子"（沈杰群，2017）[②]，但他也曾被问到"曾经又妩媚又野蛮的凤凰在您心中还剩下多少？"他则回答道："现在收钱收得很野蛮。"（蒋肖斌，2013）[③]可见，现在凤凰古城的商业化问题饱受批评。

凤凰县旅游业十分发达，根据凤凰县2019年国民经济和社会发展统计公报，2019年年末凤凰全县总人口42.01万人，常住人口34.93万人，全年共接待中外人口2010.93万人次（其中乡村游接待游客657.12万人次）[④]。也就是说，凤凰县在2019年接待的旅游者人数超过当地常住人口的57倍。试想一下，如果假设所有常住人口都从事旅游经营活动，凤凰全县每个常住人口在一年里要与近60名旅游者发生商业往来关系，可以窥见凤凰古城的商业化程度之高。

作为一个旅游城市，商业化是必须存在、不可避免的，但商业化又必须是为本地经济文化的发展服务的，必须置于对古城现有文化和生态保护的前提之下。从实际调研来看，凤凰古城"过度商业化"的现状是毋庸置疑的。在访谈过程中，有受访者表示在凤凰古城能非常明显地感觉到商业化的氛围，并且对这种过度商业化的现象表示反感。"其实我是很喜欢古镇的，古色古香。我很介意古镇的过度商业化行为。以后如果去古镇游玩的话，我一定会在网上看详细的评价，如果是像凤凰这样商业化严重的古镇，就不会选择去了。"（F-109-M）

---

① 王德刚.古城开发如何把握度[N].中国旅游报，2014-02-12（002）.
② 沈杰群.黄永玉：我一辈子最不懂的就是市场[N].中国青年报，2017-01-24（06）.
③ 蒋肖斌.黄永玉：我从来没有丢失自己[N].中国青年报，2013-08-06（10）.
④ 凤凰县统计局."凤凰县2019年国民经济和社会发展统计公报"[EB/OL].http://www.fhzf.gov.cn/zwgk_49798/xxgkml/bmxxgkml_49803/fhxtjj/rsxx_23031/202004/t20200418_1660979.html，2017-04-18.

我就在里面走了一圈吧。我就觉得卖东西的太多，各种吃的、衣服这些，没什么民族风格。吃的东西吧，和青岛的劈柴院似的，各地的小吃什么都有，这里就差一些海鲜了，臭豆腐、榴梿酥、鸭脖这些，但青岛就是没有这么多粉。总体上感觉就是商铺太多，有特色的看不到。凤凰这里是很商业化、市侩了，怎么说呢，有发展肯定会有商业化，不然也不能生存。但是吧，作为游客的角度，像我们来的话呢，肯定想看到的是那种有着千年古韵的小镇，也不能说一点商业也没有是吧，不能说是大城市的感觉，总让人感受到那种文化。这里是少数民族，尤其是我们这种北方来玩的，对这里很陌生，就是想要看到这里尤其是不一样的一些景观吧，不然走到这里面，就像是走进了商业街。这里商铺太多，卖东西的多……这里（本来）应该是很不一样的，毕竟这里是少数民族，应该看到的是一些少数民族风貌，但是你来了吧，也没看到，看到这街街巷巷感觉都一样，风格很像，卖的东西也差不多。（F-162-F）

也有受访者认为减少商业化更符合凤凰"边城"的本真性想象，认为目前商业化的现象与凤凰的古镇形象定位不符。"尽量减少商业化吧，因为人们去古镇，是希望体验那种本真的氛围，商业化太严重的话就有违古镇的特点，有违我们对古镇的期待。凤凰宣传的定位和呈现给我们的定位差别太大"。（F-109-M）

凤凰古城的商业化现状与古城的形象定位是背道而驰的，这一矛盾让游客在游览凤凰古城时产生了"失真"的感受，凤凰的自然山水、风土人情与商业氛围相互交融，形成了一种不太协调的局面。但是无法否认的是，商业化的存在是必然的，同时也是被需要的，古城必须依靠商业化展现它的活力，关于商业化的讨论应限于是否适度的问题，有一些被访者对古城的适度商业化是持赞成态度的，一位受访者（F-113-M）说道："适当商业化还是可以的，不是很严重，正常水平之内不管是对居民还是游客，都会更加方便。"有些网络游记也写到对商业化持赞成的态度，如这段文字："经常有人诟病凤凰的商业化，可我觉得就是因为它够商业，才让来到这里的人们不由自主地就缭乱在琳琅满目的各色商品中，流连在沟通全城的石板小巷中，迷惑在五光十色的夜景中，也沉醉在酒吧街上此起彼伏的优美歌声中。"[①] 再如下面这段访谈原文：

有些人会说商业化不好，商业化会使城镇的规划遭到破坏，也会破坏原本的居民的生活（一些作息），但是凤凰旅游的发展需要凤凰的商业化，如果它不商业化的话，就不会形成旅游热点，也就不会有人知道它，就没有人会去到那里玩。商业化会带动凤凰的经济发展，推动当地的旅游建设，带动服务业的发展，解决一些就业问题，也会给凤凰带来更多的经济效益。商业化有好有坏，我们要辩证地去看它，最后希望在商业化的过程中尽量做到把伤害降到最低，对凤凰原有的环境、生态做到最好的保护。（F-127-F）

---

① 旅游情报网. "marvely 的游记：凤凰古城的夜与日" [EB/OL]. http://y.myvacation.cn/u_yj_detailNpN1NbidN3237.htm, 2015-03-22.

(二)以企业为主导的经营模式与古城的商业化

凤凰古城的商业化有一个非常重要的特点，就是以旅游企业为主导的经营模式。2001年，黄龙洞投资股份有限公司与凤凰县人民政府签订了《湖南省凤凰县八个旅游景区（点）经营权转让合同》，黄龙洞投资股份有限公司获得了凤凰县8个景区（点）的经营权。2002年初，凤凰古城文化旅游投资股份有限公司挂牌成立，成为凤凰古城八大旅游景区（点）的经营主体。这种以企业为主导的经营模式，在古城的商业化过程中有着重要的影响。企业作为以盈利为目的的经济组织，获取经济利益就成为旅游发展中的最高目的，而通过旅游业产生的其他效益都将建立在企业首先能获取经济效益的基础之上。以企业为主导的经营模式相当于为古城的商业化"正名"，一方面告诉人们通过旅游业获取经济利益是绝对正当的；另一方面说明商业化是旅游业发展的必经之路和必要形式。

诚然，凤凰古城作为社区型的文化遗产旅游景区，如果没有适度的旅游商业化的支撑，将很难支持其旅游功能，古城也容易成为"死城"，所以，商业化并非越少越好，更不要将商业化削减为零，商业化为零和过度商业化都是不利于遗产活化的。

(三)凤凰古城商业化造成的旅游业乱象

与其他众多旅游景区一样，凤凰古城由于商业化导致的旅游业乱象层出不穷。2011年，由湖南省多部门组成的湖南省旅游市场联合执法检查组来到凤凰古城对旅游市场进行暗访，发现很多旅游团的游客被"洗脑"。旅游团利用游客对凤凰古城不知情，随意改变行程，在中间赚取差价[①]。类似这样的宰客行为在凤凰古城已经司空见惯，由于旅游的商业化能为当地带来不小的收益，部分商贩急于求成，随意降低服务品质和产品质量，在旅游经营中采取不规范经营的手段，导致旅游乱象的产生。凤凰古城知名度高、热度高，到访的游客量经常超过了古城的承载力，尤其是"十一"黄金周期间，再加上商业化中的不规范经营行为，都导致了旅游问题的丛生和游客的不满与投诉。除了宰客问题，凤凰古城拉客的现象也比较普遍，有几位凤凰当地的受访者主动讲到"拉客"的问题，文本如下：

凤凰这边拉客的比较多，就是有点扰乱市民。拉客的把那个价格弄得乱七八糟的，把那个市场扰乱了，反正政府也是一直在治理咯！凤凰那么大，你是说一下子解决，也不可能，只能政府去解决。就像我家今天的那个客人，我给他打电话让他坐的士过来，他非要省钱，坐那个两块钱的公交，结果把他送到下游去了，然后人家又打个的士过来，更贵，就一直不高兴。你要是出去旅游的话，被别人骗了，这样的话，你一天心情都不会很好，这不是钱的事情，就是心情不好。他们就是本地人，拉客的，给这些客栈，拉一个人给多少钱。他们打的旗号是什么正规的政府啊什么的，他们会说是什么景区景点工作人员怎么

---

① 高慧.凤凰暗访记[N].中国旅游报，2011-05-09（009）.

怎么的。其实不是的，没有证件的。他们这样拉客的在很大程度上影响了凤凰古城的形象。他们有专门的拉客的群，就是什么拉客老大之类的。其实政府也是应该想办法，就是让这些人不是要拉客哦！其实这些人也是为了生存，为了生活。如果我不出来拉客的话，我到哪里去赚钱这样。（F-145-F，注：受访者为旅行社职员，访谈时间2019年）

很多人来了感觉这里的消费不合理，而且拉客的太多，你应该也感受到了。从你刚开始下高速的那里，就有人去拉客，看到外地的车牌、大巴基本上就是问你：住客栈吧？江景房、吊脚楼，苗寨去不去啊？晚会看不看啊？很多！给很多人对凤凰人留下不好的印象，感觉这里的人只想赚钱，很商业。其实啊，这些拉客的，很多，有的把自己家的客栈租给别人经营了，他自己去给租客栈的去打工，去拉客，赚很多的。就几天、半个月吧，赚了接近有8000块钱，比他自己经营好得多了。所以说啊，很多人说什么民风，来这里怎么能感受到民风呢？（F-142-M，注：受访者为客栈老板，访谈时间为2019年）

一位凤凰的外来人口（旅游商户）在受访中对凤凰旅游业存在的诸多问题提了很多看法并提出了一些建议，他所指出的问题并非围绕商业化而展开的，而是他眼中看到的凤凰旅游业存在的具体问题和乱象，并表达了他所认为的政府管理中的不足之处，他希望有一些问题可以加以解决。具体访谈文本如下：

问：凤凰旅游业的情况怎么样？

答：一个字：差！县政府的一系列事情都没有做好。

一、廻龙阁街是最早的一条街，没有设一个垃圾桶。

二、廻龙阁街是最古老的街，没有把这条最老的街宣传出去。最繁华的是老营哨街，就是江边的那条街；其次是老菜街，挨着东门古城墙的那一条街；东门那边的东正街现在不行。

三、沈从文墓地那边没有搞，也没搞停车场，停车场主要在江天广场和凤凰广场，都是比较大一点的，做得最好的还是江天广场和凤凰广场。

四、房屋乱搭乱建，这是一个主要问题。古房子要求全部都不超过3层，结果现在搞了3层、4层、5层，政府是不允许，但是居民通过关系来建3、4、5层，有关系的就建高一些，为了接待更多客人。还有好多建房失去原味，话说是仿古，但都看不出是仿古……

五、治安很差。吸毒、强奸、杀人那些倒是没有，小偷极多，好多小偷我们都认识，前几天小偷跑到对门隔壁的包包店，我哥开的店，我站在那里，小偷没敢下手。

六、电力不到位。廻龙阁的电力不到位，经常停电，旅游区是重要区域，不可以停电，停电应该在3小时内恢复供电，我们这边停电停得最多，我们这里偏僻一些，一般停就停我们这边，有的店子停了3天电，游客都走了。

七、沱江水现在极差。我一般说"不好"就是"极差"，本地人说以前在河里洗澡都没事，是多少年以前我不清楚，现在在河里洗澡后回家还要冲一遍。

八、公厕的建设。公厕不完善，有些宽敞的地方可以去建一个，随便找人建一个公共厕所，交钱给政府，一个厕所一年可以交2万元税收给政府。

九、路标建设。景点、公厕设施等，在哪里，应该有路标，标明那些有普遍性的地方，好多游客来这里都不知道路，要问。

十、土特产不正规化。没有专门的企业，只有小作坊，不正规，没有专业的凤凰商标，一定要做大做好，小打小闹挣不到什么钱。

十一、古城房子的局部现代化。古城的很多店子是用卷闸门，卷闸门是现代的，不是仿古的，有的卷闸门刷了灰色的漆还好点，显得仿古点。

十二、店子开业时间要统一。古城的店铺应该要规范为早晨8点钟开门，现在是随便几点钟开门，没有规范化，可以6点多就开门。统一在8点钟开门，为的是把早晨8点钟以前的时间留给游客，让游客享受安静，门店一开就失去了那个味道。

十三、店子经营的品种现代化。很多门店卖的是现代的东西，不是古代的东西，没有古代的味道。

十四、江水淹古城。每年下雨量多，要保证水排得快，能够排下去，不能影响古城。今年（访谈时为2010年）淹了两回，江的那边（指他家店子对面那边），那是江北，都淹了，淹了一层高。（F-13-M）

这位受访者谈到的问题大体上都属于景区管理的问题。另一位受访者是凤凰古城公司曾经的高管人员，他认为凤凰旅游业的问题最终还是需要由政府来重拳出击进行治理。文本如下：

目前凤凰会按照自己的模式发展，向别人学，吸取点长处，但是要有自己的特色，问题在哪里呢？就目前凤凰的现状，我们必须用包容、用理解、用发展的眼光去看待凤凰，因为在这种情况下，怎么要使得它规范、走向正轨，不仅仅是政府的一纸文件，不仅仅是我们企业的要求、上访、请愿，最后市场会自然规范凤凰现有的模式，为什么这么说呢？当凤凰发展到一定阶段的时候，它无力继续往前走的时候，那么市场上面会给政府一些信息，比方说客流量减少，财政收入降低，政府在分析原因的时候就会明显地看到我们在哪个环节出了问题，就会下重手去治理这个环节。（F-34-M）

（四）地方政府对凤凰古城过度商业化的应对

既然过度商业化是文化资本向经济资本转化导致的结果，那么从根本上来说，要对现有的过度商业化进行修正，要做的就是不断加大凤凰古城文化资本的比重，不断缩小其经济资本的比重，以部分地"去商业化"。丁学勇（2010）曾在《中国旅游报》上发表一篇文章《凤凰古城旅游业发展的转型升级——由资源利用型到文化引导型》，提出了"凤凰古城旅游业的发展应由资源利用型向文化引导型转变"，同时提出了丰富和保护文化资源、挖掘文化内涵、把握文化需求特征、完善组织领导机制、创新古城文化载体、赋予产品文化内涵、申报世界文化遗产等方式来进行①。这些在文化方面的措施，在一定程度上就是"古城活化"在文化资本提升层面上所进行的努力。旅游业发展向文化引导转变，对于突出古城文化的作用、促进文化活化有重要意义。

2013年，凤凰县政府为了防止凤凰古城商业过度开发，发布了《凤凰古城涉旅行业转型升级的暂行规定（征求意见稿）》，"就一项'去商业化'新政征求意见：引导古城商户外迁、转移、升级，鼓励居民恢复真实的生活状态，不再从事商业经营"。具体做法如下："相关部门应对古城现有的涉旅行业重新核查、登记，严控规模和数量，确保现有数目不增加。"②但这一做法受到了在古城从事旅游经营的商户的反对，"引起古城经营商户的'反弹'"，"商户集体到县政府去反映情况"，但"媒体参与报道之后，此事不了了之"；"对于该事项的进展，县政府没有下文，也没有再跟商户有交涉"③。

近几年来凤凰县政府针对凤凰旅游业中存在的一些突出问题进行了治理，如政府已经开始整治凤凰古城的拉客、宰客、租服装拍照、新建违规建筑等现象。

问：从什么时间开始整顿拍照的？

答：今年开始的。因为有很多拉客啊，拍照，可能会产生一些纠纷嘛，拍照啊，可能是城市人比较多嘛，很多拍照的啊，可能会和这些游客发生矛盾。反正这是我们政府近几年抓得比较重的，拍照的、拉客的，尤其是叫你穿苗服拍照的几乎看不到了，去年嘛，不管你走到哪里，都是让你拍照的。像现在从事旅游行业的话呢，必须经过旅行社的委派，不然就以防有一些嘛，中途有一些敲客人啊，中途甩客人啊，还是有一些嘛，以前凤凰名声是很差的，就是有一些宰客啊，近几年的话呢，政府整顿起来的话呢，是很好的。今年明显的差别是很大的。（F-147-F，凤凰本地导游员，注：访谈时间为2019年）

现在不让那个摆摊，一天能赚一点是一点。以前啊，虽然我们摆摊的多，卖得也多，现在反而不好做了……听的评价最多的就是收费，消费不满意。现在就是我们做事，一般就是我们这里照相嘛（穿苗服拍照），我身为这里本地人我自己也不满意，像他们洗了几百张，就让人家花几千块钱。现在城管管得很严，不让他们拍照了（指的是给游客拍照，但古城还是存在拉客人租苗服的现象），照多少就洗多少是吧，做生意就是像我，挣了5块钱就是5块钱，10块钱就是10块，不能讲，不能让人家多花是不是，我对这些，因为我也是本地人，我对这些也是不满意，人要花多少就多少，不要强制人家……以前，产生矛盾的，打架的，都让警察过来，就是为了拍照的事情，一年就是发生几次，现在不让照相了，发生得就少了一些……怎么说呢，现在在这里生意越来越不好做了，不想在这里待了。来的游客要求也高，我们卖的东西不好卖，想要走了。现在钱不好赚了，生活不下去

---

① 丁学勇.凤凰古城旅游业发展的转型升级——由资源利用型到文化引导型[N].中国旅游报，2010-06-28（07）.
② 凤凰网湖南频道.凤凰县政府拟通过"去商业化"恢复古城风貌[EB/OL].http://hunan.ifeng.com/news/rdgz/detail_2013_04/29/758475_0.shtml，2013-04-29.
③ 凤凰网.新《旅游法》实施：凤凰古城面临两大考验[EB/OL].http://news.ifeng.com/shendu/zgjyb/detail_2013_09/28/29974369_0.shtml，2013-09-28.

了，还是要生活的啊。（F-146-F，凤凰古城流动商贩，注：访谈时间为2019年）

受访者：规划局那些执法部门，几大家联合执法，如果你违建了，搭个棚子，伸出了他们的那个界限，就会强行撤离的。

问：对建筑有要求吗？

答：有，就不是在古城，就在我自己家的房子，那个别墅旁边，那个我是2004年建的房子，那都有规划的，高不能上3米，不能建3层楼，可以建两层半，你的窗户必须仿古的，你的装修，你的墙面，包括你的顶层封盖的，你必须先有规划图，批准了你才能建，不批准的话你建不了。搞那种木的，那种青砖，不能搞那种很现代化的。

问：这里有发生什么变化吗？

答：就是变得越来越规范，以前有很多拉客的，现在拉客的没有了。客人投诉，现在几乎没有了，越来越规范了。（F-144-F，凤凰旅行社职员，注：访谈时间为2019年）

据笔者看来，凤凰县政府"鼓励居民恢复真实的生活状态"的态度，与笔者对古城活化的定义不谋而合，在凤凰古城现阶段呈现出明显的开发过度的情况之下，这种做法体现了对古城的保护思想。但问题是，在古城的改造和保护的过程中，尽管政府采取的是积极的态度，但由于其中牵涉当地居民与商户的具体利益，古城居民是否会为了"恢复真实的生活状态"而舍弃眼前唾手可得的经济收益呢？从目前过度商业化的表现来看，古城的"适度活化"依然任重道远。

三、丽江古城的商业化

（一）丽江古城的过度商业化

杨晓鸿（2015）曾从景点、门票、传统建筑、生态环境、活态资源和旅游产品等方面对丽江古城商业化现状进行分析，认为丽江古城在人造景点数量、门票依赖性、传统格局、游客接待比、原住居民与当地文化现状和旅游产品同质化等方面都能说明丽江古城目前的"过度商业化"[①]。一篇网络游记的开头第一段就写到了丽江古城的过度商业化问题，文字如下：

丽江给很多游客的印象并不好，原因很简单——过于商业化。后来不断听见游客对它的评论：丽江是个烧钱的地方、丽江没一个好人。就我个人而言，对丽江的评价也不高。印象中的丽江古城静静幽幽，承载着千年的历史文化，那里有着淳朴善良的纳西人，是一个世外桃源，人们心中的净土。但事实并非如此，古城大水车的人山人海、酒吧一条街的喧嚣嘈杂、四方街商铺的鳞次栉比。让我想到了浓妆艳抹的妇人，这已经不是原本的丽江了。当然，在那些人流不多的地方，还能依稀寻得丽江的影子。如果真喜欢丽江，建议大

[①] 杨晓鸿.古镇旅游的商业化现状与可持续发展研究——以云南丽江古镇为例[J].中国集体经济，2015（31）：117-120.

家抓紧时间到这些幽幽静静的小巷走走,真担心若干年后,这些小巷遗失了它的本真。

资料来源:马蜂窝网."彩云之南——丽江古城"[EB/OL].http://www.mafengwo.cn/i/3152381.html,2014-08-12.

丽江作为我国著名的世界文化遗产地,旅游业无节制的发展使它的过度商业化现象在全国的古城范围内都具有典型性。一方面,作为旅游景区的丽江古城,游客的拥入使它的商业化程度不断加深;另一方面,作为"艳遇"之都的丽江古城,"艳遇""酒吧"等文化特质也在古城的商业化过程中扮演了重要角色。

丽江如今被称作"艳遇之都",这是旅游地的噱头化、标签化的结果,这种"标签"就是丽江古城在旅游发展过程中商业化的产物之一。类似于"艳遇"的一类特质附着于古城的文化基因之上,成为不少游客对丽江古城产生向往的原因,但这也导致了古城内出现了被刻意营造出来的虚假"艳遇",也使得"酒托""宰客"等现象成为丽江古城商业化弊端的缩影。由此可以见到,丽江古城基于自身文化的基础,在商业化的驱使下,形成了一种自身的旅游文化。这种艳遇"文化"具有明显的商业化特征。有些受访者表示丽江的"艳遇文化"标签令其反感,如这位受访者(ZL-26-F)说道:"我不喜欢丽江古城,因为我与她素未谋面就听说她有个俗气的标签——'艳遇之都'。可能因为对古代文化一直抱有敬畏之情,我心中的古城是端庄,是沧桑,是不动声色,是不显山不漏水。丽江不是,她是艳丽,是招摇,不是我心里的古城。"

在游客体验方面,与凤凰古城一样,许多游客认为丽江古城的商业化呈现出过度的特点,与原本古朴的风格不相协调,严重的商业化使得丽江变得俗气;另外,游客量过多导致古城变得喧闹。"商业化问题比较严重,在古城内,拥进很多的游客,显得比较喧闹,而且较严重的商业化问题,破坏了古城原有的古朴风貌,让一些文化味道不是那么足。太商业化,我觉得就俗气了。"(L-52-F)

丽江古城的商业化气息太浓重了。现在很多古城都会有商业气息,有的被称为"整容过度的网红""透支价值的品牌"。一个接一个的旅游团,使得古城不得不商业改造,同时人多了会加重污染;其次,太多的酒吧,太多的商业化气息的灯红酒绿,显得庸俗,使得古城遗失了本身特色。(ZL-66-F)

这种与古城原来的风格不协调的过度商业化现象既是对游客体验的破坏,也是对游客某种"情怀"的破坏。如有受访者说道:

我觉得这不是一个好现象,等到它这里商业化发展得越来越大的时候,这个古城就已经不古了,就失去了它原本的味道,这样子,要是我的话,我就会觉得它不会那么吸引我了。所以是我们去的话,其实作为一个只能说是伪文艺青年吧,我觉得去丽江主要是为了那一份情怀,可是它的商业化越来越发展的时候,那份情怀也就消失了。(L-55-F)

丽江的过度商业化可谓是名声在外,所以,很多受访者都听说过丽江的商业化问题,有些受访者说到中国很多古街古镇都存在过度商业化的问题:"有人说,随着旅游业的发展,很多古街古镇商业化越来越浓厚,里面售卖的商品大部分都是义乌小商品,开了许多网红店铺,再建了许多拍照胜地,并且出现了一些高价宰客的问题,失去了古城原有的自然古朴的风貌。我并没有去过丽江古城,只希望它古韵犹存。"(ZL-34-F)

不过,也有部分受访者理解丽江的商业化现象的出现,认为丽江的商业化问题是利大于弊的,认为商业化给游客带来了便利性。

商业化我觉得有好有坏。商业化是丽江现在火起来,越来越多的人去丽江引申出来的一种东西。不可能说完全不商业化的,因为不商业化的话也没这么多人知道丽江这个地方,是因为商业化起来了所以才开始大力地去宣传这样一个地方。然后商业化也有一些好的东西,比如说你买东西,街道上会越来越热闹。店铺会放一些歌,敲一敲鼓,这些都很好啊,只是说现在我们没那么了解一些原住民的生活方式,但是其实你要是想了解的话还是可以了解的。只是没那么容易,但是总体来说带来的方便还是比劣势更多一点吧。(L-58-M)

(二)丽江的过度商业化和去地方化

近些年来,丽江的过度商业化一直为人所诟病,去过的游客对此有负面评价从而形成了丽江的一个负面口碑。丽江的过度商业化还造成了丽江古城"去地方化"现象的出现。孙九霞(2015)曾以丽江新华社区为例,研究了旅游商业化与纳西族民居的"去地方化"之间的关系,发现在旅游业的快速发展之下,丽江的新华社区有着强烈的"去地方化"态势("去地方化"是指"外来的、标准化的产品破坏、取代了本地的、地方化的产品或意识,从而失去地方性的过程和结果");主要表现为旅游纪念品等旅游产品失去原有的独特性和地方性、原住居民外迁导致社区传统族群文化的置换等方面。孙九霞(2015)认为,新华社区的"去地方化"体现了"社区中的文化不再是充满地方性的纳西传统文化,取而代之的是一种表演的,甚至虚假的旅游文化"[①]。笔者认为,这种"虚假的文化"的产生必然有过度商业化的原因在其中,正是丽江古城当下"商业文化"的一种表现。这种"虚假文化"试图取代社区的"传统文化",它穿着传统文化的外衣,在形式上只能借助传统文化来生存。虽然形式上对传统文化的保留在某种程度上也可以理解为是对传统文化的延续,但这种"延续"也因为其内涵丢失而无法继续发展,它的效果恐怕只能停留在旅游功能的发挥上。

李云(2018)在对丽江茶马客栈研究的过程中发现,2006年客栈经营商来自外地和本地的比例分别是55%和45%,但是到了2016年,两者的比例已经分别为93%和7%。因此该研究得出了结论:丽江在商业化的过程中,外来客商更善于经营,丽江茶马客栈因此有了快速的发展,但是由于本地居民外迁,丽江这一地区也出现了文化断层[②]。从丽江客

[①] 孙九霞.旅游商业化与纳西族民居的"去地方化"——以丽江新华社区为例[J].社会科学家,2015(11):7-13.
[②] 李云.丽江茶马客栈变迁研究[J].昆明冶金高等专科学校学报,2018,34(02):96-102.

栈行业的发展可以窥见丽江古城商业化对丽江本地造成的去地方化的结果：外来商户不断入驻，本地居民不断外迁，发源于本地的传统文化在商业化的冲击之下逐渐流失，取而代之的是一种在现代商业环境下披着传统文化外衣的虚假文化。这种"虚假文化"是缺少内涵、不可持续的，它的产生是以丽江当地地方性的流失为代价的。在活化过程中，要对这种"虚假文化"进行辨别。

（三）两次严重警告——丽江古城商业化导致的旅游乱象

早在2015年，丽江古城景区就因为各种问题被国家旅游局、全国旅游资源规划开发质量评定委员会严重警告："通报称，云南省丽江市丽江古城景区主要存在欺客宰客情况严重，出租车普遍不打表，商户存在欺客行为，餐饮场所等价格虚高，多数商铺无明码标价，环境卫生脏乱差，卫生设施及人员不足，垃圾清理不及时，安全提示不到位，消防设施不完备等问题。"[①]

经过整改，丽江古城被撤销了警告，但是在不到两年后，丽江古城再一次被国家旅游局严重警告，"云南省丽江市丽江古城景区存在的问题主要是：游客投诉率长期居高不下，游客人身财产安全事件频发，屡屡造成社会严重不良影响，古城内原住居民与旅游人员矛盾突出，景区产品质量下降，旅游设施品质退化等"[②]。

丽江古城在不到两年的时间里被国家旅游局警告两次，可见其旅游业发展过程中的矛盾之突出，乱象之严重。而事实上，在2015年丽江古城被严重警告之后，丽江市政府就通过了《国家旅游局通报古城景区存在问题的整改方案》和11个专项工作方案，同时立即对古城开展了专项整治行动。在空前的整治力度之下，2016年9月，国家旅游局全国旅游资源规划开发质量评定委员会发出通知，"经整改验收，决定撤销2015年10月全国旅游资源规划开发质量评定委员会第2号公告做出的对丽江古城5A级景区的严重警告处分"[③]。

但是2017年，丽江古城又一次登上被国家旅游局严重警告的榜单，这一次警告之后，丽江市政府下发了《丽江古城5A级景区整改工作方案》（以下简称《方案》），提出全城"明码标价"，重点整治零负团费和强迫购物。

丽江古城在旅游发展过程中的问题一个接一个地出现，并且也在一个接一个地解决。但是古城发展中的逐利现象也导致了此类问题是永无止境的，靠市场自觉和社会自觉难以真正解决这方面的问题。政府在前期规划和后期管理中将扮演主要角色。

---

① 搜狐网."欺客宰客：丽江古城等6家5A级景区被严重警告"[EB/OL].https://www.sohu.com/a/34904830_124709，2015-10-10.
② 腾讯新闻."国家旅游局：丽江古城等3家5A级景区被严重警告"[EB/OL].https://news.qq.com/a/20170225/025146.htm，2017-02-25.
③ 国家旅游地理."国家旅游局撤销丽江古城5A级旅游景区严重警告"[EB/OL].http://news.cntgol.com/dyzd/20160909/89037.html，2016-090-9.

（四）地方政府对丽江古城过度商业化的应对

丽江早在21世纪初就已经意识到了古城商业化问题的严重性，寻求措施进行"去商业化"，首先是从古城中的商业现状入手，对一些商家进行限制或令其迁出：

让带有现代商业气息的商品和商家，如音像、珠宝玉器、歌舞厅、网吧等迁出古城。古城管委会还联合10个相关单位在古城核心区实行风景区准营证制度，申领准营证的关键有两条，一是符合古城商业网点布局的总体规划；二是从业人员中当地居民应占有一定比例。核发准营证，让不符合条件的商铺逐步迁出，现有的商铺被压缩，同时也不再新批。

资料来源：刘栗.丽江：把古城灵魂留住［N］.中国旅游报，2005-08-01（013）.

其次，丽江市政府已经认识到原住民对古城文化的重要性，以及人口置换对古城文化的负面影响，因此更加珍惜原住民，鼓励他们留在古城。

"古城的灵魂，不在小桥，不在流水，而在人家，以及存于这一民族中的文化。"为了奖励原住民，云南丽江市近日决定给予丽江古城内的原住民每人每月10元补助金。当地政府希望此举能让更多的原住民在古城内留下来，为古城留住鲜活的文化"灵魂"。这项"惠民"政策从2004年1月1日开始实施，每半年统一兑现一次，所需经费从丽江古城维护费中列支。

资料来源：刘栗.丽江：把古城灵魂留住［N］.中国旅游报，2005-08-01（013）.

这些较早时期的举措都是比较有针对性的办法，一方面从去商业化入手，另一方面从地方文化（以及体现当地文化的原住民）入手，说明丽江市政府在2004年时就已经开始了"去商业化"的探索历程。

21世纪以来，丽江市在进行世界文化遗产保护的过程中，构建了古城保护"六大体系"，分别是环境保护体系、文化原真性保护体系、科学规范法治体系、保护与利用共赢体系、资金投入支撑体系、多元一体人才体系，其中"文化原真性保护体系"就试图在商业和文化之间寻求一个平衡。

丽江市政府在丽江古城商业和文化的业态分布上的措施有二："一是确立丽江古城商业业态配比"，"二是逐步回收古城内政府直管公房铺面，转而对经营文化产品及被授牌为保护门店的直管公房承租人实行租金优惠"[①]。从丽江市政府的相关措施可以看到，在进行商业和文化平衡的过程中，政府是对古城商业进行一定程度的调整，在原有商业状况的基础上，增加了民族文化产品的比例。笔者看来，这种做法在一定程度上改善了传统文化在现有商业环境之下的缺失，是"以商制商"的表现。但也存在一定的问题，这种对商业和文化业态分布的简单调整，不仅基于原来商业化的基础，而且文化成了商业的附属品，

---

① 云南网丽江."丽江5年投入4000余万元，建立原真性保护体系，古城文化味越来越浓了"［EB/OL］.http://lijiang.yunnan.cn/system/2018/08/06/030036317.shtml，2018-08-06.

并没有脱离商业的桎梏，如果把控不好，容易导致商业吞噬传统文化现象的出现。

针对旅游业乱象，政府部门同样做出了诸多努力，如在2015年被严重警告后，在规范旅游市场方面，政府部门实施了一系列措施。

针对商户存在欺客行为的问题，《方案》提出：

对古城景区内商铺进行拉网式排查，并签订合法经营的责任书，查出有欺客宰客行为的依法吊销准营证、营业执照、消防合格证，涉嫌诈骗的由公安部门依法严处；在古城景区每隔200米设置一个投诉（举报）箱；加大对虚假、违法广告等欺客行为的查处力度，坚决杜绝商铺的欺客行为。

针对卫生设施及人员不足的问题，《方案》提出：

加大环卫设施投入，加强环卫人员配备，增补13辆应急备用车和20辆人力三轮垃圾车，增补和更换果皮箱450个，升级改造不达标公厕；新增环卫人员20人，提高工资待遇，工作时间延长至每日23时。

针对古城存在的揽客、拉客、酒托等问题，《方案》提出：

在古城范围内开展专项整治，并通过官网、微信、微博及电视、报纸等媒体，加大宣传力度；在摸底调查的基础上，对在古城内揽客、拉客人员集中的社区进行教育引导并实时劝返，对屡教不改并造成严重影响的给予重处重罚；对发现存在"养酒托"等行为的酒吧、休闲吧，一经查实，立即查封停业，一律上限处罚，并依据有关法律法规吊销相关证照，坚决杜绝古城内揽客、拉客、酒托等现象。

资料来源：马蜂窝网."丽江被列入国家旅游局'黑名单'，最详细整改方案出炉"［EB/OL］.http://www.mafengwo.cn/travel-news/247056.html，2019-04-16.

这些措施并非主要针对当地的过度商业化的现象，而是在整改期间所做的补救措施，目的是减少旅游业的乱象。但是在客观上对丽江古城由于过度商业化而产生的负面影响进行了较好的纠正。

四、古城商业化与活化的进一步理论探讨

（一）舞台本真性与文化商品化

"拟剧论"对古城镇商业化的研究有借鉴意义，著名社会学家欧文·戈夫曼认为社会是一个舞台，有"前台""后台"之分，"演员"在前台进行表演，与"观众"互动；"后台"则是演员休息和准备表演的地方[①]。MacCannell（1976）在拟剧论的基础上提出了旅游领域内的"舞台本真性"，他认为旅游场所展示给游客的"后台"，并非如戈夫曼所定义

---

① ［美］戈夫曼.日常生活中的自我呈现［M］.冯钢，译.北京：北京大学出版社，2008.04.

的一般的"后台",而是"舞台化了的"后台,一个活的博物馆①。古城镇的商业化让古城作为旅游地的舞台特征更为明显。人们来到古城旅游,观赏和体验到的往往是被刻意营造出来的文化氛围,而商业因素的存在使得古城的这种文化氛围更为表面。甚至可以说,商业化就像"舞台"上的幕布,当表演开始时,幕布尚未完全拉开,人们只能把目光投向幕布之间的缝隙,看着演员们惟妙惟肖的形态动作,听着从幕布里传出来的声音来欣赏这场表演。

这个理论可以用来解释如今古城镇旅游发展的"千篇一律""千人一面"。当人们来到不同的古城镇,每个古城镇都有这么一块"幕布",这块幕布可以是商业化、发展模式的复制、缺乏创新等因素。旅游者想要观赏表演,但是每个古城镇都不肯把幕布完全拉开,因此,人们看到的大多是那一块深红色的幕帘。只能通过已经拉开的一点点缝隙去观看其中"前台"的表演,因此人们看到的古城镇都千篇一律,缺乏特色。其实它的特色是被商业化等遮掩了。而且,"前台"的距离感又让旅游者与"后台"的心理距离加大,"前台"尚未完整地展示在旅游者的眼前,探索"后台"的欲望也就削弱了很多。

旅游领域内的舞台本真性与文化的商品化有相应的关联。文化商品化是指"为钱而提供文化产品和体验",它的形成是为迎合旅游者而将文化艺术"以现代商业形式包装起来,将其舞台化、程序化,成为旅游者可消费的商品"②(左冰,2008:287)。

在关于遗产旅游的商品化问题上,Su 等(2018)指出要从交换价值和使用价值的角度去理解,他们在文中引用了前人的观点,写道:"城市历史文化遗产的旅游商品化包含的遗产价值是交换价值,而非使用价值,在过去,遗产的使用价值来自人们的文化意义(这种文化意义来源于集体记忆和真实感),它们不仅数量庞大,往往又是独特的。相反,交换价值是统一的,因为它们是由货币的经济关系所决定的。"(Harvey,2014;Žižek,1989,转引自 Su 等,2018)

这种观点借用马克思经济观中使用价值和交换价值的概念来阐释遗产地的文化商品化问题,将使用价值的来源归结于文化意义,并与交换价值相区别,为解释文化商品化提供了新的思路。Su 等人(2018)还提出,城市旅游者的旅游对象物之历史遗产的商品化往往与城市居民日常生活和经验中创造、不断演变的"集体共性"有关。人们创造了这种"集体共性",它为城市居民提供了框架,人们在这一框架下生活和维持生计③。这一观点将商品化的形成归结于城市居民在其日常生活世界所创造的"集体共性"。

---

① [美]Dean MacCannell.旅游者:休闲阶层新论[M].张晓萍,等,译.桂林:广西师范大学出版社,2008 年 8 月第 1 版:112.
② 左冰."旅游的社会文化影响"[M]//王宁,刘丹萍,马凌,等,著.旅游社会学[M].天津:南开大学出版社,2008 年 12 月第 1 版:287.
③ Su R,Bramwell B,Whalley P A. Cultural Political Economy and Urban Heritage Tourism[J].Annals of Tourism Research.2018,68(1):30-40.

"'商品化'一词一直被认为是个贬义词。"[①]（张晓萍，2008：211）Urry（1990）认为"旅游商品化将导致文化活动向商业景观的转变，使这些商业化的产品失去文化活动本身全部的意义和灵气"（转引自左冰，2008：287）[②]；格林伍德认为旅游业对民族文化的包装和出售是对人类施加的一种挑战（转引自张晓萍，2008：211）[③]，认为文化商品化是对文化内涵的剥夺，但是从不同的角度来说也有可取之处。如有经济学家认为，民族文化资本化的实践活动是民族发展可资利用的一种方式（转引自张晓萍，2008：211）[④]；Cohen（1988）等认为"'商品化'和'真实性'并非必然是矛盾和冲突的，某些情况下商品化也可能保护传统、激发意识并赋予文化价值"（转引自左冰，2008：288）[⑤]。文化商品化的过程使文化可以被作为商品呈现在"舞台"之上，旅游者因此看到的不再是完全真实的、具备特色的文化，而是千篇一律、随处可见的"商品"，可以说，文化向商品的转化同样也是古城传统文化被解构的过程。

左晓斯（2010：130-133）借鉴"创造性毁灭"这一概念，通过社区、居民、景观及文化四个方面来解释"创造性毁灭"第五阶段（即最后阶段），他将上述四个方面对应为"边缘化""动物园化""迪斯尼化""文化异化"四个概念，他认为"随着地方包括场点、景观、文化乃至居民等的全面商品化，上述四大进程将进一步加速，原来吸引游客使之成为目的地的特质将不断被扭曲、消解直至仅剩一副空壳"[⑥]。这种"毁灭论"的观点认为旅游地最后的结果是特质的消失。但从另一个角度来说，"适度"对文化进行开发与利用，正是文化"活化"的同义语。对本土文化开发和利用的过程掺杂着文化商品化的过程。但不可否认的是，这也是一个文化活力再现、文化内涵革新的过程。在传统的基础之上赋予文化新的内涵，正是使文化"活"起来的一种方式。

（二）机械复制与本真性的丧失

文化商品化与"机械复制"密切相关。现代工业的发展为文化产品的机械复制提供了技术上的可能，文化商品化则为机械复制提供了更深层次的理由。古城商业化的重要表现之一便是其中的商铺中充斥着琳琅满目的"机械复制购物品"。此外，古城在与其他古城

---

① 张晓萍."'真实性'：旅游资源开发与保护"[M]//张晓萍，李伟，等.旅游人类学[M].天津：南开大学出版社，2008：211.
② 左冰."旅游的社会文化影响"[M]//王宁，刘丹萍，马凌，等.旅游社会学[M].天津：南开大学出版社，2008：287-288.
③ 张晓萍."'真实性'：旅游资源开发与保护"[M]//张晓萍，李伟，等.旅游人类学[M].天津：南开大学出版社，2008：211.
④ 张晓萍."'真实性'：旅游资源开发与保护"[M]//张晓萍，李伟，等.旅游人类学[M].天津：南开大学出版社，2008：211.
⑤ 左冰."旅游的社会文化影响"[M].//王宁，刘丹萍，马凌，等.旅游社会学[M].天津：南开大学出版社，2008：288.
⑥ 左晓斯.可持续乡村旅游研究：基于社会建构论的视角[M].北京：社会科学文献出版社，2010年7月第1版：130-133.

之间在参照、借鉴的过程中逐渐同化，古城本身作为"复制品"的色彩越来越浓。

Su 等（2018）学者在文章中这样表述过：

一些学者认为，在中国，国内游客在社会文化本真性的问题上的矛盾可能日益加剧。Sofield 和 Li（1998）认为："在许多情况下，中国的遗迹已经被商品化，以至于失去了与历史还有社会文化本真性之间的平衡。"中国许多城市也通过商业购物和食品零售发展了传统街区，因此寺庙街区在一定程度上反映了这种发展形式的"系列复制"，减少了一些游客所寻求的异质性（Hall，2013）。

资料来源：Su R, Bramwell B, Whalley P A. Cultural Political Economy and Urban Heritage Tourism [J]. Annals of Tourism Research, 2018, 68 (01): 30-40.

过度的商业化使古城出现了"千人一面"的现象。正如上文 Su 等提到的，古迹的商品化导致了社会历史文化的"失真"，发展形式的"系列复制"难以彰显当地的文化特色。这种过度商业化或者说过度活化的现象使古城失去了自己的特色，使它的传统文化沦为表面的、肤浅的文化，并丧失了内涵。

本雅明认为，"机械复制时代可以完美地复制艺术的物性，但无法复制艺术的事性"，无法复制的"灵韵"在机械复制时代就丧失了（转引自卢文超，2019）[①]。"灵韵"被认为是"传统艺术区别于在现代科技和生产力的发展中进入机械复制时代的现代艺术的审美特征"（金炳华，等，2001：480）[②]。古城商业化的过程中，各种在售卖的手工艺品和文化购物品作为传统艺术本身所具有的审美特征，由于大批量的复制不复存在，在旅游者消费的过程中，他们购买到的旅游产品仅仅是完全丧失"灵韵"的复制品。这种复制品数量广大、随处可见，具有"批量""廉价"等特征，本身具有的意义大打折扣。古城本身作为"复制品"也失去了它原有的特色和"灵韵"，如同旅游纪念品、便携式文化购物品、仿手工艺品一般，只是"机械复制"后的城镇，是发展模式相互复制的同质化古城镇。很多受访者都提到了古城镇同质化这个问题，如下文："古城、古镇，和丽江是一样的，都是逛古城的那些东西，没有什么很突出的，你去丽江也好，凤凰也好，这些店铺都差不多，只是你来过这里没有，就是这个样子。"（F-143-F）"现在我去的这些古镇，感觉风格都差不多。大同小异，感受也这样。感觉不是太好，很想去一个古镇逛的，来的时候看照片很好，但是来了之后体验又差不多，就会很失望，还是尽可能挖掘一些专属地方的元素吧。"（F-162-F）

我觉得凤凰也是没有什么独特的地方。因为，就像我去过的那个镇远，虽然我没有去过很多的古镇，就觉得这两个古镇也是很大同小异的，就是看你哪个古镇的古韵味道更浓一点……（对于古镇旅游的）建议啊，就是每个古镇都有自己的那种传统、历史、文化对吧，就是可以把每个古镇打造成自己很突出的特色，不要说每个地方，你来了后就是感觉

---

① 卢文超.艺术事件观下的物性与事性——重读本雅明《机械复制时代的艺术作品》[J].文学评论，2019（04）：64-70.

② 金炳华，等.哲学大辞典（修订本）[M].上海：上海辞书出版社，2001：480.

差不多的那种情况，不然就是说很没有吸引力。比如说，凤凰这个地方吧，不是有那个沈从文嘛，还有少数民族，我觉得可以从这几个地方来大力来发展一下，但是不要说太大众化了，就是每个古镇都有，都能看到。（F-166-F）

这些古镇都没有什么大的区别。我觉得大理还可以，大理比较文艺、安静一些，也是前些年的时候去的，丽江和凤凰都很商业化，让人听着很不错，去的人太多……让人很失望，都一样的话，还有什么特色呢，那去一个不就好了……（建议）少一点商业化，多一点特色；少一点现代的元素，多一些古朴的创意；少一些势利，多一点淳朴。毕竟发展的是一个古镇旅游嘛，很多人还是先要看到的是一些真实、淳朴的东西咯！（F-158-F）

本雅明还认为机械复制摧毁了本真性，艺术品的本真性是艺术的"事性和物性的统一"，是"此时此地性"（卢文超，2019）[1]。但在将客观本真性置于旅游体验的研究之中，则会发现文化艺术客观本真性的丧失并不一定对旅游者产生显著的影响，王宁（1999）提出"存在的本真性"：旅游者借助旅游活动或旅游客体寻找本真的自我，存在的本真与被旅游的客体是否真实毫无关系（Wang，1999）[2]。"存在本真性"与MacCanell"客观本真性"的观点不同，旅游者来到古城进行游览，感受当地的风土人情并不一定是一个"寻求客观真实"的过程。面对机械复制的商品或者说重建后的古城，他们也许会感慨当地商业化过于浓厚，但是并不会就此对古城彻底否定。在访谈过程中，许多旅游者对古城重建的观点能说明这一点。

问：您觉得重建后的丽江古城古朴真实吗？

答：其实重不重建都无所谓了，因为你重建之后，建出了一种新的建筑，而对于建筑的更新，这是历史发展的必然。丽江古城的重建可能是对艺术品的一种损坏，但是更新了之后对于丽江的大部分人是无所谓的，因为无论是否重建过的东西，照样会有人来看。但是对于一些真正要保存艺术品的人来说，这样不可以接受。但是我作为一个旅游者来说，我有什么接受不了的？所以重不重建都无所谓。（L-70-M）

虽然受到了地震的影响，但丽江古城大部分建筑依然保存完好，文化元素、民族习俗、自然环境、生活生产方式并没有遭到很大的破坏，反而古城里面有一些现代建筑借助地震这么一次重新恢复、建设的机遇，原来与古城的历史文化不相符合的这部分建筑，也拆除重建了，我没有见过地震前的丽江，但重修后的我觉得是还可以的，景色什么的都特别美。虽然丽江现在旅游发展出现了很多问题，也只能归咎到没有有效的管理，与重建没多大关系。（L-50-M）

当然也有受访者表示重建的古城有点"虚假"或者持有一种折中的看法。

---

[1] 卢文超.艺术事件观下的物性与事性——重读本雅明《机械复制时代的艺术作品》[J].文学评论，2019（04）：64-70.

[2] Wang N. Rethinking Authenticity in Tourism Experience[J].Annals of Tourism Research，1999，26（2）：349-370.

问：您知道丽江古城经过重建吗？对于重建后的古城您有什么看法？您觉得重建后的古城古朴真实吗？

答：重建后当然就没有那么古朴真实了！对于纳西族人的生活肯定造成了特别大的影响。就算不谈文化和习俗方面的流失，重建它本来应该是作为改善本地人生活条件的一种方式，但是当地人可能现在并没有享受到重建的好处，反而被外来商人占有了！（L-62-F）

答：对重建古城其实不是很反感。当然我很希望它是没有改变过的，就像英国那边的很多建筑、城堡之类的，是真的几百年都没有变过的。但英国也没有像我们这样多灾多难，国情不同嘛！对于重建后的古城，有一些地方能感觉到以前的文化气息，但有一些就显得太都市化了，比如现在香格里拉大道两侧都是现代的建筑，与丽江的民族特色就特别不协调。（L-51-F）

对于遗产旅游地来说，还是应该从客观本真性上去做好古城的保护与活化，古城的"活化"要求其尽可能保持"本真"的状态，如果一个地方与其他地方毫无区别，那么它就丧失了地方性，是活着的"呆板复制品"。古城彻底丧失本身所具有的本真性是对当地文化的背叛，它的"复活"更需要从它本身的传统文化基因中寻找可以燎原的星火。本章最后将对古城镇遗产的适度活化给出相应的建议与对策。

第七节 古城旅游活化的建议与对策

一、控制商业化

2020年5月，习近平总书记在山西考察时指出，"历史文化遗产是不可再生、不可替代的宝贵资源，要始终把保护放在第一位。发展旅游要以保护为前提，不能过度商业化，让旅游成为人们感悟中华文化、增强文化自信的过程"。[①] 商业化对古城镇而言是一把双刃剑，在遗产活化过程中，商业化发挥着重要的作用，但是过度的商业化又造成过度活化的后果，因此，必须正视商业化在遗产活化中的利弊，并采取一定的措施对古城镇的过度商业化现象进行调整，而关键就在于如何在商业化和恢复古城镇生活气息之间寻求平衡。

从现实情况来看，商业化对遗产活化有极大的积极作用，古城最初的兴盛就得益于商业集市的产生，凤凰古城和丽江古城的形成都有这方面的因素；如今古城的复兴和旅游业的发展依然离不开商业，为旅游者提供其所有需要的旅游产品是古城收入的来源。但是过

---

① 央广网."【央视快评】历史文化遗产要始终把保护放在第一位"[EB/OL]. http://news.cnr.cn/native/gd/20200516/t20200516_525092097.shtml, 2020-05-16.

度的商业化导致了古城的环境质量下降、当地居民生活水平下降和古城的喧闹与嘈杂。面对此种情况,控制商业化成为活化必要的手段。

笔者在此提出弱化商业化的两条路径:一是把握古城商业化的"质"与"量",二是发展旅游业以外的特色产业。

(一)把握古城商业化的"质"与"量"

古城的商业化首先需要从"质"与"量"两个维度进行合理的把握。从量上来说,丽江古城和凤凰古城内的商户数量和规模应该控制在一个合理的范围之内,将有限的古城空间让渡于古城文化内涵的展示和古城内日常生活面貌的塑造,而不是让大街小巷充满过于浓厚的旅游商业气息。与此同时,这个"量"也必须满足古城经营、本地居民日常生活和旅游业发展的需要。例如,在商铺的安排上可以适当开设若干家供应给本地社区居民的日用物品和水果蔬菜类的店铺,方便古城内居民的日常生活,特别是凤凰古城,古城内还居住着不少本地人,还有一所小学在古城景区内,游客是愿意看到古城内有本地人居住的,希望看到当地原真的生活方式和生活氛围,当游客看到清晨的凤凰有当地妇女在沱江边用棒槌清洗衣物都感觉甚好,以为看到了本地人的生活状态。就如同去乡村旅游的城里人希望看到农村人在田间耕种、在菜地种菜一般。所以,增加一些满足当地居民生活所需的、外观上古朴的商业化设施、场所对东道主和游客来说都是合宜的商业化元素。总之,"量"这一方面应减少旅游商业化,增加非旅游的商业化,当地居民的日常生活可以更多地呈现在外来游客面前,让旅游者感受到古城慢生活的"岁月静好"。总之,适量的商业化使古城保持了活力,是古城"活化"中不可缺少的一环。根据我国的实际情况,对古城镇商业化的"量"的控制必须由旅游目的地政府对其进行调节。

从质上来说,就是要控制古城商业化发展的方向,提高商业化的质量和档次。北京绿维创景规划设计院文化旅游与创意地产中心主任衣玮在2011年接受记者采访时表示,"如果古镇不改变现有的运营模式,不改变商业模式,单纯靠门票及旅游纪念品为继,长此以往,很不利于古镇内商业模式及商业业态的生存,或者会导致商业形态低端化甚至同质化",其中"商业形式低端化和同质化"指的是"(从北方到南方)古镇古城所销售的纪念品大同小异,完全没有当地的地域特色和人文特色",为此,他提出的解决方法是高端市场的精心培育和合理经营(中国旅游报,2011-11-28)[①]。古镇古城的纪念品向具有地域和人文特色的"高端化"和"异质化"发展,这对于古城文化的保护和活化是一条可取的途径。这不仅是利用商业化促进文化活化的措施,也是平衡地方特色和商业业态的举措之一。

就旅游购物品而言,一方面,所售卖的旅游购物品要往精细化的方向发展,减少提供

---

① 王蕾.古镇发展需要放弃门票经济[N].中国旅游报,2011-11-28(013).

粗制滥造的劣质产品，转而提供高质量的产品，以提高商品的档次。这需要古城镇集思广益，对产品进行"升级"，将旅游购物品从追求数量的机械复制和批量生产转向精致化制作。另一方面，要减少提供缺乏地方特色的购物品，特别是那些几乎所有景区内都会售卖的工艺品和随处可见的小型商品，旅游者在访谈中将这些商品称为"来自浙江义乌批发市场"的小商品。这要求古城镇发掘出自身独一无二的特色，例如，鼓励商户建立自己的品牌，或者结合当下流行元素发扬本地的传统文化，多制作非遗类的手工艺品，凤凰古城和丽江古城有一些手工艺人都是非物质文化遗产的传承者。有些受访者介绍了凤凰的非物质文化遗产及传承者。

"蜡染、印染、银饰、朱砂都是我们地方上的，到处都是卖这个……保护得还可以啊，在那个凤凰之窗那里啊，有那些传家的技术啊，打造的那个非遗馆，就在凤凰之窗那里，传习所那里都有。都是非遗文化是不是，物质上的非遗文化。"（F-144-F）

蜡染的制作、扎染的制作、苗族银饰的锻造技艺，都被列为国家非物质文化遗产保护项目。买一套苗族衣服要两万多块钱，上面饰有一两斤重的银器，这源自苗族对银的崇拜，一是辟邪，二是试毒，如做银碗、银筷、银勺等。

凤凰古城这么小的地方共有6个人被联合国教科文组织授予"民间工艺大师"的称号。这6个人是：

（1）张桂英

六七十岁，女，做扎染。扎染就是在一块白布上画上图，画图之后用针缝起来，扎紧以后，放到染坊里面染，如果扎得太紧，蓝色的染水浸不进去，解开以后，蓝水没有印到的就是被缝起来的地方，就是图案。

蜡染就是刻板，在纸板上刻上花纹，白色的地方是纸上刻通的地方，把纸板铺到布上，用黄豆粉把孔填上，然后丢到染缸里，没有被填充的地方就染上蓝色，被填的地方就是白色。纸板用几次就烂了，下次又要再刻。或者是用蜡把板上刻通的地方封死，白布和纸板压紧、贴紧，蜡就阻止了染料的渗透、浸入。扎染和蜡染的区别在于，扎染的花纹的边都是比较模糊的，而蜡染的花纹的边是很清晰的……

（2）吴花花

吴花花是她的艺名，女，50多岁，店子也开在旅游商品一条街，店名是花花扎染店，原来也是工艺厂工人。

（3）叶水云

女，40多岁，土家族，她曾经到日本、北京举行过个人作品展。这次参加省旅游商品博览会她获奖了。上次四省边区（湘、黔、川、渝）旅游商品博览会，她是评委，整个凤凰县只有她一个人被推选为评委。她的作品是土家织锦。她是真正的民间工艺大师，大师级人物。网上搜索可以看到她的作品的图案。过了虹桥，虹桥那头下了桥就是江天度假村，应该说她的店是在江天广场内有一个门面，属于古城景区……

第五章　古城镇遗产的活化：凤凰古城和丽江古城

（4）田儒龙

男，70岁，身体不太好，做的是玻璃吹画，他是画家，做的是玻璃吹画，全国这方面做得出名的就他一个。玻璃吹画就是在两张大的桌子之间放上一块很大的玻璃，用颜料，就是水彩吧，泼到玻璃上，然后用嘴来吹，吹成图案，然后用一张白纸贴到玻璃上，颜色就拓到白色的宣纸上……玻璃吹画做得不多，现在没有店子，以前在虹桥那边有店子。

顺便提起一个事情，凤凰拍的有一部戏剧《那一座山》，歌颂的是沈从文，在全省文艺评选中获得金奖……

（5）刘大炮

刘大炮这个名字不知是原名还是艺名，反正都叫他刘大炮。男，60多岁，做蓝印花，蓝印花列为国家非物质文化遗产。他好像没有开店子。

（6）聂方俊

男，70多岁，他说："我的父辈做梦都不会想到我家祖传的艺术会受到党和国家领导人接见。"他做的是纸扎。从网上应该可以看到他的作品和他本人的图片。前几年有开店，开在旅游商品街，现在不知道有没有，现在年纪都大了。纸扎就是用竹子做成的篾片，用篾片做成一个立体的模型，然后上面糊上彩色的纸，有点像做灯笼一样的。这也是一种艺术，以前很少有看到过。日本人很喜欢纸扎艺术，他的作品远销到日本，代表作品是狮子头。

有关文化方面的资料找县文化局的非物质文化遗产办公室，我们旅游局是从旅游的角度来探讨，了解肤浅，文化局专家了解深入。宣传部管文化局、广播局、文物局等。（F-07-F，注：访谈时间为2010年）

拉丝工艺啊，它是属于被列入了非物质文化遗产名录中的一项专利的，拉丝工艺是制造银饰品的最高锻造技艺，就是你到很多的地方有看到有苗族，比如说云南、贵州，还有桂林，这些地方也有苗族，也有他们喜欢银饰的一个习惯；但是只有湘西的苗族，他们独有一种锻造技艺叫作拉丝工艺。真正的银子它的银含量是很高的，比如说很多坏的商家，它为了赚取更多的利益，他把银子做得没有那么纯。很多客人买了以后就说，哎呀！这个地方怎么全是假货，怎么怎么样，回去之后就负面宣传。正儿八经的银器的话，银含量高，他可以把银拉到头发丝那么细，拉到六七十米这么长，再经过他自己的那种锻造方法再制成各式各样的拉丝工艺、拉丝饰品，非常非常值得保留。但是，因为以前条件差，很多的传承人出去打工了，因此这种技艺都快失传了。不过现在它申领了非遗以后，还是把那些老银匠师傅请回来。不知道你小时候见过没有，就是用很多的木头或者是用竹子编织成各式各样的装东西的器皿，但是你没有发现，现在全都没有啦，只有那些什么用胶做的啊，用铁做的啊这些，像这些手工艺品的技艺都快失传了。所以像市面上的用竹子做的、用木头做的工具，特别的贵，就贵在他的手工，一个人一天的工钱差不多要三四百，但他如果正儿八经做成拉丝工艺的话，差不多快的话也要七八天，如果是那种复杂的工艺，要十天半个月才能做好一件饰品，所以他的工价是无价的。（F-165-F，注：访谈时间为2019年）

不过，凤凰除了有很多来自浙江义乌的小商品之外，也有一些具有地方特色的旅游购物品，如本地人在访谈中讲述了凤凰有地方特色的购物品和大的购物品店，访谈文本如下：

那些摊子上的哈，那些浙江义乌来的那些工艺品哈，买着好玩；也有很多来这里买那些非遗的那些东西，银子、朱砂买得多，因为那些店面，好大的店在那里，质量保证，保证书，你买了人家给你开，而且售后服务等对不对，只要你买了，人家就给你保证，主要是买这些多……摊子上是工艺品嘞！那不是地方上产的，不是我们凤凰产的，那些便宜，买给小朋友玩一下，耍一下还可以……要买就买地方上的这些吃的，地方上戴的，是不是，我们这里的姜糖啊、血粑鸭啊，都是地方上的……要说当地的，我们的银子，但是我们这里不产银子，但我们这里爱戴银子。我们这里有这种工艺啊，拉丝啊，是不是。从我奶奶的奶奶的奶奶那一代就流传下来了，我们祖传的银子啊。有传习所啊、凤凰壹号啊、钻牛角尖的梳啊、天下凤凰的朱砂啊，这都是咱们凤凰比较大的一些购物店了哈。（F-144-F）

此外，在提升商业化的"质"上，还可以通过统筹安排，对古城内的商户进行整体"升级"，整体把控商户的经营内容，规范商户的经营行为，从整体上提升商品和服务的质量和档次。在具体做法上，除了政府部门的"鼓励升级创新""打造自身品牌""传承非物质文化遗产""商铺整体规划"等措施之外，还可以发挥当地创业青年等人群的作用，生产出具有当地文化特色和地方特色的创意旅游产品，提高产品的附加值。

（二）发展旅游业以外的特色产业

古城的活化、生活气息的营造需要本地居民的参与，而古城原住居民中很多都已经抛弃传统生计，投身于旅游业经营活动。与旅游相关的经营活动的开展固然是当地的发展机遇和活化的重要内容，但是过多的旅游业经营活动也是一种过度开发和过度活化的表现。在此，笔者提出，在控制商业化的"质"和"量"的过程中，可以通过发展本土除旅游业以外的其他产业来分担旅游业经营活动过度的问题，即上文中已经提及的增加"非旅游"的商业业态。

部分地区依托良好的自然环境和人文气息，除了发展旅游业之外，还利用本地的资源优势发展了其他产业。例如，杭州千岛湖地区除了依托千岛湖的水文景观发展旅游业之外，还借助当地的水资源，诞生了"农夫山泉"和"千岛湖啤酒"两大品牌。这两类产品的推出和品牌的宣传不仅在经济上弥补了旅游业独大的问题，也在推出产品的过程中"顺带"为千岛湖的旅游业做了宣传。又如，北京故宫博物院、苏州博物馆等单位，通过发展文化创意产业，向市场提供文创产品的方式涉足"商业"领域。以北京故宫为例，2008年，故宫文化创意中心成立，开始推出文创产品，同时打造出自己的文创品牌。文创产品的推出不仅使作为世界文化遗产的故宫以另一种形式展现其在当代的文化活力，更是获得了极大的经济效益：到2018年，"文创产品数量超过10 000种，年销售额超过10亿元，让故宫成为国内博物馆文创的最大玩家"[①]。不仅如此，文创产品的广泛传播也在国内外为故宫旅游做了无形的宣传。以故宫为代表的博物馆纷纷加入文创产业大军，正是遗产的"博物馆式活化"和"商业活化"路径的结合，这些做法也能为遗产旅游地的活化提供借鉴意义。有受访者就谈到了故宫的文创产品。

我觉得你既然要发展古镇这种旅游，就要保留它该有的那种文明，那种文化，可以在这种基础上再发展。现在不是那种文创产品很火嘛，像我们也都在做文创嘛，我觉得文创产品可能是，可能就是发展文创产品比挖掘当地特色产品更重要一些，特色产品说白了，那种特色的话也不一定是能够很好保留的，因为大部分其实就是吃啊、服饰什么，所以我觉得发展当地的文创产品更重要一些。像故宫的那种文创啊，可能更吸引人，更有特色一些，也会让人更容易记得。（F-157-F）

对于凤凰古城和丽江古城面临的过度商业化问题，一方面需要通过控制古城内商业化的"质"与"量"，使古城内的商业化达到"适度"和"适量"的程度；另一方面，要充分发挥本地旅游业之外的其他优势，发展旅游业之外的其他产业，这样既能避免过多的资源向旅游商业化方向流转，也能通过其他产业的发展和其他产品的推出为当地的旅游业进行推广。除此之外，旅游产业很受外界因素的影响（如2020年的新冠肺炎疫情，使全国所有景区开放都停滞了一段时间，对国内旅游业和国际旅游业都造成了很大的影响），其他产业的发展还可以吸纳当地的劳动力投入到新的产业之中，不仅可以取代旅游业作为解决居民就业问题的新行业，对众多的旅游从业者进行分流，从而减少古城旅游商业化气息，也可以减少旅游业受到冲击时给地方带来的经济损失。

二、活化中凸显迷思

在旅游活化中，迷思可以发挥积极的作用。迷思可以让"祛魅"的地方重新"着魅""附魅"，有助于让遗产地蕴含着故事和具备高文化语境，从而可以更好地活化，并能很好地提升旅游地的吸引力、知名度和热度。迷思可以发挥的作用如下：

一是借助迷思吸引和招徕游客。迷思是人为建构的，多方主体的建构包括旅游者自身建构的迷思是推动旅游者前来目的地旅游的重要因素。凤凰古城和丽江古城都存在迷思，凤凰古城的"边城"迷思、神秘的迷思，丽江古城的浪漫的迷思、文艺的迷思等都是促使

---

① 人民网浙江频道."故宫文创年入10亿，有啥秘诀？"［EB/OL］.http://zj.people.com.cn/n2/2018/0911/c186327-32040916.html, 2018-09-11.

旅游者前来旅游的动力。迷思的消费分为建构型消费和解构型（消解型）消费。在不同的迷思消费类型中，可以发现旅游者对迷思的建构型消费具有积极意义。旅游地的迷思大多是积极的、美好的、美化的，"迷思"促使旅游者向往旅游地的某种意境，如人们对凤凰的"边城"意境充满向往，认为凤凰就是"边城"。旅游者来到凤凰，如果凤凰的实际场景与他们所拥有的"边城"迷思是一致的，或者他们主观上忽视了那些与"迷思"不一致的负面内容，那么这种对迷思的建构型消费则有助于当地的旅游发展。来到旅游地的旅游者由于对迷思的"建构型消费"而对旅游地产生了较高的满意度，在他们回到惯常居住地后便会通过各种方式给予旅游地正面的、积极的评价，不论是通过与他人的交谈还是在网络上发布游记等方式，都能通过自己的口头表述和文字图片影响他人，从而使他人对旅游地产生向往，这对于旅游目的地具有招徕游客的作用。

二是借助迷思强化当地的地方性。迷思对旅游者的招徕作用反过来也促进了旅游地迷思的不断强化。旅游者作为迷思的制造者之一，他们的到访甚至多次旅游使当地的迷思特质越发明显。同时，其他的迷思制造者也将更加卖力地巩固和维护既有的迷思，或制造建构出新的迷思。这不仅使人们对旅游目的地的认同感增强，同时也促进了旅游地文化氛围的强化，还可以促使当地文化特色的凸显，旅游地的地方性、独特性也因此得到强化，这对于古城镇的"活化"起到了积极的作用。凤凰和丽江之所以能在众多古城镇型旅游地中脱颖而出，其中一个重要原因就是这两座古城的迷思由于人际传播而被不断强化，人们在头脑中更明确了它们的文化特质。去过凤凰的旅游者回到惯常居住地后向周围人讲述凤凰的神秘、"边城"的氛围，去过丽江的旅游者则向周围人讲述丽江的文艺、浪漫、慢生活和艳遇等，这实际上就是让其他人对凤凰和丽江产生先入为主的观念。人们接收到这样的信息之后，结合之前对这两座古城的认识，就强化了对这两座古城的地方性的认知，凤凰和丽江的地方特质在潜在旅游者的主观印象上就越发明显。

三是借助迷思打造旅游地的形象。虽然迷思具有人为性和折射性，迷思将旅游目的地或旅游景区打造成一个理想化的"非真实世界"，但是这个"非真实世界"或多或少与其本身的景观环境特质是相关联的。迷思与旅游目的地的形象息息相关，借助迷思可以打造旅游目的地的品牌和形象。在旅游营销中，旅游地根据"迷思"营造旅游地当地形象的例子随处可见：凤凰的"边城"迷思具有凤凰名人所营造的人文情怀，这个文学迷思要求凤凰古城进一步把自己塑造成沈从文笔下的"边城"形象，在古城内随处可见"翠翠"的符号，而沱江就是翠翠的爷爷每天撑着渡船、为人摆渡的那条河；丽江的"浪漫"迷思要求丽江在形象塑造和宣传中添加"浪漫"元素，结合丽江当地"慢生活"的自然氛围，"梦幻丽江"由此产生。

最后，在认识到迷思的价值和意义后，旅游目的地还要更多地利用影视剧来传播旅游地迷思，如《一米阳光》《木府风云》《北京青年》等对丽江的形象和迷思有很好的呈现和传播作用。另外，张艺谋导演的电影《千里走单骑》对云南和丽江也起到了很好的宣传作用。2006年，演员孙俪被聘为丽江市城市代言人，时任丽江市市长的张祖林说，"青年演员孙俪主演的以丽江风格为背景的电视连续剧《玉观音》《一米阳光》受到了全国观众的广泛喜爱"（中国旅游报，2006-09-15）①。孙俪主演的这两部在丽江拍摄的电视剧都受到了观众的喜爱，《玉观音》虽然没有提到"丽江"，但其实是在丽江取景拍摄的，《一米阳光》则讲述了在丽江发生的爱情故事，在剧中还提到了1996年的地震，这也是丽江历史上真实发生的。电视剧《血色湘西》对凤凰和湘西也起到了很好的宣传作用。此外，2020年2月播出的鬼吹灯系列之《怒晴湘西》电视剧也是好评如潮，观看者众多，该部电视剧在一开始就展现了湘西的神秘文化"赶尸"和赶尸匠，这对营造"神秘湘西"和凤凰的"神秘迷思"无疑起到很好的助力作用。有受访者以乌镇为例主动谈到影视剧对旅游地起到了很好的宣传营销作用，并指出凤凰的营销做得不好。

  古镇的话，还要有当地的历史，当地的那种文化，更有韵味，当然要会营销。你知道乌镇是怎么火起来的吗？我给你讲一下乌镇是怎么火的哈。乌镇做得最好的地方是什么？就是营销做得好。当年，黄磊要拍一部电视剧，就是后来的《似水年华》，和刘若英演的那个，那时候黄磊就想在哪里才能拍出这种质朴、浪漫的感觉呢？他想来想去就想为什么不在古镇拍呢？他就去和一些古镇去洽谈，你想啊，在古镇拍电视剧，肯定是影响游客的，影响这个客流；这时候很多古镇就没怎么回复，这时候乌镇这边呢，听到后就联系黄磊说，你可以来我们这里拍，而且我们不收你任何费用，并且还会管剧组里的人全部吃住，唯一的要求就是在每集结束的时候说一句："乌镇的大爷大妈欢迎你们来乌镇旅游。"黄磊一听心想行啊，记住这一句，不收我钱，还管我们这些，后来就决定在乌镇拍。等开始拍的时候，乌镇这边联系黄磊说，你在电视剧里只要提一下乌镇，我们就给你100万还是多少我不记得了。黄磊想啊，那行啊，不花钱完了还赚钱，拍的时候就可劲地提乌镇。好像最开始的时候《似水年华》是在中央一台播的，记不清了，反正是央视播的，但是效果不是特别好。乌镇这时候就想买断片子的经营权，就找了黄磊，说给多少钱买断，黄磊那时候没钱啊，反正效果也不是太好，就卖给了乌镇。乌镇后来就投入了大量的资金和人员与各大卫视去谈播放这部片子，后来就在所有的卫视电视台轮番播《似水年华》，这是乌镇最开始火起来的时候。后来又找了刘若英回来拍宣传片这些，他们有专门的宣传团队在做，乌镇戏剧节等，营销做得特别棒。凤凰古城我觉得就是一开始来你不知道玩什么，没有目的，建筑很多、很乱；还有就是营销这块没有什么项目，古城里面也没什么可以让人过来体验的活动，突出的特色少。（F-156-F）

  作为社区旅游地的凤凰和丽江是否能够很好地利用影视剧及各种综艺节目的宣传作用来传播旅游迷思和旅游地形象？笔者认为目前利用得还很不够。巧妙利用媒体作品，大做文章、造势宣传，从而提高旅游地的吸引力（吸睛率）和进一步提高热度和知名度，这是

---

① 佚名.丽江有了城市代言人.中国旅游报［N］.2006-09-15（005）.

一个值得当地去努力的方向。除了影视剧，一些综艺节目（如《爸爸去哪儿》《亲爱的客栈》等）也能在一定程度上提高凤凰和丽江的知名度和受关注度。所以，大众媒体作品可以较好地宣传旅游地的迷思和旅游地形象，迷思本身又能帮助打造旅游地的品牌和形象，当地不仅要擅于利用迷思和话语，也要擅于利用电视、电影等受众广泛的媒体作品。

旅游目的地借助迷思打造旅游目的地的形象，也可以看作旅游目的地通过迷思的制造不断贴近现代文化的过程。本土文化和传统文化被不断解构，不断贴近现代大众游客的审美和期望。总而言之，迷思是值得被充分加以利用的元素，在古城的旅游活化中要懂得去凸显旅游地的迷思，让旅游迷思充分发挥其对旅游地的"着魅"功能。

三、慢城的主题化

古城镇同时作为遗产地、旅游地和社区。除了旅游功能的发挥之外，更重要的是生活功能的发挥。因此，要树立一个观点：古城（古镇）首先是社区生活的地方，其次才是旅游的地方，其生活功能应先于旅游功能。"活化"正是要求充分发挥古城的生活功能。结合现代大众对慢生活的需求，本书在此给出的第三条旅游活化建议就是要将古城打造成真正的"慢城"。

（一）"逃逸"型动机与"慢城"的兴起

"慢城"兴起于意大利，是一种新兴的城市发展模式。"慢城"的背景可以概括为"人与公共生活的节奏不断变快"和文化、信息的全球共享导致的"地域文化由于差别不断淡化被推向了同化和消亡的危险边缘"（朱晓清，等，2011）[①]。1999年，"慢城运动"的发起和"慢城协会"的成立标志着"慢城"这一概念开始进入到人们的视野。慢城"代表着一种新的城市形态，是西方国家对快速工业化、城市化所造成的系列社会问题的深刻反思"（吴焜、李林，2018）[②]。

将视角切换到我国，我国的古城镇就是慢城的一种特殊表现形式，它本身就具有或者可以具有"慢城"的所有特点。从旅游的角度来说，"慢城"与旅游者在旅游过程中所追求的状态是符合的。王宁（1999）认为旅游反映了人们对现代性的既"爱"又"恨"的矛盾纠缠心理，其中"恶"的一面表现在"旅游是对现代生存条件下的异化、生活程式化、都市环境的劣质化等伴随现代化而来的负面后果的暂时性和周期性的逃避和解脱"[③]。谢彦君（2017）在《旅游体验研究：一种现象学的视角》一书中讨论旅游的动机时，认为西方

[①] 朱晓清，甄峰，蒋跃庭.国外慢城发展情况及对中国城市发展的启示[J].城市发展研究，2011，18(04)：84-90.
[②] 吴焜，李林.慢城及其全球实践对我国新型城镇化的启示[J].改革与战略，2018，34(10)：100-105.
[③] 王宁.旅游、现代性与"好恶交织"——旅游社会学的理论探索[J].社会学研究，1999(06)：93-102.

学者的旅游动机理论都摆脱不了对"逃逸"和"追求"两种倾向的接受。从逃逸的角度看,旅游更多地源于缓解或补偿的动力,他认为"追求"的更强有力的推动力量,可能还是来自那种看似消极或保守的"逃逸"心理。

旅游的产生源于人们对现代性的"厌恶"和对日常生活的"逃逸",虽然人们选择的旅游目的地五花八门,但是"慢节奏"的旅游地是绝大多数人所青睐的。与具有现代性的弊端、充斥多重压力和快节奏的日常生活环境相对立的,便是倡导"慢生活"、体现"慢节奏"的旅游目的地。以凤凰古城和丽江古城为代表的古城镇遗产旅游地便是其中一个突出的代表。因此,古城镇的旅游应该倡导"慢旅游",而非快节奏的"快餐式"旅游。如此一来,古城镇旅游地才能得到现代旅游者的钟爱。"慢节奏"并非只有古城镇旅游地所独有的气质和特征,全世界很多海岛型度假旅游地是众多旅游者心目中享受阳光、沙滩和海水,享受惬意的慢节奏度假生活的天堂,其中比较知名的有马尔代夫、印度尼西亚的巴厘岛、毛里求斯等旅游地。不过,海岛虽然具有异域风情,却欠缺古镇的传统文化内涵和古朴性及世外桃源的意境,这也是古镇旅游地的一个优势所在。

(二)"慢旅游"与古城镇慢旅游地

瑞泽尔将快节奏生活方式比喻为"社会的麦当劳化",当今的旅游仍然存在很多走马观花的旅游方式,这类旅游是快餐式旅游、速食旅游,麦当劳式的快餐旅游在中国游客群体消费中比较常见,游客们匆匆"吃"完,匆匆"行走",行色"匆匆"。如在凤凰实地调研中一位来自澳大利亚的游客所说(访谈文本的英语原文和中文如下):

People consume tourism, tourist environment, like here or Zhangjiajie, it's product. Chinese people consume tourism like they consume food. Fast! That could be a good metaphor. They consume food quickly and they consume tourism quickly... And they also throw rubbish on the ground. Perhaps in the same way, they talk loudly in a quite environment. So they take they want, the food, throw away the rubbish. They take they want—take photos and throw away the sound for the quite, for the peace. So they only know what they want. It's another sort of metaphor. Between throwing away rubbish, throwing away some of the environment which they experience. So in Zhangjiajie they only take of use, photo. They see with eyes. They don't feel the size. The same with food, they eat the food and throw away.

人们消费旅游,消费旅游环境,比如这里或张家界都是一样的,旅游是产品。中国人消费旅游就好比他们消费食物一样。快!这可以说是一个不错的比喻。他们很快地消费食物就像他们很快地消费旅游一般……他们把垃圾扔到地上。跟这个同样的方式,他们在一个安静的环境里大声说话。他们拿走他们想要的,把食物、垃圾扔到地上。他们拿走他们想要的——照相,把嘈杂的声音丢给了一个宁静的地方。所以他们只知道他们想要的。这是另外一个比喻。他们一边扔垃圾,一边扔掉他们体验之后的环境。在张家界他们只是用

到了照片。他们用眼睛看，但是他们没有用心去感受它。就像消费食物，吃了食物就把垃圾给扔了。（F-08-M）

还有一位美国受访者（SF1-L-M）说："很多中国人旅游就是照很多照片，然后回去以后可以骄傲地说去了很多很多地方，这不是体验。在美国去优胜美地公园就是去待在那里，去享受（Enjoy），去休闲，有些美国人去那里很多次了。"这就是中国人的快旅游和欧美人的慢旅游的对比。中国现代社会的旅游业需要的是更多像成都、凤凰、丽江这样的慢城型旅游目的地，需要的是"去麦当劳化"。而且，凤凰和丽江区别于其他旅游地的一大特征是凤凰和丽江并不是适合走马观花的地方，而是适合慢旅游的地方。

古城镇先天就具有"慢"的基因，它能够让来自忙碌世界的旅游者"慢"下来。现在大多数旅游景区每天都有固定的开放时间，基本上都是从早上到傍晚开放，很多景区晚上是不开放的。而古城镇旅游地往往是24小时开放，人们可以在古城镇景区内观赏夜景，并且可以在景区内居住，早晨起床还可以迎接清晨的第一缕阳光。古城镇内丰富的文化内涵和浓烈的怀旧感，能够让旅游者在此驻足探索、细细品味。"古镇是地方历史文化的综合载体、社区居民的生活空间，满足了游客对怀旧和真实性的需求。"（李庆雷，2014）[①]正是因为古城镇是有历史的，所以旅游者来此旅游必定要感受它千百年的时光积淀与文化底蕴。当这千百年的历史文化凝聚成一次普普通通的旅行时，怎么能火急火燎、走马观花地对待？李庆雷（2014）诠释了"轻旅行、慢生活、深体验、全健康"的新理念。"'轻旅游'（Travel Light）意为轻装、轻便、轻松的旅行方式，也即放下一切不必要的负担，让身体和心情同时轻松起来"[②]。在这一新理念中，"轻旅行"是前提，因为要实现"慢"，就必须放下一切沉重的负担，让自己"一身轻松"。在"轻旅游"的后一步，便是"慢"下来，享受"慢生活"。我国的传统思想和传统生活方式就与"慢"有着千丝万缕的联系。我国传统的道家就主张"道法自然"，倡导"无为"，这与现代生活中所追求的"慢"是相通的；古时候士大夫追求的恬静悠然的田园生活也体现了"慢"；我国古代所创造的农耕文明素来有安土重迁、日出而作、日落而息的说法，这是田园世界慢生活的表现。因此，在工业化社会来临之前，我国原本就是一个传统的"慢生活"的国度。而古城镇是衔接过去和现代的地方，古城镇的"慢旅游"可以看是对传统的"慢生活"的回归。旅游者前往古城镇可以追寻我们民族中的"慢"的记忆。

"慢旅游""慢生活"为"深体验"提供了条件。实现了"轻旅行""慢生活"，就不用再在旅游地"走马观花"，可以"下马赏花"甚至"养马种花"。李庆雷（2014）将"深体验"定义为"游客通过身临其境、主动参与、融入其中而获得更丰富的信息、更深刻的认识、更难忘的印象"[③]。正如前文所述，古城镇本身就有"慢"的基因，在这里可以停留

[①] 李庆雷.古镇型旅游目的地转型升级中的理念创新[N].中国旅游报，2014-07-16（011）.
[②] 李庆雷.古镇型旅游目的地转型升级中的理念创新[N].中国旅游报，2014-07-16（011）.
[③] 李庆雷.古镇型旅游目的地转型升级中的理念创新[N].中国旅游报，2014-07-16（011）.

更久，可以探索和深度体验更多的东西。古城镇旅游地能够满足旅游者进行"深体验"的需求。古城镇的一砖一瓦都承载着历史与记忆，旅游者从快节奏的日常生活世界中走进这里，触摸这里斑驳的墙垣，凝聚的历史被释放出来，时光变慢了，旅游者的感受和体悟也更丰富、更深刻了。

（三）凤凰古城和丽江古城的"慢"

在我国历史文化遗产旅游地中，凤凰古城和丽江古城都是"慢城"和"慢旅游"的典型，尤其是丽江古城，它的慢迷思更为突出，它的慢城气质更为大众所认知。这些古城镇之所以能够与"慢"联系在一起，有多方面的因素。首先，以凤凰古城和丽江古城为代表的中国古城镇远离现代化城市，保持了古城镇的原汁原味，在传统社会时期它们发展缓慢，古城镇所保持的古色古香使传统社会的"慢"的特质延续到了现在；其次，凤凰古城和丽江古城的经济发展依靠的是以旅游业和服务业为核心的第三产业，这些产业服务于人们的日常休闲和生活，致力于为人们带来愉悦感受，与工业社会的快节奏完全不同；最后，以凤凰古城和丽江古城为代表的古城镇本身就或多或少具有"慢迷思"，"慢"是这两座古城本身所具有的独特气质。

凤凰古城之所以拥有"慢生活"的独特气质，其中一个重要的原因是凤凰古城体现了与自然完美融合的特征。凤凰古城依山而建，人们傍水而居，山和水都是十分典型的自然元素，也是大自然中极为重要又十分可见的部分。这些自然元素的存在使凤凰古城中居民的日常生活与生活在工业化、城市化社会中的人们完全不同。生活在凤凰古城，可以更直接地亲近自然，这不仅使人得以放松，也令人在心理上回归生活。有受访者在总结对凤凰古城的印象和感受时说道："就是不需要忙碌其他的，就是过去享受一下那边的时光，就是感觉那边的时光真的会变慢一样，所以当你走在江边，听着水声，那种感觉真的很美妙。"（F-105-F）这位受访者听着古城中的水声，自然而然地就觉得时光变慢了，这是一种身处古城、亲近自然时而产生的感觉，是开始接受并融入古城慢生活时产生的感觉。

除了自然元素之外，凤凰古城中也有许多少数民族元素。少数民族元素也能让人体会到"慢"的感觉。在人们的印象中，少数民族的人们往往是热情、善良、淳朴的，他们的生活也往往被认为是自然、闲适、慢节奏的。当旅游者在古城中看到那些穿着少数民族服装的人和具有民族特色的事物时，就会联想到他们"慢生活"的场景，并且被这种"慢生活"所感染。"我觉得这个古城最吸引我的是它非常具有民族特色的一些古建筑，还有它的那条河——沱江，还有就是凤凰的生活节奏比较慢，这比较吸引我们这些平时生活节奏很快的人。"（F-97-F）

问：您觉得凤凰对您来说有吸引力吗？有什么样的吸引力？如果你是一名游客，您会选择去凤凰旅游吗？

答：有吸引力。凤凰是一个让人放松的一个地方，让人很舒适；那边的人们生活节奏很慢，不像我们在外面，各种生活、学习、工作，让人很疲劳，压力很大。凤凰还有其他更好的地方，周边还有苗寨，民风更加淳朴。而且苗寨很多表演很有特色，比如说，苗族的舞蹈，苗族人的民族服饰、对山歌。（F-89-M）

就当地人原本的生活方式和整体人文氛围而言，凤凰古城确实是一座安逸的、慢节奏的小城，一位受访者说他认识的一位游客很喜欢凤凰，每年暑假都要来凤凰旅游并小住一段时间，游客喜欢凤凰是因为凤凰的生活节奏很慢、很舒适。文本如下：

像我有一个客人，女教师，南京的。她很喜欢这里，她每年暑假都会带着她的女儿来这边住十天半个月。她说，这里的生活节奏和他们（南京）不一样，生活节奏很慢。这是真的，这里的生活节奏很舒适，慢节奏。她每年来的时候，每天早上自然醒，出去看看风景，去咖啡厅坐坐，晚上在河边（沱江边）听听歌，生活十分惬意的。前几天，她还联系我了，今年还没有过来，不知道还会不会来，应该会过来。（F-142-M，注：受访者为客栈老板，访谈时间为2019年）

凤凰古城和丽江古城存在不少相似的元素，都是慢节奏的小城，都有大量的酒吧、客栈、旅游购物品店等商户，都是少数民族聚居地，都有着古朴的建筑景观，都是繁华而且热闹的古城。凤凰古城与丽江古城既有相似的气质、精神和元素，又存在很多方面的差异，在笔者看来，丽江古城的精致、干净和清雅，以及丽江周边的玉龙雪山、泸沽湖等自然景观是凤凰所不及的，而凤凰古城的沱江河又是丽江没有的，不少被访游客都跟笔者说过："没有沱江，哪有凤凰。"与凤凰相比，丽江真正具有"小桥、流水、人家"的画面感和意境，丽江古城的整体景观也许比凤凰古城略胜一筹。丽江古城的旅游业完全是由地方政府一手经营和管理的，所以，丽江古城在管理上比凤凰更为规范。一则网络文本中写到凤凰有着很深的丽江烙印，或者说凤凰有点像丽江的复制品。

不可否认，凤凰有着很深的丽江的烙印，它们有着长久的历史，依山而建，都是少数民族的聚集区，而凤凰古城中人声鼎沸的酒吧街、要在类似中寻找独立个性的客栈，挂满绚丽长裙的服装店、商品重复到有些乏味的特产店，总能让我嗅到一丝似曾相识的感觉，而这感觉，来自丽江留给我的深刻印象。

资料来源：旅游情报网．"marvely的游记：凤凰古城的夜与日"［EB/OL］.http://y.myvacation.cn/u_yj_detailNpN1NbidN3237.htm，2012-08-30.

与凤凰古城相似，丽江古城同样是甚至能更称得上是一个"慢城"。谢彦君（2017：161）曾在其《灵水识谭》一书中写道："想起某一年和学院的老师们到丽江去，在街上遇到纳西族老太太们，正慢悠悠地走着。听有传闻曾问老太太们：'为什么这么慢悠悠地走啊？'老太太回答：'年轻人，急什么啊？前面是坟墓啊！'"[①] 这就是一种丽江对慢生活的表述，丽江的老人在丽江享受了这座古城与生俱来的"慢生活"，而外来的人则自然而然

---

① 谢彦君.灵水识谭［M］.北京：中国旅游出版社，2017年1月第1版：161.

地感受了这种古城"慢生活"的氛围。

丽江古城的慢理念恰好满足了当代旅游者的这种深度体验的需求：漫步在古城的街巷中，入住任何一家有特色的客栈，在客栈的摇椅上躺着沐浴阳光，或看一本书、品一杯茶、放空大脑，或与偶遇的其他人聊天交友……正如一位游客（L-131-F）所说："关于慢生活，丽江有很多书店，装修都很清新，你可以挑上一本好书坐在那，或者写一张明信片寄给未来的自己，还有各式各样的小店，坐在小吃店里，看窗外的行人人来人往。丽江的慢生活在这里体现得淋漓尽致。"这就是丽江的生活，在丽江真实的旅游体验，满足了旅游者对"慢旅游"的想象。

最后，对于"慢城"这一概念我们应该反对标准化和同质化，以防其成为"机械化的复制品"，"为保证城市个性，强调要保持地方文化特色和传统习俗，保护本地产品，保护手工艺、传统节庆等文化遗产，以强制性的政策引导来实现慢城目标"[①]（吴焜、李林，2018）。这与古城镇保护与活化的现实使命不谋而合。古城镇的"古"就是个性，就是传统，就是文化，古城镇也是承担保护传统文化重任的基地之一。所以，慢城的塑造还需要依托地方性，依托于地方历史和文化，依托于当地本真的、慢节奏的日常生活。总之，在遗产活化的过程中，"慢城"是活化的一个落脚点，"慢城"的主题化能给古城活化以启示。

四、营造"静旅游世界"

下面针对凤凰和丽江古城旅游活化提出几点建议。据笔者多年来关于凤凰、丽江的实地调研来看，游客更希望凤凰、丽江这样的小城要多一些宁静，少一些喧闹，所以，凤凰和丽江的"静旅游"需要增强，而"闹旅游"则需要减少。因此，慢城需要增添或者说还原的一个重要特征是"宁静"。总体来说，凤凰和丽江经过这些年的旅游开发和发展后，都演变成了十分热闹的旅游地。当两个古城给大多数游客都留下"闹腾""喧哗""嘈杂"的印象、体验和记忆时，势必给这两个古城带来比较负面的评价和口碑。所以，凤凰和丽江古城可以考虑从营造"静旅游世界"这一方面来着手改善古城目前存在的一些问题，如过度活化、过度商业化等问题，笔者认为这是一个值得思考的改良方向。关于营造"静旅游世界"的详细建议如下：

第一，凤凰古城应该控制游客数量，要科学考虑旅游容量和景区承载力的问题。凤凰古城先天既有的街道设计是七拐八弯的窄巷，有些巷子的宽度仅为2~3米，凤凰的游客进入古城以后不能分流散开，大量游客进入凤凰古城以后，会感觉到十分拥挤，给游客的体验感很不好，可以说，凤凰古城在旅游旺季时很难找到清静的地方。丽江大研古城与凤

---

① 吴焜，李林.慢城及其全球实践对我国新型城镇化的启示[J].改革与战略，2018，34（10）：100-105.

凰古城不同，其街道原有的规划布局是以四方街为中心向四周辐射开来，街道较宽，四通八达，而且大研古城面积比较大，大量游客拥进大研古城也可以分流散开，丽江的大研古城即使进去了再多人，也让人感觉有些巷子无人或者人比较少，不会让游客感觉到特别拥挤，不存在旅游容量很小的问题，所以，在旅游旺季丽江仍可见到不少清静的巷道①。尽管如此，丽江古城也要适当控制游客数量，以给游客营造更好的体验感。

调研中几位受访者（丽江市政府人员）比较过凤凰与丽江，其中一位丽江市委领导（L-01-M）说道："丽江和凤凰的相同之处在于，一、都是古城；二、都是少数民族聚居地。不同之处在于，丽江古城面积比凤凰古城大，街道更宽，没有凤凰那么显得拥挤。"另一位政府人员说道：

> 丽江古城很干净，街道四通八达，条条街道有水，街面是五花石，这是当地石材，这种石头铺成的街道越踩越磨得光亮，不像凤凰是灰灰的颜色，显得有点脏。丽江的建筑规划整齐，丽江是全国古镇旅游中做得最好的。在丽江街道最窄的地方是不允许再开店铺的，跟凤凰不一样，凤凰街道窄的地方还有店铺。丽江的街道宽，四通八达，游客多也不觉得拥挤，可以散得开，不像凤凰那样拥挤不堪，凤凰是一条条小巷子拐来拐去。（L-05-M）

因此，凤凰县地方政府着实需要考虑和解决旅游旺季时的旅游容量问题。一位凤凰县委领导也曾提到过凤凰的旅游容量问题，他说：

> 当然我们也要考虑到一个社会容量的问题。所谓社会容量，要分为两个方面：一方面，由于游客的到来，在一定程度上可能打破了往日的宁静，影响了传统的生活，他们在这个方面有一个容量的极限。另一方面，随着游客的增加，古城可能变得有些喧哗，也许游客来此寻找不到世外桃源的感觉，也会在他们情感上造成一些不如意的地方，这也是社会容量的问题。（F-01-M）

另外一位受访者是凤凰古城公司曾经的高管（总经理），他也谈到了凤凰古城的旅游容量问题，他还谈到了"烟雨凤凰"这个项目，访谈文本如下：

> 凤凰目前有几个瓶颈，第一，容量太小……第四个瓶颈是凤凰只有那么大，容量受到限制以后，随着凤凰的发展，知名度越来越高，需要一个替代它的同类产品，替它分忧，替这个古城扩容，替这个古城分担一点拥挤和容量，同时呢，需要有一面镜子。烟雨凤凰会比凤凰古城有个性，在沱江的上游建，这个古城建完以后它将有几个功能，几个好的作用：第一，更好地保护原有的古城，那个区域是纯企业管理模式，我们肯定会按现在这个企业管理方式去管理这个古城，政府你也跟着学，它就会冲破很多这些模式，必须要按照这个方向去走，人家管得这么好，我必须要按照那样子去管，实际上我们用自己的行动去影响政府；第二，必须让凤凰古城尽快地列入世界文化遗产，现有的模式肯定是不可能

---

① 注：笔者2012年8月第一次去丽江调研时，那边正值旅游旺季，有切身体会。

的，那怎么样去实现呢？就是要在我们那个项目建成以后，把凤凰古城现有的游客分流，然后腾出一部分空间再来按照世界文化遗产的标准去修缮，比如说里面厕所都没有啊，要完善一些东西，它是有标准的，达到那个标准才行，为它减轻一点压力；第三，烟雨凤凰也是凤凰将来旅游饱和容量的需要，古城待不了了，游客必须要有高端的、休闲的地方。（F-34-M）

凤凰古城公司在凤凰古城景区之外正在新建一个新古城景区"烟雨凤凰"，这种景区就属于人工创造的仿古型建筑景区，其最后的旅游收益效果和游客的满意程度如何，尚未可知，不过笔者对这样的景区并不十分看好。而凤凰古城公司的这位高管则对这个项目比较有信心，并讲述了关于这个项目的一些情况。

问：烟雨凤凰投资多少钱呢？

答：55个亿。必须投这么多。这个项目我们已经上报国家发改委和国土资源部，上面非常支持，中央领导来了以后表示要把这个项目作为武陵山区脱贫致富的首要项目，开发好、建设好，党中央主要是为了武陵山区的脱贫问题调研来的……烟雨凤凰这个项目建成以后，它直接会成为凤凰古城一面镜子，凤凰古城到底应该怎么管，到底应该怎么样才是它最圆满的一个结果，而且要想列为世界文化遗产是有标准的，你必须要达到这个标准才能打钩，这个可行性报告才能递上去，专业委员会的这些人必须要对历史负责、必须要对未来负责，同时也要对这个地区的人民负责。完全复原是不可能。烟雨凤凰有古城的风貌，是规划非常圆满的、功能非常缜密的、管理方面非常完善的城，这个城会给游客的感觉非常非常好。这个项目是对现有凤凰古城的延续和扩容，建成以后我们是以高端客人为主，包括名人名家，都想歇息的地方，不会卖门票，主要靠二次消费、产业消费，这个项目会按照我们的思维模式和游客的需求去把它建得像模像样。烟雨凤凰酝酿了两年。

问：您对烟雨凤凰很有信心吧？

答：它一定存在，也必须存在，如果这个项目最终没有干成的话，对凤凰是一个损失。凤凰古城不能再建，不能再发展了，凤凰古城没有烟雨凤凰这个项目，就等于高速公路塞车了。（F-34-M）

第二，凤凰和丽江两城可以适当减少酒吧的数量，从而减少一些喧闹；可以减少一些旅游商铺，因为很多商铺售卖的是毫无特色、来自义乌市场的同质化商品，这些问题被很多受访游客诟病，如受访者说道：

现在古镇旅游也是比较火嘛，一波又一波的浪潮。但是像这种古镇不知道为什么就开始变成了酒吧文化扎堆的地方，然后像这什么"艳遇"的这种噱头啊，来吸引一些不是为了它真正本身文化内涵而去的一些游客。然后，还有就是像这种古镇里面，他们的那些手工艺品。本来手工艺品应该是一个特别珍贵，然后特别，嗯……就是耗时间又非常长的，应该值得人们去珍惜的一些东西。但现在就变成了粗制滥造啊，然后批量生产啊，这种东西。然后还有就是古镇嘛，经常就是有少数民族的文化在里面。但是，游客回想起某些少数民族特色的时候，可能就只会记得他们古镇里面卖的一些银饰品啊，还有一些像，比如说导游他讲的那些不知道是真的还是假的什么一夫多妻的习俗啊。所以，整体印象，嗯……我是觉得不太好的。（L-62-F）

第三，凤凰沿江的餐馆很多，其排放物直接影响了沱江河的水质，凤凰县地方政府可以重新考虑沱江两岸餐馆的搬迁问题。有凤凰本地人在访谈中就主动反映了这个问题，指出沱江河的水质治理是十分紧迫、刻不容缓的问题，他说道：

沱江河的治理也是刻不容缓的，因为你人多了，现在不是枯水季节，枯水季节河水更脏，因为现在是旺季嘛，河水还是大，夏季水流大，可以把河里的渣子给带走，所以说真的，反正是还是要靠政府啊，自己本地人，像我们去年自己就发起一个活动，叫"爱护母亲河"，每一个地方都有发起，更多的是想留给后代一个更美好的家园。像我们腊尔山上面有一个尖朵朵瀑布，怎么又准备开发，其实我们本地人都是在叫停，为什么又去开发，再去开发又把它给破坏了，就让它待在那里，不要把它破坏了，不然到时候，一修建，一收费，一搞门票又变味了，知道吧，是不是？（咆哮的状态）……你们要是真正做课题的话，你们可以反映一下的，希望上面可以重视嘛！凤凰的江边不能搞餐饮了，是吧，凤凰是触及谁的利益，你为了要保护子孙后代，为了这条河，为了以后凤凰人还能赚到旅游这条钱，说清楚一点，你搞餐馆，我跟你讲，很多无良的商家，我跟你讲，晚上我跟你讲，城管下班了，那些油渍啊、残羹剩饭，就往河里倒，你到晚上12点以后，你自己到江边走一走，现在下游基本上都是餐馆，上游的餐馆基本管控得比较好，下游的都看不得，我跟你讲，下游比较脏，有人倒，我跟你讲，我们都有视频拍下的，有部分商家是去倒的。（F-140-M）

还有，凤凰应当减少一些影响景观的住宿业建筑，如沱江两岸的江边、山上都新建了大量的、密密麻麻的客栈和宾馆，如受访者（F-149-F）说道："建筑（变化）有的，以前山上都没有的，都是菜地，后来才建的房子。以前的房子，都是泥土、砖土堆起来的，现在都变了，条件好了，他们装修房子啊，乡下买木板啊，装起来了。"沱江两岸新建建筑数量多、建筑群密集，已经影响到沱江、南华山和吊脚楼构成的山水之城的整体景观，造成了视觉上的拥挤感，可以考虑拆除一些新增建筑及违规建筑。目前，凤凰县地方政府已经规定不能在古城景区再建违规建筑，如受访者（F-142-M）所说："这里的房子装修政府有规定的，要申请才可以，不申请不可以的，现在是不让再建房子了。要求都是要用青瓦，整体符合古城的形象，其他的不管。"

丽江不存在因新增建筑而影响古城整体景观的问题，丽江大研古城的客栈并不是后期为了旅游业而新建的建筑，而是丽江古城当年在地震后恢复重建的民居建筑，丽江的客栈基本上都是纳西民居改造的，很多外来的客栈老板从本地人手中租赁房屋进行经营。丽江不少客栈内部的设计、布置比凤凰的客栈要精致一些，具有文艺小清新之感；丽江的大多数客栈都是四合院落，客栈内部有庭院，客栈门前有清澈的溪水和绿色的垂柳，加上古城内有很多石桥，给人"小桥、流水、人家"的意境美感。有受访者（F-148-F，凤凰本地人）就这样比较过凤凰和丽江古城："凤凰和丽江古城比不一样，丽江古城规划得非常好，民宿一条街、酒吧一条街，凤凰就是脏乱差的形象，沿着沱江两边建民宿、酒吧，所以，它只会越来越往两边拓展，因为它中心有人嘛！"但是，丽江也存在客栈数量过多、品质参差不齐的问题，丽江古城的客栈数量从过去的1000多家发展到2016年时就已经有3000多家，这是受经济利益的驱使而出现的客栈过量化（本地人纷纷将房屋出租，而且将租金一涨再涨）。笔者认为应由地方政府和客栈行业协会出面来关停一些客栈，减少客栈总量，将客栈的硬件设施、服务质量、游客的口碑评价等纳入对古城客栈的考核与整改当中，品质差的客栈应当停业。

总之，凤凰和丽江两个古城在遗产活化和旅游发展的方向上还是颇为一致的，凤凰和丽江在今后的旅游活化中应该将自己进一步打造成"宁静""悠闲""舒适""宜居"的优质"慢城"，从而给旅游者带来真正的"慢生活"的享受和惬意的"慢旅游"的体验。凤凰和丽江应当通过适当地去旅游商业化或者说弱商业化，多给游客营造"静旅游世界"的氛围和意境，如此便会达到更好的遗产活化效果。

行文至此，再次阐述一下旅游地迷思与活化的关系，如下：

其一，迷思为古城镇"附魅"，在符号意义上为古城镇增添一种"活力"和"生命力"。只要迷思存在（或者持续制造），至少在社会大众的印象中，古城镇就能够"不死"，保持一定的活力。但是这一前提是迷思要符合时代潮流和社会期望，如现代人追求慢生活，慢迷思就符合现代人的期望。

其二，因为迷思的存在，某个旅游地更容易被人们所熟知，不容易被遗忘，旅游地的知名度和声望得以提高，为旅游地的活化打下更好的基础。从这一点来说，加强迷思的宣传就十分重要。

其三，因为迷思的存在，旅游者对这个旅游地就有更加丰富的想象，根据大众的想象，旅游地迷思制造和旅游活化就有了明晰的方向，更有利于把握媒体宣传和对旅游地改造的方向。例如，如果大众希望看到古城镇中的生活气息，在进行宣传时就可以突出这一方面的内容，在现实的旅游活化中要想将古城镇打造得更为古朴，就要促进当地人"留"在古城镇里。

其四，历史文化遗产旅游地活化过程中可以根据迷思确定当地旅游业发展的主题。如"慢生活"主题、浪漫的爱情主题、天堂主题等，以此为当地旅游业的开发方向。例如，杭州西湖有许仙与白娘子的爱情传说，绍兴沈园有陆游和唐婉的凄美故事，这两个地方都成了闻名的爱情旅游地；西藏位于神秘的青藏高原，被认为是神圣的"天堂"，向往"圣洁"的天堂的旅游者会前去"朝圣"和净化心灵。这些都构成了当地独特的气韵和迷思，也可成为当地的旅游主题。

笔者从2010年开始研究凤凰古城，从2012年开始研究丽江古城（主要是大研古城，也调查了束河古镇），两个个案迄今为止已经分别追踪了10年和8年，对于凤凰和丽江这两个旅游目的地，因为追踪时间久，从个人的主观情感来说，笔者希望这两个旅游地可以走得很长远。凤凰是从2001年正式开发旅游业的，丽江是从20世纪末开始开发旅游业的，到目前为止，两个旅游地经历的发展周期已然不短。根据旅游地生命周期理论，旅游地最终都会走向衰亡，这是一个无法回避的规律，在走向衰亡的过程中也有一部分旅游地可以暂时复兴一段时间。关于这两个旅游地的生命历程，笔者认为，丽江比凤凰能走得更远。首先，丽江的管理模式相对来说还算国内较为成功的案例，有"丽江模式"之称，而凤凰的旅游经营管理方面则显得混乱一些且欠缺规范。在对旅游业乱象的整治方面，丽江市政府在接到国家旅游局的警告后拿出了一些很切实、很有针对性的措施，凤凰县政府对旅游业也进行了一些方面的整治，不过力度还可以加大。其次，从景观方面来说，丽江这些年的景观并没有太大的变化，而凤凰则如前文所说，沱江两岸新建了宾馆、客栈等很多建筑。2014年凤凰又经历了特大洪水，一些老建筑被冲垮，从而又新建了一些新建筑。2014年下半年笔者再去凤凰调研时，凤凰已经新建了几座风雨桥（书中在古城遗产活化一章中有提过，这几座桥是凤凰的画家黄永玉出资和设计的新桥）。新建在沱江上游的一座风雨桥，从美学来说，设计并非不美观，另外，这座风雨桥挡住了凤凰沱江的经典景物——跳岩、吊脚楼群和虹桥，新建的风雨桥对凤凰沱江两岸整体的山水楼景观反而是一种遮蔽和破坏。凤凰沱江河的水质污染问题比较突出，如果不能治理好凤凰的景观灵魂——沱江河的水质问题，那么凤凰的旅游业会更加滑向下坡路。再次，从知名度方面来说，丽江的知名度一直以来都高于凤凰，丽江吸引的游客人数也多于凤凰，有一些外地游客到了丽江以后愿意长期停留下来住在丽江古城，成为"新丽江人"，足见丽江这个边陲小城的魅力，相比之下，凤凰的吸引力要比丽江逊色一些。最后，丽江周边的自然景观如玉龙雪山、泸沽湖等为丽江古城增色不少，去丽江古城旅游可以游玩的周边区域比凤凰古城拥有更多更好的选择，凤凰古城周边有苗寨等乡村游景区，但是苗寨这样的景区并不具备独异性，贵州等省份也有苗寨，而丽江周边的雪山、泸沽湖等因为自然风光美丽、民俗独特（如摩梭人的走婚），更具有独异性，也更能吸引游客。

两个古城存在的共同的突出问题如过度活化、过度商业化、古城同质化、去地方化、旅游业乱象等，给古城带来了负面的口碑，从而降低了两个古城的吸引力，缩短了两个旅游地发展的生命周期。关于这两个个案的后续研究，今后的重点不是放在古城具备的迷思和迷思的建构与消费上，而是古城遗产的恰当活化和古城旅游的可持续发展问题。由此及彼，中国其他很多古城镇实质上也存在和丽江、凤凰一样的问题，如过度商业化、同质化、旅游业乱象等，因此，丽江和凤凰所面临的问题也是中国古镇旅游共同面临的问题，如果不在实践中去着手加以解决，不拿出强有力的措施和应对办法，中国近些年一些比较热门的古城镇旅游地，如周庄、乌镇、丽江、凤凰等必然走向快速的衰落，而活化适度的古城可以走得更为长远。一个活化成功的古城应该处于中间态，即适度活化、本真性活化，而且是生活型古城。丽江和凤凰虽然也有生活型古城的气息，但是因为过度商业化而表现得有些过度活化，更像商业型的古城，而比丽江和凤凰的活化更过度的是成都的锦里、宽窄巷子，上海的新天地，长沙的太平街等，它们都成为典型的步行商业街，这些街区都是极端活化的案例。因此，将来的研究应该把目光投向更多的古城镇和古街区，探讨应该如何让中国目前现存的宝贵的古城镇和古街区这些历史文化遗产得到适度的活化。

附 录

附录A访谈提纲和附录B受访者清单请扫描下面二维码。

附录二维码

参考文献

[1] Echtner C M. Paradise Without People: Exclusive Destination Promotion [J]. Tourism Culture & Communication, 2010, 10(10): 83-99.

[2] Tresidder R. What No Pasties!? Reading the Cornish Tourism Brochure [J]. Journal of Travel & Tourism Marketing, 2010, 27(6): 596-611.

[3] Francesconi S. Images and Writing in Tourist Brochures [J]. Journal of Tourism & Cultural Change, 2011, 9(4): 341-356.

[4] Waitt G, Head L. Postcards and Frontier Mythologies: Sustaining Views of the Kimberley as Timeless [J]. Environment and Planning D: Society and Space, 2002, 20(3): 319-344.

[5] Yüksel A, Akgül O. Postcards as Affective Image Makers: An Idle Agent in Destination Marketing [J]. Tourism Management, 2007, 28(3): 714-725.

[6] Yu H Y. Postcard Narratives: A Case of Vichy in France [J]. Tourism Management Perspectives, 2018, 26: 89-96.

[7] Culler J. The Semiotics of Tourism [J]. American Journal of Semiotics, 1988, 1(1): 127-140.

[8] 彭丹. 旅游迷思研究: 关于湘西凤凰古城的个案分析 [M]. 北京: 旅游教育出版社, 2016: 11, 14, 28-31, 61, 69-70, 95-96, 102, 109.

[9] Johns N, Gyimothy S. Mythologies of a Theme Park: An Icon of Modern Family Life [J]. Journal of Vacation Marketing, 2002, 8(4): 320-331.

[10] Kivela J J, Crotts J C. Understanding Travelers' Experiences of Gastronomy Through Etymology and Narration [J]. Journal of Hospitality & Tourism Research, 2009, 33(2): 161-192.

[11] Laing J H, Crouch G I. Frontier Tourism: Retracing Mythic Journeys [J]. Annals of Tourism Research, 2011, 38(4): 1516-1534.

[12] Brann E T H. The World of the Imagination [M]. Manchester: Manchester University Press, 1991: 23-26.

[13] Urry J. Consuming Places [M]. London: Routledge, 1995: 25-37, 193-194.

[14] Howe K R. Nature, Culture, and History: the "Knowing" of Oceania [M]. Hawaii: University of Hawaii Press, 2000.

[15] Amoamo M. (de) Constructing Place-Myth: Pitcairn Island and the "Bounty" Story [J]. Tourism Geographies, 2013, 15 (1): 107-124.

[16] Serra C, Cardona J R. Holiday Destinations: The Myth of the Lost Paradise? [J]. Annals of Tourism Research, 2015, 55: 171-173.

[17] Buchmann A. From Erewhon to Edoras: Tourism and Myths in New Zealand [J]. Tourism Culture & Communication, 2006, 6 (3): 181-189.

[18] Llamas R, Belk R. Shangri-La: Messing with a Myth [J]. Journal of Macromarketing, 2011, 31 (3): 257-275.

[19] Zhang C X, Decosta P L E, McKercher B. Politics and Tourism Promotion: Hong Kong's Myth Making [J]. Annals of Tourism Research, 2015, 54 (9): 156-171.

[20] Salazar B. Noel, Graburn H. H. Nelson. Tourism and Its Imaginary Through an Anthropology Lens [M]. Oxford: Berghahnn, 2013: 1-10.

[21] Kim S. Audience Involvement and Film Tourism Experiences: Emotional Places, Emotional Experiences [J]. Tourism Management, 2012, 33 (2): 387-396.

[22] Light D. Imaginative Geographies, Dracula and the Transylvania "Place Myth" [J]. Human Geographies, 2008, 2 (2): 6-17.

[23] Su Xiaobo. The Imagination of Place and Tourism Consumption: A Case Study of Lijiang Ancient Town, China [J]. Tourism Geographies, 2010, 12 (3): 412-434.

[24] Howard C A. Touring the Consumption of the Other: Imaginaries of Authenticity in the Himalayas and Beyond [J]. Journal of Consumer Culture, 2016, 16 (2): 354-373.

[25] 刘丹萍. "旅游地形象的社会建构" [M] // 王宁, 马凌, 刘丹萍, 等. 旅游社会学. 天津: 南开大学出版社, 2008: 178, 186.

[26] Jenkins O H. Photography and Travel Brochures: the Circle of Representation [J]. Tourism Geographies, 2003, 5 (3): 305-328.

[27] Tegelberg M. Framing Maya Culture: Tourism, Representation and the Case of Quetzaltenango [J]. Tourist Studies, 2013, 13 (1): 81-98.

[28] Kanemasu Y. Social Construction of Touristic Imagery: Case of Fiji [J]. Annals of Tourism Research, 2013, 43: 456-481.

[29] Zhou L. Online Rural Destination Images: Tourism and Rurality [J]. Journal of Destination Marketing & Management, 2014, 3 (4): 227-240.

[30] Knudsen D C, Rickly-Boyd J M, Greer C E. Myth, National Identity, and the Contemporary Tourism Site: The Case of Amalienborg and Frederiksstaden [J]. National Identities, 2014, 16 (1): 53-70.

[31] Hamidturksoy N, Kuipers G, Zoonen L V. "Try A Taste of Turkey" [J]. Journalism Studies,

2014, 15 (6): 743-758.

[32] Hunter, Cannon W. The Visual Representation of Border Tourism: Demilitarized Zone (DMZ) and Dokdo in South Korea [J]. International Journal of Tourism Research, 2015, 17 (2): 151-160.

[33] Hunter, Cannon W. The Social Construction of Tourism Online Destination Image: A Comparative Semiotic Analysis of the Visual Representation of Seoul [J]. Tourism Management, 2016, 54: 221-229.

[34] Zhao Z, Zhu M, Hao X. Share the Gaze: Representation of Destination Image on th Chinese Social Platform WeChat Moments [J]. Journal of Travel & Tourism Marketing, 2018, 35 (10): 1-14.

[35] 崔庆明, 徐红罡. 野象的迷思: 野象谷人——象冲突的社会建构分析 [J]. 旅游学刊, 2012, 27 (5): 49-56.

[36] 朱璇, 蔡元, 梁云能. 从神圣到世俗的欠发达地区乡村社区空间异化——国内背包客凝视下的亚丁村 [J]. 人文地理, 2017 (2): 53-58.

[37] 黄秀波, 孙九霞. 传统村落旅游发展的迷思: 主体诉求与空间正义 [J]. 旅游论坛, 2017 (2): 21-26

[38] 马天, 李想, 谢彦君. 换汤不换药？游客满意度测量的迷思 [J]. 旅游学刊, 2017 (6): 53-63.

[39] 彭丹. 旅游迷思研究述评 [J]. 旅游学刊, 2015, 30 (9): 119-126.

[40] 彭丹. "边城"的梦: 湘西凤凰古城的旅游迷思 [D]. 广州: 中山大学, 2014.

[41] 彭丹. 制造旅游迷思: 关于湘西凤凰古城的个案分析 [J]. 旅游学刊, 2017, 32 (9): 34-46.

[42] 马凌. "旅游吸引物" [M] // 王宁, 马凌, 刘丹萍, 等. 旅游社会学. 天津: 南开大学出版社, 2008: 162-169.

[43] [日] 西村幸夫, 张松. 亚洲历史环境保护的动向——以日本为例 [J]. 时代建筑, 2000 (3): 17-19.

[44] Su M M, Wall G. Community Participation in Tourism at a World Heritage Site: Mutianyu Great Wall, Beijing, China [J]. International Journal of Tourism Research, 2014, 16 (2): 146-156.

[45] [美] DallenJ. Timothy. 文化遗产与旅游 [M]. 北京: 中国旅游出版社, 2014.

[46] Boussaa D. Urban Regeneration, Sustainability and Urban Heritage: A Case Study of Souk Waqif, Doha [J]. Journal of Urban Regeneration & Renewal, 2015, 8 (4): 389-400.

[47] 曾纯净, 罗佳明. 威尼斯宪章: 回顾、评述与启示 [J]. 天府新论, 2009 (4): 86-91.

[48] Plevoets B, Van Cleempoel K. Adaptive Reuse as a Strategy Towards Conservation of Cultural Heritage: A Literature Review [C]. Structural Studies, Repairs and Maintenance of Heritage Architecture XII, 2011, 118 (12): 155-163.

[49] Lee Y J. Creating Memorable Experiences in a Reuse Heritage Site [J]. Annals of Tourism Research, 2015, 55: 155-170.

[50] Lee W, Chhabra D. Heritage Hotels and Historic Lodging: Perspectives on Experiential Marketing and Sustainable Culture [J]. Journal of Heritage Tourism, 2015, 10 (2): 1-8.

[51] Aslam M S M, Jolliffe L. Repurposing Colonial Tea Heritage Through Historic Lodging [J]. Journal of Heritage Tourism, 2015, 10 (2): 111-128.

[52] Poulios I. Discussing Strategy in Heritage Conservation: Living Heritage Approach as An Example of Strategic Innovation [J]. Journal of Cultural Heritage Management and Sustainable Development, 2014, 4 (1): 16-34.

[53] 沈海虹."集体选择"视野下的城市遗产保护研究 [D]. 上海：同济大学，2006.

[54] 胡澎. 日本"社区营造"论——从"市民参与"到"市民主体"[J]. 日本学刊，2013（3）：119-134.

[55] [日] 西村幸夫. 再造魅力故乡 [M]. 王惠君，译. 北京：清华大学出版社，2007: 21, 23, 26, 29-45, 81, 85, 88, 95, 110, 122, 140, 160.

[56] Peng P, Putu D, Prasiasa O. Community Participation for Sustainable Tourism in Heritage Site: A Case of Angkor, Siem Reap Province, Cambodia [J]. ISI Denpasar, 2011, 26 (3): 306-313.

[57] Spencer D M, Nsiah C. The Economic Consequences of Community Support for Tourism: A Case Study of A Heritage Fish Hatchery [J]. Tourism Management, 2013, 34: 221-230.

[58] Jaafar M, Noor S M, Rasoolimanesh S M. Perception of Young Local Residents Toward Sustainable Conservation Programmes: A Case Study of the Lenggong World Cultural Heritage Site [J]. Tourism Management, 2015, 48 (48): 154-163.

[59] Di Giovine M A. Revitalization and Counter-Revitalization: Tourism, Heritage, and The Lantern Festival as Catalysts for Regeneration in Hi An, Vit Nam [J]. Journal of Policy Research in Tourism, Leisure and Events, 2009, 1 (3): 208-230.

[60] Su M M, Wall G. Community Involvement at Great Wall World Heritage Sites, Beijing, China [J]. Current Issues in Tourism, 2015, 18 (2): 137-157.

[61] Rasoolimanesh S M, Jaafar M, Ahmad A G, et al. Community Participation in World Heritage Site Conservation and Tourism Development [J]. Tourism Management, 2017, 58: 142-153.

[62] 林孟章. 台湾古迹保存政策执行与保存论述关系初探 [D]. 台中：东海大学，1994.

[63] 蔡水星. 从政策营销观点看观光产业之发展——以台南市古迹活化为例 [D]. 台中：中兴大学国家政策与公共事务研究所，2010.

[64] 喻学才. 遗产活化论 [J]. 旅游学刊，2010（4）：6-7.

[65] 谢治凤，郭彦丹，张玉钧. 论旅游导向型古村落活化途径 [J]. 建筑与文化，2015（8）：

126-128.

［66］喻学才．遗产活化：保护与利用的双赢之路［J］．建筑与文化，2010（5）：16-20.

［67］吴必虎，王梦婷．遗产活化、原址价值与呈现方式［J］．旅游学刊，2018，33（9）：3-5.

［68］苏卉．文化遗产资源"活化"的动因及策略研究［J］．资源开发与市场，2018，34（1）：99-102.

［69］吴必虎．基于乡村旅游的传统村落保护与活化［J］．社会科学家，2016（2）：7-9.

［70］林淞．植入、融合与统一：文化遗产活化中的价值选择［J］．华中科技大学学报（社会科学版），2017，31（2）：135-140.

［71］保继刚，苏晓波．历史城镇的旅游商业化研究［J］．地理学报，2004，59（3）：427-436.

［72］林锦屏，周鸿，何云红．纳西东巴民族文化传统传承与乡村旅游发展研究——以云南丽江三元村乡村旅游开发为例［J］．人文地理，2005，20（5）：78-80.

［73］熊礼明，李映辉．古镇旅游商业化探讨——以凤凰古镇为例［J］．资源开发与市场，2012，28（3）：285-288.

［74］李倩，吴小根，汤澍．古镇旅游开发及其商业化现象初探［J］．旅游学刊，2006，21（12）：52-57.

［75］赵桅．遗产地旅游商业化比较研究——以中国丽江古城和法国里昂老城为例［J］．中南民族大学学报（人文社会科学版），2016，36（6）：110-114.

［76］张卫．社区参与：社区建设与发展的推动力——对南京市锁金村社区的个案分析［J］．社会，2001（1）：12-14.

［77］张先清．生态保育、社区参与与产业开发——台湾文化遗产保护的启示［J］．东南学术，2015（2）：15-20.

［78］金一，严国泰．基于社区参与的文化景观遗产可持续发展思考［J］．中国园林，2015（3）：106-109.

［79］储德平，郑耀星，董厚保．古城旅游开发中的社区总体营造模式研究［J］．辽宁师范大学学报（自然科学版），2012（4）：569-573.

［80］宋章海，韩百娟．强化社区参与在我国遗产旅游地中的有效作用［J］．地域研究与开发，2007，26（5）：89-92.

［81］明庆忠，熊剑峰．土著知识旅游及其生态化发展研究［J］．云南师范大学学报（哲学社会科学版），2010，42（6）：123-129.

［82］董雪旺，徐宁宁，陈觉，等．基于游客地方感的水乡古镇开发模式——兼论乌镇模式的可复制性［J］．经济地理，2018，38（06）：187-192+202.

［83］林德荣，郭晓琳．让遗产回归生活：新时代文化遗产旅游活化之路［J］．旅游学刊，2018，33（9）：1-3.

［84］戴俊骋，李露．非物质文化遗产旅游和地方建构［J］．旅游学刊，2019，34（5）：6-8.

[85]谢彦君.旅游研究方法[M].北京：中国旅游出版社，2018：92.

[86]王宁.从苦行者社会到消费者社会：中国城市消费制度、劳动激励与主体结构转型[M].北京：社会科学文献出版社，2009：5，26.

[87]袁方.社会研究方法教程[M].北京：北京大学出版社，1997：268，392.

[88]Johns，Nick，Clarke，Valerina. Mythological Analysis of Boating Tourism[J].Annals of Tourism Research，2001，28（2）：334-359.

[89]Qu，Hailin，Kimb，Hyunjung Lisa，Im，Hyunjung Holly. A Model of Destination Branding：Integrating the Concepts of the Branding and Destination Image[J].Tourism Management，2011，32（3）：465-476.

[90]Barthes Roland. Mythologies. Annette Lavers. Hill & Wang，1972.

[91][法]罗兰·巴特著.神话——大众文化诠释[M].许蔷薇，许绮玲，译.上海：上海人民出版社，1999：173，202，207.

[92]王宁，马凌，刘丹萍，等.旅游社会学[M].天津：南开大学出版社，2008：5，7，8，13-15，162-169.

[93]Gao B W，Zhang H，Patrick L'Espoir Decosta. Phantasmal Destination：A Post-Modernist Perspective[J].Annals of Tourism Research，2012，9（1）：197-220.

[94]Echtner C M，Prasad P. The Context of Third World Tourism Marketing[J]. Annals of Tourism Research，2004，31（2）：469-471.

[95]吴必虎.古城重建不如古城活化[J].广告大观（综合版），2012（11）：127.

[96]刘思敏，姜庆."古迹活化"与古城镇保护开发[N].中国旅游报，2006-02-20（15）.

[97]季平.善待人类文化遗产[N].中国旅游报，2002-07-26.

[98]朱四倍.文化遗产怎经得起"野蛮"开发[N].中国旅游报，2014-03-12（2）.

[99]李舟.对世界遗产经营管理的思考[N].中国旅游报，2005-11-14（14）.

[100]Dallen J. Timothy，Gyan P. Nyaupane. Cultural Heritage and Tourism in the Developing World[M].York：Routledge，2009：3.

[101]国务院.国务院关于加强文化遗产保护的通知（国发〔2005〕42号）[Z].2005-12-22.

[102]唐文辞书编委会.辞海版学生实用现代汉语词典[M].上海：上海辞书出版社，2019：27，427.

[103]新华社."以习近平同志为核心的党中央关心文化和自然遗产保护工作纪实"[EB/OL].https://article.xuexi.cn/articles/index.html?art_id=6434648762221416133&study_style_id=feeds_default&pid=&ptype=-1&source=share&share_to=wx_single&from=groupmessage&isappinstalled=0，2019-06-09.

[104]吴曦云.边城凤凰的历史文化[J].民族论坛，1994（3）：80-86.

[105]陈颖.历史文化名城中街区再造的类设计运用[D].福州：福州大学，2015.

［106］张兰，阮仪三.历史文化名城凤凰县及其保护规划［J］.城市规划汇刊，2001（3）：61-63+80-83.

［107］凤凰县人民政府门户网站."地理位置"［EB/OL］.http://www.fhzf.gov.cn/jrfh/fhgl/zrdl/201910/t20191017_1250586.html，2019-10-17.

［108］百度百科."凤凰古城"［EB/OL］.https://baike.baidu.com/item/%E5%87%A4%E5%87%B0%E5%8F%A4%E5%9F%8E/8138?fr=aladdin.

［109］凤凰县人民政府门户网站."吊脚楼"［EB/OL］.http://www.fhzf.gov.cn/jrfh/fhly_49852/yfh/jdjs_49857/201406/t20140611_1279119.html，2014-6-11.

［110］吴庆洲.丽江历史文化述论［J］.中国名城，2014（11）：47-52.

［111］百度百科."丽江古城"［EB/OL］.https://baike.baidu.com/item/%E4%B8%BD%E6%B1%9F%E5%8F%A4%E5%9F%8E/304665?fr=aladdin.

［112］百度百科."丽江"［EB/OL］.https://baike.baidu.com/item/%E4%B8%BD%E6%B1%9F/121726?fr=aladdin#3.

［113］佚名.柔软时光，休闲丽江［N］.中国旅游报，2008-11-17（27）.

［114］佚名.解析丽江木府的建筑特色［J］.旅游·生活，2013（4）：52-55.

［115］任轶，包蓉.东巴文化在木府建筑景观中的体现［J］.西南林业大学学报（社会科学），2018，2（1）：26-29.

［116］Girardelli D. Commodified Identities：The Myth of Italian Food in the United States［J］. Journal of Communication Inquiry，2004，28（4）：307-324.

［117］王宁.旅游中的互动本真性：好客旅游研究［J］.广西民族大学学报（哲学社会科学版），2007（6）：18-24.

［118］Weaver A. The Mcdonaldization Thesis and Cruise Tourism［J］. Annals of Tourism Research，2004，（4）：344-346.

［119］Gursoy D，Rutherford D G. Host Attitudes toward Tourism：An Improved Structural Model［J］. Annals of Tourism Reasearch，2004，（7）：495-516.

［120］王宁.论风景名胜区过度商业化和旅游化的危害［J］.重庆行政，2004（6）：77-79.

［121］李锐.另一种纪念碑：散文随笔集［M］.济南：山东文艺出版社，2002：27.

［122］糜华菱.沈从文的凤凰城［M］.北京：中华书局，2007：65-66.

［123］携程网."凤凰古城点评"［EB/OL］.https://you.ctrip.com/sight/xiangxi496/17369-dianping84102939.html，2016-07-28.

［124］沈从文.边城［M］.北京：中国文联出版社，2017：3.

［125］东方头条."湘西凤凰古城，感受沈从文的边城印象"［EB/OL］.https://mini.eastday.com/a/170413151142669.html，2017-04-13.

［126］高慧.谁说烟雨凤凰是个古城？［N］.中国旅游报，2012-10-22（14）.

［127］柳志红.时尚刊物中小资形象及其审美趣味研究［D］.上海：上海师范大学，2008.

［128］陈霄.酒吧与旅游古镇地方性的建构——以湖南凤凰古城为例［J］.热带地理，2014，34（1）：58-65.

［129］孙九霞，王心蕊.丽江大研古城文化变迁中的"虚无"与"实在"：以酒吧发展为例［J］.旅游学刊，2012，27（9）：73-83.

［130］携程网."旅游攻略社区／问答"［EB/OL］.https://you.ctrip.com/asks/fenghuang988/432259.html，2009-03-24.

［131］携程网."2014.4月波比的私奔笔记 西安—长沙—凤凰—张家界"［EB/OL］.https://gs.ctrip.com/ html5/you/travels/148/1901542.html，2014-07-20.

［132］旅游情报网."marvely的游记：凤凰古城的夜与日"［EB/OL］.http://y.myvacation.cn/u_yj_detailNpN1NbidN3237.htm，2015-03-22.

［133］崔庆明，和琳珊，徐红罡.遗产旅游动机的核心—边缘结构研究——以丽江为例［J］.旅游学刊，2016，31（10）：84-93.

［134］吴海伦.旅游审美观照的哲学阐释［J］.旅游学刊，2015，30（6）：111-118.

［135］沈从文.湘行散记［M］.太原：山西人民出版社，2018：159.

［136］佚名.中国诗意休闲百城榜［J］.小康，2018（28）：36-45.

［137］沈从文.边城·湘行散记·湘西［M］.桂林：漓江出版社，2003：235.

［138］杜法成，李文勇，戚兴宇.旅游本真性、情感体验与地方依恋的关系研究［J］.资源开发与市场，2018，34（6）：878-883.

［139］Mac Cannell D. The Tourist：A New Theory of the Leisure Class［M］.Berkeley：University of California Press，March 1999：14.

［140］朱晓清，甄峰，蒋跃庭.国外慢城发展情况及对中国城市发展的启示［J］.城市发展研究，2011，18（4）：84-90.

［141］崔斯盈.慢亦有道——南京城东慢行空间设计调查［D］.南京：南京艺术学院，2015.

［142］大山.丽江慢生活［M］.2版.昆明：云南出版集团公司、云南人民出版社，2012：4，6，13，39，51，52，67，77.

［143］Jafari J. The Holiday Makers：Understanding the Impact of Leisure and Travel［J］.Tourism Management，1988，9（1）：82-84.

［144］Peters P F. Time，Innovation and Mobilities：Travel in Technological Cultures［M］.London：Routledge，2006：78-83.

［145］Buckley R. Tourism under Climate Change：Will Slow Travel Supersede Short Breaks？［J］.Ambio，2011，40（3）：328-331.

［146］Conway，Dennis. Slow Tourism：Experiences and Mobilities［J］.Annals of Tourism Research，2013，40：434-448.

[147]Guiver J,McGrath P. Slow Tourism:Exploring The Discourses[J]. Dos Algraves A Multidisciplinary e-Journal,2016(27):11-34.

[148]Barcelona Slow Travel. "Slow Travel:Definition and Benefits"[EB/OL].https://www.barcelonaslowtravel.com/blog/slow-travel/,2016-10-27.

[149]邓敏敏.丽江客栈让过客成为归人[N].中国旅游报,2012-12-03(13).

[150]美文网."沐雨古城"[EB/OL].http://www.mw8.com/doc/tbyjni.html,2017-05-23.

[151]马蜂窝网."再回首——丽江古城"[EB/OL].http://www.mafengwo.cn/i/1161952.html,2013-03-20.

[152]途牛网."我的丽江游"[EB/OL].https://www.tuniu.com/trips/1362242,2012-11-18.

[153]马蜂窝网.丽江旅游攻略"古城经验之谈"[EB/OL].http://www.mafengwo.cn/i/3177540.html,2015-09-03.

[154]彭丹,黄燕婷.丽江古城旅游地意象研究:基于网络文本的内容分析[J].旅游学刊,2019,34(9):80-89.

[155]搜狐网."来丽江不是为了干什么,而是为了什么都不干!"[EB/OL]. https://www.sohu.com/a/107599915_104791,2016-07-26.

[156]知乎."什么叫小资?"[EB/OL].https://www.zhihu.com/question/19554193,2016-10-04.

[157]Plog S C. Why Destination Areas Rise and Fall in Popularity[J]. Cornell Hotel and Restaurant Administration Quarterly,1974,14(4):55-58.

[158][美]保罗·福塞尔.格调:社会等级与生活品位[M].梁丽真,等,译.北京:中国社会科学出版社,1998:108.

[159]途牛网."秋末冬初——最好的时光在路上"[EB/OL]. https://www.tuniu.com/trips/10057035,2015-10-30.

[160][法]让·波德里亚.消费社会[M].刘成富,全志钢,译.南京:南京大学出版社,2000:59.

[161]刘丹萍,保继刚.旅游者"符号性消费"行为之思考——由"雅虎中国"的一项调查说起[J].旅游科学,2006(1):28-33.

[162]马蜂窝网."辞职在路上→丽江"[EB/OL].http://www.mafengwo.cn/i/2844159.html,2016-05-24.

[163]驴妈妈旅游网."丽江古城景点简述"[EB/OL].http://www.lvmama.com/ 102975. lvyou/scenery/d-lijianggucheng.html.

[164]Urry J. The Tourist Gaze:Leisure and Travel in Contemporary Societies[M]. London:Sage Publications Ltd,1990:22.

[165]Stephen Menick. Roland Barthes:A Reminiscence[J]. The Iowa Review,1982,13(3/4):

134-140.

[166] 马凌. 旅游社会科学中的建构主义范式 [J]. 旅游学刊 2011, 26 (1): 31-37.

[167] [美] 大卫·理斯曼, 等. 孤独的人群 [M]. 王昆, 朱虹, 译. 南京: 南京大学出版社, 2002年8月第1版: 127.

[168] MacCannell D. The Tourist: A New Theory of the Leisure Class [M]. New York: Schocken Books, 1976: 29-34, 108-109, 113-114.

[169] Lew A A. A Framework of Tourist Attraction Research [J]. Annals of Tourism Research, 1987, 14 (4): 553-575.

[170] Gunn C. Vacationscape: Designing Tourist Regions [M]. Texas: University of Texas Press, 1972.

[171] Leiper N. Tourist Attraction Systems [J]. Annals of Tourism Research, 1990, 17 (3): 367-384.

[172] Herbert D. Literary Places, Tourism and the Heritage Experiences [J]. Annals of Tourism Research, 2001, 28 (2): 312-333.

[173] Lehto X Y, O'Leary J T, Morrison A M. The Effect of Prior Experience on Vacation Behavior [J]. Annals of Tourism Research, 2004, 31 (4): 801-818.

[174] 赵丽佳. 旅游人类学视野下的丽江"小资天堂"形象研究 [J]. 思想战线, 2008, 34 (S2): 82-84.

[175] Holbrook M B, Hirschman E C. The Experiential Aspects of Consumption: Consumer Fantasies, Feelings, and Fun [J]. Journal of Consumer Research, 1982, 9 (2): 132-140.

[176] 王宁. 消费社会学 [M]. 2版. 北京: 社会科学文献出版社, 2011: 194.

[177] 谢彦君, 彭丹. 旅游、旅游体验和符号——对相关研究的一个评述 [J]. 旅游科学, 2005 (6): 1-6.

[178] 凤凰县政府门户网站. "凤凰县统计局关于2018年国民经济和社会发展统计公报" [EB/OL]. http://www.fhzf.gov.cn/zfsj/sjfb49828/201903/t20190317l132238.html, 2019-03-17.

[179] 新浪网. "平民旅游: 山西旅游业的思路转折" [EB/OL]. http://news.sina.com.cn/s/2005-06-05/03246083217s.shtml, 2005-06-05.

[180] 孙九霞. 共同体视角下的旅游体验新论 [J]. 旅游学刊, 2019, 34 (9): 10-12.

[181] 白凯, 胡宪洋, 吕洋洋. 丽江古城慢活地方性的呈现与形成 [J]. 地理学报, 2017, 72 (6): 1104-1117.

[182] 张清源, 陆林. 宗教旅游地利益相关者权力—利益关系格局与形成机制——以九华山为例 [J]. 旅游学刊, 2019, 34 (9): 15-29.

[183] Athinodoros C. Between Place and Story: Gettyburg as Tourism Imaginary [J]. Annals of Tourism Research, 2012, 39 (4): 1797-1816.

[184] Urbain J. The Tourist Adventure and His Images [J]. Annals of Tourism Research, 1989, 16(1): 106-118.

[185] Hopkins J. Signs of the Post-Rural: Marketing Myths of a Symbolic Countryside [J]. Geografiska Annaler, 1998, 80(2): 65-81.

[186] MacCannell D. The Tourist: A New Theory of the Leisure Class [M]. California: University of California Press, 2013: 29-34.

[187] Burr V. Social Constructionism [M]. New York: Routledge, 2003.

[188] Berger J. Ways of Seeing [M]. London: British Broadcasting Co. and Penguin Books, 1972: 3-15.

[189] 柴海燕. 国外旅游网络口碑研究进展述评: 2004—2011 [J]. 旅游科学, 2013, 27(3): 84-95.

[190] 谢彦君. 灵水识谭 [M]. 北京: 中国旅游出版社, 2017: 151, 161, 176-177.

[191] [美] 本尼迪克特·安德森. 想象的共同体 [M]. 吴叡人, 译. 上海: 上海人民出版社, 2003: 26.

[192] Iwashita C. Media Construction of Britan as a Destination for Japanese Tourists: Social Constructionism and Tourism [J]. Tourism and Hospitality Research, 2003, 4(4): 331-340.

[193] 驴妈妈旅游网. "凤凰古城" [EB/OL]. http://ticket.lvmama.com/scenic-153712.

[194] 马蜂窝网. "渐入商业, 鲜有古风——被外界打扰的丽江古城" [EB/OL]. http://www.mafengwo.cn/i/5332255.html, 2015-11-13.

[195] 百度网. 百度百科词条: "种草" [EB/OL]. https://baike.baidu.com/item/种草/280902?fr=aladdin.

[196] [美] 乔纳森·特纳. 社会学理论的结构 [M]. 邱泽奇, 译. 北京: 华夏出版社, 2006: 192.

[197] 安宁, 朱竑, 刘晨. 文学旅游地的空间重构研究——以凤凰古城为例 [J]. 地理科学, 2014, 34(12): 1463-1464.

[198] 蔡晓梅, 寸露, 朱斌. 自我东方主义? 丽江旅游形象的想象与建构 [J]. 旅游学刊, 2018, 33(9): 26-37.

[199] Urry J. Globalising the Tourist Gaze [J]. Tourism Development Revisited: Concepts, Issues and Paradigms, 2001(9): 150-160.

[200] Oi J C. The Role of the Local State in China's Transitional Economy [J]. China Quarterly, 1995(144): 1132-1149.

[201] 张静. 法团主义及其与多元主义的分歧 [M]. 2版. 北京: 中国社会科学出版社, 2005: 170.

[202] 中国青年网. "凤凰古城取消148元大门票 9个核心景点仍需购票" [EB/OL]. http://

www.china.com.cn/ guoqing/2016-03-29/content38131158.htm，2016-03-29.

［203］邱雪超.探析旅游景点门票涨价对旅游业发展的影响——以湖南凤凰古城为例［J］.时代金融，2013（18）：218-219.

［204］林煌.从凤凰"门票新政"谈凤凰古城旅游区经营［J］.中小企业管理与科技（上旬刊），2013（5）：128-129.

［205］王超，骆克任.基于网络舆情的旅游包容性发展研究——以湖南凤凰古城门票事件为例［J］.经济地理，2014，34（1）：161-167.

［206］凤凰网."'烟雨凤凰'：55亿元打造'山寨古城'？"［EB/OL］.http://fashion.ifeng.com/news/detail201209/12/ 175340520.shtml，2012-09-12.

［207］李楠楠.基于空间消费的丽江古城遗产地利益相关者网络结构研究［D］.昆明：云南大学，2017.

［208］孙九霞，罗婧瑶.旅游发展与后地方共同体的构建［J］.北方民族大学学报（哲学社会科学版），2019（3）：101-108.

［209］贺学君.关于非物质文化遗产保护的理论思考［J］.江西社会科学，2005（2）：103-109.

［210］李浥.本土立场与概念的拓展——非物质文化遗产开发及运作模式中的政府行为［J］.中共中央党校学报，2011，15（3）：95-97.

［211］360百科."丽江古城维护费的收费标准"［EB/OL］.https://baike.so.com/doc/924549-977238.html，2016-08-08.

［212］丽江阿拉丁之旅."2019年1月1日起，丽江古城维护费收费标准下调至每人次50元"［EB/OL］.https://www.sohu.com/a/28484 6324-100091320，2019-02-23.

［213］中国法院网."丽江围城收费困局：古城欠债15亿，商家连亏4个月"［EB/OL］.https://www.chinacourt.org /article/detail/2016/06/id/1905251.shtml，2016-06-07.

［214］吕振合，王德胜.知识与权力：从福柯的观点看学科场域中的权力运作［J］.自然辩证法研究，2007，23（9）：41-45.

［215］侯钧生.西方社会学理论教程［M］.2版.天津：南开大学出版社，2006：407.

［216］苏静，孙九霞.民族旅游社区空间想象建构及空间生产——以黔东南岜沙社区为例［J］.旅游学刊，2018，32（2）：54-65.

［217］Salazar N B. Tourism Imaginaries：A Conceptual Approach［J］. Social Science Electronic Publishing，2012，39（2）：863-882.

［218］王宁.旅游、现代性与"好恶交织"——旅游社会学的理论探索［J］.社会学研究，1999（6）：93-102.

［219］彭丹.旅游体验研究新视角：旅游者互动的社会关系研究［J］.旅游学刊，2013，28（10）：89-96.

[220]谢彦君.基础旅游学[M].北京:中国旅游出版社,2011:70.

[221][英]Urry J.游客凝视[M].杨慧,译.桂林:广西师范大学出版社,2009:6.

[222]谢彦君,吴凯.期望与感受:旅游体验质量的交互模型[J].旅游科学,2000(2):1-4.

[223]李萍,许春晓.旅游体验研究综述[J].北京第二外国语学院学报,2007(7):1-8.

[224]途牛网."湘西张家界凤凰——你存在,我深深的脑海里"[EB/OL].http://www.tuniu.com/trips/1380603/,2014-10-16.

[225]携程网."凤凰古城、张家界:勇敢出发"[EB/OL].https://you.ctrip.com/travels/fenghuang988/1893834.html,2014-09-02.

[226]携程网."我在凤凰等你——湖南凤凰城"[EB/OL].http://www.tuniu.com/trips/30015453,2015-03-21.

[227]王宁.从"同景同感"到"同景异感":一个"分层对应论"的分析框架[J].旅游学刊,2019,34(9):1-3.

[228]马蜂窝网."凤凰古城点评"[EB/OL].http://www.mafengwo.cn/poi/7272.html,2009-03-24.

[229]马蜂窝网."凤凰古城点评"[EB/OL].http://www.mafengwo.cn/poi/7272.html,2017-10-02.

[230]赵玉燕.旅游吸引物符号建构的人类学解析——以"神秘湘西"、"神秘文化"为例[J].广西民族研究,2011(2):184-189.

[231]途牛网."把魂丢在丽江"[EB/OL].http://www.tuniu.com/trips/1364179,2013-03-09.

[232]途牛网."风花雪月云南之旅,冬日来丽江晒太阳"[EB/OL].http://www.tuniu.com/trips/10066013,2015-12-19.

[233]途牛网."我愿意留在丽江"[EB/OL].http://www.tuniu.com/trips/1364179,2013-03-09.

[234]途牛网."云南之路,七日之停"[EB/OL].http://www.tuniu.com/trips/10002598,2015-01-08.

[235]途牛网."丽江古城点评"[EB/OL].http://www.tuniu.com/g50070/guide-0-0/,2015-08-03.

[236]途牛网."丽江古城点评"[EB/OL].http://www.tuniu.com/g50070/guide-0-0/,2016-08-25.

[237]马蜂窝网."匆匆而过——大研古城"[EB/OL].http://www.mafengwo.cn/i/3226377.html,2014-10-27.

[238]林志明.《神话——大众文化诠释》导读[M].//[法]罗兰·巴特思.许蔷蔷,许绮玲,译.神话:大众文化诠释[M].上海:上海人民出版社,1999:1-7.

[239]途牛网."纵情云南,我欠丽江一场邂逅"[EB/OL].https://www.tuniu.com/

trips/10053229，2015-10-08.

［240］马蜂窝网."醉在丽江古城华美的遇见"［EB/OL］.http://www.MAfengwo.cn/i/ 2997755.html，2014-02-28.

［241］马蜂窝网."情之所至，丽江古城"［EB/OL］.http://www.mafengwo.cn/i/7410050.html，2017-08-15.

［242］张涟.被误会的"小资"——布尔乔亚及周边文化溯源浅析［J］.商业文化，2011（9）：207-208.

［243］途牛网."丽江古城：人文情怀与自然景观完美融合的人间天堂"［EB/OL］.http://www.tuniu.com/trips/12457748，2016-11-28.

［244］马蜂窝网."丽江古城之旅"［EB/OL］.http://www.mafengwo.cn/i/1154672.html，2013-03-13.

［245］李大伟.城市历史街区重建方式的地理视角［J］.城市地理，2018（8）：66-67.

［246］途牛网."游客点评"［EB/OL］.http://www.tuniu.com/g50070/guide-0-0/，2016-07-31.

［247］途牛网."游客点评"［EB/OL］.http://www.tuniu.com/g50070/guide-0-0/，2016-07-22.

［248］马蜂窝网."凤凰古城点评"［EB/OL］.http://www.mafengwo.cn/poi/7272.html，2014-12-31.

［249］马蜂窝网."凤凰古城点评"［EB/OL］.http://www.mafengwo.cn/poi/7272.html，2014-07-07.

［250］携程网."凤凰古城点评"［EB/OL］.https://piao.ctrip.com/ticket/dest/t17369.html，2018-01-21.

［251］马蜂窝网."凤凰古城点评"［EB/OL］.http://www.mafengwo.cn/poi/7272.html，2017-07-08.

［252］途牛网."丽江古城点评"［EB/OL］.http://www.tuniu.com/g50070/guide-0-0/，2016-09-01.

［253］携程网."丽江古城点评"［EB/OL］.https://piao.ctrip.com/ticket/dest/t17369.html，2016-05-05.

［254］凤凰县地方志编纂委员会.凤凰县志：1978—2001［M］.北京：方志出版社，2015：5-6.

［255］胡婷婷.民族旅游区导游的民族文化传播研究——以湖南凤凰县为例［D］.武汉：中南民族大学，2009.

［256］阎友兵.经营权转让后的景区运营状况实证研究：以湖南省凤凰古城景区为例［M］.湘潭：湘潭大学出版社，2014：17，81，83-84.

［257］朱羽."黄龙"西行娶"凤凰"［N］.中国旅游报，2003-02-26（T00）.

［258］华声在线."凤凰古城'金主'浮现，被曝拥湖南多景点经营权"［EB/OL］.http://hunan.voc.com.cn/article/201304/201304181001553300.html，2013-04-18.

[259]王凯,谭华云.凤凰城旅游景区转让后的效应评价[J].中国人口·资源与环境,2005(4):37-42.

[260]凤凰县统计局.凤凰县国民经济和社会发展统计公报[R].2001~2019.

[261]和灿芬.丽江古城生活方式型旅游小企业主移民社会认同及社区影响研究[D].昆明:云南大学,2016.

[262]人民网."旅游快讯"[EB/OL].http://www.people.com.cn/GB/paper39/15626/1382532.html,2005-09-05.

[263]王玲伟.丽江成立旅游发展委员会[N].中国旅游报,2015-03-18(3).

[264]和世民.丽江创建全域旅游示范区[N].中国旅游报,2016-03-30(C01).

[265]班若川.建设丽江国际精品旅游胜地[N].中国旅游报,2011-04-01(1).

[266]丽江市统计局.丽江市国民经济和社会发展统计公报[R].2001~2018.

[267]丽江市文化和旅游局官方网站."2017丽江市旅游接待情况"[EB/OL].http://www.927youyu.com/tjxx/p/7863.html,2015-01-25.

[268]丽江市文化和旅游局官方网站."2019丽江市旅游接待情况"[EB/OL].http://www.ljta.gov.cn/html/infor/tongjixinxi/15369.html,2020-04-16.

[269]王蕾.古镇发展需要放弃门票经济[N].中国旅游报,2011-11-28(13).

[270]龙藏.资本运营:创新古镇旅游开发模式[N].中国旅游报,2004-01-19.

[271]Su R,Bramwell B,Whalley P A.Cultural Political Economy and Urban Heritage Tourism[J].Annals of Tourism Research,2018,68(1):30-40.

[272]段金柱,郑璜.像爱惜自己的生命一样保护好文化遗产[N].福建日报,2015-01-06(1).

[273]Goulding C,Saren M,Pressey A."Presence" and "Absence" in Themed Heritage[J].Annals of Tourism Research,2018,71(4):25-38.

[274]李萌.旅游让文化遗产活起来[N].中国旅游报,2014-06-13(2).

[275]赵荣,等.人文地理学[M].2版.北京:高等教育出版社,2006:293.

[276]杭侃.文化遗产资源旅游活化与中国文化复兴[J].旅游学刊,2018,33(9):5-6.

[277]任国才,韦佳.古镇古村的三代旅游开发模式[N].中国旅游报,2015-01-28(11).

[278]胡卫华.古城镇旅游开发的问题与对策——以云南丽江古城和湖南凤凰古城为例[J].小城镇建设,2007(4):95-99.

[279]张文娟.基于区域整体利益的旅游目的地品牌营销研究[D].武汉:武汉大学,2010.

[280]母泽亮.旅游目的地品牌系统建设研究[J].中国市场,2006(36):14-15.

[281]张顺心,赵垒,邓敏敏.凤凰发展亮新招[N].中国旅游报,2004-02-16(T00).

[282]龙南慧.基于符号学视角的旅游地品牌形象构建研究——以凤凰古城、梁平县金带镇为例[D].重庆:重庆大学,2016.

[283]余来辉,李敏.旅游景区品牌微博内容分析及其发展策略——以"@凤凰古城微博"为例[J].湖南科技学院学报,2015,36(3):172-175.

[284]和世民.品牌升级丽江再树雄心[N].中国旅游报,2016-02-17.

[285]宋恒敏.古城旅游品牌传播策略研究——以平遥与丽江古城为对比[D].太原:山西大学,2015.

[286]辞海之家."梦幻"[EB/OL].http://www.cihai123.com/cidian/1062875.html,2020-05-24.

[287]马蜂窝网."丽江古城:一次怦然心动的旅行"[EB/OL].http://www.mafengwo.cn/i/2844082.html,2013-09-10.

[288]南开大学新闻网."南开城市品牌研究力捧中国最佳品牌建设奖"[EB/OL].http://news.nankai.edu.cn/zhxw/system/2006/10/27/000002333.shtml,2006-10-27.

[289]邬恋,罗丽珊.丽江城市旅游形象的市场认知现状及对策思考[J].科教文汇(上旬刊),2010(1):202-203.

[290]佚名.天雨流芳,梦幻丽江[N].中国旅游报,2008-11-17(26).

[291]新浪旅游."【2017旅交会】丽江展馆尽显纳西风情,别具特色吸'睛'无数"[EB/OL].http://travel.sina.com.cn/domestic/news/2017-11-17/detail-ifynwnty4425721.shtml,2017-11-8.

[292]丽江市文化和旅游局官方网站."丽江组团在台湾开展旅游推介"[EB/OL].http://www.ljta.gov.cn/html/news/ljdt/14802.html?security_verify_data=313630302c31363030,2018-03-08.

[293]中国日报中文网."'柔软时光·休闲丽江'旅游文化宣传展示活动亮相昆明机场"[EB/OL].http://yn.chinadaily.com.cn/2018-10/30/content_37163101.htm,2018-10-30.

[294]云南网."打造丽江文旅游'流动新名片''丽江号'沪昆高铁专列启程"[EB/OL].http://yn.yunnan.cn/system/2019/01/24/030186472.shtml,2019-01-24.

[295]王小莉,衣玮.历史街区旅游开发的"三维坐标"和"七化手法"(上)[N].中国旅游报,2011-01-21(11).

[296]佘凯旋.面向可持续发展的湘西凤凰古城文化资源保护研究[J].贵州民族研究,2017,38(1):194-197.

[297]潇湘晨报."凤凰古城灾后重建工作收尾8月15日全部完工"[EB/OL].http://www.xxcb.cn/wap/event/jishi/2014-08-14/8931451.html,2014-08-14.

[298]赵书军.民族地区旅游发展大有可为——访全国政协常委、湖南省湘西土家族苗族自治州政协副主席田岚[N].中国旅游报,2011-03-11(3).

[299]于磊焰,陈澎.湘西凤凰城恢复明清古城风貌[N].中国旅游报,2003-01-08.

[300]中央政府门户网站."湖南湘西启动'百千万'特色民居保护工程"[EB/OL].http://www.gov.cn:8080/jrzg/2010-08/04/content_1671515.htm,2018-08-04.

[301]黄标,陈新祥,龙清彰,等.为"百千万"喝彩——湖南湘西州"百千万"特色民居保护工程纪实[J].城乡建设,2012(2):14-15.

[302]红网湖南频道."凤凰全力推进文化旅游产业跨越发展"[EB/OL].https://hn.rednet.cn/c/2015/07/17/3740454.htm,2015-07-17.

[303]佚名.凤凰八个旅游景区(点)简介[N].中国旅游报,2003-02-26(T00).

[304]天涯社区."触目惊心的沱江污染,陨落天际的凤凰古城"[EB/OL].http://bbs.tianya.cn/post-828-193600-1.shtml,2011-05-30.

[305]红网湖南频道."凤凰县出台多种举措防治水污染,提升沱江水质"[EB/OL].https://hn.rednet.cn/c/2018/06/19/4657746.htm,2018-06-19.

[306]新浪博客."凤凰古城环保整治工作成效显著"[EB/OL].http://blog.sina.com.cn/s/blog_af72a38c0101ds3d.html,2013-01-12.

[307]红网湖南频道."凤凰古城创国家5A级景区环境整治工作会召开"[EB/OL].http://hn.rednet.cn/c/2016/03/23/3940630.htm,2016-03-23.

[308]湖南卫视."凤凰古城、风貌环境双整治"[EB/OL].https://sv.baidu.com/videoui/page/videoland?pd=bjh&context={%22nid%22:%22247681823339645762O3%22,%22sourceFrom%22:%22bjh%22}&fr=bjhauthor&type=video,2017-04-02.

[309]凤凰网湖南."备战黄金周:凤凰古城出重拳净化旅游环境"[EB/OL].http://hunan.ifeng.com/a/20180929/6918070_0.shtml,2018-09-29.

[310]木健先.丽江古城的现状与保护[N].中国文物报,2017-02-17(6).

[311]黄海.走进丽江古城——丽江古城规划建设和保护探秘[J].城乡建设,2008(2):76-78.

[312]巫孟还.云南丽江地震灾害及其成因[J].上海保险,1996(4):16-17.

[313]中国园林网."中国古建与地震的关系"[EB/OL].http://gj.yuanlin.com/Html/Detail/2006-4/1713.html,2006-06-24.

[314]段松廷.丽江古城历史风貌得到恢复[J].城市规划通讯,1997(22):12.

[315]新浪新闻."丽江古城:大地震中涅槃重生成就世界三遗产"[EB/OL].http://news.sina.com.cn/c/2009-09-08/103018604753.shtml,2009-09-08.

[316]搜狐网."【遗产丽江20年】揭秘!20年前,丽江古城经历了一场'惊心动魄'的遭遇……"[EB/OL].https://m.sohu.com/a/211015835_99961154,2017-12-16.

[317]刘栗.丽江:把古城灵魂留住[N].中国旅游报,2005-08-01(13).

[318]百度百科."云南省丽江纳西族自治县东巴文化保护条例"[EB/OL].https://baike.baidu.com/item/%E4%BA%91%E5%8D%97%E7%9C%81%E4%B8%BD%E6%B1%9F%E7%BA%B3%E8%A5%BF%E6%97%8F%E8%87%AA%E6%B2%BB%E5%8E%BF%E4%B8%9C%E5%B7%B4%E6%96%87%E5%8C%96%E4%BF%9D%E6%8A%A4%E6%9D%A1%E4%BE%8B/16509020?fr=aladdin.

[319]木基元.从"丽江模式"看世遗的保护与利用[N].中国旅游报,2004-07-05.

[320]和良辉.从"丽江现象"到"丽江模式"[J].理论前沿,2005(3):46.

［321］人民政协网."丽江被列入旅游局'黑名单',最新整改方案出炉"［EB/OL］.http://www.rmzxb.com.cn/c/2015-10-19/599694_1.shtml?n2m=1,2015-10-19.

［322］胡昊.8家被要求整改的5A级景区全部达标［N］.中国旅游报,2020-01-02(1).

［323］马云晋.历史文化街区保护与利用的三个关键［J］.人民论坛,2019(25):50-51.

［324］金炳华,等.哲学大辞典(修订本)［M］.上海:上海辞书出版社,2001:480.

［325］王宁.传统村落的地理嵌入性、地理脱嵌性及其社会保护机制［J］.旅游学刊,2017,32(2):1-3.

［326］沈仲亮.中国乡土建筑的世界意义［N］.中国旅游报,2014-01-17(6).

［327］俞莞,吴振东."古城卫士"阮仪三:让国人记得住历史,留得住乡愁［N］.中国文物报,2014-02-21(3).

［328］湖南省人民政府门户网站."湘西凤凰古城入选《中国世界文化遗产预备名单》重设目录"［EB/OL］.http://www.hunan.gov.cn/hnyw/szdt/201212/t20121210_4755548.html,2006-12-19.

［329］百度百科."保护世界文化和自然遗产公约"［EB/OL］.https://baike.baidu.com/item/%E4%BF%9D%E6%8A%A4%E4%B8%96%E7%95%8C%E6%96%87%E5%8C%96%E5%92%8C%E8%87%AA%E7%84%B6%E9%81%97%E4%BA%A7%E5%85%AC%E7%BA%A6.

［330］刘金山.古城凤凰［M］.长沙:湖南美术出版社,1992.

［331］李群育.新编丽江风物志［M］.昆明:云南人民出版社,1999.

［332］谢正发,瞿商.湘西民族地区文化旅游转型的实践与经验探讨——基于凤凰古城的考察［J］.贵州民族研究,2015,36(6):136-139.

［333］马海霞.巫楚文化的现代形态——残雪文化的文化意蕴［D］.石家庄:河北师范大学,2002.

［334］魏挹澧.巫楚之乡,山鬼故家——湘西风土建筑的历史文化渊源与民居特点探析［J］.建筑遗产,2018(3):9-15.

［335］梁自玉.文化变迁与旅游业发展研究——以湘西凤凰县为例［D］.北京:中央民族大学,2007.

［336］湘西网."凤凰古城旅游必看的篝火晚会"［EB/OL］.http://www.xxxinwen.com/xiangxilvyou/lvyouzixun/1995.html,2019-06-27.

［337］华声在线."凤凰古城上演'抢鸭子'大战密集恐惧者开始方了……"［EB/OL］.http://hunan.voc.com.cn/article/201906/20190608093102900604.html,2019-06-18.

［338］环球网."湖南凤凰古城中秋节免费为游客发放六百余斤月饼"［EB/OL］.https://m.huanqiu.com/article/9CaKrnK5rUA,2017-10-5.

［339］浙江新闻."凤凰古城推出三大活动伴游客过中秋"［EB/OL］.https://zj.zjol.com.cn/news.html?id=1033519,2018-09-18.

［340］晏雄.全球化与地方化:世界文化遗产与丽江民族文化产业集群发展研究［J］.西南民

族大学学报（人文社科版），2019，40（2）：34-38.

［341］李晓红.浅论纳西族东巴文化的发展保护传承［J］.文物鉴定与鉴赏，2018（16）：78-79.

［342］杨振之.丽江古城东郊环境整治及旅游开发的理念［N］.中国旅游报，2007-06-27（14）.

［343］桑月华.丽江东巴文化的发展变迁刍议［J］.文化创新比较研究，2018，2（14）：42+46.

［344］腾讯房产."云南丽江回应过度商业化质疑：不了解古城历史"［EB/OL］.https://km.house.qq.com/a/20130317/000015.htm，2013-03-18.

［345］新浪博客."在丽江娱乐"［EB/OL］.http://blog.sina.cn/dpool/blog/s/blog_6342d6b40100gfzz.html，2009-12-01.

［346］丽江丽水金沙演艺有限公司门户网站."公司简介"［EB/OL］.http://www.ljlsjs.com/article/6，2016-12-15.

［347］豆瓣小组."春节丽江旅游攻略"［EB/OL］.https://www.douban.com/group/topic/9484513/，2010-01-05.

［348］胡忠伟.七彩祥云别样天［N］.中国旅游报，2010-07-26（15）.

［349］搜狐."丽江千古情，为何都被世人称'一生必看的演出'？"［EB/OL］.https://www.sohu.com/a/190869885_266824，2017-09-11.

［350］李学斌.丽江做活旅游市场的三招棋［N］.中国旅游报，2016-07-05（3）.

［351］百度百科."纳西古乐"［EB/OL］.https://baike.baidu.com/item/%E7%BA%B3%E8%A5%BF%E5%8F%A4%E4%B9%90/90443?fr=aladdin.

［352］谢彦君.基础旅游学［M］.北京：商务印书馆，2015：2，56，312-314.

［353］毛伟."涵化：旅游与文化变迁"［M］//张晓萍，李伟，等.旅游人类学［M］.天津：南开大学出版社，2008：181，188.

［354］刘思敏.旅游演艺：传统文化传承和创新之活化载休［N］.中国旅游报，2014-04-30（11）.

［355］王宁.旅游伦理与本真性体验的文化心理差异［J］.旅游学刊，2014，29（11）：5-6.

［356］王瑞红，陶犁.社区参与旅游发展的形成及内涵［J］.曲靖师范学院学报，2004（4）：42-47.

［357］尹卫国.大众参与是文化遗产"活"起来的动力［N］.中国旅游报，2016-06-10（4）.

［358］孙九霞，保继刚.从缺失到凸显：社区参与旅游发展研究脉络［J］.旅游学刊，2006（7）：63-68.

［359］鲍金蓉.云南省丽江市古城区纳西族社区参与旅游发展的调查研究［J］.东方企业文化，2010（2）：61.

［360］孙九霞，黄秀波.民族旅游地社区参与中的空间协商与利益博弈——以丽江白沙村为例

[J].广西民族大学学报（哲学社会科学版），2017，39（2）：40-48.

[361]王龙霄.文化遗产活化的新思考[N].中国文物报，2019-01-18（5）.

[362]张文凌.喧嚣旅游潮中能否还原丽江古城[N].中国青年报，2017-03-09（8）.

[363]和丽萍.丽江"新遗产人"的培育与融合[N].中国文物报，2017-11-10（6）.

[364]搜狐网."在丽江20年，他可能比很多本地人还了解东巴文化"[EB/OL].http://www.sohu.com/a/226262714_208591，2018-03-23.

[365]王兴斌.古镇旅游开发不能排斥原住居民[N].中国旅游报，2011-07-18（2）.

[366]刘丹萍.旅游凝视：从福柯到厄里[J].旅游学刊，2007（6）：91-95.

[367]左冰."旅游的社会文化影响"[M].//王宁，刘丹萍，马凌，等.旅游社会学[M].天津：南开大学出版社，2008：302，304-305，287-288.

[368]王宁.消费者增权还是消费者去权——中国城市宏观消费模式转型的重新审视[J].中山大学学报（社会科学版），2006（6）：100-106+124-125.

[369]吴媚，郭占锋.城镇化进程中古村落旅游社区发展的"去权"与"增权"——以陕西省韩城市Y村为例[J].华中农业大学学报（社会科学版），2017（1）：92-97+144.

[370]喻彩霞.凤凰古城旅游开发社区居民去权原因及对策分析[J].市场周刊（理论研究），2017（6）：137-138.

[371]李磊.少数民族旅游区域的社区冲突与规范——以束河古镇为例[D].昆明：云南大学，2017.

[372]左晓斯.可持续乡村旅游研究：基于社会建构论的视角[M].北京：社会科学文献出版社，2010：115，118，120，127，130-133，148-150，194-195.

[373]厉新建，时姗姗，刘国荣.中国旅游40年：市场化的政府主导[J].旅游学刊，2019，34（2）：10-13.

[374]腾讯大湘网."凤凰古城'一票制'为何遭抵制"[EB/OL].https://hn.qq.com/a/20130412/000115.htm，2013-04-12.

[375]周泽猛.凤凰古城不再"围城"给旅游目的地政府的启示[N].中国旅游报，2016-05-16（C02）.

[376]蔡礼彬，巩建军.基于博弈论的丽江古城保护利益相关者分析[J].乐山师范学院学报，2011，26（5）：43-46+56.

[377]陈莎，张海燕.民族地区旅游产业发展中社区参与机制研究——以凤凰古城为例[J].资源开发与市场，2012，28（12）：1131-1135.

[378]熊猛，叶一舵.相对剥夺感：概念、测量、影响因素及作用[J].心理科学进展，2016，24（3）：438-453.

[379]张大钊，曾丽.旅游地居民相对剥夺感的应对方式理论模型[J].旅游学刊，2019，34（2）：29-36.

[380]李平，宋宛锋，刘晓石，等.旅游地社区居民"相对剥夺感"的心理疏导对策研究——以丽江束河古镇为例[J].市场论坛，2013（9）：87-89.

[381]光明网."丽江古城收维护费，网友：无异于饮鸩止渴"[EB/OL].http://news.gmw.cn/2016-06/07/content_20449247.htm，2016-06-07.

[382]周尚意，戴俊骋.文化地理学概念、理论的逻辑关系之分析——以"学科树"分析近年中国大陆文化地理学进展[J].地理学报，2014，69（10）：1521-1532.

[383]周尚意.人文主义地理学家眼中的"地方"[J].旅游学刊，2013，28（04）：6-7.

[384]百度百科."俱乐部"[EB/OL].https://baike.baidu.com/item/%F4%BF%B1%E4%B9%90%E9%83%A8/1035534?fr=aladdin.

[385]尹小娜.历史文化街区发展中本土文化的回归与利用研究[D].泉州：华侨大学，2015.

[386]王德刚.古城开发如何把握度[N].中国旅游报，2014-02-12（2）.

[387]沈杰群.黄永玉：我一辈子最不懂的就是市场[N].中国青年报，2017-01-24（6）.

[388]蒋肖斌.黄永玉：我从来没有丢失自己[N].中国青年报，2013-08-6（10）.

[389]凤凰县统计局."凤凰县2019年国民经济和社会发展统计公报"[EB/OL].http://www.fhzf.gov.cn/zwgk_49798/xxgkml/bmxxgkml_49803/fhxtjj/rsxx_23031/202004/t20200418_1660979.html，2017-04-18.

[390]新浪网."湖南凤凰古城收148元/人门票引发争议"[EB/OL].http://hunan.sina.com.cn/zt/news/fhmp/1/index.shtml，2013-04-30.

[391]刘思敏."凤凰"变"乌鸡"之虞[N].中国旅游报，2013-04-22（13）.

[392]冯颖.凤凰古城收门票是"坏事变好事"[N].中国旅游报，2014-03-14（3）.

[393]高慧.凤凰暗访记[N].中国旅游报，2011-05-09（9）.

[394]丁学勇.凤凰古城旅游业发展的转型升级——由资源利用型到文化引导型[N].中国旅游报，2010-06-28（7）.

[395]凤凰网湖南频道."凤凰县政府拟通过'去商业化'恢复古城风貌"[EB/OL].http://hunan.ifeng.com/news/rdgz/detail_2013_04/29/758475_0.shtml，2013-04-29.

[396]凤凰网."新《旅游法》实施：凤凰古城面临两大考验"[EB/OL].http://news.ifeng.com/shendu/zgjyb/detail_2013_09/28/29974369_0.shtml，2013-09-28.

[397]杨晓鸿.古镇旅游的商业化现状与可持续发展研究——以云南丽江古镇为例[J].中国集体经济，2015（31）：117-120.

[398]马蜂窝网."彩云之南——丽江古城"[EB/OL].http://www.mafengwo.cn/i/3152381.html，2014-08-12.

[399]丽江市统计局.2010年丽江市第六次人口普查主要数据公报[R].2011-05-24.

[400]孙九霞.旅游商业化与纳西族民居的"去地方化"——以丽江新华社区为例[J].社会

科学家，2015（11）：7-13.

［401］李云.丽江茶马客栈变迁研究［J］.昆明冶金高等专科学校学报，2018，34（2）：96-102.

［402］搜狐网."欺客宰客：丽江古城等6家5A级景区被严重警告"［EB/OL］.https://www.sohu.com/a/34904830_124709，2015-10-10.

［403］腾讯新闻."国家旅游局：丽江古城等3家5A级景区被严重警告"［EB/OL］.https://news.qq.com/a/20170225/025146.htm，2017-02-25.

［404］国家旅游地理."国家旅游局撤销丽江古城5A级旅游景区严重警告"［EB/OL］.http://news.cntgol.com/dyzd/20160909/89037.html，2016-09-09.

［405］云南网丽江."丽江5年投入4000余万元，建立原真性保护体系，古城文化味越来越浓了"［EB/OL］.http://lijiang.yunnan.cn/system/2018/08/06/030036317.shtml，2018-08-06.

［406］马蜂窝网."丽江被列入国家旅游局黑名单，最详细整改方案出炉"［EB/OL］.http://www.mafengwo.cn/travel-news/247056.html，2019-04-16.

［407］［美］戈夫曼.日常生活中的自我呈现［M］.冯钢，译.北京：北京大学出版社，2008.

［408］［美］Dean MacCannell.旅游者：休闲阶层新论［M］.张晓萍，等，译.桂林：广西师范大学出版社，2008：112.

［409］张晓萍."'真实性'：旅游资源开发与保护"［M］//张晓萍，李伟，等.旅游人类学.天津：南开大学出版社，2008：211.

［410］卢文超.艺术事件观下的物性与事性——重读本雅明《机械复制时代的艺术作品》［J］.文学评论，2019（4）：64-70.

［411］央广网."【央视快评】历史文化遗产要始终把保护放在第一位"［EB/OL］.http://news.cnr.cn/native/gd/20200516/t20200516_525092097.shtml，2020-05-16.

［412］人民网浙江频道."故宫文创年入10亿，有啥秘诀？"［EB/OL］.http://zj.people.com.cn/n2/2018/0911/c186327-32040916.html，2018-09-11.

［413］彭兆荣.遗产政治学：现代语境中的表述与被表述关系［J］.云南民族大学学报（哲学社会科学版），2008（2）：5-14.

［414］佚名.丽江有了城市代言人.中国旅游报［N］.2006-09-15（5）.

［415］谢彦君.旅游体验研究：一种现象学的视角［M］.北京：中国旅游出版社，2017：81.

［416］吴焜，李林.慢城及其全球实践对我国新型城镇化的启示［J］.改革与战略，2018，34（10）：100-105.

［417］李庆雷.古镇型旅游目的地转型升级中的理念创新［N］.中国旅游报，2014-07-16（11）.

［418］［俄］顾彼得.被遗忘的王国：丽江1941—1949［M］.李茂春，译.昆明：云南人民出版社，1992：43，278，312-313.

［419］彭丹，蓬海伦.丽江古城慢旅游及其成因研究［J］.旅游导刊，2020（2）：64-76.

［420］大蕃茄传媒机构.丽江的柔软时光［M］.2版.昆明：云南出版集团公司、云南人民出版社，2008：4.

［421］Brann E T H. The World of the Imagination：Sum and Substance［M］. Washington：Rowman & Littlefield，1991.

后　　记

本书定稿之初有51万字，与当年自己完成的博士论文定稿的15.7万字相比多了35万字，此书是我博士论文所写的书《旅游迷思研究：关于湘西凤凰古城的个案分析》的延伸和充实，博士论文只写了凤凰的迷思，本书则写了凤凰和丽江两地的迷思，并研究了古城镇文化遗产活化的问题。在篇幅方面，为了节省出版费用，原书字数太多，篇幅过长，不得不进行删减，首先删减到43万字，课题结题后，又经过多番精心修改删减，终于成了如今之样貌，要说明的是，篇幅的精减对本书的结构和主要观点没有影响。

本书是我2016年立项的国家社科基金课题的最终成果，课题立项之时我就突然罹患一个重疾，所以，课题这几年科研的艰辛如鱼饮水，冷暖自知，虽然身体很差并曾一度有过生命危险，我仍抱着高度负责任之心将课题在期限内如期完成。在课题调研、资料分析和书稿写作修改时，我依旧是当年写作硕士毕业论文和博士毕业论文那样的刻苦钻研、扎实治学，这可谓是一种"痴"和执念，明知身体不济，明知过度劳累、思虑过多，于身体有害，仍然要坚持完成此书的痴病。虽然此书的成稿自己并不很满意，正如博士论文当年亦不让自己十分满意，但是我已经尽到十二分的努力，常人做事若尽八九分或十分之努力，我却用尽了自己能量的十二分，故身体之愈差与治学之投入成了正比关系，如今终于将书付梓出版，总算是了却一桩心愿，于自己和国家课题都有了个交代。

本研究得到国家社科基金资助（项目名称：历史文化遗产旅游地的"迷思"与"活化"研究。批准号：16CGL029），特此致谢！我要感谢所有参与了本课题的被访者和访谈员，感谢我带的几位硕士研究生在本课题研究中的参与，他们是黄燕婷、徐立豪、蓬海伦、胡俊青、张子妍、王孟秋。感谢旅游教育出版社的刘彦会老师和其他编辑老师为本书出版所付出的辛劳！感谢课题结项的五位匿名评审委员提出的宝贵修改意见！同时我要感谢所有给予我帮助的人，谢谢我所任职的学校和学院的领导和同事们，如周俊武副校长、鲁良书记等各位领导和老师。谢谢我的老师们、同学们、师兄校友、同门师兄师姐师弟，以及我的朋友们，如我的一位同学成建辉在我2012年去湘西凤凰做第二次田野调查时给予了我很多帮助，在实地的田野调查中我得到了多人的帮助，才得以收集到大量的第一手访谈资料和一些二手资料。还要谢谢我的亲人们。感谢所有帮助过我的人，厚爱铭记！

因学养有限，书中不乏疏漏之处，恳请读者不吝赐教。

彭丹

2021 年 3 月，于长沙水木兰庭